高职体育新教程

马桂明 主 编
邰崇禧 主 审

苏州大学出版社

图书在版编目(CIP)数据

高职体育新教程 / 马桂明主编. —苏州：苏州大学出版社，2015.6(2022.8重印)
ISBN 978-7-5672-1361-6

Ⅰ.①高… Ⅱ.①马… Ⅲ.①体育－高等职业教育－教材 Ⅳ.①G807.4

中国版本图书馆 CIP 数据核字(2015)第 136587 号

高职体育新教程

马桂明　主编

责任编辑　陈孝康

苏州大学出版社出版发行
(地址：苏州市十梓街1号　邮编：215006)
宜兴市盛世文化印刷有限公司印装
(地址：宜兴市万石镇南漕河滨路58号　邮编：214217)

开本 787 mm×1 092 mm　1/16　印张 21　字数 520 千
2015 年 6 月第 1 版　2022 年 8 月第 6 次印刷
ISBN 978-7-5672-1361-6　定价：49.00 元

苏州大学版图书若有印装错误，本社负责调换
苏州大学出版社营销部　电话：0512-67481020
苏州大学出版社网址　http://www.sudapress.com

《高职体育新教程》编委会

主　编　马桂明
主　审　邰崇禧
副主编　鲜光耀　霍　彧
编　委　陈　萍　严淑芳　周惠英　周丽雅
　　　　狄冬明　曹跃兴　王小枫　刘　慧
　　　　曹孝玲　邱国良　屈　枫

前言

为了适应高等职业院校培养高素质应用型人才的需要,不断深化教育教学改革和提高教学质量,更好地满足专业教学和人才培养的需要,我们根据《中共中央 国务院关于深化教育改革 全面推进素质教育的决定》的精神,按照教育部《全国普通高等学校体育课程教学指导纲要》的精神和《国家学生体质健康标准》(2014年版)的要求,根据高职院校体育教学的现状,在遵循体育课程建设的客观规律和广泛参阅众多优秀教材的基础上,结合高职院校体育教学要求与学生实际需要,组织长期工作在教学第一线的教师编写了高职院校公体教材《高职体育新教程》。本教材突出了以下几个方面:

1. 努力体现现代体育教育新理念,确立"健康第一"的指导思想,加强和重视大学生终身体育理念、科学体育锻炼方法、健康生活方式、体育文化欣赏能力等方面的学习和培养,以达到促进学生身心健康、全面发展的目的。

2. 选用最新的体育信息资料,从高职院校体育教学实际出发,力求贯彻"从健康出发,帮助学生掌握一到两项运动技能,了解更多体育文化知识"的原则,对运动项目进行了精选和整合,更有利于促进学生掌握专业技能。

3. 坚持"以人为本",力求突破单纯以"增强体质"为目的的传统教学模式,淡化运动技术,注重学生自我进行身体锻炼意识、组织能力和团队合作精神的培养以及各类课外体育活动的开展。

本书由马桂明任主编,鲜光耀,霍彧任副主编,陈萍、严淑芳、周惠英、周丽雅、狄冬明、曹跃兴、王小枫、刘慧、曹孝玲、邱国良、屈枫等为编委。苏州大学邵崇禧教授审阅了全部书稿,并提出了宝贵的建议。

在编写本书的过程中,我们参阅了一些相关文献资料,在此向有关作者致以衷心的感谢。由于编者水平有限和时间仓促,教材中难免存在疏漏和不足之处,敬请有关专家和广大读者批评指正。

编 者
2015年5月

目录

基础理论篇

第一章 体育与健康概述
  第一节 体育概述 …………………………………………………………………… (1)
  第二节 高职院校体育 ……………………………………………………………… (3)
  第三节 健康概述 …………………………………………………………………… (4)
  第四节 《国家学生体质健康标准》解读 …………………………………………… (7)
  第五节 《国家学生体质健康标准》测试方法与评价 ……………………………… (10)

第二章 体育锻炼与身体健康
  第一节 体育锻炼的作用与特点 …………………………………………………… (15)
  第二节 体育锻炼的原则 …………………………………………………………… (17)
  第三节 锻炼身体的手段、方法与选择 ……………………………………………… (19)
  第四节 运动处方 …………………………………………………………………… (23)

第三章 体育锻炼与心理健康
  第一节 心理健康概述 ……………………………………………………………… (29)
  第二节 高职院校学生心理特点及常见心理问题 ………………………………… (31)
  第三节 体育锻炼对高职院校学生心理发展的影响 ……………………………… (35)
  第四节 体育锻炼与社会适应 ……………………………………………………… (39)

第四章 体育锻炼中的卫生和营养
  第一节 体育锻炼中的卫生常识 …………………………………………………… (41)
  第二节 女生的体育锻炼卫生 ……………………………………………………… (43)
  第三节 体育锻炼与营养 …………………………………………………………… (44)

第五章 体育锻炼与保健康复
  第一节 运动损伤的原因与预防 …………………………………………………… (49)
  第二节 运动损伤的处理和康复 …………………………………………………… (52)
  第三节 常见病的体育医疗康复 …………………………………………………… (58)

第六章 竞技体育
  第一节 竞技体育概述 ……………………………………………………………… (64)
  第二节 竞技体育的特点与分类 …………………………………………………… (65)

第三节 竞技体育与科技进步 …………………………………………………… (66)
第四节 竞技体育的社会功能 …………………………………………………… (67)
第五节 奥林匹克运动 …………………………………………………………… (68)
第六节 竞技体育的欣赏与参与 ………………………………………………… (72)

运动实践篇

第七章 田 径
第一节 田径运动概述 …………………………………………………………… (75)
第二节 田径基本技术 …………………………………………………………… (76)
第三节 田径竞赛主要规则 ……………………………………………………… (87)

第八章 篮 球
第一节 篮球运动概述 …………………………………………………………… (91)
第二节 篮球基本技术 …………………………………………………………… (93)
第三节 篮球基本战术 …………………………………………………………… (102)
第四节 篮球竞赛主要规则 ……………………………………………………… (105)

第九章 排 球
第一节 排球运动概述 …………………………………………………………… (110)
第二节 排球基本技术 …………………………………………………………… (111)
第三节 排球基本战术 …………………………………………………………… (119)
第四节 排球竞赛主要规则 ……………………………………………………… (121)
第五节 沙滩排球与气排球运动 ………………………………………………… (126)

第十章 足 球
第一节 足球运动概述 …………………………………………………………… (134)
第二节 足球基本技术 …………………………………………………………… (136)
第三节 足球基本战术 …………………………………………………………… (143)
第四节 足球竞赛主要规则 ……………………………………………………… (147)

第十一章 乒乓球
第一节 乒乓球运动概述 ………………………………………………………… (150)
第二节 乒乓球基本技术和战术 ………………………………………………… (151)
第三节 乒乓球竞赛主要规则 …………………………………………………… (157)

第十二章 羽毛球
第一节 羽毛球运动概述 ………………………………………………………… (161)
第二节 羽毛球基本技术 ………………………………………………………… (163)
第三节 羽毛球基本战术 ………………………………………………………… (171)
第四节 羽毛球竞赛主要规则 …………………………………………………… (173)

第十三章 网 球
第一节 网球运动概述 …………………………………………………………… (177)

第二节　网球基本技术 …………………………………………………… (179)
  第三节　网球基本战术 …………………………………………………… (185)
  第四节　网球竞赛主要规则 ……………………………………………… (186)
第十四章　游　泳
  第一节　游泳运动概述 …………………………………………………… (189)
  第二节　游泳基本技术 …………………………………………………… (191)
  第三节　游泳救护方法 …………………………………………………… (195)
第十五章　武　术
  第一节　武术运动概述 …………………………………………………… (197)
  第二节　武术基本技术 …………………………………………………… (199)
  第三节　初级长拳 ………………………………………………………… (202)
  第四节　中国传统健身方法 ……………………………………………… (204)
  第五节　散打与防身术 …………………………………………………… (216)
第十六章　健美操
  第一节　健美操运动概述 ………………………………………………… (237)
  第二节　健美操术语及练习方法 ………………………………………… (239)
  第三节　健美操成套动作 ………………………………………………… (241)
  第四节　健美操的创编 …………………………………………………… (255)
  第五节　健美操竞赛主要规则 …………………………………………… (258)
第十七章　啦啦操
  第一节　啦啦操运动概述 ………………………………………………… (261)
  第二节　啦啦操基本动作 ………………………………………………… (263)
  第三节　啦啦操成套动作 ………………………………………………… (265)
  第四节　啦啦操竞赛主要规则 …………………………………………… (285)
第十八章　跆拳道
  第一节　跆拳道运动概述 ………………………………………………… (288)
  第二节　跆拳道基本技术及组合技术 …………………………………… (291)
  第三节　跆拳道品势 ……………………………………………………… (296)
  第四节　跆拳道竞赛主要规则 …………………………………………… (297)
第十九章　休闲体育
  第一节　休闲体育概述 …………………………………………………… (300)
  第二节　瑜　伽 …………………………………………………………… (301)
  第三节　轮　滑 …………………………………………………………… (304)
  第四节　舞龙舞狮 ………………………………………………………… (306)
  第五节　定向运动 ………………………………………………………… (314)
  第六节　棋牌运动 ………………………………………………………… (317)
  第七节　登山与攀岩 ……………………………………………………… (321)
  第八节　自行车休闲运动 ………………………………………………… (324)

基础理论篇

第一章 体育与健康概述

第一节 体育概述

一、体育的概念与种类

体育是人们遵循人体的生长发育规律以及身体活动规律,通过身体锻炼、技术训练、竞技比赛等方式达到增强体质、提高运动技术水平、丰富文化生活等目的的社会活动。

体育可分为学校体育、竞技体育和社会体育等。

（一）学校体育

学校体育是一个锻炼身体,增强体质,传授体育知识、技术和技能,培养学生健康第一的思想和终身体育观念的教育过程,它是教育的重要组成部分,是国民体育的基础。学校体育由体育教学、课外体育活动、运动训练与运动竞赛三方面组成。

（二）竞技体育

竞技体育是指为了战胜对手,取得优异运动成绩,最大限度地发挥和提高个人、集体在体格、体能、心理及运动能力等方面的潜力所进行的科学、系统的训练与竞赛。它包括运动训练与运动竞赛两种形式。其特点为：

（1）能充分调动和发挥运动员的体力、智力、心理等方面的潜力。

（2）具有激烈的对抗性。

（3）参加者有充沛的体力和高超的技艺。

（4）按照统一的规则竞赛,形式具有国际性,成绩具有公认性。

（三）社会体育

社会体育是为了娱乐身心、增强体质、防治疾病和培养体育后备人才,在社会上广泛开展的体育活动的总称,包括职工体育、农民体育、社区体育、老年人体育、妇女体育、残疾人体育等。其主要形式有体育锻炼团队、体育辅导站、体育之家、体育活动中心、体育俱乐部以及个人自由体育锻炼等。广泛开展群众性体育活动,是充分发挥体育的社会功能,提高民族素质和完成体育任务的重要途径。

二、体育的功能

体育的功能就是体育活动对社会进步和人类发展所产生的特殊作用和影响。研究体育的功能,可以使人类更好地认识体育,较好地发挥其作用和效能,并进一步开发和运用体育的内容、基本手段与方法,为社会和人类服务。

（一）体育的健身功能

1. 增强体质，提高身体机能

体育锻炼是增进健康、延年益寿最有效的方法。通过体育锻炼，可以加快血液循环，增强心脏的功能；可以改善大脑的供血状况，消除脑力劳动后的疲劳，使头脑清醒，思维敏捷；可使呼吸肌增强，肺活量增大，肺功能提高；能使肌肉粗壮结实，肌红蛋白增多，使肌肉丰满有力；能使骨骼坚韧，骨密质增厚，骨的抗弯、抗折能力增强；还可以提高人体基本活动能力、适应能力和抵抗疾病能力。如果长期进行体育锻炼，人的体质就会增强，健康水平就会提高。

2. 促进心理健康

通过各种体育手段与方法，可以锻炼人的意志品质，催人奋发进取，培养集体观念，加强组织纪律性，协调人际关系，提高人的心理调节能力，及时排除个人性格和心理状态中不健康的因素，由此带来欢愉、轻松心理，并通过中枢神经系统的良性调节，在适应与改造的过程中，使个体与环境和谐统一，达到精神状态健康。

（二）体育的教育功能

1. 身体教育

科学证明，人出生后在本能方面比不上动物，连最基本的坐、立、行走都不会，这些基本的生活技能是靠后天学习获得的。因此，学习基本的生活技能和从事身体锻炼的过程，就是发展身体、增强体质的过程。

2. 思想品德教育

体育本身就是一种有章可循的社会活动，它是在一定的规则下有组织地进行的。这对培养青年一代遵守社会生活的各种准则、树立良好的道德观念、增强团队合作精神和责任感等都是一个很好的强化。

3. 心理品质培养

体育活动能使人进入一个超凡脱俗的境界，有利于锻炼者陶冶情操，培养坚韧不拔的意志品质。紧张而激烈的体育竞赛既是对人的心理品质严峻的考验，又是培养良好的心理素质的有利时机。

4. 智能教育

体育本身就是一种文化，并蕴含着丰富的科学知识。通过体育教学和身体锻炼，学生可学习和掌握一定的体育知识、技术和技能，并使思维能力、记忆力、观察力、想象力等得到发展。

（三）体育的娱乐功能

体育活动不仅给人以强健的身体，而且给人以美的享受，使人们消除学习、工作和劳动带来的精神紧张、大脑疲劳和紊乱的情绪，激发人们的审美情感，使神经得到积极、有益的调节，身体获得积极性的休息，这不仅有助于体力的恢复，而且得到了精神上的享受。

（四）体育的政治功能

1. 为国增光，提高民族、国家的威望和地位

随着竞技体育的发展，竞技场被称为没有炮火的金牌争夺战场。当今，金牌在某种意义上是国家的力量、地位、政治、经济、精神状态的标志。例如，在第29届北京奥运会上，中国体育代表团获得的金牌总数第一，这大大激励了民族斗志，振奋了民族精神，提高了中华民族的威望和国际地位。

2. 加强爱国主义教育，增强民族凝聚力

在当代，一次国际体育大赛，会像巨石击水，在国民心中产生巨大的冲击波，使千百万人甚至整个民族、国家沸腾，使民族精神得到升华，爱国激情得到激发，万众一心，为国家的腾飞、民族的昌盛提供了难以比拟的精神力量。

3. 改善和促进国家间的关系，增进友谊

体育可以促进各国人民相互了解，尤其是现代体育运动的国际化，使体育成为国家间重要的交往手段。通过比赛，可以互相学习和交流，加强国与国之间的相互理解和联系，有利于协调国际关系，缓和冲突，对维护世界和平起着十分重要的作用。运动员有时被称为"穿着运动衣的外交家"、"和平的使者"、"外交先行官"。

4. 巩固国防，保护国家安全

现代战争为了在短时间内掌握复杂的军事技能，要求最大限度地发挥人的精神和身体能力。为此要对士兵进行全面而严格的体力训练，提高其自身身体素质和作战能力。这就体现了体育对巩固国防、保护国家安全的军事作用。

（五）体育的经济功能

体育的经济功能主要表现在：第一，间接地为经济建设服务。通过体育锻炼，可增强体质，降低伤病率，提高出勤率和工作效率，从而加速创造社会物质财富。第二，直接为经济建设服务。例如，举办大型运动会能促进当地服务业的发展；能提高体育场馆的使用率，促进体育器材、运动服装制造业的发展；能增加体育竞赛门票的收入；可出售体育竞赛的电视实况转播权，收取广告费；进行纪念章、纪念币的销售等，直接产生经济效益，为经济建设服务。

第二节　高职院校体育

一、高职院校体育的目标和任务

高职院校体育的目标是：以身体锻炼为基本手段，培养学生的体育意识，增强体育能力，养成自觉锻炼身体的习惯，使之成为体魄强健的社会主义现代化事业的建设者。

为实现高职院校体育的目标，应完成以下任务：

（一）增强学生体质，增进学生健康

增强学生体质，增进学生健康是我国高职院校体育的首要任务。这充分体现了我国社会主义现代化建设事业对当代学生身心发展的基本要求，也是我国体育本质功能的正确反映。高职院校学生通过体育活动，获得强健的体魄和充沛的精力，以保证当前的学习与未来的工作和生活。

（二）掌握基本知识，提高运动能力，养成体育锻炼的习惯

要培养高职院校学生的体育意识，充分地调动他们参加体育锻炼的积极性和自觉性，提高增强体质、增进健康的实效性，必须学习和掌握体育卫生保健的基本知识及各项运动的基本技术，获得日常生活和学习的基本活动能力，逐步养成自觉锻炼身体的习惯。这既是体育的基本内涵，也是高职院校学生身心全面发展的个体需要。

（三）培养良好的思想品质和道德素养

教学实践证明，体育是对学生进行思想品德教育最生动、最活泼的形式之一。高职院校体育是一个有目的、有计划、有组织的教育过程。它有利于增强学生组织纪律性、集体主

义精神和团队合作意识,培养吃苦耐劳、艰苦奋斗、团结友爱、勇于奉献、朝气蓬勃、拼搏进取的优良品质;有利于学生形成良好的文明行为和道德规范,增强学生公平竞争的意识,培养遵守纪律和公正无私的人格;还能促进自信心、自制力和开拓进取精神的培养,使学生在知、情、意、行等方面向着更高层次追求,在德、智、体等方面得到全面发展。

二、高职院校体育的基本形式

高职院校体育通过体育教学、课外体育活动、运动队训练和体育竞赛等基本形式来完成体育教育的任务。

(一)体育教学

目前在高职院校中,体育课的主要形式有普通体育课、选项体育课、选修体育课和保健体育课等。体育课的教学目标是:培养学生树立"健康第一"的思想,以健身为中心,以"终身体育"为指导,以"育人"为最终目标。

(二)课外体育活动

课外体育活动是高职院校体育工作的重要组成部分,是体育教学的延续和补充,也是实现高职院校体育目的、完成体育任务的重要途径。同时,课外体育活动对于增强学生体质,增进学生健康,丰富校园文化生活,促进精神文明建设,发展学生的个性和才能,都能起到良好的促进作用。

(三)运动训练和体育竞赛

运动训练是课外体育的一个组成部分,即利用业余时间对有特长的学生进行有针对性、有计划、有组织的系统训练,达到全面发展学生身体,提高运动员技术水平的目标。所以,这是一个专门的教育过程,也是贯彻普及与提高相结合方针的一项重要措施。

学校的体育竞赛主要分为校内和校外两类。开展体育竞赛,有助于培养学生勇敢、顽强、进取和拼搏的精神,以及遵守纪律、服从安排的优良品质和集体主义精神,它既丰富和活跃了课余文化生活,又给学校体育带来新的活力。

第三节 健康概述

一、健康新概念

1989 年,世界卫生组织在其宪章中对健康作了新定义:"健康不仅是没有疾病,而且包括躯体健康、心理健康、社会适应良好和道德健康。"其定义细则为:

(1) 精力充沛,能从容不迫地应付日常生活和工作。
(2) 处事乐观,态度积极,乐于承担任务,不挑剔。
(3) 善于休息,睡眠良好。
(4) 应变能力强,能适应各种环境的变化。
(5) 对一般感冒和传染有一定抵抗力。
(6) 体重适当,体态匀称,头、肩、臀比例协调。
(7) 眼睛明亮,目光敏锐,眼睑不发炎。
(8) 牙齿清洁,无缺损,无疼痛,牙龈颜色正常,无出血。
(9) 头发光洁,无头屑。
(10) 肌肉、皮肤富有弹性,走路轻松。

二、影响健康的主要因素

随着社会的不断发展,影响人类健康的因素也逐渐增多,其中较为重要的有生活方式、环境因素、生物因素、卫生保健服务因素和营养因素五大类。

(一) 生活方式

生活方式对健康的不良影响是指因自身的不良行为和生活方式,直接或间接地给健康带来不利的因素。它包括嗜好(如吸烟、酗酒、吸毒)、饮食习惯、风俗、运动、精神紧张、劳动与交通行为等。不健康的生活方式可以导致多种疾病。癌症、心脑血管病的发生,与吸烟、酗酒、膳食结构的不均衡、缺少运动及精神紧张等密切相关。意外死亡,特别是交通意外与工伤意外等也与行为不良有关。因此,养成良好的生活习惯对于健康至关重要。

(二) 环境因素

"环境"是指以人为主体的广阔的外部世界,分为自然环境和社会环境。自然环境因素包括阳光、空气、水等,这些无疑对健康有着直接的影响。自然界中恶劣气候、有害的水和气体、噪声和污染物等,都随时威胁着人们的健康。社会环境因素更复杂,安定的社会、良好的教育、发达的科学技术等,无疑对健康起到了良好的促进作用。和谐的人际关系、美好的家庭环境、融洽的工作和学习环境等均会促进健康;反之,则会影响健康。

(三) 生物因素

生物因素包括遗传、生长发育、衰老等。除了家族的遗传疾病史,许多疾病,如高血压、糖尿病等的发生,也含有一定的遗传因素。寿命的长短,遗传是一个不可排除的重要因素。

(四) 卫生保健服务因素

卫生保健服务因素包括良好的医疗服务和卫生保健系统,必要的药物供应,健全的疫苗供应与防疫系统,足够的医务人员,良好的服务等。

(五) 营养因素

适宜的营养对于增强体能和保持健康状态具有重要的作用。它可以促进人体生长发育和修复机体组织,还可以满足人们每日身体活动所需的能量。营养吸取太少会削弱体能和引起疾病,但营养吸收又不能过分,暴饮或暴食会导致肥胖症,肥胖症可引起心脏病、糖尿病等疾病,因此,保持适宜的营养应引起每个人的重视。

在上述影响健康的五大因素中,我国通过对部分城市的抽样调查,根据对人类主要疾病的死因分析,认为生活方式因素应排在首位。总之,人体的完美状态或健康状态是通过健康的生活方式来形成和保持的,两者均包括有规律的体育锻炼、合理营养、消除不良习惯(如吸烟、酗酒和滥用药物等)以及控制精神压力等。

三、我国大学生的健康状况

有关专家指出,目前我国大学生的健康状况令人担忧,主要表现为以下几个方面:

(一) 部分素质指标水平继续呈下降趋势

我国大学生的速度、爆发力、力量等素质继续呈下降趋势,除反映速度素质的50米跑成绩下降幅度较小外,其余各方面的素质下降幅度明显。

反映下肢爆发力的立定跳远水平,约75%的年龄组呈下降趋势,19~22岁的大学生平均下降5.1厘米。

反映腰腹肌力量的仰卧起坐(女生)水平,19~22岁的女大学生都有不同程度的下降。

(二) 肺活量指标水平继续呈下降趋势

学生的肺活量指标水平在逐年下降的基础上,继续有所下降。

(三) 超重及肥胖学生明显增多

大学生中的肥胖指标检出率继续上升。其中，在城市长大的男生的肥胖检出率上升最快。

(四) 学生视力不良检出率仍然高居不下

相关数据表明，大学生的近视率为77.95%，其中男生为75.71%，女生为80.39%。女生视力不良检出率高于男生。城市生源的学生视力不良检出率高于农村生源的学生；但随着年龄增加，这种差距减小。

有关监测结果表明，我国学生的身体状况总体是好的。学生身体形态发育水平继续提高，营养状况得到改善，龋齿、贫血等常见疾病患病率有所下降，口腔保健水平及握力有所提高。在充分肯定成绩的同时，也应该看到我国学生体质方面仍然存在一些不容忽视的问题，特别是学生的部分素质呈现持续下降的趋势，必须引起高度重视。

四、培养高职院校学生健康的生活方式

(一) 养成良好的生活习惯

1. 合理饮食，不节食、不偏食

饮食是人必不可少的日常行为。有的高职院校学生缺乏科学的饮食观念，对饮食抱着无所谓的态度，造成营养结构失调。例如，不吃早餐去上课，就会造成血糖下降，严重时会影响脑组织的机能、活动，全身乏力，注意力分散；有些学生饮食过量，会造成消化系统功能紊乱，影响身体的正常发育；有些女生为了保持苗条，盲目减肥，导致一方面体内营养物质日渐匮乏，容易造成功能障碍或疾病，另一方面由于摄取的热量较少，不能满足身体生长发育的需要，进而影响身体发育；还有些高职院校学生偏食，导致营养摄入不均衡，为成年后患各种疾病埋下隐患；某些高职院校学生不卫生的"共餐"，虽然在一定程度上能增进感情，交流思想，但也极易传播疾病。总之，要保证身体健康，必须培养良好的饮食习惯。

2. 养成良好的睡眠习惯

睡眠是保证高职院校学生健康的先决条件之一。人在睡眠过程中，内分泌系统释放的生长素比平时多三倍，这些生长素可以作用于全身的组织细胞，促进人体的生长发育，对骨骼的生长促进作用尤其明显。睡眠不足，会造成烦躁、易怒、食欲减退、体重减轻、生长发育迟缓等后果。高职院校学生每日应保证7~8小时睡眠。

(二) 加强体育锻炼

科学研究证明：体育锻炼对智力发展有着非常重要的作用。体育锻炼不仅有助于大脑两个半球的全面发展，促进大脑的生长发育，还能消除大脑的疲劳，提高大脑的反应速度和综合分析能力，让大脑保持良好的工作状态。

(三) 经常进行身体检查

身体检查、检测每年至少一次，做到无病预防、有病医治。

(四) 保持环境卫生，预防疾病传播

学校是高职院校学生集中生活、学习的重要场所，学校的环境卫生是否符合要求，直接关系到高职院校学生的身体健康和身心发展。因此，每个高职院校学生都要养成良好的卫生习惯，自觉爱护和保持校园、教室、宿舍的环境卫生。

教室是学生密集的场所，教室卫生不好，不但会影响学生的学习，还容易引起流行性疾病的传播。通风可以增加室内新鲜空气，有利于人体的健康。教室的光线要分布均匀而且充足，均匀的光线有利于保护学生的视力。

宿舍是学生生活休息的场所,应经常对宿舍进行清扫,保持床铺、门、窗、地面的清洁;定期消灭蚊、蝇、臭虫、蟑螂等害虫;宿舍窗户要经常打开通风换气;个人的被褥、衣物也要经常清洗、晾晒、消毒。

(五)纠正不良行为与习惯

各种危害人类健康的不良行为和生活方式告诉我们,一个人保持良好的行为和习惯非常重要。吸烟不仅危害自身,还危害他人。饮酒过量会在伤身的同时,造成脑供氧不足,记忆力减退,严重影响学习与生活。性发育是青少年生理成熟的基础,性意识、性欲望是每个人都有的正常心理活动。高职院校学生应把握好心理活动与性行为之间的准则和道德规范,树立良好的恋爱观和性道德。高职院校学生如果两性关系不严肃、性生活混乱,对身体和心理健康有很大危害,将会影响人格、心理的成长,影响学习和今后的工作、婚姻。

第四节 《国家学生体质健康标准》解读

一、2014年新修订的《国家学生体质健康标准》要点

(1)《国家学生体质健康标准》(以下简称《标准》)是学校教育工作的基础性指导文件和教育质量基本标准,是评价学生综合素质、评估学校工作和衡量各地教育发展的重要依据,适用于普通高等学校的学生。

(2)《标准》的修订坚持健康第一,着重提高《标准》应用的信度、效度和区分度,着重强化其教育激励、反馈调整和引导锻炼的功能,着重提高其教育监测和绩效评价的支撑能力。

(3)《标准》从身体形态、身体机能和身体素质等方面综合评定学生的体质健康水平,是促进学生体质健康发展、激励学生积极进行身体锻炼的教育手段,是学生发展核心素养体系和学业质量标准的重要组成部分,是学生体质健康的个体评价标准。

(4)《标准》将大学生划分为以下组别:大学一、二年级为一组,三、四年级为一组。

(5)《标准》中的测试指标均为必测指标。其中,身体形态类中的身高、体重,身体机能类中的肺活量,以及身体素质类中的50米跑、坐位体前屈为各年级学生共性指标。

(6)《标准》的学年总分由标准分与附加分之和构成,满分为120分。标准分由各单项指标得分与权重乘积之和组成,满分为100分。附加分根据实测成绩确定,即对成绩超过100分的加分指标进行加分,满分为20分;大学的加分指标为男生引体向上和1000米跑,女生1分钟仰卧起坐和800米跑,各指标加分幅度均为10分。

(7)根据学生学年总分评定等级:90.0分及以上为优秀,80.0~89.9分为良好,60.0~79.9分为及格,59.9分及以下为不及格。

(8)每个学生每学年评定一次,结果记入《〈国家学生体质健康标准〉登记卡》。学生毕业时的成绩和等级,按毕业当年学年总分的50%与其他学年总分平均得分的50%之和进行评定。

(9)学生测试成绩评定达到良好及以上者,方可参加评优与评奖;成绩达到优秀者,方可获体育奖学分。测试成绩评定不及格者,在本学年度准予补测一次,补测仍不及格,则学年成绩评定为不及格。普通高等学校学生毕业时,《标准》测试的成绩达不到50分者按结业或肄业处理。

(10)学生因病或残疾可向学校提交暂缓或免予执行《标准》的申请,经医疗单位证明,体育教学部门核准,可暂缓或免予执行《标准》,并填写《免予执行〈国家学生体质健康标

准〉申请表》,存入学生档案。确实丧失运动能力、被免予执行《标准》的残疾学生,仍可参加评优与评奖,毕业时《标准》成绩需注明免测。

二、《标准》的含义

《标准》的内涵是测量学生体质健康状况和锻炼效果的评价标准,是国家对不同年龄段学生体质健康方面的基本要求,是学生体质健康的个体评价标准。健康的内涵包括身体健康、心理健康和社会适应。《标准》涵盖的是与学校体育密切相关的学生身体健康范畴。为了界定它的内涵,又避免与三维的健康概念相混淆,故将"体质"作为"健康"的定语以示其内涵。

《标准》名称的外延涉及它的激励和教育功能、反馈功能和引导锻炼功能。

教育和激励功能:《标准》是促进学生体质健康发展、激励学生积极进行身体锻炼的教育手段。所选用的指标可以反映与身体健康关系密切的身体成分、心血管系统功能、肌肉的力量和耐力,以及关节和肌肉的柔韧性等要素的基本状况。《标准》的实施将使学生和社会能够对影响身体健康的主要因素有一个更加明确的认识和理解,引导和帮助人们去积极追求身体的健康状态,实现学校体育的目标。

反馈功能:《标准》是学生体质健康的个体评价标准,并规定了各校应将每年测试的数据按时上报至国家学生体质健康标准数据管理系统,该系统具有按各种要求进行统计、分析、检索的功能,并定期向社会公告。该系统为学生及其家长提供了在线查询和在线评估服务,向学生提供了个性化的身体健康诊断,使学生能够在准确地了解自己体质健康状况的基础上进行锻炼;该系统还可为各级政府机关、教育行政部门、学校提供翔实的统计和分析数据,使之了解学生的体质健康状况,及时采取科学的干预措施。

引导锻炼功能:《标准》增加了一些简便易行、锻炼效果较好的项目,并提高了部分锻炼项目指标的权重,对引导学生进行体育锻炼具有较强的实效性;同时通过国家学生体质健康标准数据管理系统,学生还可以查询到针对性较强的运动处方,用于自身因地制宜地进行科学的体育锻炼,提高身体健康水平。

三、研制《标准》的基本原则

《标准》的贯彻实施,强调的是促进学生身体的正常生长和发育,促进形态机能的全面协调发展,促进身体健康素质的全面提高和激励学生主动自觉地参加经常性的体育锻炼。在《标准》研制过程中,始终把握了以下几个基本原则:

(1) 有利于促进学生、家长乃至全社会对健康概念的重新认识,建立符合现代社会发展趋势的体质健康的新理念,认识到身体成分、身体形态、身体机能、身体素质和运动能力是影响人体健康水平的重要因素。

(2) 有利于明确地帮助和督促学生实现健康目标。

(3) 有利于引导学生选择简便易行、实效性强的项目进行锻炼,并促进学生运动技能水平的提高。

(4) 有利于科学、综合地评价学生个体的体质健康状况,对每一名学生的体质健康状况进行监控和及时反馈,激励学生自觉参加体育锻炼,培养终身追求健康生活方式的行为和习惯。

(5) 有利于减轻学生的负担(包括心理负担)。

(6) 有利于促进学校在"健康第一"思想指导下在体育课程安排与《标准》执行中既各有侧重,又相互配合,促进体育课程内容的改革,激励学生主动上好体育课,积极参与体育锻炼,全面实现体育与健康课程目标。

(7) 有利于行政部门和学校的管理。

四、实施《标准》的重要意义

(一) 贯彻实施《体育法》

《标准》是经国务院批准实施的我国重要的体育制度,《体育法》明确规定:学校必须实施国家体育锻炼标准,对学生在校期间每天用于体育活动的时间给予保证。《标准》是《国家体育锻炼标准》在学校的具体实施,目的在于鼓励广大青少年自觉积极地锻炼身体,促进身体的正常发育和全面发展,增强体质,为全面建设社会主义现代化国家,为培养德、智、体、美全面发展的建设人才服务。《标准》的实施不仅可以促进学生积极锻炼,纠正和改变目前学生体质健康状况出现的突出问题,使学生拥有健康的体魄和健全人格,而且还是依法办学、依法执教的重要内容。

(二) 贯彻落实"健康第一"的指导思想和全国学校体育工作会议的精神

学校教育,特别是学校体育直接肩负着"增强学生体质"和"促进学生健康"的使命。《标准》是积极贯彻落实《中共中央 国务院关于深化教育改革 全面推进素质教育的决定》所提出的"健康体魄是青少年为祖国和人民服务的基本前提,是中华民族旺盛生命力的体现,学校教育要树立健康第一的指导思想,切实加强体育工作"这一思想的重大举措,也是深化学校体育教学改革,推进素质教育的重要步骤。《标准》是学生体质健康的个体评价标准和学生能否毕业的基本条件之一,是激励学生积极参加体育锻炼、促进学生体质健康发展的一种教育手段,有利于引导广大青少年学生努力拥有健康的体魄和健全人格,将"健康第一"的指导思想落到实处,充分发挥学校体育在素质教育中的作用。

(三) 满足社会发展对人体健康的需要

现代文明在带给人们充分物质享受的同时,也给人类的健康带来了新的威胁。由于精神紧张、营养过剩、运动不足、环境污染等因素所引发的非传染性疾病在全球不断蔓延,处于"亚健康状态"的人群不断地扩大。关爱生命、追求健康是现代人渴望的目标。实施《标准》对于唤起学生的健康意识,改变学生不良的生活习惯和生活方式,促进学生健康的成长必将起到积极的作用。《标准》采用的是个体评价标准,针对身体形态、身体机能、身体素质和运动能力设置了专门的测评项目,有些项目还具有简便易行、锻炼身体实效性较强等特点,能够帮助学生发现自身的不足或个体差异,并通过测评促进学生积极参加体育锻炼,通过锻炼改善体质健康状况,促进身体全面发展,成为具有正确的体育意识和健康的生活方式的高素质的建设者,使学校体育在促进国民健康素质方面起到应有的作用。

(四) 发展和完善学生体质健康评价体系

学生体质健康评价是学校体育工作中的重要环节,也是学校教育评价体系中的重要组成部分。正确、合理地对学生进行体质健康评价,对于促进学校体育和教育工作有着重要的意义。《标准》是在继承了《劳卫制》《国家体育锻炼标准》的成功经验,认真总结了《学生体质健康标准》试行工作的基础上,根据当前学校体育工作中的有关问题,特别是学生体质调研发现的肺活量水平继续呈下降趋势,速度、爆发力、力量耐力、耐力素质水平进一步下降,肥胖检出率继续上升等问题,参考国际上有关研究的成功经验和先进做法,对《学生体质健康标准》进行了修改和完善,定名为《国家学生体质健康标准》并正式颁布实施。《标准》对于评价学生的体质健康状况,引导学生积极锻炼都有了新的发展。《标准》从建立和完善我国学校教育评价体系的目标出发,体现了学校体育的价值,回答了学校体育为什么要以"体质健康"为本和怎样以"体质健康"为本的问题,明确了"体质健康"不仅应是学校教育和学校体育追求的目标,而且是学校体育课程存在的根本理由。《标准》的实施将对我国深化学校体育改革,完善体质健康评价体系,促进全体学生综合素质的提高,具有深刻的影响和深远的历史意义。

第五节 《国家学生体质健康标准》测试方法与评价

一、《标准》测试的方法

（一）身高、体重

1. 测试方法

受试者赤足,成立正姿势站在身高计的底板上（上肢自然下垂,足跟并拢,足尖分开成60°）。足跟、骶骨部及两肩胛区与立柱相接触,躯干自然挺直,头部正直,耳屏上缘与眼眶下缘呈水平位。测试仪器的水平压板沿立柱下滑,轻压于受试者头顶进行身高测试,同时人体体重也被测试出。测试数值以厘米和千克为单位。

2. 注意事项

（1）身高计应选择平坦靠墙的地方放置。

（2）测量过程前头发蓬松者要压实,头顶的发辫、发结要放开,饰物要取下。

（3）测量身高前,受试者应避免进行剧烈体育活动和体力劳动。

（4）每次使用仪器时均需校正。

（二）肺活量

1. 测试方法

房间通风良好,使用干燥的一次性口嘴。肺活量计主机放置在平稳桌面上,检查电源线及接口是否牢固。

受试者测试过程中要尽全力,以中等速度和力度吹气效果最好。测试者面对仪器站立,手持吹气口嘴,深吸一口气,屏住呼吸向口嘴处以中等速率尽力呼出体内全部气体,测试中不得停顿。吹气完毕后,液晶屏上最终显示的数字即为肺活量毫升值。测试数值以毫升为单位。

2. 注意事项

（1）电子肺活量计的计量部位的通畅和干燥是仪器测量数据准确的关键。

（2）每测试10人及测试完毕后及时清理气筒内部。严禁用水、酒精等任何液体冲洗气筒内部。

（3）定期校正仪器。

（三）立定跳远

1. 测试方法

受试者两脚自然分开站立,站在起跳线后,脚尖不得踩线。两脚原地同时起跳,不得有垫步或连跳动作。丈量起跳线后缘至最近落地点后垂直距离。测试数值以厘米为单位。

2. 注意事项

（1）发现犯规时,此次成绩无效,允许再跳,直至取得成绩为止。

（2）可以赤足,但不得穿钉鞋、皮鞋、塑料凉鞋参加测试。

（四）坐位体前屈

1. 测试方法

受试者坐在仪器座位处，膝关节保持伸直，双脚抵住测试纵板，上体前屈，两臂伸直向前，用两手中指尖缓慢向前推动游标，直到不能前推为止。测试数值以厘米为单位。

2. 注意事项

（1）身体前屈，两臂向前推游标时膝关节不能弯曲。

（2）受试者应匀速缓慢向前推动游标，不得突然用力。

（五）引体向上

1. 测试方法

受试者面向单杠，自然站立；然后向后摆动双臂，跳起，双手分开与肩同宽，正握杠，身体呈直臂悬垂姿势。待身体停止晃动后，两臂同时用力，向上引体（身体不能有任何附加动作）；当下颌超过横杠上缘时，还原，呈直臂悬垂姿势，为完成1次。测试人员记录受试者完成的次数。以次为单位。

2. 注意事项

（1）若受试者身高较矮，不能自己跳起握杆时，测试人员可以提供帮助。

（2）测试时，受试者要保持身体挺直，不得屈膝、挺腹等；若借助身体摆动或其他附加动作完成引体时，该次不计数。

（3）测试时应有相应的保护措施，防止伤害事故的发生。

（4）下降过程身体不能猛然放松，身体要稍微紧张，双脚在此时迅速向前伸（幅度不要过大，以免造成违规）。

（六）仰卧起坐

1. 测试方法

受试者仰卧于垫上，两腿稍分开，屈膝呈90°左右，两手指交叉贴于脑后。另一同伴压住其踝关节，以固定下肢。受试者坐起时两肘触及或超过双膝为完成一次。仰卧时两肩胛必须触垫。测试人员发出"开始"口令的同时开表计时，记录1分钟内完成次数。1分钟到时，受试者虽已坐起但肘关节未达到双膝者不计该次数。测试数值以个数为单位。

2. 注意事项

（1）如发现受试者借用肘部撑垫或臀部起落的力量起坐时，该次不计数。

（2）测试过程中，观测人员应向受试者报数。

（七）50米跑

1. 测试方法

受试者至少两人一组测试。站立起跑，受试者听到"跑"的口令后开始起跑。发令员在发出口令的同时要摆动发令旗。计时员视旗动开表计时，受试者躯干部到达终点线的垂直面停表。以秒为单位记录测试成绩，精确到小数点后一位，小数点后第二位数省略不计，如10.11秒读成10.1秒记录之。

2. 注意事项

（1）受试者测试时最好穿运动鞋或平底布鞋，赤足也可。但不得穿钉鞋、皮鞋、塑料凉鞋。

（2）发现有抢跑者，要当即召回重跑。

(八) 800 米或 1000 米跑

1. 测试方法

受试者至少两人一组进行测试,站立式起跑。当听到"跑"的口令后开始起跑。计时员看到旗动开表计时,当受试者的躯干部到达终点线垂直面时停表。以分、秒为单位记录测试成绩,不计小数。

2. 注意事项

(1) 受试者测试最好穿运动鞋或平底布鞋,赤足也可。但不得穿钉鞋、皮鞋、塑料凉鞋。

(2) 发现有抢跑者,要当即召回重跑。

二、《标准》测试结果的评价

《标准》测试结果的评价见表1-1、表1-2、表1-3、表1-4、表1-5。

表 1-1 单项指标与权重

测试对象	单项指标	权重/%
大学 1~4 年级	体重指数(BMI)	15
	肺活量	15
	50 米跑	20
	坐位体前屈	10
	立定跳远	10
	引体向上(男)/1 分钟仰卧起坐(女)	10
	1000 米跑(男)/800 米跑(女)	20

注:体重指数(BMI) = 体重(千克)/身高平方(米^2)。

表 1-2 体重指数(BMI)评分表

(单位:千克/米^2)

等级	单项得分	大学女生	大学男生
正常	100	17.2~23.9	17.9~23.9
低体重	80	≤17.1	≤17.8
超重		24.0~27.9	24.0~27.9
肥胖	60	≥28.0	≥28.0

表 1-3 男生单项评分表

等级	单项得分	肺活量/毫升		50 米/秒		坐位体前屈/厘米		立定跳远/厘米		引体向上/次		1000 米(时间)	
		大一大二	大三大四	大一大二	大三大四	大一大二	大三大四	大一大二	大三大四	大一大二	大三大四	大一大二	大三大四
优秀	100	5 040	5 140	6.7	6.6	24.9	25.1	273	275	19	20	3'17"	3'15"
	95	4 920	5 020	6.8	6.7	23.1	23.3	268	270	18	19	3'22"	3'20"
	90	4 800	4 900	6.9	6.8	21.3	21.5	263	265	17	18	3'27"	3'25"

续表

等级	单项得分	肺活量/毫升		50米/秒		坐位体前屈/厘米		立定跳远/厘米		引体向上/次		1000米(时间)	
		大一大二	大三大四	大一大二	大三大四	大一大二	大三大四	大一大二	大三大四	大一大二	大三大四	大一大二	大三大四
良好	85	4 550	4 650	7	6.9	19.5	19.9	256	258	16	17	3′34″	3′32″
	80	4 300	4 400	7.1	7	17.7	18.2	248	250	15	16	3′42″	3′40″
及格	78	4 180	4 280	7.3	7.2	16.3	16.8	244	246			3′47″	3′45″
	76	4 060	4 160	7.5	7.4	14.9	15.4	240	242	14	15	3′52″	3′50″
	74	3 940	4 040	7.7	7.6	13.5	14	236	238			3′57″	3′55″
	72	3 820	3 920	7.9	7.8	12.1	12.6	232	234	13	14	4′02″	4′00″
	70	3 700	3 800	8.1	8	10.7	11.2	228	230			4′07″	4′05″
	68	3 580	3 680	8.3	8.2	9.3	9.8	224	226	12	13	4′12″	4′10″
	66	3 460	3 560	8.5	8.4	7.9	8.4	220	222			4′17″	4′15″
	64	3 340	3 440	8.7	8.6	6.5	7	216	218	11	12	4′22″	4′20″
	62	3 220	3 320	8.9	8.8	5.1	5.6	212	214			4′27″	4′25″
	60	3 100	3 200	9.1	9	3.7	4.2	208	210	10	11	4′32″	4′30″
不及格	50	2 940	3 030	9.3	9.2	2.7	3.2	203	205	9	10	4′52″	4′50″
	40	2 780	2 860	9.5	9.4	1.7	2.2	198	200	8	9	5′12″	5′10″
	30	2 620	2 690	9.7	9.6	0.7	1.2	193	195	7	8	5′32″	5′30″
	20	2 460	2 520	9.9	9.8	-0.3	0.2	188	190	6	7	5′52″	5′50″
	10	2 300	2 350	10.1	10	-1.3	-0.8	183	185	5	6	6′12″	6′10″

表1-4 女生单项评分表

等级	单项得分	肺活量/毫升		50米/秒		坐位体前屈/厘米		立定跳远/厘米		仰卧起坐/次		800米(时间)	
		大一大二	大三大四	大一大二	大三大四	大一大二	大三大四	大一大二	大三大四	大一大二	大三大四	大一大二	大三大四
优秀	100	3 400	3 450	7.5	7.4	25.8	26.3	207	208	56	57	3′18″	3′16″
	95	3 350	3 400	7.6	7.5	24	24.4	201	202	54	55	3′24″	3′22″
	90	3 300	3 350	7.7	7.6	22.2	22.4	195	196	52	53	3′30″	3′28″
良好	85	3 150	3 200	8	7.9	20.6	21	188	189	49	50	3′37″	3′35″
	80	3 000	3 050	8.3	8.2	19	19.5	181	182	46	47	3′44″	3′42″
及格	78	2 900	2 950	8.5	8.4	17.7	18.2	178	179	44	45	3′49″	3′47″
	76	2 800	2 850	8.7	8.6	16.4	16.9	175	176	42	43	3′54″	3′52″
	74	2 700	2 750	8.9	8.8	15.1	15.6	172	173	40	41	3′59″	3′57″
	72	2 600	2 650	9.1	9	13.8	14.3	169	170	38	39	4′04″	4′02″

续表

等级	单项得分	肺活量/毫升		50米/秒		坐位体前屈/厘米		立定跳远/厘米		仰卧起坐/次		800米(时间)	
		大一大二	大三大四	大一大二	大三大四	大一大二	大三大四	大一大二	大三大四	大一大二	大三大四	大一大二	大三大四
及格	70	2 500	2 550	9.3	9.2	12.5	13	166	167	36	37	4′09″	4′07″
	68	2 400	2 450	9.5	9.4	11.2	11.7	163	164	34	35	4′14″	4′12″
	66	2 300	2 350	9.7	9.6	9.9	10.4	160	161	32	33	4′19″	4′17″
	64	2 200	2 250	9.9	9.8	8.6	9.1	157	158	30	31	4′24″	4′22″
	62	2 100	2 150	10.1	10	7.3	7.8	154	155	28	29	4′29″	4′27″
	60	2 000	2 050	10.3	10.2	6	6.5	151	152	26	27	4′34″	4′32″
不及格	50	1 960	2 010	10.5	10.4	5.2	5.7	146	147	24	25	4′44″	4′42″
	40	1 920	1 970	10.7	10.6	4.4	4.9	141	142	22	23	4′54″	4′52″
	30	1 880	1 930	10.9	10.8	3.6	4.1	136	137	20	21	5′04″	5′02″
	20	1 840	1 890	11.1	11	2.8	3.3	131	132	18	19	5′14″	5′12″
	10	1 800	1 850	11.3	11.2	2	2.5	126	127	16	17	5′24″	5′22″

表1-5 加分指标评分表

加分	男生		女生	
	引体向上/次	1000米跑/秒	一分钟仰卧起坐/次	800米跑/秒
10	10	−35	13	−50
9	9	−32	12	−45
8	8	−29	11	−40
7	7	−26	10	−35
6	6	−23	9	−30
5	5	−20	8	−25
4	4	−16	7	−20
3	3	−12	6	−15
2	2	−8	4	−10
1	1	−4	2	−5

注：1. 引体向上、一分钟仰卧起坐均为高优指标,学生成绩超过单项评分100分后,以超过的次数所对应的分数进行加分。

2. 1000米跑、800米跑均为低优指标,学生成绩低于单项评分100分后,以减少的秒数所对应的分数进行加分。

思考题

1. 谈谈你是如何理解体育的功能的。
2. 大学生健康的生活方式主要有哪些？
3. 简述《国家学生体质健康标准》测试的方法及评价指标。

第二章 体育锻炼与身体健康

第一节 体育锻炼的作用与特点

一、体育锻炼的作用

体育锻炼是人们运用各种身体练习方法,并结合自然力与卫生因素,以发展身体、增进健康、增强体质、调节精神、丰富文化生活为目的的身体活动。科学实验和实践经验证明,它是增进健康,增强体质最积极、最有效的方法。它不仅能促进儿童、少年的正常发育和健康成长,使中青年人保持旺盛的精力,使老年人延年益寿,而且能防治疾病,也是许多患者进行康复治疗的重要手段。

（一）体育锻炼对运动系统的影响

人体的运动系统由骨骼(206块)、关节(数百个)和肌肉(500余块)组成。骨骼是人体运动的杠杆,关节是运动的枢纽,肌肉是运动中收缩的动力。因此,人体的一切运动都是依靠这三个部分的协调合作来完成的。

1. 对骨骼的影响

长期坚持体育锻炼能使骨骼发生良好的变化:骨表面肌肉附着的突起更加明显,骨密质增厚;骨小梁增粗,排列更加整齐有规律。因此,锻炼能使骨骼变得粗大、结实、更为坚固,从而提高了骨骼的抗折、抗弯、抗压缩和抗扭转性能,能负担较大的负荷和完成更大的运动练习及体力劳动。青少年经常参加体育锻炼,有助于下肢长骨的增长,促进身高增长。

2. 对肌肉的影响

经常坚持体育锻炼,可使肌肉中水分减少,蛋白质增多,从而使肌纤维增粗,肌肉的体积增大,结实、健壮、收缩力强,提高肌肉的弹性和伸展性。其次,肌肉中的肌糖原、磷酸肌酐、肌红蛋白、肌球蛋白、肌动蛋白的含量都有明显增多,这些物质的含量多,不仅能提高肌肉的收缩能力,还可以增加肌肉能量和氧的储备量,增强肌肉的耐久力。

3. 对关节的影响

经常参加体育锻炼,能使关节囊、韧带、肌腱增厚与加强,提高关节的稳固性与灵活性,增大关节的活动范围和动作幅度,减少伤害事故的发生。

（二）体育锻炼对呼吸系统的影响

经常参加体育锻炼,由于氧气的大量消耗和二氧化碳的大量排出,加大了呼吸系统的工作强度,呼吸器官的机能得到锻炼和改善,增加了呼吸肌的力量和耐力,使肺活量增大,空气容量增加。主要表现在三个方面:

1. 呼吸肌的增强

在体育锻炼时,为满足人体各组织所需要的氧气量,既要加大呼吸深度,又要加快呼吸频率,这样使得呼吸肌得到锻炼,呼吸肌的力量和耐力得到增强,因而呼吸有力,胸围加大,呼吸差增大。

2. 肺活量的增大

经常参加体育锻炼,能使肺活量增大。安静时肺只有10%的肺泡在呼吸,而运动时大部分肺泡都在呼吸,运动使肺泡增大而富有弹性。

3. 肺通气量提高,呼吸深度加大

肺通气量是指一分钟内出入肺的气体量。经常从事体育锻炼的人,可使肺通气量提高,每分钟可达80～100升或更多,练长跑者为180～200升。由于呼吸肌力量增强,能加大呼吸深度,使每分钟呼吸次数减少,一般人安静时呼吸次数为12～18次/分钟,而经常锻炼者可减少到8～12次/分钟。具有深而缓的呼吸对人体具有很多优越性,在每次呼吸后呼吸肌有较长时间的休息,表现为人不易疲劳,能承受更大的负荷量。

（三）体育锻炼对心血管系统的影响

1. 对心脏形态、结构的影响

体育运动使心脏形态、结构和组织成分发生变化。经常参加体育锻炼可使心肌纤维增粗,心肌中毛细血管增多,心肌的收缩蛋白和肌红蛋白的含量增加,心肌增厚,心肌的收缩力增强,心脏的体积和容积增大,为心脏长时间有力收缩提供了条件。所以,运动员的心脏和容积比一般人大,这种现象称为"心脏运动性肥大"或"健康性心脏肥大"。

2. 对心跳频率和每搏输出量的影响

安静状态下,一般人的心跳频率为65～75次/分钟,经常参加体育锻炼者安静时心跳频率可达45～60次/分钟,优秀的长跑运动员心跳为35～45次/分钟,这种由体育锻炼造成的心率变慢现象叫作"运动性心动徐缓"。通常以心脏每搏动一次,左心室压入主动脉的血量为每搏输出量。一般人安静时的每搏输出量约为70毫升,而经常参加体育锻炼者每搏输出量为90～120毫升,心脏每分钟只需搏50次就能满足机体代谢的需要,由此显示出心脏良好的机能及储备力量。

3. 对心脏机能的影响

在运动量相同的情况下活动时,经常参加体育锻炼者,心跳的频率与血压的变化都比一般人小,不易产生疲劳,而且在安静状态下恢复也快。而一般人就要靠增加心跳频率来满足需要,缩短了心脏的休息时间,会过早地产生疲劳,运动后恢复的时间也比较长。在剧烈运动时,训练有素的运动员即使心率达到200次/分钟左右时,每搏输出量也能保持个体最大值,具备了承担大强度剧烈运动的潜在能力,能够满足机体剧烈运动的需要,这是身体锻炼给心脏功能带来的良好反应。

4. 对血压的影响

经常进行体育锻炼,可使中枢神经系统对血液循环器官的调节机能得到改善,减弱小动脉血管的紧张度,降低血流的外周阻力,清除血管壁里脂类沉积物,降低血液中胆固醇的含量,提高小动脉血管的张力和弹性,从而使血压下降。经常参加体育锻炼可加快静脉血的回流,改善血液循环的功能,有助于预防心血管疾病的发生。

5. 对血液成分的影响

红细胞是血液运输的主要细胞。它能把人体生物氧化所需的氧气及时运送到各组织,满足机体各组织系统对氧的需求。红细胞的这种重要生理功能是靠血红蛋白来完成的,运动能使人的红细胞和血红蛋白的含量明显增加。大量的红细胞和血红蛋白提高了人体载氧的能力和缓冲酸性物质的能力。因此,经常锻炼的人在运动和劳动时比一般人感觉轻松。

(四)体育锻炼对神经系统的影响

长期坚持体育锻炼,完善了大脑的传导功能,提高了神经系统的兴奋性和灵活性,减少了不必要的动作,使各种各样的动作更加协调。除此之外,经常参加体育锻炼,会加快运动时第一和第二信号系统之间的联系,促进脑细胞内部结构和机能的发展,为进一步培养思维能力创造良好的物质基础。长时间脑力劳动后,如果到运动场适当地参加跑步、做广播操、打太极拳等体育活动,可使脑部血液循环加快,毛细血管大量开放,为脑细胞提供更加充足的能量供应,加快其恢复过程,从而间接提高大脑的工作效率。

此外,现代体育锻炼已经突破了对人单纯生物属性的改善、提高,它在人的心理发展和人的社会属性培养方面也具有重要的作用。从少儿游戏教育、心理咨询中体育手段的运用效果、运动处方的心理作用及拓展训练的心理和社会效应,足以看出体育锻炼对人的心理和社会性发展的影响。

二、体育锻炼的特点

(一)体育锻炼的内容、方法、时间、形式灵活多样

人们可以根据各自的身体条件、设施条件、需要、兴趣等不同情况,有针对性地选择适合自己的锻炼内容与方法。既可以在统一规定的时间锻炼,也可以分散安排在个体的空闲时间锻炼;既可以在集体欢乐的氛围中享受锻炼的快乐,也可以不受别人的干扰独自进行锻炼。

(二)体育锻炼具有广泛的群众性

正因为体育锻炼的内容、方法、时间、形式灵活多样,所以不论男女老少,何种职业,都可以参加体育锻炼。因此,体育锻炼有广泛的群众基础,可以满足不同目的、不同条件的多种需求。例如,少年儿童以娱乐性为目的,可选择娱乐性较强的内容;忙碌于事业的中青年由于休闲、放松紧张情绪的需要,可选择休闲性较强的内容;老年人以健康为目的,可选择健身性较好的内容。在锻炼时间的选择上有研究证实,早晨心血管、呼吸等系统都不适宜进行大强度锻炼,但锻炼能促使形成良好心境状态,增强人体体质。因此,对于习惯早起的非老年群体或心血管功能良好者,以及一天中无法抽出时间锻炼的群体,只要遵循生理机能规律,循序渐进地进行低强度的锻炼,早晨的锻炼还是有利于保持一天的良好心情的。

(三)体育锻炼具有生活化的特点

不同的人群有不同的个性特点、生活方式、地理条件、群体氛围,因此在锻炼内容、方法等方面具有明显的特征。与年龄有关的特点如:少儿锻炼的娱乐性,青少年锻炼的健美性与教育性,中青年紧张生活节奏者锻炼的休闲性,老年人锻炼的健身性与康复性。与地域相关的特征如:南方多水的地方其锻炼的内容多是与水有关的项目,北方多冰雪的地方其锻炼的内容多是与冰雪有关的项目;体育设施条件差的地方多是参加跑、跳、传统舞等项目,体育设施条件好的地方其锻炼内容的选择明显较多。与群体氛围有关的特点如:各种民族风格的舞蹈,群体的优势项目或地区传统项目。

第二节 体育锻炼的原则

一、自觉积极性原则

自觉积极性原则指体育锻炼者必须有明确的锻炼目的和积极的锻炼动机,确信"生命在于运动"的科学道理,自觉积极地进行体育锻炼。体育锻炼是一个自我锻炼、自我完善的

过程,如果不是自觉自愿,即使进行锻炼也不能取得较好的完备身心的效果。此外,要想达到预期的锻炼效果,除了要明确目的以外,还应该在体育锻炼中培养努力达到目标的毅力,选择能吸引自己或感兴趣的活动内容,产生锻炼的欲望,并将这种自觉、积极的锻炼习惯坚持下去,成为自己生活的一种习惯。

二、适宜负荷原则

适宜负荷原则指体育锻炼要在身心能力的基础上,遵循超量恢复原则、运动价值阈规律,根据个体不同的承受能力选择恰当的生理和心理负荷量,达到最好的锻炼效果。锻炼效果的好坏,很大程度上取决于运动刺激的强度,太弱的刺激不能引起机体功能的变化,过强的刺激不仅不能增强体质,还会损害健康。负荷是否适宜,因人因时而异。即使同一个人,在不同的机能状态下,人体对负荷量的承受能力也不尽相同。当身体不佳、情绪不好时,人体的各种机能下降,体育锻炼时负荷量就要调整;当学习和工作紧张,脑力劳动频繁,体力消耗较大时,也要相应调整体育锻炼的负荷量。因此,确定运动负荷的大小,要充分考虑锻炼者的年龄、性别、健康状况、体质水平、项目特点和锻炼的目的等各种因素。锻炼过程中,可以采用脉搏测量的方法来掌握和评价运动负荷。

三、循序渐进原则

循序渐进原则是指体育锻炼必须根据人的身心发展规律,在锻炼的内容、方法、运动负荷等方面逐步提高,使机能不断得到改善。循序渐进是人体适应环境的基本规律,人体对内外环境变化的适应是一个缓慢的由量变到质变的过程。只有遵循这个规律,才能取得良好的锻炼效果。

体育锻炼以怎样的速率渐进才是安全有效的呢?对于这个问题不可能有统一的答案,依个人对锻炼负荷的耐受水平不同而异。现介绍一种"10%规则",作为指导锻炼者掌握循序渐进原则的参考方法。这个规则的含义是:每周运动强度或持续时间的增加不能超过前一周运动强度或持续时间的10%。例如,一个每天跑步20分钟的锻炼者,在下一周锻炼时可将每天跑步的时间增加到22分钟。又如,以前每天跑3公里,如果既定的锻炼目标是5公里,那么应在每天3公里的基础上,按照每周约增加10%的比例进行。

在制订锻炼计划时,必须从锻炼的各个阶段、练习的量、练习强度、密度等方面,体现出渐进性。每次锻炼过程也要遵循循序渐进的原则。即每次锻炼前要做好充分的准备活动,待身体发热后再由小到大地逐渐增加练习量、练习强度、练习密度等。锻炼计划的完整性和系统性,是贯彻循序渐进原则的关键。

四、持之以恒原则

体育锻炼贵在持之以恒,养成良好的锻炼习惯。体育锻炼是对机体给予刺激的过程,每次刺激都产生一定的作用痕迹,连续不断的刺激作用,则产生痕迹积累。这种积累使机体的结构和机能产生新的适应,体质就会不断增强,动作技能形成的条件反射也会不断得到强化。如果间断进行,当前一次的作用痕迹消失时,下一次作用的积累就小。长时间停止锻炼,各器官系统的机能和动作技能形成的条件反射就会慢慢减退,这就是"用进废退"的道理。因此,体育锻炼既不能设想在短时间内一举取得显著成效,也不能寄希望于一劳永逸。

强化终身体育意识,养成良好的锻炼习惯,使身体锻炼生活化,是贯彻这一原则的关键。

五、全面锻炼原则

体育锻炼者必须追求身心全面协调发展,使身体形态、机能、各种身体素质及心理品质等方面得到全面和谐的发展。人体是一个有机整体,各器官系统是相互影响、相互制约的。任何局部机能的提高,必然促进机体其他部位机能的改善;当某一方面素质得到发展时,其他素质也会不同程度地有所发展。但是,每一项体育活动都有一定的局限性,如果体育锻炼内容和方法单一化,机体就不能获得良好的整体效应。长期只从事力量练习和健美运动,心肺系统的功能和耐力素质就得不到较大的提高;长期只从事长跑锻炼,虽然耐力素质会有较大发展,但速度、力量素质及上肢的发展会受到一定的影响;长期只从事身体一侧肢体的活动,则整个机体不能得到匀称发展。因而,每个人应以一些功效大且较有兴趣的运动项目为主,辅之其他项目进行全面锻炼。

第三节 锻炼身体的手段、方法与选择

一、锻炼身体的手段

（一）散步

散步是一种简单易行、活动量容易掌握又可使全身都得到活动的健身方法。

1. 普通散步法

一般为慢速散步。以每小时 3~4 千米的速度,每分钟 60~90 步的步频,每次散步 30~60 分钟。该方法适用于以保健为目的的锻炼者。

2. 快速散步法

要求锻炼者以每小时 5~7 千米的速度,每分钟 90~120 步的步频进行 30~60 分钟的锻炼,并将最高心率控制在 120 次/分钟以下。该方法适用于以增强心肺功能和减轻体重为目的的锻炼者。

3. 定量散步法

在平地或坡地进行,如在 3°~5° 斜坡路面上散步 15 分钟,接着在平地散步 15 分钟。该方法适用于心血管系统慢性病或肥胖症患者。

4. 摆臂步行法

要求步行时两臂用力前后摆动,以增加肩带和胸廓活动。该方法适用于患有呼吸系统慢性病者。

（二）跑步

跑步是一种深受欢迎、锻炼价值较高的健身方法。可根据不同年龄、性别等具体情况选择使用。

1. 走跑结合法

根据不同的体质状况确定距离,逐步增加跑速和跑距。运动负荷应控制在第二天自我感觉不疲劳,基础脉搏可恢复到原有水平的程度。该种方法适用于初练者和年龄较大或体质较弱者。

2. 全程耐力跑

可采取跑一定距离或跑一定时间两种方法进行。跑一定距离可分为跑 1000 米、1500 米、3000 米、5000 米乃至 10000 米等不同距离;跑一定时间可以分为跑 5 分钟、10 分钟、15 分钟、30 分钟乃至 1 小时等。

锻炼的场所和形式,可以采用田径场跑道跑、越野跑、自然地形跑、原地跑、上坡跑以及负重跑等灵活多样的形式进行。该种方法适用于已具备一定锻炼水平的、体质比较强健的青年人或运动员提高耐力素质。

(三)球类运动

球类运动包括篮球、排球、足球、乒乓球、羽毛球、网球、棒球、垒球等,是深受学生喜爱,并对身体全面锻炼有良好影响的体育运动项目。经常参加球类运动,可增强身体素质,促进内脏功能的提高,全面增强体质。所以,不同性别、年龄和身体状况的人都可以参加。

(四)体操

1. 竞技体操

竞技体操能改善和提高中枢神经系统的机能,对发展力量和提高健康水平有很大的作用。

体操的锻炼方法很多,有单杠、双杠、高低杠、技巧、支撑跳跃、平衡木、吊环、鞍马等。在锻炼时一定要特别注意安全,加强保护与帮助,防止伤害事故的发生。该种锻炼方法适用于喜欢竞技体操的学生或运动员。

2. 广播体操

我国推行的各套广播体操,每一套、每一节都有它的实际锻炼价值,对增强体质和提高内脏功能有良好的作用。应坚持做早操、课间操,养成习惯,坚持锻炼必有好处。

3. 健美操

健美操是一项深受学生欢迎,特别受女生青睐的锻炼项目。该项目对场地、器材以及锻炼时间等要求均较低,运动量好掌握,锻炼强度好控制,是一种强身健体的好方法。该方法适用于任何健康群体。

(五)武术

武术是具有我国民族特色的传统体育项目,它是将健身和技击相结合的一项运动,可以培养和锻炼参与者的意志品质。在进行该项目锻炼时,运动量可大可小,不受场地、器材、气候条件的限制,不同年龄、性别和体质的人均可参加锻炼,因而深受广大人民群众的喜爱。

(六)休闲运动

1. 轮滑与滑冰

轮滑与滑冰运动是健身价值很高的锻炼项目,它能使人体各组织器官的负荷得以增加,从而使机体产生一系列变化,这些变化通过加快新陈代谢,改善神经系统、心血管系统及呼吸系统的机能,促进体质的增强。该锻炼方法适用于任何健康群体。

2. 瑜伽

瑜伽起源于5000多年前的古印度,是东方最古老的强身术之一。它的含义是把精神和肉体结合到最佳状态,把生命和大自然结合到最完美的境界。它能消除烦恼,平静心境;能够维持姿势平稳;能够改善呼吸,净化心灵,调节人的神经功能;能刺激内分泌系统,维持内分泌平衡。

3. 街舞

街舞最早出现于20世纪70年代末的纽约与洛杉矶,也被称为hip-hop,hip是臀部,hop是单脚跳,hip-hop音译过来就是"嘻哈"。通过跳街舞,可以提高身体的协调性,增强人们的自信心,培养健康的审美观,同时还能改善神经系统的功能。

(七) 户外运动

户外运动是指在自然环境中进行的且具有一定挑战性的运动项目群,包括登山、攀岩、野外生存、定向及自行车运动等。它使人在兴奋和刺激中激发潜能,有助于增强参与者克服困难的勇气和决心,在活动中完善人格、培养团队精神。

二、锻炼身体的方法

(一) 重复锻炼法

重复锻炼法是按一定负荷标准,多次重复进行某项练习。重复的次数和时间是决定健身效果的关键。通常认为,普通大学生的负荷心率在130~170次/分钟的范围内是较适宜的。心率低于130次/分钟则锻炼效果不明显。心率高于170次/分钟则需要减少重复次数或安排足够的休息时间。

(二) 间歇锻炼法

间歇锻炼法是指在锻炼的过程中,对安排的多组练习之间的间歇时间做出严格规定而反复进行锻炼的方法。间歇锻炼的间歇时间长短主要以运动负荷值阈为准。一般来说,负荷超过上限时,间歇时间应长些,以防负荷继续上升,造成过多的体力消耗;负荷在下限时,间歇时间应短些,密度应大些。下次锻炼应在前次锻炼的效果未减退时进行,倘若间隔时间过长,在前次锻炼效果消失后再进行锻炼,就失去了间歇的意义。

(三) 连续锻炼法

连续锻炼法是按一定要求,持续进行规定动作练习的身体锻炼方法。该方法要求负荷强度较低、负荷时间较长,无间断地连续进行运动。通常认为在140次/分钟左右的心率下连续锻炼20~30分钟,可使机体的各个部位都长时间地获得充分的血液和氧的供应,因而能有效地发展有氧代谢能力,发展耐力素质。实践中,用于连续锻炼的内容主要是那些比较容易并已为锻炼者所熟悉的运动,如跑步、游泳,也可以是跳健美操等。

(四) 循环练习法

循环练习法是指把各种类型的动作、具有不同练习效果的手段,组成一组锻炼项目,按一定顺序循环往复地进行锻炼的方法。这种方法具有综合锻炼的效果。它对技术的要求不高,各项目都采用比较轻度的负荷练习,因此练习起来简单有趣。运用循环练习法时,关键是要按照全面性原则去搭配项目。搭配时注意上肢动作与下肢动作、剧烈的跑跳练习与静力憋气动作之间的合理交替。就大学生而言,锻炼时既要发展四肢,也要发展躯干;既要运动胸背部,也要运动腰腹部;既要追求形态的健美,又必须注意机能、素质的全面发展。

(五) 变换练习法

通过不断变换运动负荷、练习内容、练习形式以及练习条件等,以提高练习者的积极性、适应性及应变能力的方法称为变换练习法。采用变换练习法,可以有效地调节生理负荷,提高锻炼情绪,强化锻炼意志,克服疲劳与厌倦情绪。

(六) 负重练习法

负重练习法是指利用哑铃、杠铃、沙袋等重物进行身体运动以达到锻炼身体、增强体质目的的一种锻炼方法。负重练习法既适用于普通人为增强体质而进行的锻炼,又适用于运动员的身体锻炼,还适用于身体疾患者的康复锻炼。

三、体育锻炼方法的选择

（一）依据不同类型体质选择不同的锻炼内容与方法

1. 健康型

是指锻炼者身体健壮、有较强参加体育锻炼的热情和欲望,并能承受较大的运动负荷。锻炼者可根据自己的兴趣选择一两个运动项目作为锻炼的手段,如选择球类、田径、举重、游泳、滑冰、健美操等项目。

常用循环练习法、重复锻炼法、间歇锻炼法等进行有计划的锻炼。

2. 一般型

是指锻炼者身体不太健壮但无疾病,体质水平一般。此类型的人在学生中占大多数。他们往往认为自身无病而缺乏参加体育锻炼的热情与恒心,对于体育锻炼往往流于形式。该类型的人应选择对增强体质有实效的、形式多样的、能激发锻炼兴趣的项目和方法进行锻炼,如球类、武术、健美、轮滑等项目。

用循环练习法、重复锻炼法往往能收到较好的锻炼效果。

3. 体弱型

是指锻炼者身体虚弱且多病。为增强体质、战胜疾病、增进健康,锻炼者可根据个人情况,选择慢跑、定量步行、打太极拳或练养生功等方法进行锻炼。

先用重复锻炼法、循环练习法进行力所能及的锻炼,待体质有所增强时考虑改用其他方法进行锻炼。

4. 肥胖型

是指锻炼者体重超过正常标准。他们锻炼多为了减肥,因此可选择小强度的中长跑、较长距离的游泳、轮滑、健美操等运动项目。

多采用重复锻炼法、循环练习法进行锻炼。

5. 清瘦型

是指锻炼者体重轻于正常标准。他们希望通过锻炼使自己更壮实、丰满。可选用举重、体操、健美运动等项目进行锻炼。只要长期坚持,并有一定负荷来刺激肌肉,使其横断面增大,是能够发展成肌肉发达、身体匀称的健康体型的。

（二）依据不同季节选择不同的锻炼内容和方法

1. 春季锻炼

开春后进行体育锻炼,主要以加强体内的新陈代谢为主,逐渐提高各器官的机能水平。体育锻炼应以有氧代谢形式供能为主,运动强度要逐渐增加,运动形式多为长跑、轮滑、自行车、跳绳、爬山、球类等。在春季进行锻炼,要注意做好准备活动,充分伸展僵硬的韧带,以减少运动损伤。同时,要注意增减衣服,防止感冒。

2. 夏季锻炼

夏季不能因为炎热而中断体育锻炼,一定要坚持锻炼,但在锻炼方法和时间的选择上,要做到科学、合理。最理想的锻炼方式是游泳,它不仅可以提高身体机能,同时又可以防暑解热。另外,像慢跑、散步、太极拳、羽毛球、轮滑等可安排在清晨或傍晚进行,选择在空气新鲜且流通较好的场所进行锻炼,运动后要注意适量补充水分,以防身体脱水和中暑。

3. 秋季锻炼

秋季是锻炼的大好季节,可有选择地进行篮球、排球、足球、长跑、轮滑、武术、自行车等运动。秋季锻炼,由于天气变化无常,早晚气温较低,锻炼时要注意适时增减衣服,谨防感

冒。另外,秋天天气干燥,锻炼前要适当补充水分,以保持呼吸道湿润。

4. 冬季锻炼

冬季参加体育锻炼,不仅可以提高身体健康水平,更重要的是可以提高身体的抗寒和对各种疾病的防御能力。冬季体育锻炼的内容丰富,一般人可进行长跑、足球、拔河、冬泳等;少年儿童可选择跳绳、踢毽子、跳橡皮筋;老年人可选择慢跑、太极拳、广播体操。但冬季身体惰性较大,肌肉组织容易受伤,所以锻炼前要做好充分的准备活动。

第四节　运动处方

一、运动处方的概念

早在20世纪50年代,美国生理学家卡波维奇就曾提出过运动处方的概念。1969年,世界卫生组织使用了运动处方术语,从而在国际上得到确认。运动处方的完整概念可概括为:"对从事体育锻炼者或病人,根据医学检查资料(包括运动试验及体力测验),按其健康、体力以及心血管功能状况,结合生活环境条件和运动爱好等个体特点,用处方的形式规定适当的运动种类、时间及频率,并指出运动中的注意事项,以便有计划地经常性锻炼,达到健身或治病的目的,即为运动处方。"

运动处方由四个要素构成:合理的运动项目——选择什么运动项目最适合？合理的运动强度——运动的激烈程度应有多大？合理的运动时间——每次运动应持续多长时间？合理的运动频率——一周应锻炼几次？

二、运动处方的分类

随着运动处方应用范围的不断扩大,运动处方的分类方法也在不断改进,用不同的方法,可将运动处方分为不同的种类。

(一)根据运动处方的对象分类

1. 康复治疗性运动处方

康复治疗性运动处方的对象,是经过临床治疗达到基本痊愈,但遗留有不同程度的身体机能下降或功能障碍的患者,如冠心病、脑卒中患者,手术后患者,以及已经得到一定控制的慢性病患者,如高血压、高血脂、糖尿病、肥胖症患者等。这类运动处方的目的是,通过运动疗法帮助患者提高身体机能,缓解症状,减轻或消除功能障碍,恢复肢体功能,尽量提高患者的生活自理能力和工作能力。

2. 健身性运动处方

健身性运动处方的对象是全民健身运动的参加者,包括身体基本健康的中老年人;长期从事脑力劳动,缺乏体育锻炼,处于亚健康状态的人群;中青年人和在校学生等。这类运动处方的主要目的是指导人们采取适当的体育活动,科学地进行锻炼,以便更有效、更科学地提高健康水平,增强体质。

此外,还有针对运动员训练的竞技性运动处方,针对健康人群的预防性运动处方等。

(二)根据运动处方的锻炼作用分类

1. 全身耐力运动处方

全身耐力(区别于肌肉力量、耐力)运动处方以提高心肺功能为主要目标。在健身运动中,全身耐力运动处方被用于科学地指导健身,以提高锻炼者的耐力素质,维持合理的身体成分,消除亚健康状态,预防冠心病、高血压、高血脂、糖尿病等疾病的发生。

2. 力量运动处方

力量运动处方的主要目的是提高肌肉的力量和耐力。在健身运动中,力量运动处方用于指导健身者科学地进行增强肌力的训练,以起到提高力量素质,减缓中年以后肌肉萎缩的速度,预防骨质疏松等作用。

3. 柔韧性运动处方

柔韧性运动处方的目的是提高身体的柔韧性素质。在健身运动中,柔韧性运动处方用于指导健身者采用科学的手段和方法,提高身体的柔韧性素质,预防随年龄增长而导致关节活动幅度下降。

全身耐力运动处方、力量运动处方、柔韧性运动处方对保持健康、良好的体能状态,都可起到良好的作用。

三、制定运动处方的基本原则

(一) 区别对待原则

由于每个人的年龄、性别和体力不同,故在制定运动处方时,必须区别对待;并且体力的差别比性别和年龄的差别更为重要,体力差别应作为最重要的考虑内容。

(二) 全面性原则

为了全面发展身体机能,在制定运动处方时,要考虑处方内容和方法以及对身体锻炼的部位、顺序及效果。针对锻炼目标和身体的薄弱部位,有针对性地实施健身运动处方的内容和方法,从而获得身心的全面发展。

(三) 渐进性原则

人体生理机能的提高,不是一蹴而就的,是一个渐进的过程。如果仅用一种健身运动处方数月或长年不变地进行健身运动,就不可能逐步提高健康水平和增强体质,它只能起到维持原有健康水平的效果;如果突然进行一次大强度、长时间和多重复的锻炼,则可能导致身体机能失调,使身体受到伤害,更谈不上增强体质。

(四) 安全性与有效性原则

为了提高全身耐力水平,运动必须达到改善心血管和呼吸功能的有效强度,这就是靶心率范围。如果运动超过这个上限,就可能有危险,此运动强度或运动量界限被称为安全界限,而达到这个最低效果的下限被称为有效界限。安全界限和有效界限之间,就是运动处方安全而有效的范围。

四、运动处方的主要内容

(一) 运动目的

由于个人的情况千差万别,运动处方的目的也多种多样,这其中有健身、娱乐、减肥和治疗等多种目的。

(二) 运动项目

在运动处方中,为锻炼者提供最合适的运动项目关系到锻炼的有效性和持久性。

1. 运动项目的分类

从运动生理学中氧的代谢程度来看,对健康有效的运动项目可分为三类,即有氧运动、无氧运动和混合运动。

在运动实践中,不少运动项目是有氧和无氧运动不规则的混合存在。同一项目由于方法不同而成为有氧运动或无氧运动。例如,长跑、轻松慢跑是有氧运动,而竞赛时全力跑即为无氧运动。由于人的个体差异,同样以 200 米/分钟的速度跑步,体力强的人为有氧运动,

而体力差的人则为无氧运动。因此,不能只按运动项目一概判断是有氧运动还是无氧运动。

2. 运动处方的运动种类

现代新兴的运动处方要求包括三种运动种类,即有氧运动、伸展运动和力量性运动,以达到全面锻炼的最佳效果。

第一类为有氧运动的耐力性运动项目:步行、慢跑、走跑交替、游泳、自行车、滑冰、越野滑雪、划船、跳绳、上下楼梯及室内功率自行车、步行车、活动平板(跑台)等。

第二类为伸展运动及健身操:广播体操、太极拳、五禽戏、八段锦、健身迪斯科、跳舞及各种医疗体操和矫正体操等。

第三类为力量性锻炼:采取中等强度的、足以发展和维持去脂体重力量训练,必须成为成人身体素质训练计划的一个组成部分。美国运动医学会推荐的力量训练主要是肌群参与,每次8~10组,每组重复8~12次,每周至少2次。

3. 运动项目的选择

选择运动项目,要考虑运动的目的,如是健身还是治疗等;要考虑运动的条件,如场地器材、余暇时间、气候等;还要结合个人的体育兴趣、爱好等。在运动处方中,为锻炼者提供最适宜的运动项目可以说是最终的目标。

选择运动种类的条件:经过医学检查已许可;运动强度、运动量符合本人的体质;有过去的运动经验、本人喜爱的项目;有进行运动的环境、就近的场所;运动设备、设施齐全;有同伴;有指导者。

(三) 运动强度

运动强度是单位时间内的运动量,反映的是运动的剧烈程度。它是运动处方定量化与科学性的核心问题。运动强度可用每分钟的心率来表示。一般认为,大学生心率120次/分钟以下为小强度,120~150次/分钟为中强度,150~180次/分钟或180次/分钟以上为大强度。测量运动强度的简单办法是,测量运动后10秒钟内的脉搏数再乘以6,就是1分钟的运动强度。

适宜运动强度范围可用靶心率来控制,即以本人最高心率的70%~85%的强度作为标准。靶心率为:(220 − 年龄) × (70%~85%)。例如,20岁的靶心率是140~170次/分钟。最适宜运动心率为:心率储备 × 75% + 安静时心率。其中心率储备 = 最大心率 − 安静时心率;最大心率 = 220 − 年龄。

(四) 运动时间

运动时间指每次持续运动的时间。由于运动时间和运动强度的乘积决定运动量,因此即使等量的运动量,因运动目的的不同也会有运动强度和时间都不同的处方。以健身为目的的运动,强度小而时间长的处方效果较好(特别适合中老年人);而对于高职院校学生来说,反复多次、短时间激烈运动的处方对增进健康有很好的作用。

从运动生理来说,5分钟是全身耐力运动所需的最短时间,60分钟对于坚持正常工作的人是最大限度的时间。库珀研究认为,心率达到150次/分钟以上时,最少持续5分钟即可开始收到效果;如果心率在150次/分钟以下,则需要5分钟以上才会有效果。

一次必要的运动时间,要根据运动强度、运动频度、运动目的、年龄及身体条件的不同而不同,不能一概而定;还要看为了给予呼吸、循环系统有效的刺激,使各种生理功能充分发动起来,从运动开始至达到恒常运动所需要的时间。一般达到恒常运动的时间,轻运动时为 5 分钟左右,强运动时需 3 分钟左右。由此可见,5 分钟以内的运动对呼吸、循环系统的刺激还是不充分的。因此,在达到恒常运动以后需要继续运动一段时间,这样合计运动时间则为 10 分钟以上,再加上准备活动及整理活动至少需要 5~8 分钟,所以实际所需要的时间为 15~20 分钟,这是比较可行的运动时间的最低限度。

一般来说,每次进行 20~60 分钟的耐力性运动是比较适宜的。如考虑时间与强度的配合,健康成年人宜采用中等强度、长时间的运动;体力弱而时间充裕的人,可采用小强度、长时间的配合;但体力好而时间不多的人,就可采用大强度、短时间的配合。

(五)运动频度

运动频度指每周的锻炼次数。每周锻炼几次为好? 有研究结果表明:当每周锻炼多于 3 次时,最大摄氧量的增加逐渐趋于稳定;当锻炼次数增加到 5 次以上时,最大摄氧量的提高就很小;而每周锻炼少于两次时,最大摄氧量基本不变。由此可见,每周锻炼 3~4 次是最适宜的频度。但由于运动效应和蓄积作用,锻炼间隔不宜超过 3 天。作为一般健身保健,如果能坚持每天锻炼一次当然更好。

五、运动处方的制定

(一)一般体检

内容包括了解运动的目的及对运动的期望;询问病史,如既往病史、家族病史;了解运动史,如运动爱好、现在的运动情况等;了解社会环境条件,如职业、工作与劳动条件、生活环境、经济、营养等以及周围能够利用的运动设施,有无指导等。

(二)临床检查(包括人体测量和体脂测定)

这里所指的临床检查相当于所谓成人病的检查。检查的目的:第一,对现在的健康状况进行评价;第二,判断能否进行运动;第三,是否有潜在性疾病或危险因素,以预防事故。总之,医学检查的基本目的在于掌握个人的状况,为制定运动处方提供必要的信息。

(三)运动负荷试验和体力测验

运动负荷试验是制定运动处方的基本依据之一。运动负荷试验的方法很多,可根据检查的目的、被测者的特点来选择适合的方法。现在最普遍的方法是"递增负荷运动试验"。这个试验利用活动平板或功率自行车等,在试验过程中逐渐增加运动负荷强度,同时测定某些生理指标,指导受试者达到一定的用力程度。

需要明确的是,只有运动负荷试验无异常的人才能接受体力测验,即进行肌力、爆发力、柔韧性等运动能力和全身耐力测验。根据库珀和日本学者浅见的实验研究,12 分钟跑测验与最大摄氧量的相关系数最高。所以,库珀提出的有氧代谢运动的体力测验包括走、跑、游泳三种方式,可以任选其一来检查和衡量心血管系统功能。由于是测验,运动强度就比平常锻炼时高,并要求尽全力而为之,因此参加测验的人必须符合以下三个条件之一:35 岁以下,身体健康;有半年以上运动经历;按库珀介绍的锻炼计划至少运动了 6 周。

(四)制定运动处方,安排锻炼计划

根据以上的检查结果,结合个人的健康状况、体力水平及运动能力的限度等具体情况制定运动处方,处方中主要规定运动强度和保证安全的一次必要运动量(运动时间)及一周的运动频率等内容。一般按照初定的运动处方试行锻炼,对不适当的地方可进行调整,待适应后要坚持锻炼 3~6 个月再做体力测验,并重新制定长期的运动处方,以不断提高锻炼效果。

（五）善后工作和复查

原则上医生要当面为个人制定运动处方,不宜只按体检资料或由别人代办。医生首先要向个人说明医学检查结果的概要,使其正确对待体检异常的结果;其次指出注意事项,进行运动教育和咨询指导;再次隔一段时间要与被检查者接触,询问其运动情况,判断有无副作用或疲劳感;第四,由于有些人中途停止运动,故可要求做运动处方锻炼日记,并每隔1～2周到门诊咨询一次;最后,至少一年全面复查一次,总结一年的运动实施情况,评价这期间的运动效果,必要时进一步改善运动处方。

六、一次锻炼课的安排

一次锻炼课通常分三部分进行,即准备部分、锻炼部分和结束部分。

准备部分的作用是使机体组织"暖和"起来,使身体逐渐适应运动强度较大的运动,以免因心肺等内脏器官和骨关节功能不能适应而导致意外。一般都采用活动强度小的步行、伸展性体操或太极拳等。

锻炼部分也称基本部分,其内容是运动处方的主项运动欲达到的目标。例如,耐力运动项目要达到靶心率,并要求至少维持12分钟以上。主项运动的运动强度一般定为最大能力的40%～60%。同时还要求达到一定活动范围的肌力训练,其训练强度为最大能力的80%左右。

结束部分是指在训练结束后,要使高负荷活动的心肺和肢体逐渐安静、"冷却"下来,不要突然停止运动。因为此时血流仍大量集中于四肢,若突然停止不动,使回心血量锐减,可能会出现"重力性休克",即由于每搏输出量不足,引起脑贫血而发生休克症状。所以运动结束时,通常做一些放松式体操、散步或自我按摩最为适合。

在不同的锻炼阶段,这三个部分的时间划分各不相同。在早期阶段,准备部分时间要长些,一般为10～15分钟,锻炼部分20～25分钟,结束部分5～10分钟。在中期和后期阶段,则准备5～10分钟,然后进入主项运动（即锻炼部分）,最后5分钟整理活动。这样一次课表现为"开始缓慢的、中间爽快的、终了微火似的运动过程"。以健身为目的的运动时间合计为30～45分钟。各部分锻炼内容的安排各有侧重,并且运动负荷的分配各不相同。

七、运动处方示例

耐力运动处方。

姓名：×××　　性别：男　　年龄：21岁　　日期：2014-10-20

（一）测试数据

身高：170厘米　　体重：57千克

基础代谢（BMB）：6423千焦耳（1559千卡）　　体脂百分比：10.89%

身体质量指数（BMI）：19.7　　肥胖程度（OBD）：91%

心脏功能能力（FC）：14.0

（二）评定

心脏每分钟可供给全身的最大氧气量约为2.8升。

心脏每分钟可以供给每千克体重的最大氧气量约为49毫升。

（三）建议

1. 运动强度

（1）运动能力（E.C）8.4～11.2METs,主观疲劳感觉（RPE）13。

（2）靶心率（THR）：锻炼时心率保持为145～174次/分钟,低于这个强度,锻炼效果不佳；超过这个强度，有可能会出现一些意外情况，对身体造成损伤。

2. 锻炼项目

周期性有氧运动。

（1）跑步锻炼，速度为 7.8～10.7 千米/小时，或 130～178 米/分钟。

（2）健身功率车：功率为 118～170 瓦。

（3）其他锻炼项目：足球、篮球、跳绳（60～80 次/分钟）等。锻炼时应随时按照靶心率进行调整，短时间内允许心率超过靶心率 1～2 次/10 秒，但应及时降低运动强度，使心率回到靶心率范围之内。

3. 锻炼时间

每次 30～60 分钟。一次锻炼至少要持续 30 分钟，除准备活动和整理活动外，至少要有 20 分钟使心率保持在 145～174 次/分钟之间。

4. 锻炼次数

3～5 次/周。坚持每周按照运动处方进行周期性有氧运动 3 次（隔日一次），即可收到锻炼的效果，如有时间，可每周增加 1～2 次所喜爱的活动。

5. 热量消耗

按照运动处方锻炼，每次活动可以消耗热量 848～2257 千焦耳（206～548 千卡）；一周活动 3～5 次，可消耗热量 2542～11292 千焦耳（617～2741 千卡）；相当于减少脂肪 0.06～0.36 千克；通过锻炼可以减少身体内脂肪的含量，增加肌肉的质量。

（四）注意事项

（1）请在锻炼时监测自己的心率或脉搏，使其保持在靶心率范围内。

（2）心率测量方法：在运动 5～10 分钟后，暂停运动，由桡动脉或颈总动脉测量 10 秒脉搏的次数并乘以 6，按此及时调整运动强度。如果经济条件许可，可使用电子心率计，设置靶心率的上下限，随时了解运动中的心率，并可在低于或高于靶心率时及时得到提醒。

（3）注意平衡饮食，保持健康、乐观的心理状态。

（4）以上建议供锻炼时参考，如出现异常现象，请及时向专业人员咨询。

 思考题

1. 举例说明体育锻炼对人体的作用。
2. 常用的锻炼身体的手段与方法有哪些？
3. 试着为自己拟订一份运动处方，并与同学交流。

第三章 体育锻炼与心理健康

第一节 心理健康概述

一、心理健康的概念

什么是心理健康？国内、外专家有过不少的研究和论述，但尚无一个公认的界定。

1946年，第三届国际心理卫生大会曾为心理健康下过一个定义："所谓心理健康，是指在身体、智能以及情感上，与他人的心理健康不相矛盾的范围内，将个人心境发展成最佳的状态。"

精神病学家孟尼格尔认为："心理健康是指人们对于环境及相互之间具有最高效率以及快乐的适应情况。不只要有效率，也不只是要能有满足之感，或是能愉快地接受生活的规范，而是更需要三者的同时具备。心理健康者应能保持平静的情绪，有敏锐的智能，适于社会环境的行为和令人愉快的气质。"

心理学家英格里斯认为："心理健康是指一种持续的心理情况，当事者在那种情况下能做出良好的适应，具有生命力，并能充分发展其身心的潜能，这才是一种积极丰富的情况，而不仅仅是免于心理疾病。"

在《心理学百科全书》中，心理健康又称精神卫生，它包括两方面的含义：第一，指心理健康状态个体处于这种状态中，不仅自我情况良好，而且与社会适应；第二，指维持心理健康、减少行为问题和精神疾病的原则和措施。

有人认为，心理健康就是没有心理疾病。其实不然，有些人虽无心理疾病，没有精神病、神经官能症，但他们或者缺乏积极的生活态度，对生活感到厌倦，认为没有意义，对别人不信任，拒绝与人交往；或者唯我独尊，狂妄自大，人际关系失调；或者情绪偏执，缺乏自我调控能力，遭遇不幸往往不能自拔，等等，这些都是心理不健康的表现。

虽然人们所站的角度不同，对心理健康的理解有一定的差异，但都存在一些共同之处，即：心理健康是指个人心理所具有的在正常发展的智能基础上所形成的一种表现出积极的状态、良好个性、良好处世能力、良好人际关系以及与环境保持良好适应能力的心理特征结构。最概括、最一般地说，心理健康是指人的心理，即知、情、意活动的内在关系协调，心理的内容与客观世界保持统一，并据此能促使人体内、外环境平衡和促使个体与社会环境相适应的状态，并由此不断地发展健全的人格，提高生活质量，保持旺盛的精力和愉快的情绪。

心理健康也可以从广义和狭义的角度去理解。从广义上讲，心理健康是指一种高效而满意的、持续的心理状态，在这种状态下，人能做出良好的反应，具有生命的活力，而且能充分发挥其身心潜能。从狭义上讲，心理健康是指人的心理活动的基本过程内容完整、协调一致，即认识、感情、意志、人格、行为完整和协调，能适应社会。

二、心理健康的标准

(一) 美国著名心理学家马斯洛对心理健康提出的10条标准

(1) 有足够的自我安全感。
(2) 能充分地了解自己,并对自己的能力做出适当的评价。
(3) 生活理想切合实际。
(4) 不脱离周围现实环境。
(5) 能保持人格的完整与和谐。
(6) 善于从经验中学习。
(7) 能保持良好的人际关系。
(8) 能适度地发泄情绪和控制情绪。
(9) 在符合集体要求的条件下,能有限度地发挥个性。
(10) 在不违背社会规范的前提下,能恰当地满足个人的基本需求。

(二) 不同学者、组织对心理健康的标准的归纳

(1) 了解自我,悦纳自我。
(2) 接受他人,善于人处。
(3) 正视现实,接受现实。
(4) 热爱生活,乐于工作和学习。
(5) 能协调与控制情绪,心境良好。
(6) 人格和谐完整。
(7) 智力正常,智商在80以上。
(8) 心理行为符合年龄特征。

(三) 高职院校学生心理健康的标准

1. 智力正常

智力是指一个人认识能力与活动能力所达到的水平,是人的观察力、注意力、记忆力、想象力、思维能力、创造力和实践能力等的综合。智力正常是高职院校学生生活、学习、工作的最基本的心理条件,也是适应周围环境变化所必需的心理保证,因此,衡量时关键在于是否正常地、充分地发挥了效能:即有强烈的求知欲,乐于学习,能够积极参与学习活动。

2. 情绪健康

其主要标志是情绪稳定和心情愉快。包括的内容有:愉快情绪多于负面情绪,乐观开朗,富有朝气,对生活充满希望;情绪较稳定,善于控制与调节自己的情绪,既能克制又能合理宣泄;情绪反应与环境相适应,情绪反应是由一定的原因引起的,反应的强度与情境相符。情绪在心理健康中起核心作用,良好的情绪状态有利于身体健康和学习、工作效率的提高及人际关系的协调。情绪异常往往是心理疾病的先兆。

3. 意志健全

意志是一种心理过程,即个体在完成一种有目标的活动时所进行的选择、决定与执行的心理过程。一个意志健全的人在行动的自觉性、果断性、顽强性、自制力等方面都表现出较高的水平,在各种活动中都有自觉的目的性,能适时地做出决定并运用切实有效的方法解决所遇到的问题,在困难和挫折面前能采取合理的、有效的反应方式,善于控制自己的情绪和言行,而不是行动盲目、畏惧困难、顽固执拗。

4. 人格完整

心理学上所说的"人格"与我们平时说的"人格"在内涵上有所不同。我们在日常生活中经常会听到或谈到这样的话题:这个人的人格低下(很坏);我的人格受到了侮辱等。这里的"人格"指的是人的尊严。心理学上的人格是指一个人比较稳定的心理特征的总和,包括气质、性格、能力、兴趣、爱好、需要、理想、信念等,也就是我们常说的个性。气质和性格是人格的重要组成部分。人格完整就是一个人所想、所说、所做的都是协调一致的,人格结构的各要素完整统一,具有正确的自我意识,不产生自我同一性混乱,以积极进取的人生观作为人格的核心,并以此为中心把自己的需要、目标和行动统一起来。

5. 自我评价正确

正确的自我评价是高职院校学生心理健康的重要条件,包括对自己的认识比较接近现实,有自知之明,正确地认识自己,摆正自己的位置;对优点感到欣慰,又不至于狂妄自大;对缺点既不回避,也不自暴自弃,而是善于自我接纳,喜欢自己,接受自己;自尊、自强、自制、自爱适度,正视现实,积极进取。

6. 人际关系和谐

良好而深厚的人际关系,是事业成功与生活幸福的前提。其表现为乐于与人交往,既有广泛而深厚的人际关系,又有知心朋友;在交往中保持独立而完整的人格,有自知之明,不卑不亢;能客观评价别人和自己,善于取长补短;对人宽容,乐于助人,积极的交往态度多于消极态度;交往动机端正。

7. 适应能力强

适应能力强是指和社会保持良好的接触,对周围事物和环境能做出客观的认识和评价,能够面对现实,接受现实,并能主动适应。以有效的办法应对环境中的各种困难,不退缩,还要根据环境的特点和自我意识的情况努力进行协调。

8. 心理行为符合年龄特征

高职院校学生正处于青春期,心理特征应与年龄特征和角色相适应。如果一个学生经常严重地偏离这些心理行为特征,有可能是心理异常的表现。

综上所述,一个心理健康的高职院校学生一般应心境良好、愉快、乐观、开朗、满意等积极情绪状态占主导,同时又能随事物对象的变化而产生合理的情绪变化,如遇喜事而感到愉快,遭遇不幸则产生悲哀的情绪。此外,还能依场合的不同,适当地控制自己的情绪。

第二节 高职院校学生心理特点及常见心理问题

一、高职院校学生的心理特点

高职院校学生随着生理发育的成熟,社会生活环境由高中(家+学校)到大学(寝室+教室)再到多元的社会的影响,特别是高职院校学生特有的学习和生活方式,使其智力发展达到了较高的水平,个性心理方面也出现了许多重要的变化。他们对周围发生的事极其敏感,会不断调整以期适应,其中的每一次经历都会激起一连串的心理变化,由此形成了他们自己的一些主要特点。

(一)年龄阶段特点

高职院校学生多数处于18~24岁这一年龄阶段。在这个阶段,个体的生理发展已接近完成,已具备了成年人的体格及各种生理功能,但其心理尚未成熟。对这些学生而言,所面临的一个重要任务就是促使心理日益成熟,以便成为一个心理健康的成年人。可以说,18～24岁这一年龄阶段,是走向成熟的关键期。

人的成熟,应具备以下三个基本条件:

第一是身体的长成。以个体生理成熟为标志,尤其是以性成熟为重要指标。高职院校学生一般都已具备这种条件。

第二是心理发展完善。即形成了完善的自我概念,形成了稳定的个性。

第三是社会化程度的提高。以人的社会成熟为标志,即个体对自己在社会中所处的角色及所担负的社会责任有正确的认识。

在这三个条件中,生理成熟是心理成熟的物质基础和依据,社会成熟是心理成熟的必要条件。而社会化程度的提高,取决于个体的社会实践活动。由于高职院校学生在校学习时间长,与社会生活有着某种程度的隔离。他们身在校园,对真正的社会生活并没有直接的、深刻的了解,他们的社会实践活动比较表面和肤浅。因而,高职院校学生的社会成熟期较长,在整个学生时代,他们都要为这种社会成熟的完成而付出努力。

(二) 自我意识有较大的增强

自我意识是指人对自己以及与周围关系的一种认识。它包括自我观察、自我评价、自我体验、自我监督、自我教育等形式。自我意识在发展人的个性中占有重要的地位。人的兴趣、能力、性格、情感、意志和道德行为,无不受自我意识的影响和制约。高职院校学生自我意识的增强主要表现在以下几个方面:

1. 追求自我完善

高职院校学生要求深入了解和关心自己的发展。他们经常把自己分为现实的"自我"和理想中的"自我",力图从现实和理想的关系中把握自己、认识自己、要求自己,以追求自我完善。

2. 自尊心加强

高职院校学生自尊心越来越强,对自己的要求也越来越严格。他们作为同龄青年中的佼佼者、幸运者,渴望受到他人尊重,希望自己的聪明才智能够得到社会的承认和关注,他们不喜欢别人指手画脚、干涉指责,或者继续把他们当成未成年人看待,期待社会把他们看作是成熟的一员。高职院校学生这种强烈的自尊心、自信心,是他们自我意识进一步增强的反应,也是前进的动力。

3. 有一定自我评价、自我教育的能力

所谓自我评价是指个人的自我认识和自我态度的统一,是自我意识的主要组成部分。实践证明,一个人自我评价越符合客观实际,就越能促进自己的健康发展。自我评价贯穿于人生的全过程。高职院校学生一般能逐步学会较客观、全面和主动地进行自我评价。他们不仅会分析自己行为中的心理状态,还会对自己的整个心理面貌进行评价;不仅能分析自己的意志、性格、气质特点,而且会从政治、道德观念、思想观念上分析自己,并努力使自我评价与外界评价一致起来,还能通过自己对同学、师长的评价来比较自己、评价自己。他们多数人还会根据社会对他们的要求以及自己身心的发展,对自己进行反思,还能根据所学的专业和以后可能从事的工作来规划自己的学习生活,确定自己的奋斗目标,使其自我意识获得新的发展。他们敏感性大为提高,不再轻易苟同他人见解,也厌恶因循守旧、墨守成规。

由于高职院校学生自身社会生活的知识、能力和经验等不足,他们中相当一部分人还

不善于正确处理自我完善与社会发展需要的关系,还没有真正立足现实,做长期艰苦奋斗的准备。他们有时对自己估计过高,不善于倾听别人的意见,有时难以理解人、尊重人,常常表现出自命不凡、刚愎自用。有少数人难以充分了解和正确认识自己。高职院校学生自我意识的发展状况充分反映出他们正迅速走向成熟,但尚未真正完全成熟的心理特点。

(三)抽象逻辑思维高度发展,各种认知能力已达到较成熟的水平

高职院校学生由于学习的知识越来越多,涉及面越来越广,其抽象逻辑思维受到更全面的锻炼,从思维的发展来说,"理论型"抽象思维已逐渐居于主导地位。在专业学习中他们比较喜欢进行较系统的理论论证,追求较高的理论深度,对事物因果规律的探讨越来越感兴趣。高职院校学生思维的独立性、敏感性显著提高,思维的广度、深度进一步发展,求知欲更加旺盛,思想活跃而好争辩,在复合性思维和发散性思维正确结合下,加上丰富活跃的想象,就大大促进了创造欲望和能力的提高,越来越盼望有所发明创造和有所成就,对社会和人类做出贡献。

由于高职院校学生辩证逻辑思维的基础毕竟还不深厚,在观察、分析事物特别是复杂的社会现象时,主观、片面、固执、过于自信等偏颇时有发生,需要对其进行恰当的引导和教育。

(四)情感和意志已达到较高水平而接近成熟

高职院校学生充满青春活力,随着校园生活的深入开展,社会性需要增多,他们的社会性情感在良好教育和影响下获得充分发展。他们朝气蓬勃、勇往直前、珍视友谊,向往美好的爱情和生活,道德感和美感的发展均趋于成熟,并在情绪生活中占据主导地位。这种强烈的情感不仅表现在学习和生活中,也体现在对待家长、同学和老师的态度等方面,更重要的是这种情感还明显地具有时代性、社会性和政治性。随着环境的变化,他们控制情绪的能力也在不断增强,大多数人的内心体验逐渐趋于平稳。他们意志的自觉性、坚韧性、自制性和果断性也都有了较大发展,能独立、迅速地处理好一般学习和日常生活问题。但是,他们情感的发展还没有真正成熟,仍然存在一些明显的弱点,主要表现为:

(1)高职院校学生的情绪还有较大的情景性和波动性,有时这种情绪波动和随境而迁的特点表现得相当明显,难以控制。高职院校学生情绪的外显性与内涵性在矛盾中并存,这种情况常使一些学生陷入理智与情感的矛盾和冲突之中,从而感到十分苦恼。

(2)高职院校学生的意志水平发展也是不平衡和不稳定的,在处理关键性问题或采取重大行动时往往表现出优柔寡断、动摇不定或草率武断、盲目从众的心态。在同一种活动中,他们的意志表现水平也有较大差异,心境好时意志水平较高,心境差时则显得意志水平较低。

二、高职院校学生常见的心理问题

高职院校学生常见的心理问题主要有环境应激问题、人际交往障碍、自我认识失调以及与性有关的适应不良等。

(一)环境应激问题

环境应激问题在新生中表现得比较突出。

1. 学校环境的变迁

进入高职院校后,多数学生远离家乡,离开了父母、亲人和朋友及熟悉的环境。由于环境的变化,许多问题要独立处理。一些高职院校学生对新的集体、新的生活方式、新的学习特点还不习惯,出现适应困难、失眠、食欲不振,甚至神经衰弱。

2. 学习条件和学习方法的变化

许多高职院校学生在中学是学习上的佼佼者,自我感觉良好,老师和家长对其宠爱有加。但在集中了各地学习优等生的新群体中,他们有可能不再是校园中的宠儿,学习上可能也不是优等生。如对上述现实没有思想准备,不能正确接受和对待,就会造成心理问题,表现为自信心降低,产生自卑感。有些人由于学习方法不当而造成学习困难。例如,对新的课程仍沿用已不适用的中学学习方法,结果造成学习成绩不理想,自己又忽视学习方法的探讨和改进,因而在学习问题上疲于被动应付,心理承受的压力很大,出现焦虑、紧张等情绪反应,同时反过来又会严重影响其自信心,带来苦恼及自我否定等心理问题。

3. 生活习惯的变化

我国南、北方等地学生的异地求学,带来饮食、生活习惯和气候等方面的不适应,这也会影响他们正常的学习、生活和睡眠等活动,使他们产生心理问题。个别距普通话语系较远地区的学生到高职院校就读,常会出现一定程度上的语言隔阂应激现象,从而造成学习困难和交往障碍等,这些也会对其心理健康产生不良的影响。

(二) 人际交往障碍

与人际关系有关的心理问题,表现为沟通不良、交往恐惧、人际关系失调、人际冲突、孤独无援、缺乏社交的基本态度与技能、代沟等。例如,在交往方面,有些人因自负而不屑交往,因孤僻而不愿交往,因恐惧而不能交往,因自卑而不敢交往,从而陷入孤独、封闭的境地;也有的学生虽然主动去交往,但由于对人的认识上常有偏见、误解或过分要求,对他人情感上缺乏同情、理解和尊重,对他人的行为挑剔。有的学生过于固执、任性、偏激甚至喜怒无常,所以造成人际关系不协调,难以被他人接受。良好的交友愿望和人际关系不协调的矛盾常导致一些学生内心的冲突,出现心理失调。

(三) 自我认识失调

1. "理想自我"与现实矛盾的认识失调

高职院校学生的年龄和阅历决定了不少人对任何事物过于理想化,他们往往对一切事物都寄予美好的愿望,常常将自己置身于幻境之中,以为理想中的好即是现实中的好,很大程度上脱离现实条件。当自己的理想在现实中被否定时,思索"理想"虚幻成分的不多,而埋怨现实因素的不少。不少高职院校学生常常自视过高,常给自己打"满分"。当现实中的自己与理想状态下的自己发生错位时,不稳定的情绪就袭上心头,表现出不安和痛苦。

2. 不能客观评价自己

还有一些高职院校学生,他们在发展自我的过程中放大了自我"劣势",忽略了自我优势,由于害怕暴露自己的弱点而采取某种防御和压抑性的心态,他们很少与周围同学、师长交流,多独处,行为不稳定,多疑而不信任他人,以致产生烦恼和恐惧不安等。

(四) 与性有关的适应不良

1. 性意识的困扰

高职院校学生的性生理已经发育成熟,与其相伴随的性心理也基本成熟。不少学生会受到来自自我性意识的困扰,如有被异性吸引体验、性幻想,常想到性问题、做性梦,遇到异性同学脸红,以及与之对抗的对性的压抑等。这种困扰,通常只会带来一般程度的不安和躁动,但当其达到严重程度时,便会产生心理问题,从而影响到学习、生活和休息等各个方面。

2. 性行为异常

在某种特定因素的影响下,在部分高职院校学生中出现了性变态行为,这些变态性行为包括同性恋、露阴癖、恋物癖、窥阴癖等。

3. 性行为的心理问题

在高职院校学生中,伴随性意识的性行为,多半保留在自慰性行为水平,如手淫、触摸等。然而有部分学生曾获知不正确的性知识,或对性有不正确的认识和理解,造成诸多心理压力,甚至会形成心理问题。

4. 失恋造成的不适应

高职院校学生失恋现象比较普遍,部分学生把失恋看成是极其严重的生活事件,会使他们的情绪、自我评估、人际交往、学习、生活等受到不同程度的影响,从而造成诸多的心理问题。

5. 对自己身体意象的不适应

身体意象是指个体对自己及功能所描绘的意象,如身体过于肥胖就会在其大脑中产生肥胖的意象。当其不能接受这种特定身体意象时,就会产生强烈的自我否定、与周围的对抗态度和情感反应,甚至会引起攻击性、逃避性和病理性的行为,从而构成心理问题。这种特定意象通常包括肥胖、身体矮小、相貌怪异以及有某种残疾等。

(五)就业焦虑

随着社会竞争加剧及就业市场不景气,高职院校学生精神负担过重,并由此导致焦虑、自卑,最后对生活失去信心,导致出现一系列心理问题。

(六)其他方面

1. 对重大丧失的不适应

高职院校学生有面对意外事件的可能性,当这些事件对于个体意义特别重大并未能被妥当应对时,就会对其他各方面产生严重的不良影响,从而出现心理问题。这些重大丧失有:严重的外伤或疾病、亲人亡故或重病、家乡遭受重大灾害、经济状况严峻及丧失重要的机遇等。

2. 早年伤害体验带来的不适应

部分高职院校学生在幼年、童年甚至青少年时期的生活环境中,曾经历过不幸的事件、境遇,并造成伤害性体验,以至于对他们的行为模式、生活态度乃至个性发展产生了恶劣影响。进入高职院校后,他们有可能会以仇恨、多疑、逃避、攻击、不合作等行为模式对待新环境,从而造成他们对社会的不适应,并影响到其自身发展等问题。这类造成伤害性体验的不幸境遇有:父母离异或家庭严重不和睦、父母等有较重的不良人格特质、教养态度严重偏离、被遗弃或收养、家庭或本人长期处于被严重压抑的环境、长期被伤害或迫害而缺乏被爱和同情,以及家庭经济状况长期严重困难等。高职院校学生中还有因出国留学、余暇生活、个性发展、人生态度等方面出现困惑和苦恼等心理不适应。

第三节 体育锻炼对高职院校学生心理发展的影响

一、体育锻炼是促进健康心理素质形成的重要因素

心理素质包括很多方面,如人的情绪状况、智力水平、自我概念和自尊的认识、意志力与品德的表现、心理疾病的调控、疲劳的恢复、人际关系的处理与社会适应能力等。通过体育锻炼对上述心理素质的健康发展都具有良好的促进作用。

体育锻炼促进心理健康主要表现在以下几个方面。

(一) 改善情绪状态

情绪状态是衡量体育锻炼对心理健康影响的最重要的指标。不良情绪是导致生理和心理不健康的重要因素之一,而体育锻炼能直接给人带来愉快和喜悦,并能降低紧张和不安,从而调控人的情绪,改善心理健康状况。一次30分钟的跑步可以显著地改善紧张、困惑、焦虑、愤怒和抑郁等不良情绪,长期有规律的中等强度的体育锻炼有助于情绪的改善。

(二) 提高智力

经常参加体育锻炼,对提高脑细胞的功能及工作效率有很好的促进作用,为智力发展提供了生理基础。

研究表明,一般情况下大脑耗氧量是人体耗氧量的25%,运动时可达到32%。经常参加体育锻炼有利于头脑清醒、精力充沛,有益于血液循环和神经细胞兴奋与抑制的交替,更有助于学生的注意力集中、知觉敏锐精确、记忆状态良好、想象力丰富、思维灵活等智力因素的健康发展。

(三) 强化自我概念和自尊

自我概念,是指个体对自己的各种身心状况以及周围关系的一种认识;而自尊是在自我概念的基础上,对自己各方面的自我评价和情感反应。研究表明,青年人对自我身体方面的关注达到了最高点。当个体对身体形象不满意时,会降低整体自尊,并产生不安全感和抑郁症状等。

(四) 培养意志和良好的品德

意志品质是指一个人的果断性、坚韧性、自制力以及勇敢顽强的主动独立性等精神。体育活动既有个人对抗,又有集体协作,需要遵守体育规则和体育道德。在体育活动中可以培养公平竞争、团结协作、勇敢顽强、吃苦耐劳、胜不骄、败不馁的精神,而锻炼中培养起来的坚强意志和优良品质能够迁移到日常的学习、生活和工作中去。

(五) 协调人际关系,提高社会适应能力

中国著名医学心理教授丁瓒指出,人类的心理适应最主要的就是对于人际关系的适应。人际关系是影响一个人的心理健康的重要因素之一。体育锻炼总是在一定的社会环境中进行的,它总是与人群发生着交往和联系,人们在运动中能够较好地克服孤僻,忘却烦恼和痛苦,协调人际关系,扩大社会交往,提高社会适应能力。

著名学者麦亦尼认为,游戏和运动具有启发独创精神、消除紧张和保持友谊等心理保健作用。马赛等人调查发现,外向性格者比内向性格者的社会需要更强烈,这种需要可通过集体性的体育活动得到满足。

(六) 消除疲劳

疲劳是一种综合性症状,既有生理性的,也有心理性的。当一个人的情绪低落或任务超出个人能力时,在心理上和生理上会产生疲劳。高职院校学生持续紧张的学习压力容易造成身心疲劳和神经衰弱,通过参加中等强度的体育锻炼,可以提高身体素质和运动能力,提高身体抵抗疲劳的能力,也可以使身心得到放松。

二、体育锻炼对高职院校学生的心理具有调节作用

(一) 体育锻炼能提高高职院校学生的综合心理功能

1. 体育锻炼能促进高职院校学生身体健康发展

体育锻炼是改善个体机能状态的最有效方式之一,锻炼改善了体表肌肉结构,提高了

心、肺功能,使身体匀称和窈窕;同时也改善了大脑神经系统功能,增强了朝气和自信,为担负繁重的体力和脑力劳动、适应各种困难的环境及为心理的发展奠定了物质基础,从而有助于形成积极良好的自我评价。

2. 体育锻炼能促使高职院校学生情绪和情感的稳定

情绪和情感是客观事物是否符合人的需要与愿望而产生的态度体验。情绪与人的健康、疾病有着极为密切的关系,正所谓"怒伤肝"、"喜伤心"、"思伤脾"、"忧伤肾"等,这在我国古代就有阐述。而现代医学心理学也以大量事实与证据证明了情绪因素与疾病之间的关系,从情绪因素引起的一系列生理变化来看,情绪活动在相当大的程度上决定着人体的新陈代谢过程和肌体的功能状态。而影响着大学生情绪的因素主要有适应问题、学习问题、人际关系问题、心理与生理问题等。例如,新生入学后易出现环境适应、学习困难、同学之间的关系、疾病、失恋等问题,对这些问题一旦处理不当,将导致情绪上的波动或冲动,从而产生过激行为,这对高职院校学生的生理与心理都会产生不良的影响。

体育活动中的运动竞赛以其独特的胜负变化,能使高职院校学生在运动中领略各种各样的心理情感体验,直接或间接地稳定高职院校学生由情感引发的波动和冲动,培养情感的稳定性和深刻性。

3. 体育锻炼有助于形成注意的稳定性

从注意的生理基础来看,人在注意事物时,大脑皮层的相应区域就会产生一个优势兴奋中心。在这个优势兴奋中心中,旧的暂时神经联系容易恢复,新的神经联系也容易建立和分配,使传导兴奋中心和刺激得到清晰和完整的反映。由于相互诱导的作用,当大脑皮层一定区域产生一个优势兴奋中心时,邻近区域就处于抑制状态。人在体育活动中,可以达到心无杂念的意境,当运动中枢产生兴奋时,其他区域则处于抑制状态。这一方面,可使身体得到充分休息,保持身心健康、精神愉快、精力充沛,做到劳逸结合,防止因学习产生过度疲劳而导致注意障碍;另一方面使大脑得到锻炼,在增强对注意障碍"免疫力"的同时,使过剩的精力得以宣泄,从而保持体内能量的平衡,形成注意的稳定性。

4. 体育锻炼能强化人的意志

意志是自觉地确定目标,并为实现目的而支配调节自己的行为、克服各种困难的心理过程。人在从事体育活动时需要个体做出一定的意志努力,这其中包括自觉地克服主观和客观上的困难。体育活动具有气候变化、动作难度和意外障碍等客观特点,以及机体在力量与耐力等项目训练时承受的疼痛等主观因素。体育活动还充满着失败和挫折。因此,它常常与意志联系在一起。意志努力的积极程度愈高,也就愈能培养良好的意志品质。坚韧、顽强的意志品质是在社会实践中形成的,同时也是在自觉克服困难与挫折的行动中体现出来的。因此,人的优秀意志品质也是在不断克服困难与挫折的过程中培养与形成的。

5. 体育锻炼有助于形成积极的自我概念

自我概念,是指个体对自己的各种身心状况以及周围关系的一种认识,也是人认识自己和对待自己的统一,是主体对自身的意识。其中包括对自己肌体状态和肢体活动能力的认识,对思维、情感、意志等心理活动的意识,以及自我概念、自我评价、自我体验、自尊心、自豪感、自我监督、自我调节、自我控制等。自我概念的成熟,往往标志着人格的基本形成。

体育活动不但能直观地反映个体的机能状态、肢体活动能力和反应速度,而且能体现思维方式、情感和意志等心理活动、身体抵抗疾病的能力和健康状况。经常参加体育锻炼不仅能使个体机能、肢体活动能力等各方面得到改善与提高,而且可使参与者在形体和仪态上向理想中的自我靠近,从而有助于产生积极、肯定的自我概念和自信心。

(二)体育锻炼对高职院校学生心理障碍的调适作用

1. 消除高职院校学生因身体状况而引起的自卑感和焦虑

身体类型与行为之间存在着依赖性关系,这种关系首先表现在关心自己身体的形态。人对自己身体形态的自我认识比对智力、人格等方面的认识要早。一般来说,匀称、肌肉发达、端庄而健美的体表,会使人把品格、刚毅的意志、美丽和稳重等与之联系在一起,从而产生自信;而对自己身体形态及疾病的认识偏差,则会导致自卑心理的产生。

体育活动可使人全面、客观地了解、认识自我,同时在体育活动中获得心情愉悦的体验,从而保持乐观情绪,消除因身体形态等因素所引起的焦虑和自卑心理。

2. 提高高职院校学生承受挫折的能力

在人的一生中,挫折是不可避免的,但挫折会引起一系列反应,有积极的,也有消极的。挫折不仅会打破人的身心平衡,而且会自发地唤起心理防御机制的作用。因此,对挫折的适应程度,直接影响到一个人的身心健康。

体育活动具有紧张而又激烈的特点,同时运动竞赛又具备胜负的瞬间转换,高兴与失落、希望与失望共存,使人的心理承受能力不断经受磨炼,从而培养出胜不骄、败不馁的顽强意志,形成不畏困难,敢于挑战,在面临挫折和失败时不逃避、不惧怕、不灰心丧气、不悲观失望并主动积极地适应、勇敢顽强地去拼搏的性格特点。这也使心理承受挫折的能力不断得到强化与提高,由此在生活中才能不把挫折看成是人生的厄运,才能自信乐观,相信自己有能力闯过难关、战胜挫折,使心理健康和身体健康达到和谐统一。

(三)体育锻炼对大学生心理健康的促进作用

体育锻炼可以锻炼人的意志,培养人的毅力和勇于进取的韧性,改善大脑功能,提高反应、判断和大脑处理信息的传递速度;通过体育活动能消除心理上的疲劳,并使品行、智慧、想象、热情等心理素质趋于完美。高职院校学生参加体育活动不仅能使肌肉、骨骼得到改善,同时也可全面提高心理素质,促进身心的健康和发展。

(四)体育锻炼项目及其心理调节

1. 健身跑

跑步是一种很好的有氧健身活动,不但技能简单,而且效果明显。选择在乡间小道、公园及静谧的郊外等环境中跑步,可减轻因学习造成的身心紧张和心力交瘁,从中领略到人性的力量和自我的良好感觉,这也是防治疾病、放松精神的一种有效锻炼手段。

2. 健身健美操

健身健美操集音乐、舞蹈和体操于一体,且动作节奏明快、舒展、自然、充满活力。经常参加健身健美操练习,不但能使形体健美,而且能培养人的协调性、灵敏性及音乐感,更使人心情舒畅,情绪饱满,并充满青春气息与活力。

3. 体育舞蹈

舞蹈是一种无声的肢体语言。参加体育舞蹈练习,可扩大学生平时的交往面,也是相互间交流感情的手段。随着悠扬悦耳的音乐翩翩起舞,将体育与艺术、娱乐融为一体,可使人的身心得到最大限度的愉悦,在身体得到锻炼的同时得到音乐的享受和美的熏陶。体育舞蹈也是放松身心和治疗心理疾病的良好手段。

4. 太极拳

太极拳是我国传统的修身养性运动之一,具有动作缓慢、轻柔、像小河流水般连绵不断以及意念引导、注意力集中、心平气静的特点。参加太极拳锻炼能使周身上下协调相随,呼吸自然,身动意静,吐纳有序,对神经、呼吸功能及精神放松有着特殊的锻炼效果。

5. 球类

球类是对抗性项目,要求判断、反应、躲闪、随机应变等方面的灵敏素质。因球类项目的动作技巧变化多样,身体的各部位迅速发生变化,动作结构变异大,反应敏捷,所以球类项目没有一种动作技巧是固定不变的,要时刻根据比赛时的复杂条件而灵活地改变动作的方向、速度及身体的姿势,这就要求球类活动参与者在球场上要有广阔的视野、敏锐的球感、多变的战术、协调的配合,以适应球类运动的需要。参与球类项目活动可以使人融入群体,学会与同伴交往,改变犹豫不决、不够果断的缺点与遇到重要的事情容易紧张失常的状况。

第四节 体育锻炼与社会适应

社会适应是指人在一生中对不断变化的外界社会环境,特别是某种社会环境所采取的态度和行为。人对外界社会的适应,包括多种内容,如对风俗习惯的适应,对风土人情的适应,对生活方式的适应,对集体行为方式的适应,对生活节奏的适应,对宗教礼仪的适应,对人际关系的适应以及对价值观念的适应。人对社会环境的适应有接受、忍耐、顺应、支配、保守、反抗、逃避等形式。

一般情况下,难以让社会适应个人,人们必须适应社会。当人们很快适应社会的时候,就能融入社会,与社会成员一起心情舒畅地共同学习、生活和工作,而当人们对社会不适应的时候,可能产生反感、抵触、焦虑、压力、紧张等不良反应,并由此产生各种健康问题。因此,培养良好的社会适应能力是当代高职院校学生的必修课。

一、体育锻炼与人的社会化

体育运动通过给参与者分配"社会角色",提供尝试社会角色的机会和场所,发挥其促进人的社会化的功能。高职院校学生在参加体育活动时,尤其是在集体或小组的活动中,有可能主动(或被动)地承担各种不同的角色,即决策者或服从者、组织者或被组织者、指导者和被指导者、优秀者或落后者等,以及在活动中将会由于分工不同而承担不同的责任。而在体育锻炼中担任的各种不同的角色,恰如现实生活中各种社会角色的"模拟"。高职院校学生在长期的活动中将会逐步地体会、认识和理解各种角色的地位、作用以及与之相应的权利、职责和义务,逐渐地认识、理解并掌握在一定的团体和领域内的行为规范。这种"预演式"的角色承担,促进了高职院校学生社会化的进程,并提高对社会的适应性。

体育锻炼是人们实现社会参与的最简单易行、最廉价又最有收获的一种形式。在进行体育锻炼时,人们的价值观不断完善。在体育活动中,需要尊重他人、自己,并诚实待人。而且体育锻炼是一种充满活力的文化活动,向人们灌输乐观主义精神,鼓励人们要有拼搏精神,要有公平和责任感,要有争创第一、敢为人先的竞争意识,但同时体育活动要求人们遵守规则和技术要求,摒除谎言和虚伪。因此,体育是一种宣传"真理和公平"的最好范例。并且,体育的这种特质贯穿于比赛活动中,成为每个参与者所信守的原则,它完善了人们的言行,有利于改善社会成员的关系,使社会更加融洽,形成互相尊重和诚实待人的人际关系。体育是一种人类平衡的工具,并且是形成凝聚力、社会一致性的一种手段,体育是闲暇活动的理想方式,它可以给社会带来融洽与愉悦。

在社会生活中,任何个体行为如果不能打破自我封闭的生存、生活与教育环境,设法提高寻求社会支持的能力,那就无法改变孤立无援的处境,难以使个体从吸取社会的知识与经验中获得解决问题与适应社会的能力。当一个人处在蹉跎与徘徊之时,需要求得社会支持,特别需要有人给以力量,予以同情、理解和支持。只有在获得支持时,才能觉得自己不是孤立无援的。

人既然是社会的人,为了能够适应社会的需要,每个锻炼者都要把自己的视野扩大到社会领域,通过积极参与学校体育、社区体育,了解国家的体育与健康政策,提高为公众服务的意识;同时还应提高社会责任感,把自己的体育锻炼行为作为置身于社会环境的一种集体活动,主动地接受社会行为规范的约束,不断地提高自己的思想道德水平。如果在体育锻炼中明确自己的责任,能够彼此相互信任,相互帮助,团结协作,遵守纪律,有助人为乐的精神,就会懂得自己在群体中应该扮演什么角色,在集体活动中应该遵守什么纪律(规则),以何种态度处理活动中纠纷,学会如何去尊重对手,关爱自己的合作伙伴等。

二、体育锻炼与体育生活方式

人类已进入21世纪,随着生产方式的根本改变,人们的生活水平有了极大的提高。尽管人们的空闲时间不断增多,但由于劳动性质改变、生活节奏加快与人际关系复杂等因素,导致现代文明病多有发生。基于这种现状,为了防止体力衰退,重新学会生存,提高生活质量,人们亟待选择文明、和谐、健康、活泼的活动方式善度闲暇。

闲暇活动是构成体育生活方式的必要组成部分。所谓闲暇活动,就是人们在闲暇时间里所进行的一切活动,它的内容和方式与人的健康和生活质量有着直接的关系,它的好坏直接影响着人们的身心健康。高职院校学生由于学习生活比较紧张,更应该重视参加闲暇活动。高职院校学生闲暇活动的内容是由这一特殊人群的学习任务、生活环境、年龄特点和知识结构等决定的,既有一般人社会闲暇活动的共性,也有自身独特的闲暇活动的特征,严格来讲,高职院校学生的闲暇活动比一般人更具有目的性和主动性。在闲暇的日子里,进行体育活动、参加丰富多彩的文娱活动、参加有益于身体健康的社会活动,既可使疲劳的身体得到积极的休息,精力充沛地投入到学习中去;又可使体质健壮,精力旺盛,从而使身体各方面的适应能力得到加强。

体育锻炼表现的动态性、趣味性、娱乐性、保健性与休闲性,不仅可以通过人的肢体活动,使高度疲劳的神经系统得以休息,而且有缓解精神紧张、调节身心平衡、提高健康水平的功能。体育活动的项目很多,可根据学校体育场馆的条件以及兴趣爱好,选择某一项目进行锻炼。

闲暇活动作为一种重要的生活方式,已经成为体育生活的重要组成部分。但是,闲暇活动也有积极和消极之分,积极的闲暇活动给人带来的不仅是当时的感官享受和精神享受,而且为身体的发展打下坚实的基础。通过积极的闲暇活动,人们休息了身体、恢复了体力、增长了知识、结下了友谊、活跃了集体生活、满足了个人的兴趣、了却了某个心愿,为未来的发展增强了动力,准备了条件或排除了障碍。

  思考题

1. 心理健康的定义与标准是什么?
2. 体育锻炼对心理健康有哪些促进作用?
3. 如何理解体育锻炼与社会适应的关系?

第四章 体育锻炼中的卫生和营养

第一节 体育锻炼中的卫生常识

随着社会的进步和经济水平的不断提高,人们日益意识到健康的重要性。越来越多的高职院校学生自觉积极地参与到体育锻炼中,但在体育锻炼过程中,学生们由于缺乏必要的科学锻炼常识,导致产生运动不适、锻炼效果下降等现象。因此,高职院校学生必须掌握体育锻炼的基本运动卫生常识,从而达到安全、有效地进行体育锻炼的目的。

一、运动前的准备

（一）体育锻炼兴趣的培养

高职院校的学生们在从事特定项目的体育锻炼前,应首先培养对该项目的运动兴趣,了解项目的锻炼价值和运动特性,这是长期坚持体育锻炼的前提。有了浓厚的练习兴趣,明确了体育锻炼目的,才能使自己自觉积极地投入到有规律的体育锻炼中去,从而从锻炼中获得乐趣,达到锻炼身体的最佳效果。

（二）必要的身体准备活动

体育锻炼前进行充分的准备活动对于体育锻炼者来说是非常重要的。有些体育活动爱好者由于不重视锻炼前的准备活动而导致各种运动损伤,不仅影响锻炼效果,而且影响锻炼兴趣,还会对体育活动产生畏惧感。因此,体育活动爱好者在每次锻炼前都必须做好充分的准备活动。

准备活动的内容应与正式体育锻炼项目性质相似,慢跑、牵拉肌肉、舒展关节后做一些专门性的准备练习,如篮球运动前的运球投篮,排球运动前的传、垫球等。准备活动时间一般不宜过长,与正式锻炼时间比例一般为1∶5左右,心率控制在120次/分钟左右,自我感觉身体发热,稍微出汗即可。运动前做好身体一般性检查,避免在患病、损伤期进行体育锻炼。

（三）运动装备的准备

（1）添置必要、规范的运动装备,如球拍、护具、头盔、绳索等,并检查装备是否安全、卫生、齐全。

（2）运动前一定要穿戴正规的运动服装和鞋袜,不仅能预防运动损伤,而且能提高锻炼效果。一双舒适、轻便的运动鞋对锻炼者来说非常重要。

（四）运动场地的选择

大众性锻炼项目如慢跑、快走、太极拳等,对运动场地要求并不太高,但一定要选择安全、环境幽静的地方进行,或者在正规的运动场上进行活动。而有一定竞技性的项目,如游泳、轮滑、攀岩、自行车越野项目的锻炼,应注意选择有良好的保护装置、设备,有专门管理人员的场所进行。可事先与当地管理、医疗、体育部门取得联系。

(五) 其他方面的准备

(1) 邀请适当数量的锻炼同伴。根据锻炼项目性质的不同,一般可选择性地邀请适当数量的同伴共同进行练习,如乒乓球、羽毛球 2~4 人,篮球、足球 8~10 人等,游泳、自行车至少不低于 4 人。这样既活跃了锻炼的氛围,又能得到同伴必要、及时的援助。

(2) 准备卫生营养的食品和饮料。一般选择清淡或含有一定糖分的饮料。晨练时不宜空腹,运动前 30 分钟不宜大量进食。运动后及时补充水。

二、运动时间的选择

高职院校学生参加体育锻炼的时间要根据学校的作息时间、课程安排、个人生活习惯和身体状况而定,通常建议安排在清晨(6:00~7:30)、下午(15:30~17:30)、晚上(18:30~21:00)等时间段,也可安排在寒、暑假和休息日进行。在不同时期的体育锻炼各有其特点,练习者可根据个人的实际情况而定。

(一) 清晨锻炼

许多人喜欢在清晨进行体育锻炼,这首先是由于清晨的空气清新,早锻炼有助于体内的二氧化碳排出,吸入较多的氧气,有利于加强体内的新陈代谢,提高锻炼的效果;其次,清晨起床后大脑皮层处于抑制状态,通过一定时间的体育锻炼,可适度提高大脑皮层的兴奋性,从而有利于一天的学习与工作。

高职院校学生采用清晨锻炼,可以使自己有规律地生活,改变过度熬夜、睡懒觉、不吃早餐等不良习惯。但清晨不宜空腹锻炼,气候过分寒冷、大雾、雨雪天时不宜在室外练习。

(二) 下午锻炼

高职院校学生经过一天的紧张学习后,下午进行一定强度的体育锻炼,不仅可以增强体质,而且可使身心得到调整。下午进行体育锻炼时,运动强度可大一些,可选择球类、自行车、轮滑或进行运动竞赛。对患有心血管疾病的学生来说,下午运动最安全。医学研究表明,心血管的发病率和心肌劳损的发生率均在上午 6~12 时最高,所以,为了避免这一"危险"时段,运动医学工作者认为,心血管病人的适宜锻炼时间应在下午。

(三) 傍晚锻炼

晚饭后 1~1.5 小时后也是体育锻炼的大好时光。傍晚进行适当的体育锻炼,既可以强身健体,又可以帮助机体消化吸收。高职院校学生可利用这段时间结伴练习健美操、游泳、乒乓球、羽毛球、街舞等项目,慢跑和快走是主要的活动形式之一,练习时间一般不少于 45 分钟,但不宜过长,运动强度也不宜过大,心率应控制在 120 次/分钟。强度过大的运动会影响胃肠道的消化吸收,同时,傍晚锻炼结束与睡觉的间隔时间要在 1 小时以上,否则会影响夜间的休息。

(四) 假期和休息日的体育锻炼

高职院校学生利用寒暑假和休息日参加体育锻炼,不失为一种良好的生活习惯,锻炼项目包括:运动竞赛、自行车越野、登山、集体远足、郊游等各种活动。在假日里,与同学(或俱乐部成员)一起到学校或附近的运动场所活动,可以增进同学间的相互交流,加深友谊。如果能利用假期学会游泳、滑冰等某项技能,将是一项不小的收获。

三、体育锻炼时运动量的控制

体育锻炼时,运动量是影响运动效果的重要因素之一。运动量太小,达不到锻炼身体的目的;运动量过大,又会引起过度疲劳,影响身体健康。所以,每位学生在开始体育锻炼前就应学会监测运动量的方法。体育锻炼中常见的监测运动量的方法有以下几种:

（一）测运动时脉搏

在体育锻炼中，学生可以通过测量自己每分钟的脉搏次数来控制运动量的大小。测量脉搏时，用右手的食指、中指按住左手手掌下桡骨一侧的部位，会感到动脉血管的跳动，将10秒钟跳动的次数乘以6，就是每分钟的脉搏次数，一般称为脉率。

运动时，心跳会随着运动量的增大而增加。当脉率增加到一定数值时，就会感到难受、呼吸困难、全身乏力，这种现象称为运动极限。在运动中脉率保持140～150次/分钟的运动量对高职院校学生的身体健康最为有利。

（二）根据第二天"晨脉"调节运动量

"晨脉"是指每天早晨清醒后（不起床）的脉搏数，一般无特殊情况，每个人的晨脉是相对稳定的。如果体育锻炼后，第二天晨脉不变或变化不大，说明身体状况良好或运动量合适；如果体育锻炼后，第二天的晨脉较以前增加5次/分钟以上，说明前一天的活动量偏大，应适当调整运动量；如果长期晨脉增加，则表示近期运动量过大，应该减少运动量，或暂时停止体育锻炼，待晨脉恢复正常时，再进行体育锻炼。

（三）主观感觉

经过适度的休息，如果没有疲劳感，是运动量适量的表现。如果第二天醒来仍然感到疲劳、沉重，那就是运动过度的征兆。精神难以集中，上课总想打瞌睡，做作业总出差错，对事物的反应变得迟钝，在运动中目光无神、情绪烦躁、面色苍白、大量出汗，说明运动量可能过大。

第二节　女生的体育锻炼卫生

女生参加体育锻炼，可以促进身体的生长发育，增进健康，提高各器官系统的功能水平，还可以使身体各部位的肌肉得到协调、匀称的发展。特别是通过体育锻炼能使腹肌、腰背肌和骨盆底肌的肌肉力量得到增强，使之能更好地胜任对身体要求较高的工作任务。由于女子的形态、机能的特点，以及心脏、呼吸、骨骼和肌肉与男子有着显著的差别，还有月经这一特殊的生理现象等，在进行体育锻炼、体育教学和运动训练时，对运动项目的选择、运动量的安排等方面必须考虑到女子的解剖生理特点，注意有关的体育卫生要求。

一、女生体育锻炼的一般卫生要求

高职院校女生生理发育趋于成熟，并且对自己的形体提出了较高的要求，心理上更富有团队合作精神，期望在运动中享受生活、陶冶情操，所以应选择更适合于她们的体育运动项目，如乒乓球、羽毛球、健美操、自行车、郊游、登山等。由于女生心血管、呼吸系统功能较差，因此，运动量应比男生要相对小些。女生肩部较窄，臂力较弱，在做悬垂、支撑及大幅度摆动动作时力量较弱，锻炼时要注意循序渐进，并给予必要的帮助与保护。女生身体重心较低，平衡能力较强，柔韧性较好，适宜进行瑜伽、游泳及体育舞蹈等项目，并要有目的、有步骤地加强肩带肌、腹肌、腰背肌和骨盆底肌的锻炼；不宜做过多的从高处跳下的练习，落地处地面不可过硬，注意落地缓冲的动作，以免身体过分的震动，影响盆腔器官的正常位置及骨盆的正常发育。

二、女生月经期的体育卫生

月经正常的女生，一般没有明显的异常变化，可以参加适当的体育活动，如快走、太极拳、乒乓球、羽毛球等。通过活动，不仅可以改善盆腔的血液循环，减轻盆腔的充血现象，而且腹肌与盆底肌的收缩与放松活动对子宫起到柔和的按摩作用，还有助于瘀血的排除。此外,丰富多彩的体育活动,可以调节大脑皮层的兴奋和抑制过程,从而减轻全身的不适反应。一般在月经期间,身体的反应能力、适应能力、肌肉力量、神经调节的精确性及灵活性等可能下降,因此运动量要适当减小,活动时间不宜过长,一般不要参加剧烈的、对抗性较强的体育比赛。因为比赛强度大,精神过分紧张,体能消耗较大,易导致卵巢功能失调,引起经血过多或月经紊乱。

月经期间不宜游泳。由于经期子宫内膜脱落后,子宫内形成较大创面,宫颈开口大,易使病菌侵入内生殖器官而引起炎症。此外,月经期应避免寒冷刺激,尤其下腹部应注意保暖,避免着凉。月经期应避免做剧烈的、大强度的、震动较大的跑跳动作(如快跑、跨栏、跳高、跳远、三级跳远等),以及使腹内压明显增高的憋气和静力性动作(如举重、大跨跳、倒立等),否则易使子宫受压造成经血过多或引起子宫移位。

对月经紊乱(经血量过多、过少、经期不准)以及经期下腹部疼痛和患有内生殖器炎症的女生,月经期应暂停体育活动。

三、女子体育锻炼的注意事项

(一)增加有氧练习的比重

由于性别差异,女生的心肺功能和呼吸系统功能均低于男子,所以,提高氧气输送系统的机能比男生更显迫切。有氧练习就是强度不大的耐力练习,对增强女生运动能力,改善心血管系统机能,促进身体健康发展十分必要。有氧练习内容主要是匀速跑、自行车、游泳、跳绳、踢毽等强度不大但持续时间较长的运动。

(二)加强腰腹肌和骨盆底肌的锻炼

这是从女子解剖特点出发的一项练习。位于腹腔周围的肌肉群,如腹腔顶部的膈肌、腹前壁的直肌、腹前外侧壁的腹外斜肌以及腹腔底部骨盆出口处的骨盆底肌,共同维持着人体正常的腹压,保持着腹腔内各脏器的正常位置及功能。从女性将来做母亲的生理特点来看,女性由于将来要怀孕、分娩等特点,对这部分肌肉的要求比男性高。怀孕时子宫增大,体积比平时大得多,腹壁肌被拉长。分娩后,腹内压骤然降低,需要腹壁肌及骨盆底肌迅速复原,以维持正常的腹压。如果这部分肌肉过分松弛无力,就容易发生胃下垂、子宫脱垂等病变现象。因此,从保持女性健康、终身得益这个角度看,加强这部分肌肉的锻炼对她们一生的健康有重大意义。

(三)重视形体健美的训练

人人都有美的爱好和美的追求,尤其是豆蔻年华的高职院校女学生,她们都有爱美心理。注意培养和训练形体美,不仅有益于身体健康,同时也提高了学生的思想修养和健康的道德情操。健美操、韵律操、艺术体操、舞蹈以及徒手的和利用器械的健美运动,很适合女性对美的爱好和追求,有利于形体的健美和身心的健康发展。因此,女性应多参加有利于形体健美的锻炼,这对女性的身心健康十分有益。

第三节 体育锻炼与营养

一、营养与营养素

(一)营养的概念

人体获得和利用食物的综合过程称为营养。营养是保证人体正常生长发育、进行各种生理活动的重要因素。机体的存在及各种生理活动及体力活动的进行都有赖于体内的物

质代谢过程,机体必须不断地从外界摄取一定的物质,获取能量,满足机体的需要。

我们的身体与每天摄取的食物息息相关,从我们的精力、体力、头发的光泽和面颊的色泽中,能够反映出我们的营养是否良好。营养与健康有着密切的联系,合理的营养不仅能够增进健康,而且也是防止疾病,延年益寿的有效手段。营养不良可引起营养缺乏症,如缺铁性贫血、佝偻病等;营养过剩可导致热量和脂肪过多,引起肥胖病、高血压等。高职院校学生正处于特殊的生长发育阶段,代谢旺盛,精力充沛,活动量大,因而需要通过合理的膳食,吸收足够的营养作为物质基础,才能增强身体素质,提高健康水平。

(二)营养素及分类

营养素是指能在体内消化吸收,供给热能,构成机体组织成分,调节生理机能,为机体进行正常物质代谢所需的物质,包括蛋白质、脂肪、糖类、维生素、矿物质和水6大类。营养素与健康有着密切的关系。

1. 蛋白质

蛋白质是构成细胞的主要成分,是生命活动的重要物质基础,它在人体内的主要生理功能是:构成机体组织、促进生成发育;构成酶和激素成分,调节酸碱平衡及全身生理机能;增强机体抗病免疫能力;供给热能等。机体一旦缺乏蛋白质,会影响机体生长发育,导致肌肉萎缩,甚至贫血,并出现抗病力下降、内分泌紊乱、易疲劳、伤口不愈合等现象。

2. 脂肪

脂肪在体内构成机体组织,供给热能,保护内脏,保持体温,并有促进脂溶性维生素的吸收等作用,能增加食物的美味和产生饱腹感。

3. 糖类

糖类在体内的首要作用是供给热能,人体所需能量的60%是由糖类供应的。其次糖类构成机体组织成分并参与其他物质代谢,对中枢神经系统起特殊的营养作用,调节脂类代谢,具有解毒作用。糖有保护肝脏的功能,可促进蛋白质的吸收和利用,维持心肌和骨骼肌的正常功能。

机体缺糖使血糖下降,首先影响大脑中枢神经系统的机能,使其兴奋性下降,反应迟钝,四肢无力,动作协调性下降,甚至晕厥,运动不能继续。

4. 维生素

维生素是维持人体生命和调节正常机能不可缺少的一种营养素。它们在体内的贮存量很少,必须经常从食物中获得。维生素种类很多,按其性质分为脂溶性与水溶性两大类。前者有维生素 A、D、E、K 四种,后者包括维生素 B_1、B_2、C 及 PP 等。维生素的主要作用是调节物质代谢,保证人体正常的生理功能,它在体内不能合成或合成量甚微,因此必须从食物中摄取。当膳食中某种维生素长期缺乏或在食物加工过程中受到破坏,可引起人体代谢混乱以及出现病理状态,形成维生素缺乏症,不仅影响运动能力,而且损害健康。

5. 矿物质(无机盐)

矿物质是构成人体组织、调节生理机能、生化代谢所必需的物质。人体内矿物质元素种类很多,其中含量较多的有钙、镁、钾、钠、硫、磷等,其他如铁、铜、氟、锌含量很少,称微量元素。人体在物质代谢过程中,每天都有一定量的矿物质从各种途径排出体外,因此必须从食物中补充矿物质。矿物质在食物中分布极广,正常膳食一般能够满足机体需要。人体最易缺乏的是钙和铁,平时应注意多吃富含钙和铁的食物。

6. 水

水占人体总质量的60%~70%。水在体内的主要作用是构成机体的主要成分,参与物质代谢,完成机体的物质运输,调节体温,保证腺体正常分泌。

体内的水分必须保持恒定,体内不储存多余的水,也不能缺水。人体缺水若不及时补充,将影响正常生理机能。大量出汗后补充水分的同时,也要适量补充盐分,以补充丢失的电解质。

二、合理营养和平衡膳食

合理营养主要体现在日常的膳食中。合理营养和平衡膳食,养成良好的饮食习惯,对学生一生的健康有着重要的作用。

(一) 合理营养

合理的膳食计划是指每日的食物定质、定量、定时地分配给人们食用的一种制度。每天应按吃好早餐、保证午餐、节制晚餐的要求来进食。应该选择体积小、合口味且又富含热量的食品作为早餐,以获取占全天25%~30%的热量;选择富含蛋白质和脂肪的食品作为午餐,以获取约占全天40%的热量;选择少而精的食品作为晚餐,以获取占全天30%~35%的热量。不要过度吃零食,以免影响正常的饮食。

(二) 平衡膳食

平衡膳食是指膳食中所含有的营养素数量充足、种类齐全、比例适当。平衡膳食由多种食物构成,它提供足够数量的热能和各种营养素,以满足人体正常的生理需要。中国营养学会根据营养学原则结合中国国情制定了"中国居民平衡膳食宝塔",它形象地说明了一天的膳食中各种食物需要的多少。不难看出最底层的谷类需要量最大,最上层的油脂类需要量最小(图4-1)。

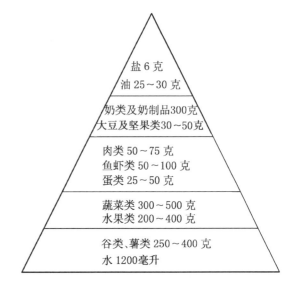

图4-1 平衡膳食"宝塔"

平衡膳食需注意的事项如下:

(1) 食物多样,谷类为主,粗细搭配。

(2) 多吃蔬菜水果和薯类。

(3) 每天吃奶类、大豆或其制品。

(4) 常吃适量的鱼、禽、蛋和瘦肉。

(5) 减少烹调油用量,吃清淡少盐膳食。

(6) 每天足量饮水,合理选择饮料。

(7) 饮酒应限量。

(8) 吃新鲜、卫生的食物。

(三) 最佳食品和垃圾食品

高职院校学生应选择新鲜、营养、健康的食品,尽量不吃或少吃垃圾食品。

1. 最佳食品

最佳水果依次为草莓、木瓜、香蕉、橘子、柑子、猕猴桃、芒果、杏、柿子与西瓜等。

最佳蔬菜首推红薯,既富含维生素,又是抗癌能手;其次是苦瓜、芦笋、卷心菜、西兰花、芹菜、茄子、胡萝卜、金针菇、大白菜等。

最佳健脑食物包括鱼、虾、核桃、开心果、花生、杏仁、松子、碧根果、芝麻、胡萝卜、韭菜、西红柿、蒜苗等。

2. 十大垃圾食品

（1）油炸类食品：热量过剩，易导致肥胖；是导致心血管疾病的元凶（油炸淀粉）；油炸破坏维生素，使蛋白质变性。

（2）腌制类食品：易导致高血压，使肾负担过重；使肠胃易得溃疡和发炎，对肠胃有害。

（3）加工肉类食品（肉干、肉松、香肠等）：含大量防腐剂。

（4）饼干类食品：食用香精和色素过多，缺乏维生素；热量过多，营养成分低。

（5）汽水可乐类食品：含磷酸、碳酸，会带走体内大量的钙；含糖量过高，喝后有饱腹感，影响正餐。

（6）方便类食品（主要是方便面和膨化食品）：含防腐剂、香精（损肝）；富含热量，缺乏其他营养。

（7）罐头类食品：缺乏维生素，营养成分低。

（8）话梅等蜜饯类食品：含致癌物质、防腐剂、香精，卫生条件差。

（9）甜品类食品：富含人造奶油、含糖量过高，极易引起肥胖。

（10）烧烤类食品：含大量苯丙芘（致癌物质），烧烤导致蛋白质炭化、变性。

三、体育锻炼与营养

（一）运动前的营养

1. 运动前的食物选择

运动前应以高糖、低脂肪的食物为主，如面包、米饭、面条、鸡蛋和水果等，这些食物容易消化，又能提供糖类来作为运动时的能量来源。高纤维（全麦面包、高纤饼干等）的食物容易造成肠胃不适，应该避免在运动前食用。

2. 运动前的最佳进食时间

进食的时间随着运动时间的变化和食物的种类而有所不同，共同的原则是：食用后的食物既可以在运动过程中提供充足的营养和能量，又不至于在运动过程中造成肠胃不适，一般在运动前45分钟至1小时进食。

运动量较大的项目，需要在运动前更早的时候进食，或减少食物的摄取量，以减轻肠胃不适症状。

（二）运动后的营养补充

人体在体育锻炼后，除采用休息和积极性恢复手段加速身体机能的恢复外，还可以根据不同形式的体育锻炼特点，补充不同的营养物质，以加速疲劳的消除。

1. 力量练习

举重、健美、投掷等运动中消耗的主要是蛋白质，而肌纤维的增粗、肌肉力量的增加也需要体内蛋白质的合成。所以，为了尽快消除疲劳，提高力量锻炼的效果，在进行力量练习后，应多补充富含蛋白质类物质。

2. 有氧练习

长跑、游泳、滑雪等运动中，机体主要进行的是糖类物质的有氧代谢，消耗的主要是糖类物质。因此，在运动后可适当多补充些糖类物质。

3. 剧烈的体育锻炼

球类比赛、中长跑、健美操等,机体主要靠糖的无氧代谢提供能量。运动后宜多补充一些碱性食物,如蔬菜、水果等,而肉类物质偏酸性,在运动后的当天可适当减少食用。

4. 运动后维生素及水分的补充

运动后应多食用富含维生素的食物,如绿叶蔬菜、水果、豆类及粗粮等。在较长的运动过程中,每小时流汗量可能超过 2~4 升,由于缺水将使身体失去散热作用,所以在运动前适当补充水分,在运动及比赛期间每隔 15~20 分钟饮用 200~300 毫升的饮料为较适当的方法。运动后及时补充水分有助于体力的恢复,可在饮料中适当添加葡萄糖以增加糖分,补充肝糖含量。

 思考题

1. 体育锻炼前应做好哪些准备?
2. 简述高职院校女生体育锻炼的注意事项。
3. 运动后如何及时补充营养?

第五章

体育锻炼与保健康复

第一节 运动损伤的原因与预防

在体育运动中,造成人体组织或器官在解剖上的破坏和生理上的紊乱,称为运动损伤。对运动损伤发生的原因、发病规律、预防措施、治疗效果和康复时间的了解,有利于改善运动条件,改进体育锻炼的方法,提高运动成绩,使锻炼者身心得到更好的发展。

一、运动损伤的原因

（一）思想认识不足

许多锻炼者在体育活动时,忽视运动安全,对受伤的危害性认识不足,缺乏防伤概念,不能积极采取各种预防措施,尤其一些青少年既缺乏经验,又盲目或冒失地进行运动,或在活动中畏难、紧张、注意力不集中,这些都是造成受伤的重要原因。

（二）教学、训练、组织方法上存在缺陷

在体育教学和训练中,体育锻炼指导者和练习者未能根据实际情况,对运动练习的内容、难度和负荷量安排不当,组织管理紊乱,缺乏必要的措施和监督,运动场地、设备等存在安全隐患,运动保护装备不完善。缺乏准备活动或准备活动不合理,是造成损伤的首要原因。

（三）身体、心理状态不佳

如存在睡眠或休息不好,患病、伤后初愈,酒后以及身体疲劳,生理功能和运动能力下降,情绪低落等情况,此时参加运动就很容易会因肌力较弱、反应迟钝、身体协调性差而受伤。如有争强好胜、自控能力差等不良心理状态,参加运动时也很容易造成损伤。

（五）气象因素的影响

气温过高,易发生中暑和疲劳;气温过低,易发生冻伤,导致肌肉僵硬;潮湿、高温易大量出汗,发生肌肉痉挛或虚脱;光线不良,易使人反应迟钝。

此外,不重视恢复,忽视营养,缺乏保护和自我保护,均可导致运动损伤的发生。

二、运动损伤的预防

（一）加强思想教育

加强安全教育,强化预防运动损伤重要性理念的教育;传授体育保健学基本知识;运动中强调注意力的集中;注重培养良好的道德行为。

（二）做好合理充分的准备活动

每次运动前都要养成做好准备活动的习惯。准备活动的量应根据个人特点、气候条件、运动项目特性而定。准备活动时间一般为5~10分钟,可以先进行柔韧练习,逐一活动身体各个关节,再开始慢跑或做其他活动。刚开始活动时,动作应由缓而快,用力由小到大。

（三）制订科学的计划,合理安排训练内容

练习者应根据年龄、性别、健康状况和运动能力确定锻炼计划,每个人训练的内容、难度和负荷应不尽相同,并注意及时调整。

（四）掌握正确的运动技术

任何一个运动项目都有它特定的基本技术要求。熟练地掌握基本技术不仅可以促进运动成绩的提高,形成牢固的技能、技巧,增强人的体质,而且对预防运动损伤有着十分重要的作用。

（五）注意身体发出的警告

当发现身体疲乏、焦虑、长时间思想不能集中、肌肉经常有时断时续的酸胀疼痛感觉时,是身体发出的警告,若置之不理,则可能受伤,或由小伤酿成大伤。

（六）加强保护和自我保护

在进行具有一定风险项目的练习时,如游泳、器械体操、投掷、攀岩、轮滑等,组织者一定要加强保护措施,并对练习者传授自我保护的方法。

此外,在体育活动过程中,要加强医务监督,加强对运动场地的安全管理,选择和使用规范的运动装备。这些措施对预防运动损伤是十分重要的。

三、体育锻炼中的保健知识

体育锻炼是以身体练习为主的锻炼过程,因此要有必要的保健知识和卫生措施,才能达到锻炼的目的。

（一）准备活动

准备活动是体育锻炼、运动训练和比赛前有目的地进行的各种身体练习。充分做好准备活动,对机体加速进入工作状态、预防运动性创伤、调整心理状态有着重要的意义。归纳起来,做好准备活动具有以下作用：

（1）准备活动可以提高和调节中枢神经系统的兴奋性,使之达到适宜的兴奋水平,有利于中枢神经系统调节好有关器官系统之间的联系,加强各器官系统的活动,缩短机体进入工作状态的时间,尽快地达到最佳活动水平,使锻炼或比赛顺利进行。

（2）通过准备活动可以提高各器官、各系统的机能活动水平,克服机体的生理惰性,避免或减缓暂时性内脏器官活动落后于运动系统的需要而发生的胸闷、呼吸困难、腹痛、心率骤增等现象,减轻"极点"等不适感觉,为正式的锻炼或比赛做好充分的生理准备。

（3）准备活动可以使体温升高,肌肉血流量增加,减少肌肉活动的黏滞性,提高肌肉、肌腱、韧带、关节等组织的弹性和伸展性,能预防或减少运动损伤的发生。

（4）准备活动还能调节心理状态,减少外界环境对运动者的干扰,消除或减缓练习前或比赛前紧张情绪,为正式练习或比赛做好心理上的准备。

准备活动分为一般性准备活动和专项准备活动。一般性准备活动有慢跑、徒手跑、轻器械体操、游戏等；专项准备活动是与各个运动项目密切相关的专门性准备活动,如武术基本功、球类的基本技术。准备活动要根据运动项目的特点,从自身的实际出发,因地、因时制宜。准备活动要有一定的强度和量,心率以110～140次/分钟为宜。准备活动结束与正式锻炼或比赛之间的间隔时间不宜过长。在进行一般体育锻炼时,间隔时间应尽量缩短。

（二）整理活动

整理活动是指在锻炼或比赛结束后所进行的较轻松的身体练习。目的是使身体由紧张的运动状态逐步过渡到相对安静状态,以促进体力恢复。整理活动的作用主要体现在以下几个方面。

（1）整理活动可以偿还氧债,消除疲劳,避免发生"重力休克"现象。

（2）整理活动可使人体由紧张剧烈的肌肉活动状态逐步过渡到相对安静状态，是加速消除疲劳、促进体力恢复的良好措施。

（3）整理活动可以调整神经系统的兴奋性和心理状态，使神经系统的兴奋性和心理状态逐步过渡到相对平静的状态。

整理活动应根据运动项目的特点，有针对性地选择慢跑、徒手放松、轻音乐放松操或运动量较小的游戏等，活动量逐渐减小。

（三）冬季体育锻炼的注意事项

冬季锻炼既能有效地提高身体素质，又能提高人体对外界环境的适应能力，培养克服寒冷的顽强毅力，但是必须注意科学的锻炼方法和卫生措施，预防伤病发生。

1. 防寒防冻，注意保暖

冬季寒冷，体育锻炼时穿太多的衣服会妨碍运动，增加排汗量，但又不能穿得太少或运动前过早脱掉外衣。正确的做法是：随着准备活动的进展逐步脱去过多的衣服，轻装上阵。休息时要穿上衣服保持肢体温暖，休息时间不宜过长。运动后应及时脱掉汗湿的衣服，用干毛巾擦干身体，换上干净的衣服。对于耳、鼻、手等裸露或散热较快的部位，更要注意保护。遇到寒潮及气温特低情况，不宜在室外锻炼。

2. 预防伤害事故

冬季寒冷，人体肌肉、关节、韧带的弹性和柔韧性以及身体的协调性较差，锻炼时容易发生肌肉拉伤、韧带撕裂、关节扭伤等事故，所以锻炼前必须做好充分的准备活动，使全身活动开，以避免和减少伤害事故的发生。

3. 学会正确的呼吸方法

冬季体育锻炼时呼吸不当，会引起上呼吸道感染。锻炼时一般应用鼻呼吸，使冷空气经过鼻腔时得到过渡、润湿和加温，减轻对咽喉的直接刺激。如果鼻呼吸不能满足运动时的需要，可以采用鼻吸口呼或者鼻口同时进行呼吸，特别是在迎风跑时，只能半张口吸气，避免冷空气直接刺激咽喉部位。

（四）夏季体育锻炼的注意事项

1. 防止被阳光晒伤

夏季阳光紫外线特强，为了避免头部受强烈的紫外线照射，锻炼时可戴太阳帽。长时间日光照射，皮肤会产生瘙痒、刺痛和灼烧感，严重的会起水泡。所以皮肤裸露日晒时间不能过长，要逐步使皮肤适应日光的刺激。

2. 预防中暑

盛夏在日光直接照射下，在闷热的环境中或病后恢复期，若长时间地进行锻炼，容易引起中暑。夏季锻炼最好在上午9时以前和下午4时以后进行，锻炼的时间不能太长，中间休息的次数也要增加，以选择在荫凉通风处锻炼为佳。

3. 锻炼后水分的补充方法

夏季由于气候炎热，运动又使人体内的热能大量释放，主要靠排汗来散发热量，降低人体的温度，保持体温的恒定。夏季运动必须注意适时、适量补充水分和盐。补充的水量与失水量基本持平，补充水分要采用少量多次的原则。在补充水的同时要补充适量的盐，以保证体内盐、水代谢平衡，维护细胞内液和外液的酸碱平衡。补充盐的方法是自行配制浓度为0.25%～0.5%的淡盐水，水、盐一起补充。

第二节　运动损伤的处理和康复

一、运动损伤的分类

运动损伤的分类方法较多,常见的有以下几种:

(一)按损伤组织的种类分

如挫伤、关节韧带扭伤、肌肉肌腱损伤、滑囊损伤、骨折、关节脱位、脑震荡、神经组织损伤等。

(二)按损伤组织的轻重分

伤后不丧失工作能力的为轻伤;伤后失去工作能力24小时以上,需在门诊治疗的为中等伤;伤后需住院治疗的为重伤。

(三)按运动能力丧失的程度分

伤后仍能进行体育锻炼的为轻伤,伤后需减少或停止运动的为中等伤,伤后完全不能运动的为重伤。

(四)按有无创口与外界相贯通分

伤后皮肤黏膜破裂、创口与外界相通,有组织液渗出或出血,称为开放性损伤,如擦伤、刺伤等;伤后皮肤或黏膜完整,无创口与外界相通,内部出现肿胀,称为闭合性损伤,如肌肉拉伤、关节韧带扭伤等。

二、常见运动损伤与处理

(一)挫伤

挫伤是钝性暴力直接打击到身体某部位而引起的闭合性损伤。一般性挫伤可使伤部出现疼痛、肿胀、皮下瘀血、功能障碍等,严重挫伤可合并出现其他器官和组织的严重损伤。

处理:伤后24~48小时内,应止血、消炎、防肿、镇痛。用冰块、冷水、冷气雾镇痛剂等进行冷敷,然后加压包扎;伤后48小时后,方可理疗、按摩、针灸、中药外敷、封闭等。当肿胀和压痛消失后,可采用按摩、理疗、功能锻炼以促进功能恢复。

(二)擦伤

擦伤是指表皮组织的损伤,是受外力摩擦所致。皮肤组织被擦破后,有出血或有组织液渗出。

处理:创口较浅、面积较少的擦伤,可用生理盐水或矿泉水清洗创口,用酒精棉消毒创口周围皮肤,局部涂抹红汞或紫药水即可,无须包扎。若发生大面积擦伤,创口内有异物,则要清洗创口,清除异物,然后用凡士林纱布覆盖并包扎创口,必要时注射破伤风抗毒血清。

(三)撕裂伤

皮肤撕裂伤多发生于头部,尤以额部和面部较多。

处理:若创口较小,消毒处理后,用创可贴粘合即可。若创口较大,则须止血、缝合伤口,必要时注射抗生素。

(四)肌肉拉伤

准备活动不充分,肌肉的温度、弹性、黏滞性还没有达到剧烈运动的要求,或在剧烈运动中肌肉收缩过猛、负荷过重,都可造成肌肉拉伤。轻者伤后次日才有感觉,重者伤处有一凹陷,疼痛、肿胀、肌肉痉挛,出现功能障碍。

处理:急性期用冷敷、加压包扎,抬高伤肢;中后期可理疗、外敷伤药、按摩等;同时,加强动能锻炼。若肌肉完全断裂,尽早手术缝合。

(五) 疲劳性骨膜炎

初参加运动训练的青少年,由于在较硬的地面上跑跳过多、运动量过大可引起此症。无明显外伤史,出现隐痛、压痛、局部凹陷性水肿、灼热或硬性突起。

处理:早期外敷伤药,用弹力绷带包扎,减少运动负荷,2~3周后可自行愈合。症状严重者要停止训练,采用理疗、按摩、针灸、中药熏洗等方法治疗。

(六) 脑震荡

脑震荡是当头部受到打击或与硬物相撞时,引起的暂时意识和机能障碍;表现为短暂的意识丧失,不超过30分钟。清醒后不能回忆起受伤时的情况,同时还伴有恶心呕吐、耳鸣、无力、多汗等,神经系统无阳性体征。

处理:患者平躺,安静休息、头部冷敷,身上保暖。昏迷者可掐人中、内关、足三里等穴,无严重征象者,应休息至头痛、头晕症状消失。昏迷超过4分钟、耳、鼻、口内有出血者,或清醒后头痛剧烈、呕吐者应立即送医院治疗。呼吸停止者,立即施行人口呼吸。

(七) 急性腰扭伤

当躯干负重时动作错误或脊柱运动范围过大,或无精神准备的情况下突然滑倒,打喷嚏等均可引起急性腰扭伤(俗称"闪腰"),表现为疼痛、肿胀和功能障碍。

处理:按摩。伤后即可进行穴位按摩,取肾俞、大肠俞、委中等穴。外敷活血止痛膏,内服三七片。针灸、理疗、局部封闭,同进要注意卧床休息。

(八) 踝关节扭伤

踝关节扭伤在多数体育运动项目中都可能发生,表现为疼痛和压痛,肿胀瘀血,踝关节松动。

处理:伤后立即冷敷、加压包扎,或伤处喷冷气雾镇痛剂,休息时抬高患肢。受伤48小时后可做理疗、针灸,并外敷活血药。3天后可做局部按摩、理疗等,活动时要戴好护踝。

(九) 运动性低血糖

由于长时间的剧烈运动,体内血糖大量消耗或运动前饥饿及中枢神经系统调节糖代谢紊乱,都可引起运动性低血糖。轻度患者表现为非常饥饿、极度疲乏、头晕、心跳加快、面色苍白、出冷汗。重度患者可出现神态模糊、语言不清、四肢发抖、呼吸短促甚至昏迷。

处理:确诊为低血糖后,使病人平卧、保暖,神志清醒者可饮用浓糖水或吃少量食品,短时间症状即可消除。不能口服者,静脉推注50%的葡萄糖液40毫升。同时,点掐人中、合谷、涌泉等穴,配合双下肢按摩。昏迷者送医院治疗。

(十) 肌肉痉挛

俗称抽筋,是肌肉不自主地强直收缩。多因寒冷刺激、大量排汗、肌肉连续收缩过快或身体状态不良引起。

处理:牵引痉挛的肌肉,几分钟即可缓解。当小腿的腓肠肌痉挛时,应伸直膝关节,勾足尖,按摩小腿肌肉,短时即可缓解。同时,点按委中、承山等穴位。

三、急救措施

急救是对一些突发的疾病、意外伤害、急性中毒和一些慢性疾病骤然急性发作所采取的一系列紧急治疗措施。掌握一些简单的急救方法对挽救生命、改善病情、预防并发症及进一步治疗有着极其重要的作用。

(一)急救的基本原则

(1)急救时必须抓紧时间迅速进行,对一些危重病人一边进行抢救,一边通知医生(或拨打120急救电话)。

(2)急救一般就地进行,如有出血则立即止血,窒息病人应立即施行人工呼吸,心脏骤停的病人应立即进行心肺复苏。

(3)如需紧急手术治疗或需转送医院者,应就近转送,并做好身体保暖,及时供氧。

(4)在急救时必须保持清醒的头脑,抓住重点,首先处理最有可能危及生命的情况。

(5)熟练掌握各种急救方法,在缺乏急救设备时,要善于就地取材。

(6)抢救病人时动作要轻,尽量避免增加不必要的痛苦,注意保护、固定受伤部位。

(二)急救方法

1. 人工呼吸

患者呼吸停止,必须立即用人工方法帮助呼吸,以保证脑、心脏、肝、肾等重要器官的功能。

(1)口对口人工呼吸方法:口对口人工呼吸法效果最好。具体方法是:让患者仰卧,头部尽量后仰,打开口腔并盖上一块纱布,救护者一手托起患者下颚并用掌根轻压环状软骨,另一手捏住患者的鼻孔。救护者深吸一口气后,对准患者口部吹入,吹气后迅速松开捏住鼻子的手。如此反复进行,每分钟吹气16~18次左右,直至患者恢复自主呼吸为止。吹气的压力和气量在开始时宜大些,10~20次后宜逐渐减少,以维持在上胸部微微升起为宜。若牙关紧闭者,可采用口对鼻吹气法,用一手闭住患者的口部,以口对鼻进行吹气,其他操作方法同口对口人工呼吸法。

(2)心脏胸外挤压法:病人取仰卧位,松解衣领及裤带。胸外按压的部位是胸骨中下1/3处。操作方法是:救护者将一手掌根部放在按压区与病人胸骨长轴方向平行,另一手掌重叠放在前一手背上,按压时肘应伸直,依靠上半身的重力,垂直向下用力按压,使胸骨压低约3~5厘米,随后突然放松,按压频率为80~100次/分钟,和人工呼吸可同时进行。心脏胸外按压时,要求平稳、均匀、有规律、不间断;按压不宜太重或太轻,过重可能导致骨折、内脏器官受损,过轻效果差;按压部位要正确,按压要有耐心,直至脉搏和血压都有一定的恢复为止;需要暂时停止时,时间不能超过15秒。当脉搏和血压都有一定的恢复后,送医院做进一步治疗。

2. 止血法

常用的止血方法有指压止血法、加压包扎止血法、止血带止血法等。

(1)指压止血法:是一种迅速而有效的临时止血法,即在出血点的近心端,根据出血部位及情况,用手指或手掌在有关动脉上加压,阻断血流以止血。额面部出血的压迫点在下颌角前1.5厘米处;颈部出血的压迫部位是在胸锁乳突肌内侧,将颈总动脉朝着第六颈椎横突方向压迫;上肢出血时在上臂内侧,对着肱骨压迫肱动脉;手出血在手腕部压迫桡动脉;下肢出血根据出血部位,分别在腹股韧带中点、腘窝及踝关节前后方压迫股动脉、腘窝动脉及胫前后动脉等。

(2)加压包扎止血法:是抢救时最常用的止血法,用于一般伤口,先在伤面上盖无菌纱布,再盖上无菌棉垫或纱布垫,用绷带或三角巾加压包扎;四肢出血但无关节损伤时,可利用关节的极度屈曲压迫血管止血,如在肘关节、膝关节的屈侧放一棉垫或纱布卷,然后屈曲肢体,用三角巾或绷带缚紧固定。

（3）止血带止血法：常用于四肢较大动脉出血或用于加压包扎止血无效者。止血带多用橡皮带或橡胶管等有弹性的条带。现场急救如无橡胶管，可用稍宽的布条、三角巾、毛巾等，但禁用绳索。止血带的部位，上肢应在上臂的上1/3处，下肢应在大腿的上1/3处，用止血带时应先加衬垫，如纱布、棉垫或毛巾，以防止止血带勒伤皮肤或软组织，止血带松紧要适宜，以伤口不再出血为原则，每隔30分钟应放松3~5分钟，以免时间过长导致肢体坏死。

四、运动损伤后的康复

（一）康复运动概述

康复运动也称医疗体育，是利用人体肌肉关节的运动，达到防治疾病、促进身心功能恢复和发展的方法。它是根据伤病者的疾病诊断、病期、功能状态、康复目标等具体条件，以运动处方的形式，选择合适的运动方法，以改善或提高运动能力和内脏功能，促进康复。康复运动具有如下特点：

1. 是一种独特的、积极的康复方法

康复运动需要自身的积极性才能坚持治疗，同时运动本身又能进一步提高病人的情绪和锻炼的自觉性，从而使病人的康复更有效。

2. 是一种局部和全身相结合的治疗和康复方法

虽然康复运动表现为对局部肢体的功能训练，但它同时也影响到全身脏器的功能，因而常能引起较全面的治疗效应，促进康复。

3. 是一种集预防、治疗、保健、心理康复于一体的运动方法

康复运动不仅用于人体功能的康复，还可改善和提高全身状态及免疫力，从而预防和治疗多种疾病。

4. 是一种运动与心理健康并重的康复方法

康复运动不仅具有训练的实质，同时在运动中又具有很重要的教育意义。例如，要求病人有坚强的意志进行训练，在集体治疗时相互支持，在进行游戏时还可受到荣誉感、进取精神等方面的教育。

（二）常见的康复方法

1. 按摩推拿康复法

按摩推拿用于治疗痹症、痿症等疾患，以消除症状和恢复功能，在我国已有两千多年的历史。今天，按摩推拿已发展成为我国康复疗法的一个重要组成部分，它对多种疾病有良好的康复效果。

（1）按摩推拿在康复中的作用。

① 行气活血，疏通经络。按摩推拿能疏通经脉、行气活血，从而使全身的脏腑、器官能获得充足的血液供应，保持人体的正常功能。

② 消除肌肉疲劳。肌肉松紧得当，则周身关节通利，活动有力；如肌肉紧张、痉挛，则活动不利、酸痛。按摩推拿能加速软组织损伤的恢复，使痉挛的软组织得到充足的血液供应，从而解除肌肉的痉挛与疲劳。

③ 调整脏腑功能。脏腑调和，则人体精力充沛；反之，脏腑虚弱，气血生化乏源，则精神萎靡。按摩推拿能调整脏腑的偏衰，平衡阴阳。

④ 滑利关节。关节滑利，则行动敏捷；关节僵硬，则行动迟钝。按摩推拿能松解粘连、滑利关节、改善关节的营养，促进新陈代谢，增加关节的活动度，使关节功能得到恢复。

（2）按摩推拿部位的选择。根据中医理论选择适当部位进行按摩推拿，是确保疗效的

关键。常用的部位选择法有：

① 按解剖部位选择。根据病变所在，选择相应的体表部位，进行按摩推拿。由于这种方法简单、易学，故应用十分广泛。

② 按经络理论选择。根据经络理论，选择相应穴位进行按摩推拿。

③ 其他。有人还根据耳、手、足某些与脏腑对应的部位进行按摩，也能获得疗效。

（3）常用按摩推拿手法。按摩推拿手法的种类十分繁多。现就康复中的常用按摩推拿手法做一简要介绍。

① 摩法。用手掌或指腹在患部慢慢做往返直线抚摩。用力宜均匀，动作应轻巧灵活。

② 擦法。用手掌、大小鱼际、掌根或小指指腹在皮肤上来回摩擦。操作时用上臂带动手掌，力量大而均匀，动作要连贯，使皮肤有灼热感。

③ 揉法。用拇指和四指成相对方向揉动，手指不能离开皮肤，使该处的皮下组织随手指的揉动而滑动。

④ 滚法。用手背及指关节突出部或以小鱼际、小指掌指关节的上方在皮肤上滚动。操作时用力要均匀，如"吸附在肢体上"一样滚动，力求渗透入里，切忌浮浅。

⑤ 点穴。在选择的穴位上，用手指、肘尖点压。用力要适中，局部有"酸胀"感觉。

⑥ 拿捏。用拇指与其他各指相对不断地用力，以挤捏肌肉、韧带等组织。

⑦ 拍打。用手掌、两手半握拳拍打患部。腕部自然放松，用力轻巧而有反弹感，动作要有节奏。

⑧ 屈伸。一手握住肢体远端，另一手固定关节部，顺着关节缓慢地做屈伸活动。屈伸幅度应根据病情而定，先小后大，逐步恢复到正常活动幅度。

⑨ 按压。用掌心或掌根按压患部，或双手重叠在一起按压，注意用力要适当，做到有节奏地一按一放。

⑩ 抖法。用手握住患肢的远端，轻轻抖动。或用手轻轻拿住肌肉，进行短时间的左、右快速抖动。患者应放松肌肉。抖动应连接不断，不可间断用力。

2. 康复医疗体操

康复医疗体操是康复运动中最常用的功能运动项目，即按病人功能活动情况，选择身体某一部分，如四肢、躯干或头颈部等，进行功能运动练习。这类运动具有一定的预备姿势，按需要的运动方向、速度、动作的幅度、协调和肌肉力量等进行训练。每套体操一般由五、六节至十余节动作组成，内容求精不求多，对功能恢复可有明显的效果。

康复医疗体操按运动性质可分为：

（1）徒手运动：是一种不利用任何器械，可在任何场合、任何地点进行的全身性运动或某些关节的局部运动，被广泛应用于各种疾病的治疗。

（2）器械运动：是利用器械的重量、惯性力量、摩擦力、机械动力和器械的依托而进行的各种运动。常用的器械有：哑铃、各种球、体操棍、牵引器、功率自行车、跑台、划船器、关节练习器、握力器等。

（3）矫正运动：一般是肢体运动结合躯干运动，或是身体某一部位的单独运动。其主要方法是在有利于矫正畸形的预备姿势下进行选择性的增强肌肉运动，以增强因畸形牵拉而削弱的肌肉。矫正运动必须给予一定时间的休息和放松活动。此类运动常用来矫正脊柱、胸廓畸形、平足、"O"形腿等。

3. 有氧运动

运动中采用中等负荷强度,运动强度为最大耗氧量的 40%～70%,体内的能量代谢主要以有氧形式进行,这种形式对发展心、肺功能和改善糖及脂肪代谢具有较突出的作用。运动的主要方式有步行、慢跑、走跑交替、自行车、游泳、划船、跳绳等。

(1) 步行。在平地或有适当坡度的道路上行走,强度较小,是简单易行且有效的有氧运动。步行一般从短距离和慢速(60～80 步/分钟)开始进行,逐步延长步行距离和增加速度(80～100 步/分钟)。广泛运用于慢性心血管系统和呼吸系统的病人、伤病初愈者、中老年人保健。

(2) 慢跑。运动强度大于步行,可以增强肺的通气量,提高心、肺功能。跑时要求全身放松。时间从 5 分钟开始延长至 15 分钟,甚至 30 分钟。适用于体质较好或有一定锻炼基础的康复者。

(3) 走跑交替。如走 30 米和跑 30 米交替进行。可以作为步行到慢跑的过渡,也可以作为一种基本的锻炼方法。

(4) 自行车。分为普通自行车、固定自行车和新兴的水中自行车,属于下肢交替性的主动屈伸运动。速度一般控制在 12～15 千米/小时,或用调整固定速率来掌握适当的运动负荷。自行车运动对提高锻炼者的心血管系统、呼吸系统机能和增强下肢肌肉、改善关节功能均有明显作用。适用于慢性心血管系统患者、下肢损伤康复期等人群。

其他如游泳、划船、登高、跳绳等项目也可以采用。

4. 民族传统体育康复疗法

(1) 太极拳。太极拳是我国传统的体育锻炼方法,对强身健体和某些疾病的治疗和康复都有很好的作用,对高血压和骨关节的退行性病变都有明显的防治作用。

太极拳动作要求连贯、柔和、用意不用力、精神专一。每次练习时间 15 分钟左右。对于某些疾病,可选择某些动作进行练习。

(2) 五禽戏。五禽戏是模仿虎、鹿、熊、猿、鸟五种禽兽的动作而编制的,主要用于强身治病,也可针对某种疾病选用其中的某些动作,如发展腰髋关节活动可练习虎戏;发展灵敏性可练习猿戏;发展平衡能力选用鸟戏;训练步行能力要练习鹿戏;加强肌力则练熊戏。

(3) 八段锦。由八节动作组成,其操作特点是在站立或屈膝或马步姿势下进行练习。以上肢运动为主,有个别的躯干运动和头颈运动。练功中动作与呼吸、意念相结合,根据病人体质和病情来决定用力大小,适合于中等体力或慢性病患者练习。此外,八段锦还能加强臂力和下肢肌力,对胸腹肌也有锻炼作用,对防治脊柱畸形和胸廓畸形均有作用。

5. 自然因素疗法

自然因素疗法是利用空气、日光和水等自然因素的作用,来改善机体调节机能,提高人体对外界环境变化的适应能力,增强人体对疾病的抵抗能力。常用的疗法有水浴、空气浴、日光浴。

(1) 水浴。水浴是主要利用水的温度、机械、化学和生物作用进行锻炼身体的方法。它可以改善人体中枢神经功能,提高血管神经调节机能,改善皮肤营养,并对机体产生机械按摩作用。常用的水浴方法有冷水浴、冬泳、桑拿浴、蒸气浴和温泉浴等。

(2) 空气浴。空气浴是裸露或半裸露身体,直接接触新鲜空气来锻炼身体的一种方法。它利用空气的温度、湿度、气流和阴离子等物理因素对人体作用,有利于提高机体对外界环境的适应能力。它可以调节人的心理状态,使人精神振奋,增加食欲,改善睡眠,增强对感冒和感染的抵抗力。应在空气清新的海边、江河湖畔或通风良好的室内进行,一般应结合其他体育活动,练习时间半小时左右。

(3) 日光浴。日光浴是让阳光直接照射裸露身体的全身或部分,通过阳光射出的紫外线、红外线和其他可见光对人体产生良好作用的锻炼方法。它可以杀菌、消炎、脱敏,防止佝偻病和骨质疏松症,促进血液循环,并对治疗各类关节炎有一定的作用。注意选择合适的练习时间和地点,防止灼伤皮肤或虚脱。

(三) 康复运动中的注意事项

(1) 康复运动强度要注意循序渐进,逐渐提高。运动后心率控制在 120~140 次/分钟为宜。

(2) 在康复练习过程中,身体出现疾病,如感冒、发烧或其他不适,应暂停运动,及时与医生联系,不要盲目进行。

(3) 在康复练习过程中,要保持心态平和,不必强求自己快速达到锻炼效果,但一定要持之以恒,不能半途而废。

(4) 康复运动后,应保持适度的兴奋性,不宜感觉过分疲劳。在运动后 20 分钟内不宜进行热水浴、桑拿浴等,温水冲洗即可。

(5) 运动损伤发生后,要根据伤病情况尽早进行康复理疗和功能锻炼,定期做医务检查。

第三节 常见病的体育医疗康复

一、高血压

高血压是指由于动脉血管硬化及血管中枢调节异常所造成的动脉血压持续性增高的一种疾病。凡收缩压高于 1.87×10^4 帕(140 毫米汞柱)或舒张压高于 1.2×10^4 帕(90 毫米汞柱),均可诊断为高血压。高血压主要症状有头晕、头痛、面红、目赤或有耳鸣,严重的会手指发麻、头重脚轻,后期可能并发心、脑、肾等器官的疾病。高血压是全身性血管疾病。

(一) 预防和一般治疗

(1) 保持心态平和,善于制怒,减少精神紧张,做到心胸开阔;培养良好的生活习惯,每天保证有足够的睡眠时间(一般每天 7~8 小时);保持大便通畅。

(2) 合理的膳食,多吃新鲜蔬菜、水果和豆奶类、菌菇类食品,少食或尽量不食油腻类、腌制类食品(建议每人每天摄入食盐不超过 6 克)。控制体重,防止肥胖,同时做到戒烟、限酒。

(3) 药物治疗:一旦确诊高血压病后,必须遵医嘱坚持服用降压药,切勿随意停药或换药。

(二) 康复运动的方法

1. 低强度的有氧运动

(1) 步行:每日 1~2 次,每次 20~30 分钟,速度控制在 80~100 步/分钟。步行中适当结合甩背、扭腰等动作。

(2) 自行车运动:匀速,在平地或坡度不大的道路上进行,速度控制在 12~15 公里/小时,最好选择人流和车辆较少、空气清新、环境幽静的地方。

2. 太极拳、降压舒心操和其他形式的拳操

锻炼时要求动作柔和舒展,注意力集中,肌肉放松,忌大幅度的弯腰、甩头等动作,避免憋气动作。

3. 按摩

两手掌从前额经头顶自后枕再从耳后向前压耳郭,再向下推至颈前两侧颈动脉,止于胸前,如此反复做60～80次。还可揉按足底涌泉,后枕风池、手臂曲池等穴,各60次。睡前用热水泡脚后按摩效果更佳。

二、冠心病

冠心病是冠状动脉粥样硬化性心脏病和冠状动脉功能性改变的合称。本病多发生在40岁以后的脑力工作者,近年来有年轻化趋势。由于冠状动脉硬化和胆固醇在血管内的沉积,使血管管腔变窄,心肌供血不足,造成心肌缺血缺氧,轻者可发生心绞痛,重者导致心肌梗死。心绞痛往往在劳累过度、情绪激动的情况下发生。

(一)预防和一般治疗

(1)饮食宜清淡,少食高脂类食物。多吃新鲜蔬菜、水果、牛奶等食品。

(2)戒烟戒酒,天气寒冷时注意保暖。

(3)调摄情志,保持良好的心态,避免做能引起紧张、焦虑和过分激烈的活动。

(4)常备速效救心丸、硝酸甘油类药物。心绞痛发作时应立即平卧休息,严重者要在最短的时间内送医院急救。

(二)康复运动的方法

1. 耐力性运动

开始练习时可先进行运动量较小的活动,如散步、深呼吸。如果反应良好,可以以步行为主,逐步过渡到走跑交替、慢跑、自行车、游泳等活动,但一定要控制运动强度和运动量,坚持每天锻炼一次,时间30分钟左右。

2. 综合性体育活动

乒乓球、门球、高尔夫球、健身操、太极拳、钓鱼这类运动均适合患者,要避免对抗性和竞争性过分激烈的项目,以陶冶情志、放松心态为主。

3. 按摩

(1)按摩心前区:用右手紧贴左胸部由上而下按摩,或沿顺时针、逆时针方向各按摩80～100次,每日两次。

(2)点按内关穴:用食指和中指点按内关穴,力量中等,每次1～2分钟,每日两次。

(3)由上而下用掌根按压、轻揉脊柱及两侧。

三、糖尿病

糖尿病主要表现为血糖过高和尿糖。基本原理为绝对或相对的胰岛素不足,引起糖、脂肪、蛋白质和电解质的代谢紊乱。临床上出现多尿、多饮、多食、疲乏、消瘦等症,其他有腰酸背痛、四肢酸麻、全身瘙痒,也可发生急性感染。多发生于缺少体力活动的中老年人群。

(一)预防和一般性治疗

(1)控制主食。米、面适量减少;多吃副食,如黑豆、赤豆、黄豆等食品;选食含糖量较少的蔬菜、深海鱼等。

(2)起居有常。休息、娱乐、工作要保持正常的规律,防止生活节奏的突然改变。

(3) 药物治疗。口服降糖药物、服用维生素 B 族和维生素 C;由医生使用胰岛素治疗。

(二) 康复运动的方法

1. 耐力性运动

首选步行,可采用中等以上的速度(100～120 步/分钟),时间 30～45 分钟。其他如慢跑、自行车、游泳均宜。

2. 太极拳和各类健身操

根据练习者的个人体质状况和个人爱好,可选择太极拳和其他健身运动,也可采用对抗性较低的球类活动,如乒乓球、羽毛球、保龄球等。

四、肥胖症

肥胖症是由于各种原因引起机体能量供需失调,饮食中摄入的能量多于机体消耗能量,过剩的能量以脂肪形式贮存于体内所致。在标准体重上下 10% 范围内为正常体重;超过标准体重 10%～19% 为超重;超过 20% 为肥胖。

标准体重(千克) = 身高(厘米) - 100(身高 155 厘米以下者)

标准体重(千克) = [身高(厘米) - 100]×0.9(身高 155 厘米以上者)

体重指数超过 27 为肥胖。

体重指数 = 体重(千克)/身高^2(米^2)

目前,在我国,尤其城镇青少年中,肥胖症患者已占学生人数的 20% 左右。肥胖症对人体健康有较大的危害:可并发高血压、冠心病、糖尿病、脂肪肝等病症;限制呼吸运动,导致肥胖综合征;怕热多汗、生活不便;腹部隆起、体型不佳。

(一) 预防和一般性治疗

防止肥胖症以预防为主,从青少年时期要养成合理膳食、积极锻炼的良好习惯。

1. 控制饮食

减少高脂肪、高糖类食物的摄入,如奶油、冰淇淋、炸薯片、肉类、动物内脏等,多食新鲜蔬菜、水果,少吃零食,晚餐不能过饱,不吃夜宵。

2. 养成终生体育锻炼的习惯

每周 3～4 次,每次 45～60 分钟的有氧运动,可使体型保持健美。

3. 调摄情志

保持精神愉快,心情舒畅,对肥胖症的控制有较好的作用。

4. 治疗

病理性肥胖症在医生的指导下,采用针灸、按摩、药物治疗。若为单纯性肥胖症,慎用药物减肥。

(二) 康复运动的方法

1. 耐力运动

根据个人爱好、年龄、体质状况和锻炼环境可选择各种耐力性活动,如快速步行、慢跑、骑自行车、登山、跑台练习、有氧操、乒乓球、羽毛球、网球等。运动强度中等,练习频度为 3～4 次/周,练习时间不少于 45 分钟。

2. 康复体操

指带有一定的负荷量,持轻器械(哑铃、体操棍等)的康复体操。以全身性运动为主,针对某些特定部位可作重点练习,如腰、腹、臀部,也可在专业人士指导下,在专业场所做各类器械练习(划船器、功率自行车、肩背拉力器)和瑜伽练习等。

3. 自然因素疗法

可选择水浴(冷水浴、桑拿浴、温泉浴),有条件者建议进行较长时间、低强度的游泳练习。

五、颈椎病

颈椎病是发生于颈椎和周围组织的各类疾病的统称,多见于文字工作者、多媒体制作者、教师等人群。过度伏案工作造成颈部局部劳累,或颈椎外伤、受凉均易引起该病。颈部酸痛、头痛、肩背放射性疼痛、手指麻木、颈部功能障碍为该病的主要症状。

(一)预防和一般性治疗

1. 动静调节

一般伏案工作 2 小时左右则应停止,到室外进行轻微活动,特别是颈部活动,同时也有利于大脑休息。

2. 饮食调补

宜多吃牛奶、鱼虾、芝麻、深海鱼、骨头汤、豆类等含钙、磷等丰富的食品。

3. 起居调摄

在日常生活中,秋冬季防止颈部受凉,夏季防止长时间空调直吹颈部。选用高低合适的枕头。

4. 牵引理疗

在医生指导下,采用颈椎牵引器治疗,每日牵引 2 次,每次 20～30 分钟,并可采用红外理疗器、电磁理疗器进行理疗。

(二)康复运动的方法

1. 八段锦

每日 1～2 次八段锦全套练习,或选用八段锦的某些动作结合徒手康复体操进行练习。在练习时颈部活动幅度不宜过猛、过大。

2. 放风筝

放风筝时头、颈部不停地作屈伸、旋转动作,上肢基本处于上抬、牵拉状态,并具有一定的负荷量,人体可作前行、侧行和后退,对颈椎病的康复有积极的作用。

3. 游泳

条件适宜者可坚持进行游泳练习。在水中能减轻人体重力对颈椎的压迫,尤其在仰泳状态时,对减轻颈椎病的症状有较好的疗效。

4. 日光浴

在特定的环境下,利用阳光中的紫外线、红外线照射颈部,加速局部血液循环。

5. 按摩

对颈部的按摩应谨慎。可对颈椎两侧和肩部作轻手法的推揉和拿捏,可缓解颈部肌肉紧张。

六、慢性腰痛

慢性腰痛是指排除急性外伤史、腰部器质性病变后,发生在腰部的长期经常性发作的不适,常见的有:腰肌劳损、椎间盘及骨、神经组织的病变。久坐、经常负重的体力活动者、中老年人群较为多见。

(一) 预防和一般性治疗

1. 正确的身体姿势

保持良好的坐立姿势,提取重物时,直腰、下蹲后再站直身体,多用腿部力量。建议多睡硬板床,注意腰部保暖。

2. 饮食

选食活血补肾类食品,如山楂、油菜、山药、核桃肉等。适量饮用黄酒。

3. 理疗、针灸

在医生的指导下,定期用红外、电磁理疗器,对腰部作理疗,进行针灸,戴腰部保护带。

(二) 康复运动的方法

1. 康复体操

以活动腰部、腿部动作为主,动作宜舒缓,稍用力。

2. 退步行走

练习时挺胸抬头,双目前视。每日1~2次,每次150~200步即可。注意选择合适的练习场所,以防发生意外。

3. 悬垂牵伸、摆动

两手抓住高处的横杠,两足离地,身体悬空,并以腰部为轴心,轻轻左右、前后摆动下肢。每次1~2分钟,视身体状况而定(年老体弱者不宜)。

4. 按摩

自我揉腰:两手握拳,以拳眼或拳背部揉、擦两侧腰部,在压痛处稍用力。两掌搓热后在腰椎两侧快速地上下推擦。点按肾俞、委中等穴。也可采用俯卧位,按摩者站在患者的体侧,用推、擦、揉、按压、拍击、抖动等手法进行按摩,每周2~3次,每次20~30分钟。

七、脊柱侧凸

由于各种疾病、发育不良、肌力不平衡以及各种致病因素可以造成脊柱畸形。向侧方弯曲,称之为脊柱侧凸;向前弯曲超过正常前屈度,称之为前凸畸形;若超过正常后凸范围,称之为后凸畸形。脊柱畸形不仅会破坏人体正常的结构,同时也可使其他部位,如胸廓、肩带等发生形态改变,进而引起内部器官的功能活动障碍,影响运动功能,降低全身健康水平与工作能力。在青少年中,最常见的是脊柱侧凸畸形。引起脊柱侧凸的原因较多,少数人是因先天性脊柱发育不良或脊柱本身的病变,如脊柱结核等所引起的,多数人是由于坐姿、立姿或劳动姿势等不正确导致的姿势性脊柱侧凸。

(一) 预防和一般性治疗

在学习、工作、生活中养成良好的坐、立、行、卧习惯,保持正确的动作姿势,如站立时抬头、挺胸、收腹;不要长时间单侧负重;桌、椅高度调节合理。早期纠正:在发现有轻微的脊椎异常时,选用佩戴"背背佳"之类的保健产品。先天性患者,可考虑尽早手术治疗。

(二) 康复运动的方法

1. 矫正体操

矫正体操是治疗脊椎侧凸的首选方法。编制矫正体操的基本原则是做与变形方向相反的脊柱运动,选择性地加强凸出侧已被拉长并衰弱的韧带和肌肉力量,牵伸凹入侧已经挛缩的组织。矫正体操的内容包括各种悬垂、牵引、双手悬垂、攀登,压迫凸出侧脊柱等,可以徒手进行,也可以借助肋木、体操棒等。

2. 按摩

对青少年早期患者,采用按压、运拉、背伸等手法进行按摩,每周3~4次,每次10~15分钟。

3. 各类体育锻炼

每天坚持活动1小时,全面锻炼身体各个部位,能有效地预防脊柱侧凸疾病。建议多参加健美操、韵律舞蹈、技巧等运动,平时坚持卧硬板床。

八、近视眼

近视眼是一种在青少年中最常见的眼病,在某些学校和地区,近视眼的发生率占整个人群的60%左右。除了一部分是由于先天因素(遗传)引起的外,绝大部分是由于学生在学习、生活中用眼不当而引起的。近视眼对青少年的学习、生活和未来的工作带来许多不便与限制。

(一)预防和一般治疗

1. 养成良好的用眼卫生习惯

避免长时间看书、上网、看电视等,通常用眼持续时间不应超过1小时,两次持续用眼的间隔应有10分钟的休息。要端正阅读姿势,使眼部与读物相距30~35厘米,不要歪着头,不要躺着或乘车时看书。要有良好的照明,不在暗处或阳光直射下看书。

2. 眼保健操

每天两次眼保健操,既是预防近视眼的措施,又是矫治近视眼的一种良好方法。它可放松调节视神经,保护视力,起到防治近视眼的作用。在做眼保健操时,应闭眼,保持双手的清洁。按揉穴位要准确,手法要缓慢,以各穴产生酸胀感为宜。

3. 饮食调理

防止偏食,少食甜点和偏酸性食物(如鸡、鸭、火腿),补充维生素A。

4. 配戴眼镜

佩戴合适的近视眼镜,可减轻眼球疲劳,避免近视症状进一步加重。

(二)康复运动的方法

1. 球类运动

进行乒乓球、羽毛球、网球等项目的活动。经常注视快速移动目标,对近视的预防和矫正有一定的作用。

2. 自然因素疗法

宜在空气清新的早晨,在充满绿色的树林、草地环境中,由近至远,注视目标。

3. 按摩

早起和睡前按摩太阳穴,顺时针、逆时针各36次,再按摩睛明穴36次。

思考题

1. 体育锻炼中,应如何预防运动损伤的发生?
2. 踝关节扭伤的处理方法有哪些?
3. 什么是康复运动?常见的康复运动方法有哪些?
4. 怎样预防肥胖症?

第六章

竞技体育

竞技体育是现代体育中的一个重要组成部分,是以体育竞赛为主要特征,以创造优异成绩、夺取比赛优胜为主要目标的社会体育活动。它以区别于人类其他社会活动的特有形式和特有的客观评价指标——运动成绩,牵动着亿万人的心,并在政治、经济、文化、科技、教育等领域中产生着深刻的影响和作用。当今世界各国都把发展竞技体育作为强国强民、振奋民族精神、提高国际威望、促进和平友谊的一种手段。

第一节 竞技体育概述

一、现代竞技体育的形成和发展

竞技体育是在人类发展过程中逐步开展起来的。史学资料表明,人类在旧石器时代晚期已经有了初步的区分胜负的比赛意识和一定的体育竞赛形式。在原始社会末期,由于部落间的武装冲突十分频繁,为增强社会成员的作战能力,加强内部团结,常常进行不同目的的宗教活动,在世界的一些地区出现了以竞技运动为主要内容的祭祀竞赛中心,如奥林匹克赛会。

竞技体育形成的基本动因,可以归结为以下三个方面:一是生物学因素,人们为了更好地提高自身活动能力而逐步形成竞技体育;二是个性心理因素,人的"取胜和对抗的本能"及"追求胜过对手"的动机推进了竞技运动的形成;三是社会学因素,人们逐渐认识到竞技体育在培养、教育及审美等方面的功能,因此推进了竞技体育的发展。

作为体育这一具有重大影响的社会活动的基本组成部分,竞技体育始终与人类社会同步地发展与完善。从竞技体育在世界范围的广泛开展,建立相对完整的管理体制,体育竞赛活动的日益活跃,现代奥运会的百年盛事,运动训练科学化水平的不断提高以及竞技体育的职业化与商业化趋势等几个方面,可以清晰地描绘出 20 世纪现代竞技体育的发展历程。

从竞技体育的历程可以看出,竞技运动应从不同的角度、不同的层面去认识。从广义上看,群众性的各种竞赛活动也即"非正式竞技活动"和"半正式竞技活动",在某种意义上也应该理解为竞技运动的组成部分。但从狭义上来讲,竞技运动则应由"正式竞技运动"和"职业竞技运动"两部分组成。现代竞技体育虽然还保留了原来的娱乐性质,很多运动项目也可称为体育手段,但已不能和过去为了离开工作到野外轻松、愉快生活的运动同日而语了,它已成了一种人体运动能力的竞争,显示个人、团体的存在和力量,宣传、扩大自我影响的手段。竞技体育已经形成了与大众健身体育、休闲娱乐体育、体育教学既有联系,又有区别的一种特殊社会现象。

二、现代竞技体育的构成

所谓竞技体育,是指按照一定的规则,最大限度地挖掘和发挥人体运动能力,以创造优

异运动成绩,战胜对手,从而显示个人和团体在体育方面的实力为目的的运动文化。

现代竞技体育包括运动员选材、运动训练、运动竞赛和竞技体育管理等要素。

第二节 竞技体育的特点与分类

一、竞技体育的特点

竞技体育作为人类的一种社会现象,尽管与其他社会现象有着密切的联系,但也具有自身的特点。

（一）激烈的竞争性

激烈的竞争性是竞技体育最本质的特点之一,也是竞技体育与其他体育运动（如健身运动、休闲娱乐运动等）的最大区别。这种激烈的竞争性既是竞技运动发展的本质要求,也是竞技运动发展的必然结果。激烈的竞争性是竞技运动日益发展的推动力。日益激烈的竞争既增加了比赛胜负的不确定性,也使得竞技运动更具魅力。

（二）高度的公平性

竞技体育中的竞争和体育运动以及休闲娱乐运动中的竞争是有本质区别的,前者是在高度公平的条件下进行的。没有公平竞争,竞技体育便无法进行,竞技体育也就不复存在了。因此,高度的公平性也就成了奥林匹克精神的重要内容之一。为了保证能在公正、公平的环境下进行竞争,竞技体育的组织者对比赛项目、时间、地点、场地器材、参加资格及比赛的组织和参与者的行为规范等都做了严格的规定,以保证竞技运动比赛在公正的前提下正常进行。

（三）严格的规则性

规则是竞技体育不可分割的组成部分。竞技体育中,为了体现公平竞争的奥林匹克精神,各项运动项目都制定了各自的竞赛规则,要求参加者共同遵守。这些规则是为了约束参加者比赛的行为规范的。无视运动项目规则,比赛将无法进行。因此,不仅比赛必须严格根据规则的要求进行,平时训练也必须针对规则的要求进行。

（四）高度的观赏性

现代竞技体育的发展要求运动员必须具有完美的技艺及超人的体力,否则就难以取得比赛的胜利。各运动项目的运动技术日臻完善,在表现新、难、高、险的同时,日益向艺术性和观赏性方向发展。现代竞技体育的观赏价值越来越高,因此也越来越受到广大群众的喜爱。高度的技艺性既是竞技体育本身发展的要求,也是竞技体育赖以存在的基础。

（五）强烈的娱乐性

竞技运动技术本身就是由以娱乐为主要目的的游戏发展而来的,现代竞技运动虽然竞争日益激烈,但并未完全失去原有的娱乐特性。广大群众可以通过直接、间接的方式观赏竞技运动比赛,从日常紧张的工作和生活中解放出来,获得一种自由感、轻松感和美的享受。

（六）广泛的公开性

现代通信网络系统的发展,使重大的体育比赛活动能够成为吸引全球数亿人关注的社会活动。而且,竞技体育具有比一般社会活动更为明显的公开性和外向性特点。在运动训练方面,新的运动技术和训练方法,经由运动员的比赛,很快成为大家共享的财富,同时也会成为被对手利用而战胜自己的武器。因此,竞技体育的公开性也在很大程度上促进了竞技体育的不断创新和发展。

二、竞技体育的分类

（一）按运动成绩的评定方法分类

（1）测量类：田径、游泳、速度滑冰、滑雪、自行车、皮划艇、赛艇、帆船、射箭等。
（2）评分类：体操、艺术体操、技巧、健美运动、花样游泳、跳水、马术、武术套路等。
（3）命中类：篮球、手球、足球、水球、曲棍球、冰球、击剑、射箭、射击等。
（4）制胜类：拳击、柔道、摔跤、跆拳道等。
（5）得分类：乒乓球、羽毛球、网球、排球等。

从以上分类可以看出，测量类项目在比赛中的成绩通过测量速度、高度、远度、重量和数量而准确地加以评定；评分类项目在比赛中的成绩则要根据规则规定的评分标准进行评分而确定；命中类项目是按比赛时命中目标的次数和准确度而决定成绩；制胜类项目评定运动成绩的方法比较特殊，它既包含命中对方后而得分，又包含了制服对手后而直接获胜的因素；得分类项目是根据竞赛规则，以每局得分的多少来决定成绩的。

（二）按观赏的角度分类

（1）测速类：赛跑、竞走、游泳、自行车、速度滑冰等。
（2）测距类：跳高、跳远、投掷、跳台滑雪等。
（3）计量类：举重、射击、射箭等。
（4）计数类：球类、拳击、摔跤、击剑等。
（5）评分类：体操、健美运动、技巧、跳水、武术、艺术体操、花样滑冰、花样游泳、体育舞蹈等。

从以上分类可以看出，前几类大多为奥运会已有的正规竞技项目，因此按比赛时运动成绩的评分方法来分类，较符合观赏竞技体育时不可避免地与获得优秀成绩联系在一起的审美特点。而后几类缺乏一定的规则来量化地评定成绩，只能根据其活动的性质来判断其价值，而且大多数是没有设立正式比赛的竞技项目，但它们仍在体育审美活动中占有一定的地位，成为逐渐引起人们广泛关注的体育运动项目。

第三节 竞技体育与科技进步

一、高科技支持下的竞技体育

现代竞技体育是随着科学技术的进步而发展的，尤其是20世纪80年代以来，科学技术对竞技体育运动的发展产生了根本性影响。为了在日益激烈的国际大赛中取胜，许多国家纷纷将现代科学技术成果广泛应用于竞技体育中，使运动技术水平突飞猛进，给现代竞技体育带来一片生机。同时，竞技体育的广阔领域也为科学技术的应用提供了一个展现的舞台。

世界体育强国美国于1991年底建成三个训练中心，它们是典型的训练与科研的密切结合体。这些训练中心除了提供训练条件之外，还有一系列帮助教练员了解运动员技术、生理和生化等方面的先进仪器设备。除此之外，训练中心还有电脑控制、激光跟踪与智能化的高科技训练设备。同时，一些新的设备不断地研制成功并用于训练和科研上，如射击激光跟踪器、力反应系统、智能化测控仪、游泳流水槽、微型运动雷达等。

二、信息技术引入现代训练

随着计算机在现代体育中的广泛运用，多媒体计算机技术也开始深入到体育领域的各个方面,在现代训练中多媒体计算机技术更完善、更全面的功能服务,可以满足教练员、运动员、管理人员和科研人员等各种不同要求,它包括:

(一)同时处理各种信息

在现代训练比赛中,经常使用摄像机把运动员的技术、战术拍摄下来,进行事后分析,包括定性分析和定量分析。

(二)实现图像或视频远程传输

在多媒体计算机上使用视频卡、静态图像压缩卡和动态视频压缩卡,可将技术动作的图像和视频压缩,这样就可以在各种通信线路上实现远程的图像或视频传输。

(三)多媒体技术集成化和工具化

多媒体技术在运动训练和竞赛中的应用展示了其广阔的前景,已成为广大教练员、科研人员和管理人员手中先进、高效的辅助工具,有利于提高运动员训练的科学化,促进竞技体育运动水平的快速提高。

三、运动服装、鞋和装备的变革

运动服装不仅给人美的享受,而且对提高运动成绩很有好处,如游泳服已一改以往皱褶式布游泳服,而采用高性能的泳服(仿鲨鱼皮),轻薄、贴身、光滑,能减少游泳时水对人体所产生的阻力。研究表明,贴身、光滑的服装,还可以降低空气阻力的6%～10%,在1000米场地自行车比赛中可以提高成绩约3秒。

参加体育运动必须穿运动鞋,运动鞋的科学性要求很高。大家都看到,不同运动项目穿着的鞋是不同的。举重项目的鞋底面积大,相对较重,稳定性好,以便运动员在举起大重量的杠铃时能站得更稳;体操运动员为了使动作更快速、灵活、协调,要穿轻便而又紧包着脚的布鞋;而跑、跳运动员则要穿鞋底有钉子的运动鞋,主要是为了蹬地时避免打滑。2004年,在雅典举行的第28届奥运会田径比赛中,我国名将刘翔在110栏比赛中创造了新的世界纪录。人们发现这与刘翔所穿的一种新跑鞋有关。研究表明,他所穿的鞋采用复合材料制成,比传统跑鞋轻50%。

运动器材和设施也得益于现代科技成果,如玻璃钢撑杆、塑胶跑道、人工草皮、碳素纤维网球拍和羽毛球拍等,都对竞技体育运动水平的提高起了很大的推动作用。

可见,科学技术推动了竞技体育运动技术的提高与发展,同时竞技体育也促进了科学技术应用的繁荣,竞技体育运动为科学应用技术的开展和实验提供了一个展示的窗口。

第四节 竞技体育的社会功能

竞技体育的社会功能是指竞技体育对人类社会发展的作用。竞技体育发展的水平在很大程度上受社会政治、经济和科学文化技术发展水平的制约,同时又反作用于政治和经济。竞技体育的社会功能主要表现为以下几个方面。

1. 扩大国家和社会团体的影响

现代竞技体育已成为一个国家、民族展示其政治、经济、文化、科学技术等综合实力的"橱窗"。竞技体育比赛的胜负不仅是运动员个人的荣誉,也是一个国家和社会团体共同的荣誉,在一定意义上反映了一个国家和社会团体综合实力的发展水平。

2. 振奋民族精神,培养爱国主义热情

竞技体育比赛的胜利,可以振奋民族精神,培养爱国主义热情,可以使社会成员感到所在国家和社会团体的存在和实力,培养民族自尊心、自豪感,激发为国家、民族进一步强大、发展而努力奋斗的激情。

3. 促进青少年身心全面发展

竞技体育以其特有的魅力对青少年一代具有巨大的吸引力。青少年通过参加运动训练和体育比赛不仅可以促进正常的生长发育,而且能够促进心理健康发展,引导良好的社会行为规范,养成文明礼貌的习惯,培养青少年的自觉性、独立性,树立积极向上、努力拼搏和集体协作的精神,形成勇敢顽强的意志品质、开朗活泼的性格和公正的态度。

4. 丰富人们的业余文化生活

现代社会随着科学技术水平的提高,物质生活日益丰富,余暇时间增加,人类自身的需求也发生了巨大变化。现代人追求的已不仅是物质生活的满足,而且对精神生活的追求也变得日趋丰富和重要。观赏高水平的竞技运动比赛已成为人们业余假日生活的重要内容。人们从高水平的竞技体育中既可以感受到生命的力量,也可以得到一种美的享受。因此,不断提高竞技体育水平是提高人们生活质量的需要。

5. 为加强国际交往提供重要渠道

现代社会中,竞技运动在国际交往以及外交活动中发挥着越来越大的作用。和平与发展已成为人类社会发展的主流,也是人们共同的心愿。人类需要了解,需要交流,需要团结,需要友谊。竞技体育比赛可以打破人为的障碍和国家界限,为人们提供更多的交流机会,有利于加强各个国家、各个民族之间的团结友谊,促进世界和平与发展。

6. 促进全民健身,提高整个民族的健康水平

竞技运动与休闲娱乐运动本身有密切联系,竞技运动的发展,可以吸引更多的人参加体育运动。学校体育的开展也可以为全民健身打下良好的基础,并可以发现更多未来的竞技运动人才。这些都表明竞技运动和全民健身是可以相互促进的。

7. 促进社会和经济的发展

竞技运动的发展必然改变人类的消费结构,促进与运动训练、体育比赛有关的物质资料的生产和流通。举办大型运动竞赛不仅可以直接获得经济效益,而且可以促进相关产业的发展。这些对经济的繁荣必将起到日益巨大的促进作用。

第五节 奥林匹克运动

一、奥林匹克运动基础知识

1894年6月16日,顾拜旦精心设计和主持的首次"国际体育教育代表大会"在巴黎索邦神学院召开。来自9个国家37个体育组织的78名代表到会,通过决议复兴奥运会,并规定此后每隔4年举办一次奥运会。同年6月23日选出由15人组成的国际奥林匹克委员会。顾拜旦起草了国际奥委会章程,阐述了奥林匹克运动的哲学基础、教育和美学意义,奠定了奥林匹克运动的理论基础,使奥林匹克运动发展成为持久的体育与和平运动。这次大会标志着现代奥林匹克运动的诞生,顾拜旦也被人们誉为"现代奥林匹克之父"。

(一)奥林匹克运动的定义与宗旨

奥林匹克运动是在奥林匹克主义指导下,以体育运动和四年一度的奥林匹克庆典为主要活动内容,促进人的生理、心理和社会道德全面发展以及各国人民之间的相互了解,在全世界普及奥林匹克主义,维护世界和平的国际社会运动。由国际奥委会领导的奥林匹克运

动来源于现代奥林匹克主义。奥林匹克运动由思想体系、组织结构体系、活动内容体系三大体系构成。奥林匹克运动的宗旨是:通过没有任何歧视、具有奥林匹克精神——以友谊、团结和公平竞争的精神相互理解的体育活动来教育青年,从而为建立一个和平、更美好的世界做出贡献。

(二)奥林匹克主义

对奥林匹克主义有广义和狭义两种理解。狭义的奥林匹克主义是指奥林匹克哲学指导思想,即作为奥林匹克哲学原则的奥林匹克主义。广义的奥林匹克主义是指整个奥林匹克文化体系,包括奥林匹克思想理论体系,主要有奥林匹克哲学、奥林匹克理想、奥林匹克精神等,还包括奥林匹克运动,即在奥林匹克理论指导下,动员和组织社会力量按一定的计划或纲领去实现奥林匹克理想的行动过程。

国际奥委会对奥林匹克主义所下的定义是:奥林匹克主义是增强体质、意志和精神并使之全面均衡发展的一种生活哲学,奥林匹克主义谋求体育运动与文化和教育相融合,创造一种以奋斗为乐、发挥良好榜样的教育作用并尊重基本公德原则为基础的生活方式。这个定义明确指出:第一,奥林匹克主义的中心思想是人的和谐发展;第二,奥林匹克主义强调人的和谐发展的关键是生活方式的改善;第三,奥林匹克主义将体育运动作为实现人的和谐发展的途径;第四,为达到人的和谐发展的目的,体育运动必须与教育、文化相结合;第五,奥林匹克主义强调奥运选手的榜样作用。综合而言,奥林匹克主义试图给竞技运动以灵魂,它着力强调体育的真、善、美,强调体育的精神价值,强调体育的本质是为人的和谐发展服务。而奥林匹克主义的核心就是对人类社会真、善、美的向往和追求。

(三)奥林匹克精神

奥林匹克精神是奥林匹克运动的核心和奥林匹克主义的集中体现。奥林匹克精神所倡导的是:人们怀着友谊的动机,通过友好的体育比赛,增进相互间的理解,达到团结的目的。奥林匹克运动的口号、格言、宗旨、主义、会旗以及理想等都是奥林匹克精神做出的某一角度和某种程度的说明,可以把它归纳为四个主要点:和平友谊的宗旨;以人为本、大众参与的体育实质;更高、更快、更强的进取精神;公开、公正、公平的法制原则。

(四)奥林匹克运动与奥林匹克运动会

奥林匹克运动会(奥运会)是奥林匹克运动的一个重要组成部分,是奥林匹克的主要活动,但不是唯一的活动。因为奥林匹克运动的活动内容除了奥运会以外,还有国际奥委会承认的其他大型的综合性运动会,如奥林匹克教育活动、奥林匹克科学活动、奥林匹克文化活动、大众体育活动、奥林匹克基金援助活动等。当然,奥林匹克运动的最大和最高层次的活动是四年一次的奥林匹克盛典——奥运会。相对于奥林匹克运动而言,奥运会也是实现奥林匹克理想的手段之一,利用它可以使得各国运动员定期在这一盛大的体育节日上相聚一堂,以便互相了解,消除偏见,增进友谊。奥运会有夏季奥运会、冬季奥运会、残疾人奥运会、特殊奥运会、听障奥运会、青年奥运会等。

(五)奥林匹克运动的本质是教育

从《奥林匹克宪章》中对奥林匹克宗旨和奥林匹克运动宗旨的界定中,我们可以看出奥林匹克运动虽然源于体育运动,但不局限于体育运动或奥运会的竞技比赛,而是一种超越体育和竞技运动的关于人的全面发展、人类和社会发展的社会运动。它的基本构想是通过体育运动促进人的和谐发展,进而扩展到改善社会、促进社会的发展,最后扩大到整个国际社会,使人类有一个和平的、更加美好的世界。因此,它的本质是教育人、培养人。奥林匹克主义是一种生活哲学,它突出了以体育运动为载体,通过体育运动促进人们身体、心智和精神的发展。奥林匹克运动也是以培养全面发展或完善的人为目标的世界性的社会运动,强调体育运动在人的均衡发展过程中具有教育功能,吻合了现代提倡的"德"、"智"、"体"全面发展的教育原则的要求。奥林匹克运动提倡榜样教育,并以尊重一般伦理原则为基础,它推崇"精英至上"、崇拜英雄,但是它认为这种精英和英雄必须来自于艰苦的奋斗、顽强的拼搏和不断的自我超越之中,并经过公平竞争才能有所成就。

二、中国的奥运之路

奥林匹克运动传入中国并取得发展,经历了一个漫长的过程。1900 年,奥林匹克运动开始传入中国,1907 年,时任南开中学校长的张伯苓先生在 10 月 24 日第 5 届学校联合运动会颁奖典礼上发表演讲,并介绍奥运会情况,建议中国应派队参加 1908 年在伦敦举行的第 4 届奥运会。1908 年,《天津青年》发表文章向国人提出了三个问题:"中国何时才能派一位胜利的选手参加奥运;中国何时才能派一支胜利的队伍参加奥运;中国何时才能举办奥运,请各国的选手到北平参加比赛。"这开启了中国人参加奥运、举办奥运会的梦想。1910 年,中国尝试以奥运会的模式第一次举办了全国运动会,目的是推动奥林匹克运动在中国的发展。1913 年起,由中国、日本、菲律宾三国的基督青年会组织发起远东运动会,并轮流在这三个国家举行,为我国体育运动的国际化和之后参加奥运会起到了积极的推动作用。1915 年,国际奥委会承认远东体育协会为其东方支部,这是中国与国际奥委会的第一次接触。1922 年,外交部部长王正廷当选中国历史上第一位国际奥委会委员。1931 年,中华体育协进会被国际奥委会承认为中国奥林匹克委员会,成为国际奥委会的成员。1932 年,中国选手刘长春参加了在洛杉矶举行的第 10 届奥运会,实现了中国派一名选手参加奥运会的梦想。1936 年,中国又派出了一个体育代表团参加了柏林奥运会,实现了中国派一支运动队参加奥运会的梦想。1939 年,财政部部长孔祥熙当选为国际奥委会委员。由于第二次世界大战的爆发,第 12 届和第 13 届奥运会停办。1948 年在伦敦举行的第 14 届奥运会上,中国派出了 33 名运动员参赛。

新中国成立后的第一次奥运之旅是 1952 年在赫尔辛基举办的第 15 届奥运会,吴传玉成为新中国参加奥运会比赛的第一人。1956 年,针对国际上"两个中国"的论调,中国拒绝参加第 16 届墨尔本奥运会。随后,中国于 1958 年 8 月 19 日宣布中断与国际奥委会的一切联系。直至 1979 年 11 月 26 日,国际奥委会恢复了中国奥委会的合法权利,中国才又回到了奥林匹克大家庭中。1981 年,中国体育领导人何振梁当选国际奥委会委员,并于 1989 年至 1993 年间担任国际奥委会副主席。1984 年,在第 23 届洛杉矶奥运会上,中国运动员许海峰在男子手枪 60 发慢射决赛中以 566 环的成绩获得冠军,成为中国奥运会历史上的首位奥运冠军,打破了中国奥运史上金牌"零"的纪录。

1991 年,中国决定申请在北京举办 2000 年夏季奥运会,其主题为"开放的北京盼奥运"。但在 1993 年 9 月 24 日蒙特卡洛国际奥委会会议的最后表决中,北京仅以两票之差输给悉尼,最终未能获得 2000 年奥运会的举办权。面对失败,中国并未放弃举办奥运会的梦想,经过更加充分的总结和准备,于 1998 年决定再次申办奥运会,并于 1999 年向国际奥委会递交了关于申办 2008 年奥运会的报告。2001 年 7 月 13 日,中国终于获得了 2008 年第 29 届夏季奥运会的举办权,实现了这个延续百年的奥运梦想。在 2008 年北京奥运会上的 28 个大项、302 个小项的比赛中,中国运动员共获奖牌 100 枚,其中金牌 51 枚、银牌 21 枚、铜牌 28 枚。

三、北京奥运会简介

（一）北京奥运会会徽——中国印"舞动的北京"

"舞动的北京"是一座奥林匹克的里程碑。它是诚信的象征，是北京向全世界、全人类做出的庄严而又神圣的承诺。"精诚所至，金石为开"，这枚以先贤明言创意、以金石印章为形象的会徽（图6-1），是中国人民对于奥林匹克的敬重与真诚。意味着2008年的中国北京为全世界展现一幅"和平、友谊、进步"的壮美图画，为全人类奏响"更快、更高、更强"的激情乐章。

图6-1

（二）北京奥运口号——"同一个世界 同一个梦想"

"同一个世界，同一个梦想"的英文为"One World, One Dream"。口号表示2008北京的梦想连接着整个世界，连接着所有人的奥运情结。

（三）北京奥运会吉祥物——"福娃"

北京2008年第29届奥运会吉祥物名为"福娃"，其色彩与灵感来源于奥林匹克五环，来源于中国辽阔的山川大地、江河湖海和人们喜爱的动物形象。"福娃"向世界各地的孩子们传递友谊、和平、积极进取的精神和人与自然和谐相处的美好愿望。"福娃"是五个可爱的亲密小伙伴（图6-2），

图6-2

他们的造型融入了鱼——"贝贝"、大熊猫——"晶晶"、奥林匹克圣火——"欢欢"、藏羚羊——"迎迎"以及燕子——"妮妮"的形象。当把五个"福娃"的名字连在一起，你会读出北京对世界的盛情邀请："北京欢迎您"。

四、南京青年奥林匹克运动会简介

青年奥林匹克运动会（The Youth Olympic Games, YOG），简称为青年奥运会、青奥会。2007年7月5日，在危地马拉城召开的国际奥委会第119次会议上，国际奥委会成员批准通过了举办2010年首届夏季青年奥林匹克运动会和2012年首届冬季青年奥林匹克运动会的项目，此后均为每四年一届。根据国际奥委会的决议要求，青年奥林匹克运动会赛程不超过12天。首届夏季青年奥林匹克运动会（以下简称青奥会）于2010年8月14日至26日在新加坡举行。第2届夏季青奥会于2014年8月16日至28日在中国南京成功举行。

（一）南京青奥会会徽

南京青奥会会徽继承并发扬了奥林匹克精神，体现了丰富的中国文化含义，准确表达了2014年青奥会的主题。会徽将南京明城墙城门和江南民居轮廓艺术地组合在一起，勾勒出"NANJING"字样，寓意欢迎、交流的青春之门，象征欢聚、健康的青奥之家（图6-3）。

（二）南京青奥会口号——"分享青春，共筑未来"

南京青奥会的口号是"分享青春，共筑未来"，英文为"Share The Games, Share Our Dreams"。口号的含义是全世界的青年人在奥林匹克精神感召下，欢聚一堂，相互切磋，相互鼓励，增进友谊，共同成长。其中"青春"体现了青年人和青奥会的基本特征，"共筑"

图6-3

体现了奥林匹克的友谊和团结的基本原则,"未来"体现了奥林匹克运动的大同理想、人类社会息息相关的共同命运。

(三) 南京青奥会吉祥物——砳砳

南京青奥会吉祥物名为砳砳(lè)(图 6-4),以雨花石为创意源泉。雨花石形态奇丽,浑然天成,象征着大自然的力量,传递的是一种"亲近自然、回归自然"的精神。"砳"指敲击石头发出的声音,"砳砳"象征劈山开路,奋勇前进。

图 6-4

第六节 竞技体育的欣赏与参与

一、欣赏竞技体育的意义

(一) 陶冶情操,美化生活

当代人把观赏体育比赛作为社会文化生活中一项重要的内容。体育比赛的魅力,已达到了迷人的程度,吸引着人们去关心它、欣赏它。因为在现实生活中,人们追求的是完美的、快节奏的生活,而运动竞赛则恰恰适应和迎合了现代人生活的要求。

任何一项比赛都是个人或集体,通过发挥其体格、体能、运动能力、心理、智慧等方面的潜力进行的角逐。通过体育比赛,观众不仅能欣赏到运动员健康、强壮、匀称、优美的身体,而且可以欣赏到运动员所展现出来的准确、干净、利落、新颖、洒脱的动作造型,给人以愉悦的享受,同时还激发观赏者热爱体育、追求美好生活的愿望。

(二) 振奋民族精神

通过观赏体育比赛,可以强化集体观念,激发爱国主义热情,振奋民族精神。各式各样的比赛,其参赛者都有一定的社会群体的代表性,他们在比赛场上,一要实现自己的价值,二要为所代表的群体争取荣誉。而观赏者往往与运动员有着千丝万缕的社会关系,不是同一学校或者同一单位,就是同一地区、民族或国家,因此,运动竞技的成败、胜负、荣辱都与观赏者息息相关。

在一些重大的国际比赛上,我们常常可以看到,比赛队与本民族或国家的关系越是密切,观赏者的心理越受胜负的牵制,情感就越发激昂。特别是当本民族或本国运动员获胜后升国旗、奏国歌时,观赏者会与运动员一样情不自禁地热泪盈眶,激动万分,把本国运动员的胜负视为自己民族和国家的莫大荣耀,从而产生强烈的民族自豪感。例如,在第 23 届美国洛杉矶奥运会上,中国健儿实现了金牌"零"的突破,洗尽了"东亚病夫"的耻辱,赢得了"东方巨人"的称号,此时,全国人民无不为之欢欣鼓舞,激发了全国人民"团结起来,振兴中华"的热情,同时也感染了海外侨胞,他们把祖国体育健儿夺得金牌看成是中华民族的光荣、炎黄子孙的骄傲。

(三) 激发体育锻炼意识

体育意识是人们对体育这一社会现象及其功能、作用的认识和反映。体育比赛能启迪和激发人们如下体育意识。

1. 健康意识

举办各种体育竞赛的目的是启迪群众对体育意义的认识,激励群众积极参加体育活动,以提高全民族的体质和健康水平。

三、北京奥运会简介

（一）北京奥运会会徽——中国印"舞动的北京"

图 6-1

"舞动的北京"是一座奥林匹克的里程碑。它是诚信的象征，是北京向全世界、全人类做出的庄严而又神圣的承诺。"精诚所至，金石为开"，这枚以先贤明言创意、以金石印章为形象的会徽（图 6-1），是中国人民对于奥林匹克的敬重与真诚。意味着 2008 年的中国北京为全世界展现一幅"和平、友谊、进步"的壮美图画，为全人类奏响"更快、更高、更强"的激情乐章。

（二）北京奥运口号——"同一个世界 同一个梦想"

"同一个世界，同一个梦想"的英文为"One World, One Dream"。口号表示 2008 北京的梦想连接着整个世界，连接着所有人的奥运情结。

（三）北京奥运会吉祥物——"福娃"

图 6-2

北京 2008 年第 29 届奥运会吉祥物名为"福娃"，其色彩与灵感来源于奥林匹克五环，来源于中国辽阔的山川大地、江河湖海和人们喜爱的动物形象。"福娃"向世界各地的孩子们传递友谊、和平、积极进取的精神和人与自然和谐相处的美好愿望。"福娃"是五个可爱的亲密小伙伴（图 6-2），他们的造型融入了鱼——"贝贝"、大熊猫——"晶晶"、奥林匹克圣火——"欢欢"、藏羚羊——"迎迎"以及燕子——"妮妮"的形象。当把五个"福娃"的名字连在一起，你会读出北京对世界的盛情邀请："北京欢迎您"。

四、南京青年奥林匹克运动会简介

青年奥林匹克运动会（The Youth Olympic Games, YOG），简称为青年奥运会、青奥会。2007 年 7 月 5 日，在危地马拉城召开的国际奥委会第 119 次会议上，国际奥委会成员批准通过了举办 2010 年首届夏季青年奥林匹克运动会和 2012 年首届冬季青年奥林匹克运动会的项目，此后均为每四年一届。根据国际奥委会的决议要求，青年奥林匹克运动会赛程不超过 12 天。首届夏季青年奥林匹克运动会（以下简称青奥会）于 2010 年 8 月 14 日至 26 日在新加坡举行。第 2 届夏季青奥会于 2014 年 8 月 16 日至 28 日在中国南京成功举行。

（一）南京青奥会会徽

南京青奥会会徽继承并发扬了奥林匹克精神，体现了丰富的中国文化含义，准确表达了 2014 年青奥会的主题。会徽将南京明城墙城门和江南民居轮廓艺术地组合在一起，勾勒出"NANJING"字样，寓意欢迎、交流的青春之门，象征欢聚、健康的青奥之家（图 6-3）。

图 6-3

（二）南京青奥会口号——"分享青春，共筑未来"

南京青奥会的口号是"分享青春，共筑未来"，英文为"Share The Games, Share Our Dreams"。口号的含义是全世界的青年人在奥林匹克精神感召下，欢聚一堂，相互切磋，相互鼓励，增进友谊，共同成长。其中"青春"体现了青年人和青奥会的基本特征，"共筑"

体现了奥林匹克的友谊和团结的基本原则,"未来"体现了奥林匹克运动的大同理想、人类社会息息相关的共同命运。

（三）南京青奥会吉祥物——砳砳

图6-4

南京青奥会吉祥物名为砳砳(lè)（图6-4），以雨花石为创意源泉。雨花石形态奇丽，浑然天成，象征着大自然的力量，传递的是一种"亲近自然、回归自然"的精神。"砳"指敲击石头发出的声音，"砳砳"象征劈山开路，奋勇前进。

第六节　竞技体育的欣赏与参与

一、欣赏竞技体育的意义

（一）陶冶情操，美化生活

当代人把观赏体育比赛作为社会文化生活中一项重要的内容。体育比赛的魅力，已达到了迷人的程度，吸引着人们去关心它、欣赏它。因为在现实生活中，人们追求的是完美的、快节奏的生活，而运动竞赛则恰恰适应和迎合了现代人生活的要求。

任何一项比赛都是个人或集体，通过发挥其体格、体能、运动能力、心理、智慧等方面的潜力进行的角逐。通过体育比赛，观众不仅能欣赏到运动员健康、强壮、匀称、优美的身体，而且可以欣赏到运动员所展现出来的准确、干净、利落、新颖、洒脱的动作造型，给人以愉悦的享受，同时还激发观赏者热爱体育、追求美好生活的愿望。

（二）振奋民族精神

通过观赏体育比赛，可以强化集体观念，激发爱国主义热情，振奋民族精神。各式各样的比赛，其参赛者都有一定的社会群体的代表性，他们在比赛场上，一要实现自己的价值，二要为所代表的群体争取荣誉。而观赏者往往与运动员有着千丝万缕的社会关系，不是同一学校或者同一单位，就是同一地区、民族或国家，因此，运动竞技的成败、胜负、荣辱都与观赏者息息相关。

在一些重大的国际比赛上，我们常常可以看到，比赛队与本民族或国家的关系越是密切，观赏者的心理越受胜负的牵制，情感就越发激昂。特别是当本民族或本国运动员获胜后升国旗、奏国歌时，观赏者会与运动员一样情不自禁地热泪盈眶，激动万分，把本国运动员的胜负视为自己民族和国家的莫大荣耀，从而产生强烈的民族自豪感。例如，在第23届美国洛杉矶奥运会上，中国健儿实现了金牌"零"的突破，洗尽了"东亚病夫"的耻辱，赢得了"东方巨人"的称号，此时，全国人民无不为之欢欣鼓舞，激发了全国人民"团结起来，振兴中华"的热情，同时也感染了海外侨胞，他们把祖国体育健儿夺得金牌看成是中华民族的光荣、炎黄子孙的骄傲。

（三）激发体育锻炼意识

体育意识是人们对体育这一社会现象及其功能、作用的认识和反映。体育比赛能启迪和激发人们如下体育意识。

1. 健康意识

举办各种体育竞赛的目的是启迪群众对体育意义的认识，激励群众积极参加体育活动，以提高全民族的体质和健康水平。

2. 拼搏意识

运动员在场上表现出的高超技艺、灵活多变的战术和充沛的体力,都是运动员经过多年超负荷的训练,战胜了身体上和精神上的疲劳,努力拼搏的结果。没有拼搏意识和拼搏精神,就不可能取得金牌。这种拼搏意识,是激发人们在各项事业中取得优异成绩的保证。

3. 创新意识

一个运动员或一个运动队要在场上战胜对手,除了要靠自己真实的硬功夫之外,还要根据自己的特点,不断改进和创新技术、战术。具有创新意识才能保持和争得世界冠军的称号,这种创新意识可以促进各项事业不断向前发展。

4. 道德意识

一般是指在社会生活中处理人与人、个人与集体,以及社会中各类关系的规范和准则。运动员在赛场上应胜不骄,败不馁,互相尊重,团结友爱,文明礼貌,这些良好的道德规范将成为观赏者学习的榜样,从而影响整个社会的风气。

5. 法制意识

在任何运动项目的比赛中,要求运动员都要严格遵守比赛规则、法规,服从裁判裁决,否则就要受到惩罚。例如,运动员服用了兴奋剂,就要受到严厉的制裁。这种法制意识,使比赛有序,同时也会对社会施加积极影响。

6. 竞争意识

体育比赛具有强烈的竞争性。双方对垒,针锋相对,胜负立见分晓。这种竞争意识对于当今社会中每一个人来说,都是一种不可缺少的素质。

二、高职院校竞技体育

(一) 竞技体育对高职院校学生身心的作用

1. 学生是竞技体育的主要参与者和观赏者

高职院校学生是即将走向工作岗位的人群。他们正处在青年期,竞技体育在他们的生活中占有重要的位置。在现代社会里,要求他们的身心必须得到全面完善协调的发展,不仅要使自己的身体具有美观、匀称的外形,在速度、力量、耐力、灵敏、协调等各方面都能满足快节奏的生活方式和工作方式,而且应该意识到把自己的身体塑造得完善协调,这本身也是一种生活的追求。如果学生能够在竞技体育中发掘自己身体的最大潜力,显示自己在运动技能方面的才干,那么他就可以从更多的方面了解自己的价值。

2. 陶冶情操,塑造和谐的心灵,提高竞争意识

竞技体育不仅对增强体质、促进身体健康有积极作用,而且可以陶冶情操,塑造人的心灵,对心理过程的完善和个性的发展也有明显作用。当今的体育实践充分证明,竞技体育在创建健壮肌体的同时,也在塑造和谐的心灵和精神。

心灵的塑造既表现为个人心理随身体成长而同步成长,又表现为一系列观念和意识在社会生活中的形成和作用。所以,竞技体育在陶冶情操、塑造和谐的心灵方面具有越发重要的意义,发挥着日益巨大的作用。

体育活动以其丰富多彩的内容和竞技抗争的形式吸引着人们前来参与,在体育活动与竞赛的全过程中,始终贯穿着竞争与奋发向上的精神。经常从事体育锻炼可增强人们的竞争意识和进取精神。

(二) 高职院校运动训练

高职院校运动训练是指高校利用课余时间,对部分身体素质较好并有一定体育专长的

学生进行系统训练的一种专门教育过程。

高职院校开展课余运动训练是贯彻普及与提高相结合方针的一项重要措施,是在普及的基础上努力提高运动技术水平,为校争得荣誉,为国家培养体育后备人才。高职院校要建立以传统项目为主的运动队,制订科学合理的训练计划,坚持常年训练,一般每周 4～5 次,每次 1.5～2 小时为宜。运动训练时间一般安排在早晨和下午的课余时间,节假日可另作专门安排。各高职院校可将专项提高课与运动队训练相结合,以竞技体育推动学校群众性体育活动的广泛开展,促进学校运动技术水平的提高。

 思考题

1. 竞技体育的概念是什么?
2. 竞技体育的特点有哪些?
3. 竞技体育有哪些社会功能?
4. 简述奥林匹克精神的本质。

运动实践篇

第七章

田 径

第一节 田径运动概述

一、世界田径运动的起源与发展

田径运动是由田赛、径赛、公路跑、竞走、越野跑和山地赛跑组成的运动项目。它包括走、跑、跳、投和全能五个部分。通常人们把以时间计算成绩的项目称为径赛,而以高度或远度计算成绩的项目称为田赛。

田径运动能有效地发展速度、力量、耐力、灵敏、协调等身体素质,增强体质,掌握运动技能,提高运动成绩,培养意志品质。"田径是运动之母"、"田径是运动之基础"等通俗、概括的名言,肯定了田径运动对增强人类体质及从事竞技运动的积极意义。其含义都是强调田径在体育运动中的重要性,告诉人们要重视和采用田径发展速度、力量、耐力等身体素质,达到增强体质和提高专项成绩的目的。

据文字记载,第1届古代奥林匹克运动会是公元前776年在希腊奥林匹亚举行的,当时的奥运会比赛只有短跑一个项目,公元前724年第14届古奥运会出现了中跑,然后出现了长跑。公元前708年第18届古代奥运会出现了5项竞技比赛,即赛跑、跳远、掷铁饼、掷标枪和摔跤,其中田径项目占4/5。

1896年,希腊雅典奥林匹亚举行的第1届现代奥林匹克运动会,田径是核心项目,其中包括100米、400米、800米、1500米、马拉松、110米栏、跳高、撑竿跳高、跳远、三级跳远、铅球和铁饼,共计12个男子田径项目。田径作为现代奥运会的头号重点项目,始终沿着奥林匹克运动的方向走在最前头。1928年,荷兰阿姆斯特丹第9届奥运会上首次出现了女子田径比赛,包括100米、800米、4×100米接力、跳高、铁饼五项。2008年北京奥运会田径比赛设47个项目,其中男子24项,女子23项。

现代科技水平的发展,为田径运动提供了更先进、客观、准确的比赛条件,使田径运动的训练思想、方法、手段更趋合理、完善,各项运动成绩不断提高。

二、我国田径运动的发展概况

田径运动约从19世纪末传入我国,在一些基督教青年会和教会学校中开展。旧中国举行过七届全国运动会,参加的国际比赛主要有远东运动会和奥运会。1932年,刘长春等人参加了洛杉矶奥运会,但在预赛中遭淘汰。中华人民共和国成立以来,群众体育运动广泛开展,包括田径在内的运动技术水平有了大幅度提高。1957年11月,我国女子跳高运动员郑凤荣跳过了1.77米横杆,打破了世界田径纪录,轰动了世界体坛;我国运动员朱建华曾三破男子跳高世界纪录,并获23届洛杉矶奥运会跳高铜牌;1992年巴塞罗那奥运会上,竞走运动员陈跃玲为我国首获田径金牌;1996年亚特兰大奥运会上,我国优秀中长跑运动员王军霞勇夺女子5000米金牌、10000米银牌;2004年雅典奥运会上,我国选手刘翔在110米栏决赛中以12秒91平当时世界纪录并获奥运冠军。2008年北京奥运会上,我国选手周春秀获得马拉松比赛铜牌,张文秀获得女子链球比赛铜牌。2012年伦敦奥运会上,我国选手陈定获男子20千米竞走金牌,李艳凤(女子铁饼)、王镇(男子20千米竞走)、切阳什姐(女子20千米竞走)、司天峰(男子50千米竞走)、巩立姣(女子铅球)分别获铜牌。

第二节 田径基本技术

一、跑

跑是人体位移的自然方式。它包括短跑、中长跑、跨栏跑、接力跑等。跑的动作是由腿的支撑、摆动,以及臂的协同摆动所组成的周期性运动。

(一)短跑

1. 短跑技术

短跑是指400米及以下距离的跑。短跑技术分为起跑、起跑后的加速跑、途中跑、终点跑四个部分。

(1)起跑。起跑的任务是使身体迅速摆脱静止状态,为起跑后的加速跑创造条件。田径规则规定,在短跑比赛中运动员必须用蹲踞式起跑,必须使用起跑器,运动员按发令员口令完成起跑动作。

起跑包括"各就位"、"预备"、"鸣枪"三个过程。听到"各就位"的口令后,先做几次深呼吸,轻快地走到起跑器前,俯身用手撑在起跑器前,两脚依次踏上起跑器的抵足板,后膝跪地,两手收回放在起跑线后沿处,四指并拢与拇指成"八"字形撑地。两臂伸直,两手间距与肩同宽或稍宽于肩。身体重心稍向前移,颈部放松,注意听"预备"口令。

听到"预备"口令后,臀部平稳抬起,与肩同高或稍高于肩,身体重心前移,肩关节处于起跑线的上方或稍前。双脚紧贴抵足板,集中注意力听枪声。

听到枪声时,两臂迅速前后摆动,两腿用力蹬离起跑器,以较大的前倾角度把身体推向前方。起跑时前腿快速有力蹬伸髋、膝、踝三关节。

(2)起跑后的加速跑。起跑后的第一步不应过大,约3.5个脚长。后蹬要快速、充分、有力。摆动腿要积极前摆、下压,用前脚掌着地,两臂配合两腿快速、有力地前后摆动。以后步幅逐渐加大,上体逐渐抬起,步频逐渐加快(图7-1)。

图7-1 起跑后的加速跑

(3)途中跑。途中跑的任务是继续发挥和保持高速度跑到终点。

腿部动作：在一个跑的复步中，当身体重心移过支撑点后，支撑腿就开始后蹬，后蹬动作首先从伸展髋关节开始，当身体重心远离支撑点时，再迅速伸展膝关节和蹬直踝关节，最后用脚趾蹬离地面。当后蹬腿蹬离地面，身体腾空时，小腿要随大腿前摆，顺惯性自然折叠。当大腿摆至垂直部位时，小腿折叠到最大程度。大腿摆过垂直部位后，应继续积极主动地向前摆动，并把同侧髋关节一起带出。

当摆动腿摆到最大限度后，大腿要积极下压，膝关节放松，小腿顺惯性前摆，在身体重心投影点前用前脚掌完成向后下方的"扒地"动作，着地点应在膝关节的下方。

摆臂动作：摆臂时两手自然握成空拳，肘关节弯曲约成90°，以肩关节为轴前后摆动。前摆时，手不要超过下颌，肘关节角度小于90°。后摆时肘关节稍向外，上臂不超过肩，小臂几乎与躯干平行。手臂经过体侧时，肘关节角度最大，约为150°。

上体姿势：途中跑时，头部应正对前方，两眼平视，颈部放松，躯干正直或稍前倾。

弯道跑技术：弯道跑时，右臂的摆动幅度大于左臂，并且前摆时稍向左前方，后摆时稍向右后方，右脚以前脚掌内侧着地，左脚以前脚掌外侧着地。上体要向左倾，右肩高于左肩。

(4)终点跑。终点跑是指全程跑中最后15～20米距离的奔跑。其任务是保持途中跑的正确技术，动员全部力量，以最快速度跑过终点。

终点跑的技术与途中跑基本相同，当跑到距终点2米左右时，迅速前倾上体，用胸部或肩部侧向做撞线动作，跑过终点后，不要立即停止跑动。

2. 短跑练习方法

(1)跑的专门练习。

① 小步跑。体会用前脚掌积极落地做"扒地"式着地与踝关节交替用力和放松，发展跑的频率。

② 高抬腿。上体正直或稍前倾，两臂自然摆动，摆动腿积极向前上方摆至水平。发展腿部力量，改进着地技术。

③ 后蹬跑。体会后蹬技术和肌肉感觉，体会送髋技术，提高后蹬能力。发展腿部力量，改进着地技术。

(2)发展绝对速度的练习。

① 30～50米行进间跑，30米蹲踞式起跑。

② 间隔距离追逐跑。

③ 顺风跑或下坡跑。

④ 上坡跑或牵引跑。

(3)发展速度耐力的练习。

① 100～300米的反复跑。

② 变速跑和间歇跑。

③ 超主项距离跑(如150米、250米跑等)。

(4)发展爆发力的练习。

① 短距离跳：立定跳远、立定三级跳、多级跳、蛙跳、跳深。

② 较长距离跳：50～100米的跨步跳、30～50米的单脚跳。

③ 负重跳：肩负轻杠铃蹲跳、跨跳、单脚踏蹬向上跳。

（二）中长跑

中长跑是指800米及以上距离的跑。中长跑技术包括起跑、起跑后的加速跑、途中跑和终点跑四个部分。

1. 中长跑技术

（1）起跑和起跑后的加速跑。中长跑的起跑一般采用站立式。动作口令分为"各就位"和"鸣枪"两部分。听到"各就位"的口令后，先做一两次深呼吸，然后慢跑到起跑线后，两脚前后开立，两腿弯曲，上体前倾，重心落在前脚上，眼向前看3~5米处。

（2）途中跑。途中跑时后蹬力量比短跑小，后蹬角度比短跑大；上体姿势比短跑更直些，手臂前后摆动时，上臂和小臂之间的角度可稍小于90°。脚着地有前脚掌着地和全脚掌着地两种方式。

（3）终点跑。终点跑时要加快摆臂，加强后蹬向终点冲刺。中长跑的呼吸，一般是两或三步一呼气，两或三步一吸气。出现"极点"时，要调整跑速。加深呼吸，坚持跑一段距离，"极点"就会消失。进行中长跑练习和比赛时要求动作轻松、自然、协调、省力、身体重心平稳移动，直线性强。

2. 中长跑的练习方法

（1）变速跑。主要是慢跑与快跑交替进行，如100米慢跑加100米快跑等。

（2）重复跑。发展速度耐力，要求动作放松，用1/2或3/4最高速度跑，如重复跑400~800米。

（3）间歇跑。严格掌握重复练习的间歇时间的练习方法。

（4）中速跑。发展一般耐力，距离可由短到长，逐步增加。

（5）越野跑。利用自然地形等条件发展一般耐力。

（三）跨栏跑

跨栏跑是田径运动中技术性很强、动作较复杂的项目，对速度、力量、柔韧、灵敏、耐力等身体素质要求较高。目前，正式的跨栏跑比赛项目有男子110米栏，女子100米栏，男、女400米栏，室内男、女60米栏。

1. 跨栏跑技术

跨栏跑的运动成绩是由运动员的栏间跑速度、过栏技术以及跑、跨结合技术决定的。直道栏包括110米栏和100米栏。直道栏全程跑分为起跑至第一栏技术、过栏技术、栏间跑技术和全程跨栏跑技术。

（1）起跑至第一栏技术。起跑加速至第一栏的任务是快速起动，积极加速，为顺利跨过第一栏和全程跑打好基础。

起跑采用蹲踞式起跑。起跑器安装方法和起跑动作与短跑相同。起跑至第一栏跑8步时，起跨腿在前；跑7步时，摆动腿在前。

起跑预备时，臀部位置稍高，起跑后加速跑同短跑相比，各步后蹬角度略大，身体重心位置较高。跑到第六步时，身体姿势已接近途中跑的姿势。起跑后各步长均匀增大，栏前最后两步积极跑进，最后一步起跨腿积极着地，缩短步长10~20厘米，加快起跑速度。

（2）过栏技术。过栏是从起跨脚踏上起跨点，到过栏后摆动腿的脚接触地面的全过程。110米栏跨栏步步长为3.30~3.50米，100米栏跨栏步步长为2.80~3.05米。过栏的任务是使身体迅速越过栏架，为栏间跑创造条件。跨栏步技术分为起跨攻栏、腾空过栏和下栏着地三个阶段。

① 起跨攻栏:起跨攻栏是从起跨脚踏上起跨点到后蹬结束离地时为止的准备过栏动作。起跨前应保持较高的跑速,后蹬迅速有力,蹬地结束瞬间起跨腿髋、膝、踝关节充分伸展,并基本与躯干、头成一条直线。110 米栏起跨点离栏 2.00～2.20 米,100 米栏离栏 1.90～2.10 米。当起跨腿踏上起跨点时,摆动腿折叠,以髋为轴,大腿带动小腿积极向前摆过腰部高度。摆腿速度越快,越有利于加大蹬地力量。与此同时,上体随之加大前倾,摆动腿异侧臂前伸,另一臂屈肘摆至体侧,形成良好的攻栏姿势。

② 腾空过栏:起跨腿蹬离地面后,摆动腿大腿继续向前上方摆动直到膝关节超过栏板高度,小腿迅速前摆。在摆动腿脚掌到达栏板之前,加大躯干前倾,起跨腿一侧的髋关节保持伸展,这样两腿在栏前形成一个约 120°以上夹角的大幅度劈叉动作,这是两腿快速剪绞过栏的预先条件。100 米栏过栏时,摆动腿可伸直或不完全伸直,上体稍前倾,摆臂幅度较小。

③ 下栏着地:下栏是从摆动腿的脚掌移过栏板、大腿下压开始的。下栏时摆动腿积极下压,起跨腿出膝外展,小腿收紧抬平,脚尖外展上翘,脚跟靠近臀部,以膝领先,迅速向胸前提拉。摆动腿异侧臂和起跨腿做相反运动,此时内收摆向体后,另一臂屈肘前摆,维持身体平衡。两臂与躯干积极配合协调摆动,加快两腿在空中的以髋关节为轴的剪绞动作速度。

下栏时,上体积极保持前倾,摆动腿前脚掌从前向后下方积极"扒地",膝、踝关节保持伸直,起跨腿提拉到身体正前方,大腿积极高抬跑出第一步。

(3) 栏间跑技术。栏间跑技术基本与短跑相同。为了减少身体重心上下起伏,栏间要保持高重心,两前脚掌着地,大腿高抬,跑得轻快而有弹性。两臂摆动积极有力、幅度大,上体稍前倾。由于栏间距离和跑的步长固定,步长也比较稳定,所以提高栏间跑的速度主要靠加快步频和改进跑的节奏来实现。

(4) 全程跨栏跑技术。全程跑的任务是合理地将跨栏步技术与快速的栏间跑技术紧密地结合起来,保持正确的节奏和以最快的速度跑完全程。全程跑是一个整体,但各阶段有其不同的作用。过好第一栏,这对于全程速度的发挥、节奏的感觉以及运动员的自信心都有十分重要的影响。全程跑中前三栏属于加速阶段,第四栏至第六栏达到最高速度,第七栏至第十栏运动员需注意控制技术动作的稳定性、不变形,并保持原有的速度和节奏。下第十栏后用力摆臂加速冲刺。

2. 跨栏跑练习方法

(1) 原地或行进间做摆动腿过栏模仿练习。

(2) 原地或行进间做起跨腿过栏模仿练习。

(3) 跨栏坐练习:成跨栏坐的姿势坐在草地或垫子上,两腿交换位置继续练习。

(4) 摆动腿攻栏模仿练习:摆动腿连续进行攻栏练习。

(5) 跨栏步模仿练习:在走步中两腿做模仿跨栏步动作练习。

(6) 摆动腿过边栏练习:在走步中或在慢跑中做摆动腿过边栏练习。

(7) 起跨腿过边栏练习:在走步中及在慢跑中或中等速度跑中做起跨腿过边栏练习。

(8) 跨栏步和栏间节奏跑模拟练习:在平跑中模拟跨栏跑一个周期节奏,跑三步过一架栏。

(9) 高抬腿跑做过栏练习。

(10) 做栏间 5 步跨栏跑。

另外,跨栏跑速度训练见短跑速度训练部分;跨栏跑力量训练见跳跃力量训练部分;跨栏跑柔韧性和灵敏性训练见跳跃训练部分。

（四）接力跑

接力跑是田径运动中唯一的集体比赛项目。接力跑项目的种类很多,但在田径场上举行的正式比赛项目有男、女4×100米和4×400米接力跑。

接力跑的成绩好坏不仅取决于每个队员的单项跑的成绩,而且在很大程度上取决于队员之间的密切配合和传、接棒技术的好坏。

1. 接力跑传、接棒技术

（1）下压式:接棒人接棒的手四指并拢,虎口张开,掌心向上,自然向后伸出,并使上臂靠近身体。传棒人将棒的前端由上向前下方送入接棒人手中,待接棒人握紧后再松开。

（2）上挑式:接棒人将接棒手自然向后伸出,四指并拢,与拇指分开,掌心向后,虎口朝下。传棒人将棒由下向前上方送入接棒人手中,当接棒人握紧后再松手。

（3）混合式:这种方法综合利用了上述两种传、接棒方法的优点。第一棒队员右手持棒起跑,并沿跑道内侧跑,用上挑法将棒传到第二棒队员左手中;第二棒队员左手持棒沿跑道外侧跑,用下压法将棒传到第三棒队员的右手中;第三棒队员右手持棒沿跑道内侧跑,用上挑法将棒传到第四棒队员左手中;第四棒队员接棒后持棒跑过终点。

2. 接力跑练习方法

（1）四人一组,慢跑中完成传、接棒练习。

（2）直道上中等速度跑中2～4人一组完成传、接棒练习。

（3）直道上高速跑中完成传、接棒练习。

（4）全程接力跑技术练习。

3. 娱乐性接力跑练习

（1）多人迎面接力跑。

（2）多人绕杆接力跑。

（3）"十字"接力跑。

（4）异程接力跑(如800米+400米+200米+100米)。

二、跳跃

跳跃是通过一定的运动形式,使人体腾越水平远度或垂直高度的运动,其特点是短时间、高强度的肌肉用力。通过跳跃练习,可以提高身体集中用力的能力,同时发展弹跳力和灵敏协调能力。

田径跳跃运动分为两类:第一类是越过垂直障碍,如跳高和撑竿跳高;第二类是越过水平障碍,如跳远和三级跳远。

（一）跳远

跳远项目有较长的历史。人们最初采用蹲踞式跳远,20世纪20～30年代大多数运动员采用挺身式跳远,目前多数优秀运动员都采用走步式跳远。跳远的场地设施比较简单,技术也比较容易学习。

1. 跳远技术

跳远技术由助跑、起跳、腾空和落地四个部分组成。

（1）助跑。跳远的助跑是为了获得较高的水平速度,并为快速、积极的起跳做准备。

① 助跑开始姿势:助跑的开始姿势有两种:一种是从静止状态开始,类似"站立式"起

跑姿势,两脚可前后或左右开立,第一步的步幅和速度要力求稳定;另一种是从行进间开始,先走或慢跑几步踏上起点,然后开始加速跑。

② 助跑加速方法:起跑后的加速方法有积极加速和逐步加速两种。加速跑与踏跳时的腾空速度密切相关。

③ 助跑距离的丈量与调整:男子助跑的距离一般为35～45米,女子助跑的距离一般为30～35米。主要视个人身体素质和踏跳技术而定。高职院校学生跳远练习建议助跑距离男生为25～30米,女生为20～25米。

（2）起跳。助跑最后一步当摆动腿支撑时,应用力蹬地,使身体重心尽快地向起跳板方向移动,起跳腿折叠前摆,并积极下压大腿,使起跳腿快速地以脚跟触板并滚动为全脚掌支撑,重心移到支撑腿上,起跳腿迅速蹬直髋、膝、踝三关节;同时摆动腿折叠,大腿积极向前上方摆至水平位置,小腿自然下垂,两臂协调配合,起跳腿同侧臂屈肘摆至身体前上方,异侧臂屈肘摆至身体侧上方,向上顶头、提肩、拔腰(图7-2)。

图7-2　腾空步

（3）腾空。正确的腾空姿势应上体正直,摆动腿保持起跳时的前摆,起跳腿自然弯曲留在体后。按空中不同的运动姿势,分为蹲踞式、挺身式和走步式。

① 蹲踞式:起跳后身体在空中形成蹲踞的姿势,落地前小腿自然前伸(图7-3)。

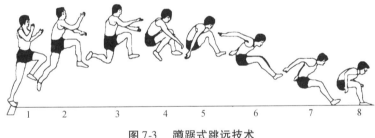

图7-3　蹲踞式跳远技术

② 挺身式:起跳后,摆动腿自然下放,小腿向后下方弧形摆动,两腿迅速靠近,形成挺身姿势,两臂配合腿作绕环摆动,然后收腹举腿,小腿前伸,准备落地。

③ 走步式:起跳后,摆动腿向后下方摆动,起跳腿屈膝带动小腿前摆,形成空中"换步",两臂积极配合腿做大幅度绕环摆动,同时摆动腿屈膝,以大腿带动小腿前摆,与起腿靠拢,然后收腹举腿,两臂由右上方向前下方摆动,小腿前伸,准备落地。

（4）落地。当双脚即将着地时,应保持上体稍前倾,高抬大腿,前伸小腿,当脚触地的一瞬间,迅速向前屈膝缓冲,髋部前移,两臂屈肘前摆,向前或向侧倒地,避免后坐,使身体重心快速移过双脚的落地点。

2. 跳远练习方法

（1）原地模仿起跳练习。

（2）从走步到慢跑连续做起跳练习,4～6步助跑起跳。

（3）原地上一步起跳,在落地前快速完成腾空步动作。

（4）6～8步助跑跳远,落地前做伸小腿动作,脚落地迅速做屈膝动作。

（5）中距离助跑起跳,改进腾空与落地动作。

（6）全程助跑蹲踞式、挺身式跳远练习。

（二）跳高

跳高按过杆技术可分跨越式、剪式、滚式、俯卧式和背越式等多种。现多采用背越式过杆的方法。

1. 跳高技术

背越式跳高技术由助跑、起跳、过杆和落地四个部分组成（图7-4）。

图7-4　背越式跳高

（1）助跑。助跑开始的前段直线跑是为了获得较大的水平速度。助跑后段的弧线跑是为起跳创造尽可能大的离心加速度，有助于向横杆方向运动。

直线助跑时，双肩放松，用脚前掌着地，提高重心，步幅均匀；进入弧线跑时，上体应稍向弧线内侧倾斜，前脚掌沿弧线落地，身体重心轨迹向内越出足迹线，助跑节奏逐渐加快。

（2）起跳。起跳点距横杆的垂面距离为60～100厘米。起跳脚踏上起跳点时，一般与横杆垂面约有5°夹角，即与助跑弧线的切线方向一致。

在助跑最后一步，摆动腿支撑时要压紧，并积极送髋。起跳脚向前迈出，用脚跟外侧滚动并转为全脚着地，同时身体由倾斜转为垂直，摆动腿以髋带动大腿迅速前摆。起跳腿在脚着地后，伸肌进行退让工作，同时摆动腿继续上摆，把同侧髋带出，带动骨盆扭转，同时蹬伸起跳腿。两臂配合腿的动作向上提肩摆臂，开始做引肩动作，为身体腾起后转为水平姿势做好准备。

（3）过杆落地。当身体腾空后，身体转动成背对横杆的姿势。摆动腿的膝放松，起跳腿蹬离地后自然下垂，肩继续向横杆伸展，头和肩（或臂）先过杆，在杆上成反弓形姿势后，立即屈髋收腹，下颚迅速引向前胸，落地前收腹举腿，以肩背先着地，落于海绵垫上。

2. 跳高练习方法

（1）沿直线10～15米的圆弧做助跑起跳练习。

（2）弧线助跑起跳后，以臀部落在高海绵垫上。

（3）原地背越式跳高：背对垫子站立，原地向后上方跳起，做倒肩、挺髋、收腿等过杆动作。

（4）中程助跑跳上高垫或卧上练习架。

（5）全程助跑背越式跳高，逐渐增加横杆的高度。

（三）三级跳远

1. 三级跳远技术

三级跳远由助跑、第一跳（单脚跳）、第二跳（跨步跳）、第三跳（跳跃）和落地等几个部分组成。

（1）助跑。三级跳远的助跑与跳远基本相似，不同之处在于助跑最后几步的节奏不改变，步长无明显变化，身体重心较高，起跳点与身体重心位置更近。

（2）第一跳（单脚跳）。第一跳的起跳腿以全脚掌快速滚动着板，上体略前倾，摆动腿屈膝，以大腿带动小腿快速向前上方摆动，并带动髋部前移，起跳腿缓冲后，迅速蹬伸，双臂配合下肢摆动，身体重心沿长而较平的轨迹运动。身体腾空后，摆动腿自上而下地向后做弧形摆动，起跳腿屈膝向前上方提摆，做交换腿动作；双臂由前经下向侧后方摆动，配合腿部动作；交换腿后，起跳腿快速地做"扒地式"下落动作。

（3）第二跳（跨步跳）。第一跳落地缓冲后，两臂继续积极向前上方摆动，起跳腿加速向前上方蹬伸，起跳后形成腾空步姿势，上体稍前倾，两臂向身体的下、后、侧方摆动。起跳腿积极屈膝前摆，做好第三跳的起跳准备。

（4）第三跳（跳跃）。第二跳落地后，支撑腿缓冲后迅速蹬伸，另一腿屈膝积极向前上方摆动，两臂配合下肢有力地上摆，起跳后保持腾空步姿势。以后的空中动作及落地方式与跳远技术动作相同。

三跳中每跳远度的比例，主要依据练习者的身体素质来确定，从三跳中每一跳的远度来看，一般第一跳远，第二跳近，第三跳较远。从高职院校学生的身体素质情况来分析，采用前两跳低而平的技术较为合理。

2. 三级跳远练习方法

（1）节奏跑练习：有节奏地做高重心跑；摆放标志物，做踩点节奏跑等。

（2）助跑练习：半程、全程反复跑；全程加速跑。

（3）半程技术练习：半程助跑接第一跳练习；半程助跑完整技术练习。

（4）全程技术练习：全程助跑接第一跳练习；全程助跑完整技术练习。

三、投掷

投掷是采用专门器械进行推远或掷远的运动，器械的形状、大小和重量应符合竞赛规则的要求。投掷项目包括推铅球、掷铁饼、掷标枪和掷链球。下面简要介绍前三种技术动作。

（一）推铅球

1. 推铅球技术

推铅球是在直径2.135米的圆圈内完成的，投掷时要以单臂从肩上把球推出去，球要落在34.92°扇形区内。推铅球技术主要有两种，即背向滑步推铅球和背向旋转推铅球。高职院校推铅球技术主要以背向滑步推铅球为主。完整的背向滑步推铅球技术可分为握持铅球、滑步、最后用力和维持身体平衡四个部分（图7-5）。

（1）握持铅球（以右手推球为例）。握球的手五指自然分开，将球放在食指、中指、无名指的指根处，拇指和小指自然地扶在球的两侧，手腕背屈，保持球的稳定性；然后将球放到右侧锁窝处，贴靠颈部，掌心向前，右肘微抬起与肩同高或稍低于肩，躯干与头部保持正直，左臂自然上举或自然垂于体侧，两眼平视前方。

图 7-5 背向滑步推铅球技术动作

（2）滑步。完整的滑步技术包括预备姿势、团身和滑步三部分。

① 预备姿势：持好球后，两脚前后开立，站立于投掷圈内沿，身体重心落在右脚掌上，左脚脚尖点地于右脚跟后方20～30厘米处，上体与头保持正直，两眼平视，两肩与地面平行。

② 团身：做好预备动作后，上体逐渐屈至与地面平行，屈右膝下蹲，左臂自然下垂，左腿向右腿回收靠拢，身体重心集中于后腿支撑点上方，完成团身动作。

③ 滑步：团身后，身体重心稍后移，使其移离身体的支撑点（右腿），左腿向投掷方向伸摆，并以脚内侧落地于投掷圈中线偏左10厘米处，同时，右腿积极蹬伸，并及时拉收内旋，落于圈心中线附近，上体尽量保持原来背向姿势，形成最后用力前的良好姿势。

（3）最后用力。滑步结束后，右腿迅速侧蹬推动骨盆侧移，左脚积极着地，努力保持肩轴与髋轴的扭紧姿势，上体在转动中逐渐抬起，左臂由胸前向投掷方向牵引摆动，使身体由背对投掷方向转至侧对投掷方向，此时肩轴仍落后于髋轴，左肩高于右肩，体重大部分仍在弯曲而压紧的右腿上，躯干形成侧弓姿势。

躯干形成侧弓姿势后，右腿继续蹬伸，加速右髋向投掷方向转动和上体的前移，重心逐渐转到左腿。在左腿有力的支撑下，利用躯干的鞭打作用，顺势转肩、伸臂完成整个推球动作。铅球将要离手时，右手屈腕，手指有弹性地拨球，加速铅球的出手速度，左臂在最后用力加速部分要积极主动地通过上、左、下方的摆动，协助身体完成左侧支撑。

（4）维持身体平衡。铅球出手后，为防止犯规，应及时换步和降低身体重心来减缓向前冲的力量，以维持身体平衡。

2. 推铅球练习方法

（1）练习握、持铅球的方法，做单手持球向下推球的练习。
（2）正面推球练习。
（3）原地推球的模仿练习与推球练习。
（4）徒手背向滑步练习。
（5）徒手背向滑步成最后用力姿势。
（6）持实心球、橡胶球或铅球做背向滑步练习。
（7）做推铅球完整技术练习。

（二）掷铁饼

掷铁饼是一项古老的体育运动，在古希腊的奥林匹克运动会上已被列为比赛项目。它由过去的正面站立投掷、侧向站立投掷和换步旋转投掷等方式，发展成为背向旋转投掷的方式。

正式比赛铁饼的重量，男子为2千克，女子为1千克。投掷圈直径为2.50米，有效落地区角度为34.92°。

1. 掷铁饼技术

掷铁饼技术可分为铁饼握法、预备姿势和预摆、旋转、最后用力以及维持身体平衡五个部分：

（1）铁饼握法。拇指及手掌平贴于铁饼侧面，其余四指以第一指节自然分开扣住铁饼的边缘。手指分开的程度可根据投掷者的手掌大小及力量进行调整。

（2）预备姿势和预摆。预备姿势：背对投掷方向，两膝微屈，两脚开立略宽于肩，投掷臂自然下垂于身体侧面。

预摆：进入预备姿势后，先左右自然摆动几次，称之为预摆。

（3）旋转。最后一次预摆结束，顺势将左手臂的手肘张开到与地面保持水平状态，一边保持较低的姿势，一边朝左转，从上半身开始进行诱导。重心由右脚移到左脚，并开始转身。同时，迅速地将右膝与右脚朝向旋转的内侧。在右脚着地的同时，左脚也快速着地，这时上半身与下半身形成扭转形态，右手的铁饼留在上身的后方，注意身体的方向。

（4）最后用力。最后用力是掷铁饼的关键技术，决定这一技术优劣的因素有四个：一是要有较长的用力距离，二是要有较快的用力速度，三是作用于铁饼的力量，四是要有适宜的出手角度。

右脚边转动边向投掷方向蹬伸，带动着持铁饼的投掷臂，进行大弧度的运动。左腿则起支撑作用，使右侧绕左侧轴转动。形成了一个以胸带动臂向前鞭打的甩臂动作。此时左腿向上蹬伸，左肩制动，形成有力的左侧支撑，在这样上下肢、左右侧协调配合下，使全身的各部位用力都集中在铁饼上，加大出手的速度、力量及工作距离，并且也能使身体处在较高位置，为最后出手创造一个较好的角度。

铁饼离手瞬间，应由右手的小指到食指依次拨饼，使出手后的铁饼沿着顺时针方向转动飞行。

（5）维持身体平衡。铁饼出手后，为了避免犯规或跌倒，应及时交换两腿，降低身体重心，顺势再向左转体，维持身体平衡。

2. 掷铁饼练习方法

（1）原地掷铁饼练习。

① 进行铁饼的握法练习，做握饼与滚饼练习。

② 原地预摆练习，首先学习上下、左右摆饼。

③ 原地正面投掷练习。

④ 原地侧向投掷练习。

（2）正面旋转投掷练习。

① 徒手做左腿支撑、右髋向前转扣练习。

② 徒手做右腿支撑、左髋向前转扣练习。

③ 徒手做正面旋转，接右腿蹬转练习。

（3）在（1）和（2）的基础上，做侧向旋转投掷练习。

（4）背向旋转投掷练习。

① 徒手做开始旋转练习。

② 徒手做由背向进入单腿支撑的旋转练习。

③ 背向旋转掷铁饼练习。

④ 掷铁饼技术的完整动作练习。

（三）掷标枪

掷标枪早在古希腊奥运会上已被列为比赛项目。

掷标枪是一个比较复杂的多轴性旋转项目。它的完整技术,是由肩上持枪经过一段预先助跑连接投掷步获得动量,通过爆发式最后用力作用于标枪的纵轴上,将标枪经肩上投出去。

1. 掷标枪技术

（1）握法和持枪。

① 握法:标枪的握法可分为现代式和普通式两种。

现代式握法:将枪斜放在掌心上,大拇指和中指对扣在标枪缠线把手后端末圈上,食指自然弯曲斜握于标枪上,无名指和小指握在缠线把手上。

普通式握法:拇指和食指握在缠线把手后端末圈上,其余四指握在把手上。

② 持枪:通常采用肩上持枪法,枪稍高于头,枪尖略低于枪尾。这种方法有利于手腕放松,便于助跑及向后引枪。

（2）助跑。助跑的目的是为了在最后用力前获得预先速度和为最后用力创造良好的条件。助跑距离一般为 25～35 米,分为预跑和投掷步两个阶段。

① 预跑阶段:从第一标志线到第二标志线为预跑阶段。预跑主要是为了获得最佳水平速度。预跑阶段的步子,动作自然、轻快而富有弹性,持枪臂与下肢动作协调一致,在加速中进入投掷步。

② 投掷步阶段:从第二标志线到最后用力前的距离为投掷步阶段。这个阶段要尽量保持预跑所获得的速度,并完成引枪和超越器械动作,为最后用力创造条件。目前采用跳跃式较多。跳跃式投掷步数一般为 5 步,它有利于加大后蹬力量,以便引枪超越器械(图 7-6)。

图 7-6　投掷步动作

（3）最后用力。右腿继续蹬地,推动身体前移,并逐渐转向投掷方向,同时右臂转肩翻肘,带动前臂手腕向上翻转。当上体正对投掷方向时,身体形成"满弓"姿势。此后右腿继续用力,胸部向前,把投掷臂最大限度地留在身后。在胸部的牵引下,上臂带动前臂向前,肘关节逐渐弯曲,这时在左腿有弹性的屈伸下,胸部尽量前送;接着胸腹用力收缩,带动上臂、小臂向前做爆发性的"鞭打"动作,让全身力量通过手臂、手腕和手指作用于标枪的纵轴,使标枪朝与水平面夹角为 30°～50° 的方向掷出。

（4）缓冲。标枪出手后人体由于受惯性力的作用,继续向前运动。为了防止触线犯规,应及时换腿,向前跨出一步,身体稍向左转,并降低重心,维持身体平衡。通常缓冲距离约为2米。

2. 掷标枪练习方法

（1）掌握正确合理的握枪和持枪方法。
（2）放左脚支撑做"满弓"练习及原地正面插枪练习。
（3）做发展肩、腰的柔韧性练习及专项力量练习。
（4）侧面或上步做左脚支撑以胸带臂的最后用力练习。
（5）做原地或行进间（走或慢跑）引枪练习。
（6）做原地侧向投枪练习。
（7）按照动作要领,做徒手或持枪的投掷步练习。
（8）做慢速、中速、中短程助跑掷标枪练习。
（9）做全程助跑掷标枪练习。

第三节 田径竞赛主要规则

一、径赛项目竞赛规则要点

（一）短跑、中长跑的名次判定

在田径比赛中,所有赛跑项目参赛者的名次取决于其身体躯干（不包括头、颈、臂、腿、手或足）抵达终点线后沿垂直面为止时的顺序,以先到达者名次列前。在任一赛次中,按成绩录取进入下一赛次时如遇运动员成绩相等,则终点摄像主裁判应考虑有关运动员的1/1000秒的实际成绩。如果成绩依然相等,则有关运动员均应进入下一赛次。如实际条件不允许,应抽签决定进入下一赛次的人选。在决赛中第一名成绩相同,裁判长有权决定是否重赛,若无条件重赛,则并列第一,至于其他名次成绩相同,按并列处理。

（二）短跑及中长跑的起跑

在比赛中,所有400米或以下的径赛项目,必须采用蹲踞式起跑及起跑器。

发令员口令为"各就位"、"预备"（set）,最后发令枪响,在"各就位"（on your marks）及"预备"（set）口令之后,参赛者应立即完成有关动作,否则属起跑犯规。如果有运动员抢跑,发令员就会宣布起跑犯规。对第一次起跑犯规的运动员应给予警告,除了全能项目之外,每项比赛只允许一次起跑犯规而运动员不被取消资格,之后每次起跑犯规的运动员均将被取消该项目的比赛资格。

全能比赛中,如果一名运动员两次起跑犯规,将被取消比赛资格。

400米以上（不含400米）的径赛项目均采取站立式起跑。发令员口令为"各就位",当所有参赛者在起跑线后准备妥当静止后,便可鸣枪开始比赛。

（三）分道跑

在分道跑和部分分道跑的径赛项目中,参赛者越出跑道,获得实际利益或冲撞、阻碍其他参赛者,会被取消资格。如果参赛者被推或挤出指定的跑道,只要未获得实际利益也未影响他人,可不取消其参赛资格。同样,任何参赛者在直道中越出其跑道或在弯道中越出其跑道的外侧,只要没有获得实际利益及阻碍他人,均不算犯规。

（四）分道

在所有短跑、跨栏和4×400米接力赛中,运动员在自己的跑道里起跑,只有通过抢道标志线以后才能离开自己的跑道,切入里道。运动员的跑道由技术代表抽签确定。第二轮开始的各轮比赛,跑道的选择还需依据运动员在上一轮的比赛结果,如排名前4位的运动员抽签后分别占据第3、4、5、6跑道,后4名抽签排定第1、2、7、8跑道。

(五) 接力赛

4×100米接力跑是分道进行的,接棒者可以在接力区前10米内起跑。

接力赛中,运动员必须在20米的接力区内里完成传、接棒。"接力区内"的判定是根据接力棒的位置,而不是根据参赛者的身体或四肢的位置。

接力棒必须拿在手上,直到比赛结束为止。完成传、接棒后,运动员应留在本队的跑道中以免因影响他人而被取消比赛资格。任何人掉了棒,必须由其本人拾回,而且要在不影响别人的情况下,方可越出自己的跑道以拾回接力棒。

(六) 跨栏

各参赛者必须在自己的跑道内完成比赛,当参赛者跨越栏架时,若其腿或足从低于栏架顶的水平线跨越,或跨越并非自己赛道上的栏架,或故意以手或足撞倒任何栏架,均应取消其参赛资格。

二、田赛项目竞赛规则要点

(一) 比赛方法

奥运会田赛项目的比赛通常先分两组进行及格赛,通过及格标准的运动员直接进入决赛,如达到及格标准的运动员人数不足12人,不足的人数按及格赛成绩递补。远度项目决赛前三轮比赛的顺序由抽签决定。决赛前三轮比赛结束后,按成绩取前8名运动员进行最后三轮比赛;第四、五轮比赛排序按前三轮成绩的倒序排列,第六轮比赛排序则按前五轮成绩的倒序排列,成绩最好的在最后跳(掷)。

(二) 有效成绩

除犯规外,跳跃远度项目比赛中,运动员每次试跳的成绩均为有效成绩。

除犯规外,高度项目比赛中,运动员每次跳过的高度均为有效成绩。

除犯规外,投掷项目比赛中,当运动员投出的器械完全落在落地区内(不包括落地区边线)才算有效,丈量成绩时从距离投掷区最近的落地点算起。其中标枪必须是枪尖首先触地成绩才算有效。

(三) 录取名次

远度项目比赛结束以后,以运动员最好的一次试跳(掷)成绩(包括因第一名成绩相等)判定名次,成绩好者列前,如成绩相等,按下列规定解决:

在远度项目比赛中,如出现最好成绩相等,则以第二好成绩来确定名次,依此类推,直到最后一个成绩。如果还是相同,除了第一名以外,可以并列,如果涉及第一名成绩相同,必须让这些涉及第一名的运动员继续比赛,直到决出第一名为止。

(四) 犯规

1. 跳远、三级跳远有下列情况之一即判犯规

(1) 运动员以身体任何部位触及起跳线之前的地面。

(2) 从起跳板两端之外起跳,无论是否超过起跳线的延长线。

(3) 触及起跳线和落地区之间的地面。

(4) 在落地过程中触及落地区以外的地面,而落地区外的触地点比落地区内的最近触地点更靠近起跳线。

（5）离开落地区时，运动员在落地区外地面的第一触地点较落地区内最近触地点和在落地区内因身体失去平衡而留下任何痕迹更靠近起跳线。

（6）在助跑或跳跃中采用任何空翻姿势。

（7）还未通知该运动员试跳而进行试跳，不管是否成功，都应判该次试跳失败。

（8）无故错过该次试跳顺序。

（9）无故延误时限。比赛时，运动员无故延误时间，则不准参加该次跳，以失败论处。如果在比赛中再次无故延误比赛时间，则取消该运动员的比赛资格，但在此之前的比赛成绩仍然有效。每次试跳的时限为1分钟，只有当一名运动员连续两次试跳时，其试跳时限为2分钟。在时限只剩最后15秒时，计时员举黄旗示意，当时限到时，落下黄旗，主裁判应判定运动员该次试跳失败。如时限到的同时，运动员已开始试跳，应允许其进行该次试跳。当裁判员通知运动员试跳开始后，运动员才决定免跳，当时限已过时，应判为该次试跳失败。

三级跳远运动员的三跳顺序是一次单足跳、一次跨步跳和一次跳跃。单足跳时应用起跳腿落地，跨步跳时用另一条腿（摆动腿）落地，然后完成跳跃动作。

2. 跳高有下列情况之一即判犯规

（1）使用双脚起跳。

（2）由于运动员的试跳动作致使横杆未能停留在横杆托上。

（3）在越过横杆之前，身体触及立柱前沿垂直面以外的地面或落地区。但如果裁判员认为运动员并没有受益，则不应由此而判该次试跳失败。

（4）无故延误时限。

（5）当裁判员通知运动员试跳开始后，运动员才决定免跳，当时限已过时，应判该次试跳失败。

（6）试跳时，运动员有意用手或手指把即将从横杆托上掉下的横杆放回。

（7）无故错过该次试跳顺序。

3. 投掷项目有下列违反规则的行为，则判为犯规，成绩无效

（1）超出时间限制。

（2）投掷铅球和标枪技术不符合规则规定（规则要求铅球和标枪必须由单手从肩上掷出）。

（3）在投掷过程中，身体和器械的任何一部分不得触及投掷圈铁圈上沿或圈外的地面和标枪投掷弧、延长线以及线以外地面任何一部分，包括铅球抵趾板的上面，否则即为投掷失败。

（4）只有当器械落地以后，运动员才允许离开投掷圈或助跑道。标枪运动员在投出的枪落地前，不能在投掷后转身背对其投出的标枪。完成投掷后，链球、铁饼和铅球运动员必须从投掷圈后半圈的延长线后面退出。标枪运动员必须从投掷弧以及延长线以后退出。

（5）在没有犯规的情况下，参赛者可以中止已开始的试掷动作，将器材放下以后暂时离开投掷区，并重新开始，但是必须在规定的时限内完成投掷。

（6）参赛者可以在比赛期间离开比赛区域，但必须有裁判员许可并由裁判员陪伴。

4. 裁判员的旗示

在跳跃项目比赛中，通常有一名主裁判手中持有红、白旗帜各一面，用来示意运动员试跳是否成功。举红旗表示试跳失败，成绩无效；举白旗表示试跳成功，成绩有效。

在投掷项目比赛中，通常有两名主裁判手中持有红、白旗各一面，示意运动员试掷是否

成功。举红旗表示试掷失败,成绩无效;举白旗表示试掷成功,成绩有效。其中一名站在投掷区附近的称为内场主裁判,主要判定运动员在试投过程中是否犯规;另一名在落地区内的称为外场主裁判,主要判定器械落地点是否有效。

 思考题

1. 简述田径运动的定义。
2. 短跑和接力跑的练习方法有哪些?
3. 中长跑的呼吸节奏和练习方法有哪些?
4. 简述跳远起跳动作的要领及其练习方法。

第八章

篮 球

第一节 篮球运动概述

篮球运动从1891年诞生至今已走过一百多个春秋。一百多年来,篮球运动以它特有的方式和魅力吸引了一代又一代人,篮球运动的真正价值不仅在于通过激烈的对抗、顽强的拼搏、漂亮的技术、强健的身体等显示出时代的活力,更从意识、气质、哲理、心态、意志等方面给人以启迪和鼓舞。从这个意义上看,篮球运动是一种社会文化形态,是人类社会文明进步和文化发展过程中逐步完善起来的一种宝贵的精神财富。

一、篮球运动的起源和发展

篮球运动本质是一种活动性游戏。它在特殊的限制下,以特殊的形式、方法、手段,集体地进行攻守对抗,引人入胜,从而逐步演变成为现代竞技体育的运动项目。

篮球运动起源于1891年,是美国麻省春田青年会学校的博士詹姆斯·奈史密斯(James Naismith)发明的。他从工人和儿童用球向筐内做投射的游戏中受到启发,起初将竹篮子钉在墙上,后又将两只桃篮子钉在健身房内看台的栏杆上进行投篮,故取名为"篮球游戏"。

篮球运动的演变和发展历经了以下五个阶段。

(一)初创阶段(19世纪90年代至20世纪20年代)

篮球运动自诞生之日起即以其新颖的比赛方式和激烈的竞争特点,吸引了大量的体育爱好者。1892年,美国报刊首次向全美介绍了这项新兴运动项目,经过一个时期的传播,篮球运动便从学校走向社会,由美国传入中国。

(二)完善与推广阶段(20世纪30年代至20世纪40年代)

20世纪30～40年代,篮球运动在世界范围内迅速发展,迫切需要一个国际性篮球权威机构协调各国的篮球运动。1932年6月18日,国际业余篮球联会在瑞士的日内瓦成立,总部设在意大利的罗马,当时共有8个国家参与。1936年在第11届奥运会上首次举行了男子篮球的正式比赛。

(三)普及与发展阶段(20世纪50年代至20世纪60年代)

该时期篮球运动在世界各地广泛普及,随着篮球运动技术、战术的发展,规则与技术、战术之间不断制约和相互促进,高度开始成为篮球竞赛中决定胜负的重要因素之一。20世纪60年代末,世界篮球运动开始形成以美国为代表的高度、速度与技巧相结合的美洲型打法,以苏联为代表的高度、力量相结合的欧洲型打法,以中国、韩国为代表的快、灵、准相结合的亚洲型打法。篮球运动已进入普及成长时期。

(四)提高与飞跃阶段(20世纪70年代至20世纪80年代)

20世纪70年代,2米以上的队员大量涌现,篮球竞赛空间争夺越发激烈,高度与速度的矛盾更加尖锐,篮球规则进行了多次的调整。在注重高度、速度发展的同时,又向智能、灵巧、准确、多变的方向创新发展,篮球运动进入全面提高时期。

(五)创新与攀登阶段(20世纪90年代至今)

20世纪90年代,国际奥委会允许职业篮球队员参赛,为世界篮球运动开辟了新的渠道和方向。1992年第25届奥运会上,以美国"梦之队"为代表的现代篮球技艺表演,把这项运动表现得更加完美。21世纪初,篮球运动已向着更快、更高、更强、更美、更具技艺化、更具观赏性的方向发展。

二、世界篮球运动现状

现代篮球运动已经成为一种世界性文化,遍及五大洲,至2014年底国际篮球联合会会员已经达213个,全球各类形式的篮球人口已经达15亿以上,成为国际体育组织中单项运动人数最多的运动项目之一,篮球先进国家的竞技水平已达艺术化境地。然而篮球运动的普及与篮球运动全球性整体性水平的提高又极不平衡,从20世纪50年代以来两项世界性最高层次比赛(奥林匹克运动会篮球赛和世界篮球锦标赛)优胜名次分析,冠军始终由欧洲、美洲国家轮换占据,很长一个时期以来基本形成美国、俄罗斯(苏联)和前南斯拉夫三足鼎立的态势,以国家整体而言,美国则居前位。历届世界男子篮球锦标赛前三名排列见表8-1。

表8-1 历届世界男子篮球锦标赛前三名排列

时间	届数	地点	第1名	第2名	第3名	备注
1950	1	阿根廷	阿根廷	美国	智利	
1954	2	巴西	美国	巴西	菲律宾	
1958	3	智利	巴西	美国	菲律宾	
1963	4	巴西	巴西	南斯拉夫	苏联	
1967	5	乌拉圭	苏联	南斯拉夫	巴西	
1970	6	南斯拉夫	南斯拉夫	巴西	苏联	
1974	7	波多黎各	苏联	南斯拉夫	美国	
1978	8	菲律宾	南斯拉夫	苏联	巴西	中国第11名
1982	9	哥伦比亚	苏联	美国	南斯拉夫	中国第12名
1986	10	西班牙	美国	苏联	南斯拉夫	中国第9名
1990	11	阿根廷	南斯拉夫	苏联	美国	中国第14名
1994	12	加拿大	美国	俄罗斯	克罗地亚	中国第8名
1998	13	希腊	南斯拉夫	俄罗斯	美国	中国未入围
2002	14	美国	南斯拉夫	阿根廷	德国	中国第12名
2006	15	日本	西班牙	希腊	美国	中国第15名
2010	16	土耳其	美国	土耳其	立陶宛	
2014	17	西班牙	美国	塞尔维亚	法国	

以洲际区域剖析,各洲际打法有所不同,主要分为以下几种打法:

美洲:以技巧与特殊的身体体能条件相结合,形成以个体作战和几个人组合作战型为主体的打法,体现了高、快、准、巧、基本技术好、个体水平高、整体实力强的特点。其中以美国队为代表,类似风格的还有阿根廷、巴西、波多黎各等。

欧洲:基本打法趋向粗犷、强悍、整体型作战为主体,体现高、狠、准,富于力量性,讲究整体实力,其中俄罗斯、克罗地亚最为典型,立陶宛、西班牙、希腊等也都有较强的实力。

亚洲:基本打法以作风、体质为基础的技巧和快、准、灵的整体性为主体,但受传统篮球观念、身体条件与训练水平所限,整体实力不均衡,名次不稳定。

三、中国篮球运动发展概况

1895年,美国莱会理博士将篮球运动带入中国天津。随后在北京、上海基督教青年会里也有了此项活动。在1910年的全运会上举行了男子篮球表演赛之后,在全国各大城市的大、中学校的篮球活动逐渐开展起来,其中以天津、北京、上海开展得较好,水平也较高。

篮球运动传入中国从普及、发展到提高,可以划分为三个阶段:

1895—1948年,篮球活动主要在天津、上海及北京等有限的城市青年会组织和某些中等以上学校少数学生中开展,男子篮球被列为1910年旧中国第1届全国运动会的表演项目,1914年被列为正式项目;女子篮球于1930年被列为正式比赛项目。

1949—1994年,篮球运动在中国传播、普及、发展进入了一个新阶段。人民政府积极倡导"发展体育活动,增强人民体质"的健身方针,篮球运动因其简便易行,富有对抗性、趣味性、健身性和教育性等功能,在各级政府主管部门有计划、有组织的推动下,以各种形式在全国各学校、部队及工矿、企业、事业、群众团体中迅速开展起来,成为广大人民群众喜闻乐见的体育项目。

1995年至今,经过一系列的尝试、改革,国家体委成立了篮球运动管理中心,在管理体制改革上迈出了重要的一步,并把传统的甲级联赛正式命名为CBA职业联赛。CBA联赛的开展,吸引了众多篮球爱好者和社会的关注,姚明、王治郅、巴特尔和刘玉栋、李楠等人的出色表现,扩大了社会化、人文化和科技化对于篮球的影响。1999年,王治郅成为加盟NBA的第一个中国人,从此掀开了中国篮球运动的又一篇章。2002年,姚明更是成为NBA选秀历史上第一个外籍状元。中国男篮在2004年雅典奥运会、2008年北京奥运会上均进入前八名。

第二节 篮球基本技术

篮球技术是篮球比赛中运动员为了进攻和防守所采用的专门动作要领的总称。

篮球技术分为进攻技术和防守技术两大类,进攻和防守两大类技术又各自包括动作结构类似和作用相同的若干类动作,各类动作也各自有许多不同的动作要领(图8-1)。

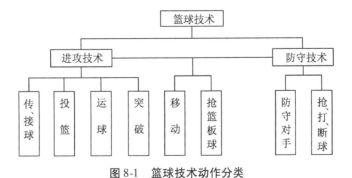

图8-1 篮球技术动作分类

一、进攻技术

(一)传、接球

传、接球是进攻队员在原地或移动中,用手将球互相传递的技术动作。传、接球是篮球竞赛中运用最多的技术动作,是进攻队员在场上相互联系和组织进攻的纽带。

1. 传球

传球动作要领分为双手传球和单手传球,双手传球以双手胸前传球为基本动作,单手传球以单手肩上传球为基本动作要领。

(1) 双手胸前传球。双手胸前传球是最基本、最常用的篮球传球技术。一般在中、近距离运用双手胸前传球。双手胸前传球是传球技术的基础,具有动作准确性高、容易控制、便于变化的特点(图8-2)。

图8-2　双手胸前传球

动作要领:持球时,两手五指自然分开,拇指形成"八"字形,用指根以上部位握球的侧后方,手心空出,两肘自然弯曲于体侧,将球置于胸前。肩、臂、腕部肌肉放松,两眼注视传球目标,身体保持基本站位姿势。传球时,后腿蹬地,身体重心向前移动,同时两臂前伸,手腕由下向上翻转,同时拇指用力向下压,食指、中指用力弹拨,将球传出。出球后手心和拇指向下,其余手指向前。

技术关键:手肘自然下垂,弹指抖肘。

(2) 单手肩上传球。单手肩上传球是篮球中常用的中、远距离传球方法。单手肩上传球,用力大,球飞行速度快,利于抢到篮板球后迅速组织快攻(图8-3)。

图8-3　单手肩上传球

动作要领:单手持球的后下方,利用蹬地、扭腰、转肩动作,向前甩臂、扣腕将球传出。

传球还包括低手传球、头上传球、单手体侧传球等。

2. 接球

接球是篮球运动的主要技术之一,是获得球的动作,是抢篮板球的基础。在激烈对抗的比赛中,能否运用正确的动作牢稳地接球,对减少传球失误,弥补传球不足,以及截获对方传球等都有非常重要的作用。接球有双手接球和单手接球两种,但无论是双手还是单手接球,都是由准备接球、接球和接球后的动作三个环节组成的。

(1) 准备接球:注意观察持球同伴的传球意图和时机,用余光注视来球方向和落点,迅速抢占有利的接球位置,向同伴做出示意性动作,提示球的落点。

(2) 接球:肩、臂、腕、指要放松,伸臂迎球,手指自然分开,当手指触及球时,用力握住球。随即手臂随球后引,缓冲来球力量,保持身体平衡。

(3) 接球后动作:接球后首先要注意保护好球,并注意捕捉战机,及时衔接下一个攻击动作,尽量减少球在手中停留的时间。

3. 练习方法

(1) 对目标传球:在墙壁上画5个直径约20厘米的圆,呈"工"字形排列。让学生相隔一定距离对准目标,通过双手胸前传球、单手肩上传球、低手传球、落地反弹传球等传球方法进行练习;使学生不断体验成功传球所带来的乐趣。

(2) 四角传球：将学生分成人数相等的四队，在距离相等的四个角站立。持球者将球传给右侧排头，然后对传球方向成弧线跑，接刚传出的球，接球后将球传给与己方成对角的排头后，快速跑至接球者队尾。可规定传球的数目，让学生在传球过程中大声数数，提高士气及凝聚力。

(3) 击篮板：学生排成一路纵队，排头学生对着篮板左侧（或右侧），跳起接球后在空中将球回击给篮板，然后顺时针跑至队尾。后一人紧跟，依此进行。

(4) 行进间传球：这项技术必须建立在熟练掌握原地传球的基础之上，由两人或多人配合在行进中进行传球。

(二) 投篮

投篮是在比赛中，队员运用各种专门、合理的动作将球投进对方球篮的方法，是篮球比赛中唯一的得分手段，是一切进攻技术、战术的最终目的和全部攻守矛盾的焦点。

投篮的基本方法有：

1. 原地投篮

原地投篮是最基本的投篮方法，是行进间投篮和跳起投篮的基础。原地投篮易于保持身体平衡，便于全身协调用力，技术比较容易掌握。一般在中、远距离投篮和罚球时运用较多。

(1) 双手胸前投篮：这种投篮虽然出球点较低，但出手前稳定性好，出手力量大，便于与传球、突破相结合，多用于远距离投篮（图8-4）。

图8-4 双手胸前投篮

动作要领：双手持球基本同双手胸前传球，两肘自然下垂，将球置于胸前，目视瞄准点。两脚前后或左右开立，两膝微屈，重心落在两脚之间。投篮时，两脚蹬地，腰腹伸展，两臂向前上方伸出，两手腕同时外翻，拇指用力压球，食指、中指拨球，使球从拇指、食指、中指指端飞出。球出手后，脚跟提起，身体随投篮出手方向自然伸展。

技术关键：投篮时，蹬伸踝、膝、髋，双手用力均匀，手腕外翻，手指拨球。

(2) 原地单手肩上投篮：是行进间和跳起肩上投篮的基础。这种投篮出手点高，便于结合其他技术动作，能在不同距离和位置上应用，在比赛中运用广泛（图8-5）。

图8-5 原地单手肩上投篮

动作要领：以右手投篮为例，右脚在前，左脚稍后，两膝微屈，重心落在两脚之间。右手五指自然张开，用指根及指根以上部位触球，掌心空出，翻腕托球的后下部，右臂屈肘稍向内收，置球于右肩前上方，上臂与躯干成90°，肘关节成90°，左手扶球的左侧，目视瞄准点。

投篮时,下肢蹬地发力。右臂随腰腹伸展向前上方抬肘伸臂,用手腕前屈和手指拨球动作,使球从食指、中指指端柔和地飞出。球离手时,手臂要随球跟送,脚跟提起。

技术关键:脚蹬地、腰腹伸展、抬肘伸臂、屈腕拨指要按顺序并柔和用力。大拇指和小指要控制方向。

2. 行进间投篮

行进间投篮是在快速跑动中接球或运球后做中、近距离投篮时所采用的一种投篮方法。一般多在快攻结束或突破切入篮下时运用。

行进间投篮动作要领很多,但动作结构基本相同,都是由跨步接球起跳、腾空举球出手和落地三个部分组成。其脚步动作的共同点是:跨第一步的同时接球,跨第二步时跳起空中投篮出手,双脚同时落地注意屈膝缓冲。在实际运用时,应根据投篮的距离、角度以及防守队员所处位置来决定投篮出手的动作要领。在投篮时要控制好身体平衡。跨步的大小、快慢、方向也应根据临场情况的不同而有所变化。

行进间单手低手投篮是在快速跳动或运球超越对手后在篮下的一种投篮方法。它具有伸展距离远和出球平稳的优点(图8-6)。

图8-6 行进间单手低手投篮

动作要领:以右手投篮为例。右脚向前跨一大步的同时接球,左脚跨第二步时用力蹬地向前上方起跳,右腿屈膝自然上提。腾空到最高点,右手五指自然张开,掌心向上,托球的下部,右臂向前上方伸展,接近球篮时,用手腕上挑和手指的拨动,使球向前旋转进入球篮。

技术关键:腾空时身体向前上方充分伸展,举球后保持托球的稳定,腕、指上挑动作柔和协调。

3. 跳起投篮

简称跳投,它具有突然性强、出球点高的特点。可以与传球、运球突破等技术动作结合运用,在原地、行进中急停、背对球篮转身,在不同距离和位置时,都可采用。跳投是现代篮球运动普遍运用的投篮方式。

4. 练习方法

(1) 原地投篮练习。

① 徒手做原地投篮动作的模仿练习,体会动作要领。

② 不对球篮的投篮练习。

③ 正面定点投篮练习。

④ 不同角度的投篮练习。

（2）行进间投篮练习。

① 徒手慢跑做行进间投篮的模仿练习。

② 走步式做行进间投篮练习。

③ 运球接行进间投篮练习。

④ 传切上篮练习。

（3）跳起投篮。

① 徒手做原地跳起投篮练习。

② 不对球篮的跳投练习。

③ 罚球线原地跳投练习。

④ 运球急停跳投练习。

⑤ 突破后急停跳投练习。

⑥ 移动接球急停跳投练习。

（三）运球

运球是持球队员在原地或移动中，用单手连续按拍由地面反弹起来的球的动作。

运球是篮球比赛中个人进攻的重要技术。它不仅是个人攻击的有力手段，而且是组织全队进攻战术配合的桥梁。有目的的运球可以突破防守、发动进攻、调整位置、寻找有利时机进行传球和投篮，尤其是进攻紧逼人盯人防守的有力武器；盲目的运球会贻误战机，造成被动。

1. 运球的动作结构

运球动作由身体姿势、手臂动作、球的落点、手脚协调配合四个环节组成。

（1）身体姿势。运球时应保持两脚前后自然开立，两膝微屈，上体稍前倾，头抬起，眼睛平视。非运球手臂屈肘平抬，用以保护球。

（2）手臂动作。运球时，五指张开，用手指和指根以上部位及手掌的外缘触球，掌心不触球。按拍球时，手应随球上下迎送，尽量延长控制球的时间，这样有利于保护球和根据场上情况改变动作。原地运球时，拍按球的上方。向前运球时，拍按球的后上方。

（3）球的落点。运球时应控制球的落点，使球完全保持在自己所能控制的范围内，以便随时利用自己的上体、臂、腿来保护球；而且也要便于技术运用。

（4）手脚协调配合。运球时既要使移动速度和运球速度协调一致，又要保持合理的动作节奏。能否保持脚步动作和手部动作协调一致，关键在于拍球的部位、落点的选择和力量大小的运用。

2. 运球的不同方法

（1）高运球。运球时，球反弹的高度在腰、胸之间叫高运球。它是在没有防守队员阻挠的情况下，为了加快向前推进的速度或在进攻中调整进攻速度和攻击位置时，所采用的一种运球方法（图8-7）。

动作方法：上体稍前倾，抬头看前方，以肘关节为轴，用手拍球的后上方，把球的落点控制在身体侧前方。手脚协调配合，使球有节奏地向前运行。

技术关键：手拍球的部位正确，手脚协调配合。

图 8-7 高运球

（2）低运球。运球时，球反弹的高度在膝关节以下的运球叫低运球。当受到对手紧逼或接近防守队员时，常采用这种运球方法保护球和摆脱防守（图 8-8）。

图 8-8 低运球

动作要领：两膝迅速弯曲，重心降低，抬头看前方，上体前倾，靠近防守队员一侧用上体和腿保护球。同时，用手腕、手指力量短促地拍球，以便更好地控制球和摆脱防守，继续前进。

技术关键：两膝弯曲迅速，降低重心，上体前倾；拍球短促有力，手脚协调配合。

（3）运球急停急起。运球急停急起是运球时利用速度的突然变化来摆脱防守的一种方法。多用在对手防守较紧的情况下，在快速运球中突然停止前进，迫使防守队员被动减速停住，趁其重心不稳时，再突然加速起动运球，摆脱防守。

动作要领：运球急停时，用手快速拍球的前上方，同时两脚做跨步急停，并转入低运球，用臂、上体和腿保护球。运球急起时，后脚用力蹬地，同时拍球的后上方加速超越对手。

技术关键：拍按球部位正确；停得稳，起得快。

（4）体前变向换手运球。体前变向换手运球是运球队员利用突然改变运球方向来突破防守的一种运球方法。这种方法多用于对手堵截运球前进路线时。

（5）运球转身。运球转身是运球队员被防守堵截运球的一侧并且距离较近时，运用后转身改变运球方法，借以突破防守的一种方法。

3．练习方法

（1）原地运静止不动的球。

（2）固定手臂运球。

（3）体侧运球。

（4）单臂支撑旋转运球。

（5）原地胯下左、右运球。

（6）原地背后换手变向运球。

（7）原地胯下前后运球。

（8）环绕两腿做"8"字形运球。

（9）原地运两球（同时起落）。

(10)原地运两球(交替起落)。

(四)突破

突破是持球者突然启动或以假动作诱惑防守者身体失去平衡,运用特殊的运球摆脱对手防守,达到个人攻击目的的一种技术动作。它是进攻中具有攻击性的手段,是传球助攻和投篮得分的前提。突破有持球突破和运球突破等。

原地持球突破根据持球突破采用的步法,可分为交叉步突破和同侧步突破两种。

1. 持球突破技术分析

持球突破技术由蹬跨、转体探肩、推按球和加速四个环节组成。

(1)蹬跨。突破时,用虚晃或瞄篮等假动作吸引对手,移动脚前掌内侧蹬地的同时,中枢脚用力碾地,上体前倾并转体,重心前移,以带动移动脚迅速向突破方向跨出。

(2)转体探肩。在蹬地跨步、上体前移的同时,要转体探肩,使身体重心继续前移,加快突破速度,同时占据空间有利位置和保护球。

(3)推按球。在蹬跨、转体探肩的同时,将球由体前推引至远离防守队员一侧,并在中枢脚离地前推按球离手,球落于跨出脚前的外侧,用远离对手一侧的手运球,使球反弹高度在腰膝之间。

(4)加速。在完成上述动作后,已获得起动的初速度,这时中枢脚要积极、有力地蹬地,加速超越对手。

2. 运球突破

运球突破的起动与变化要突然,摆脱后要加速,特别要注意突破后情况的变化,及时果断地攻击或传球。突破要利用速度、方向、转身、急停来摆脱防守,提高启动速度和灵活性。传球要隐蔽意图,出手果断,落点准确,并善于做假动作。假、真动作要衔接连贯,变化要快。在突破中传球要遵循人动球动、在动中传球的原则,做到及时到位。

3. 练习方法

(1)原地持球做瞄篮或虚晃动作后持球突破。

(2)抛球后接球急停,接持球突破。

(3)背对球篮,做转身后持球突破。

(4)传球给教练员后,摆脱防守向前跳步急停接球,持球突破投篮。

(5)向篮下摆脱,然后向侧做跳步急停接教练员的传球,迅速用同侧步或交叉步突破投篮。

二、防守技术

(一)抢球、打球、断球

抢球、打球、断球是具有攻击性的防守动作,也是防守对手时获得球的重要手段。比赛中抢球、打球、断球的成功,不仅可破坏对方的进攻,鼓舞本队的士气,而且为由守转攻和发动快攻创造了有利的战机。

1. 抢球

抢球是从进攻队员手中夺球。首先接近持球队员,看准机会,双手突然抓住球猛拉或转拖,将球抢过来。

2. 打球与盖帽

(1)打球。打球是打掉进攻队员手中球,有打掉原地持球队员和运球队员手中球、上篮队员手中球等。

（2）盖帽。盖帽是在防守投篮出手后的打球技术，即球投出正处于上升阶段时，防守队员将球拍打掉的动作技术。

（3）断球。断球是抢获对方传球过程中飞行的球的方法。根据防守队员与对手之间的位置关系，有横断球、纵断球、封断球。

3. 练习方法

（1）原地抢球练习：两人一组一球，面对面同时握住球，听教师吹哨声，然后进行抢球练习。

（2）原地转身抢球练习：两人一组一球，一人持球做前转身，另一人做抢球练习。

（3）原地打运球练习：两人一组一球，一人运球，另一人做打运球练习。

（4）原地或原地跳起投篮时盖帽练习。

（5）行进间上篮时的"盖帽"练习。

（6）三人传接球两人断球练习。

（二）防守对手

防守对手是指队员在比赛中防进攻球员从无球状态到有球状态或从有球状态到无球状态直至对方进攻结束或失去球权的全过程中，合理运用具有防御和攻击效果动作的组合。

1. 防守无球队员

防守无球队员是指进攻队员处于无球状态时，防守队员灵活地利用多种移动方式和手部的有效组合，最大限度地防止和破坏对手行动。防守无球队员主要是防接球、防摆脱、防切入。

2. 防守有球队员

即进攻队员处于有球状态时，防守队员对其传球、运突、投篮等攻击动作运用防守系列组合技术进行应变性的干扰、破坏、争夺的动作行为过程。防守有球队员主要是防传球、防运突、防投篮。

3. 练习方法

（1）一防二选择防守位置练习。

（2）一对一防守脚步移动练习。

（3）半场一对一攻守练习。

（4）全场一对一攻守练习。

（5）全场或半场二防二练习。

三、攻守兼具

（一）移动

移动是队员在比赛中为了改变位置、方向、速度和争取高度所采用的各种脚步动作的统称。

队员在球场上需要保持一个既稳定又便于移动的站立姿势，以利于迅速、协调地去完成各种攻守技术。走、跑、滑、转主要是由前脚掌内侧蹬地、碾地动作来完成的。动作完成后，要迅速恢复成基本站立姿势，以便转换下一个动作。其共性为：脚掌用力蹬地、碾地，膝关节保持弯曲，身体各部分协调用力。

1. 基本站立姿势

站立时，两脚自然开立，脚跟稍虚，屈膝降低重心，上体稍前倾，手臂自然放于体侧，肘

微弯,两眼平视,随时准备向各个方向起动。

2. 起动

从基本站立姿势开始,起动时,身体重心向跑动方向移动,后脚前脚掌内侧突然用力蹬地,同时上体迅速前倾或侧转,手臂协调摆动,充分利用蹬地的反作用力,迅速向跑动方向迈步。

3. 基本移动步法

移动的基本步法有跑、跳、急停、转身、滑步及后撤步和进攻步。

图8-9 基本站立姿势

4. 练习方法

(1) 在场内按规定位置沿直线变速跑。

(2) 全场或半场一对一徒手练习利用速度摆脱。

(3) 慢跑或中速跑做跨步、跳步急停。

(4) 半场一对一攻守,用跨步急停接球跳投或传球。

(5) 原地基本防守姿势站立,看手势或其他信号做侧滑步、前滑步和后滑步。

(6) 半场一对一攻守,进攻队员摆脱接球,防守队员用攻击步逼近。

(7) 原地持球做一对一攻守,进攻队员持球瞄篮,防守队员斜侧步站立,进攻队员变换从防守队员前脚外侧突破,防守队员后撤步封堵或滑步保持有利的防守位置。

(二) 抢篮板球

篮板分前场篮板和后场篮板,又可分为进攻篮板和防守篮板。区分后场篮板和前场篮板首先要了解前场和后场。前场指的是进攻方向篮筐所在的半场,后场是防守方向篮筐所在的半场。前场篮板就是进攻篮板,即进攻方做出进攻动作后未得分,进攻方抢得的篮板,与后场篮板相对。后场篮板就是防守篮板,即进攻方做出进攻动作后未得分,防守方抢得的篮板。

1. 防守篮板

动作要领:对方投篮后,盯住对手,判断其行动,采用侧步面向的防守步法,同时屈膝,并张开双臂,堵截自己的对手。判断对手的冲抢方向,同时以距对手移动方向最近的一脚为轴后转身,使自己背部阻挡对方,身体重心稍向后移,用背部迎接对手。根据球的反弹方向和落点,防守队员迅速调整位置,及时起跳。

技术关键:准确判断球的反弹方向和落点,抢位挡人,及时起跳。

2. 进攻篮板

动作要领:进攻队员一般位于防守队员外侧,处于不利于抢篮板球位置。因此,进攻队员抢篮板球要突出一个"冲"字。当同伴投篮时,近篮的进攻队员首先要准确判断球的落点,运用身体虚晃的假动作,摆脱防守队员的阻挡,绕、跨、挤到对手的前面或侧前方,抢占有利位置,借助跨步或助跑起跳补篮或抢篮板球。

技术关键:准确判断球的反弹方向和落点,绕步或跨步冲抢,及时起跳。

3. 练习方法

(1) 原地上抛球抢篮板球练习。

(2) 全队抛抢篮板球接力练习。

(3) 自投自抢篮板球练习。

(4) 内投外抢篮板球练习。

(5) 多人对抗抢篮板球练习。

第三节　篮球基本战术

篮球战术是为篮球比赛中队员与队员之间有策略、有组织、有意识地协同运用技术进行攻守对抗的布阵行动,是以篮球技术为基础,在一定的战术指导思想和战术意识支配下的集体攻守方法。

个人行动:个人进攻行动(摆脱、切入、助攻、突破、投篮)、个人防守行动(防守有球、无球队员)。

配合行动:进攻基础配合(传切、掩护、策应、突分)、防守基础配合(抢过、绕过、交换、关门、夹击、补防)。

整体行动:全队进攻战术、全队防守战术。

一、战术基础配合

战术配合是指两三人之间有目的、有组织的协同作战的配合方法。进攻战术配合是进攻队员之间为创造攻击机会,合理运用技术而组成的合作方法。防守基础配合是防守队员之间为了破坏对方进攻配合,或当同伴防守出现困难时,及时互相协作和帮助的行动方法。

(一)进攻基础配合

1. 传切配合

传切配合是进攻队员之间利用传球和切入技术所组成的简单配合。

(1)队员配合的距离要拉开,切入路线要合理。

(2)切入队员要利用假动作迷惑对手或趁对手注意球的瞬间,掌握好摆脱时机,切入时紧贴对手,动作快速突然。

(3)传球队员动作要隐蔽,传球要及时、准确。

2. 突分配合

突分配合是持球队员运球突破对手后,遇到对方补防或关门时,及时将球传给进攻时机最好的同伴进行攻击的一种配合方法。

(1)突破队员突破要突然、快速,在准备投篮的同时要观察攻守队员位置变化,及时、准确地传球。

(2)接球队员要把握时机,及时摆脱对手,迅速抢占有利位置接球投篮。

3. 掩护配合

掩护配合是掩护队员采用合理的行动,用自己的身体挡住同伴防守者的移动路线,使同伴借以摆脱防守,或利用同伴的身体和位置使自己摆脱防守的一种配合方法。

(1)掩护时身体姿势要正确。

(2)掩护时摆脱队员要用投篮和移动等动作吸引对手的注意力,诱使对手贴近自己,摆脱对手的动作要突然、快速。

(3)掩护时同伴之间的配合要掌握好时机和节奏。

(4)组织掩护配合时要创造中投和突破机会,要注意内、外线进攻相结合。方法:侧掩护、后掩护、前掩护。

4. 策应配合

策应配合是进攻队员背对或侧对球篮接球,与同伴空切或绕切相结合,借以摆脱防守,创造各种进攻机会的一种配合方法。

（1）策应队员突然起动,摆脱对手,占据有利位置,接球后保持合理护球姿势,注意观察,及时传球给进攻机会最好的同伴投篮或自己进攻。

（2）外围传球队员根据策应者位置和机会,及时准确传球给策应队员,做到人到球到,传球后迅速摆脱防守切入到篮下。

（二）防守基础配合

1. 关门配合

关门配合是邻近的两名防守队员靠拢协同防守运球突破的一种配合方法。

（1）防守突破者要预先了解哪一侧有同伴协防,以便采取偏于一侧的防守,迫使对手向有同伴协防一侧运球突破。

（2）协助防守者应采取错位防守,及时抢占有利位置,当运球突破队员即将超越同伴时,抢先移动向防突破队员靠拢关门,当突破者停球或传球时,要及时回防。

2. 夹击配合

夹击配合是两名以上的防守者采取突然的行动,封堵和围夹持球者的一种配合方法。

（1）正确选择夹击的时机和位置。

（2）夹击时防守者应用腿和躯干围住持球者,同时挥动两臂封堵传球路线,伺机抢断球。邻近的防守者应及时移动切断其传球路线准备断球。

3. 挤过、绕过、穿过配合

（1）挤过配合是破坏对方掩护的一种方法,当掩护者临近一刹那,被掩护的防守者主动靠近自己的对手,并从两名进攻队员之间侧身挤过去,继续防守自己的对手的一种配合方法。挤过时要贴近对手,抢步要及时。

（2）穿过配合是防守掩护者及时提醒同伴,并主动后撤一步,让同伴及时从自己和掩护者之间穿过,继续防住对手的一种配合方法。

（3）绕过配合是防守掩护者的队员及时提醒同伴,并主动贴近对手,让同伴从自己身后绕过,继续防住对手的一种配合方法。

4. 区域联防

区域联防是指进攻转入防守时,全队队员迅速退回后场,各自负责一定区域的进攻对手,形成一定的防守阵势,把每个防守区域有机地联系起来,并随球进行协同移动防守的一种全队防守战术。

特点:防守队员所处的位置较为固定,分工明确,有利于组织抢后场篮板球和发动快攻。

弱点:受区域分工的限制,各种区域联防都存在一定的薄弱地区,容易被对手在局部区域以多打少。

防守基本要求:每个队员必须认真负责自己的防区,积极阻挠进入该区的进攻队员的行动,并联合进行防守。要以球为重点,随球的移动而经常调整位置,做到人球兼顾,不让持球队员突破和传球给内线防区。对进入罚球区附近和罚球区的进攻队员,必须严防,切断其接球路线,不让其轻易接球、传球或投篮。加强篮下区域防守。每个队员要相互呼应,随时准备协防、换位、"护送"等,相互帮助,加强防守的集体性。

（1）"2-3"区域联防（图8-10）。这种区域联防的优点是加强了篮下和底线的防守,有利于抢篮板球。

缺点:正面及35°~45°角区是防守的薄弱区域。

(2)"1-3-1"区域联防(图8-11)。防守队形加强了正面、罚球区和两侧的防守,有利于分割进攻队员前后、左右之间的练习,造成进攻队员之间传球的困难,有利于防止正面、罚球区和两侧的投篮和抢篮板球发动快攻。

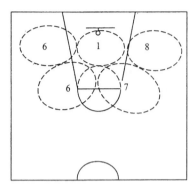 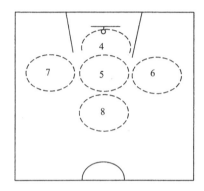

图8-10 "2-3"区域联防　　　　图8-11 "1-3-1"区域联防

防守基本要求:由攻转守时,防守队员都要迅速按分工的防区落位,并就近进行盯人防守。防守时,要以球为主,兼顾盯人,向球移动,控制中区,逼走边角,体现近球区以多防少、远球区以少防多的原则。前线的防守队员要堵中路、放边路,迫使对手把球传向或运向边线,与临近的同伴进行夹击。后线的防守队员要根据前线的防守情况和意图,积极调整防守位置,做到人球兼顾和随时协防夹击。如果球传向后场并越过自己的防区,应以最快的速度、最短的路线向后场回防,准备堵防或抢断球。

(三)快攻

快攻是由防守转入进攻时,以最快的速度、最短的时间在人数上造成以多打少的优势,或在人数相等以及人数少于对手的情况下,乘对手立足未稳,果断而合理地进行攻击的一种速决战的进攻战术。

快攻的组织形式,一般分为长传快攻、短传快攻和运球突破快攻三种。

1. 长传快攻

是队员在后场获球后,立即把球传给迅速摆脱对手进行偷袭的同伴的一种配合,是由一两个进攻队员利用自己奔跑的速度和同伴长传球的速度超越防守来完成的。

2. 短传快攻

是队员在防守中获球后,立即以快速的奔跑和短促的传、接球接近对手篮下进行攻篮的一种配合。短传快攻虽然在速度上比长传快攻慢,参加的人数多,但比长传快攻配合灵活而且变化多。

3. 运球突破快攻

在防守中获球后,在不便于传球的情况下,应快速运球推进,创造或寻找配合机会,以提高快攻的速度和威力。这是一种个人攻击在快攻中的积极行动,在推进时,运球和传球要密切配合。注意防止盲目的个人运球,以免影响快攻战术的质量。

4. 练习方法

(1)两人对传快攻。

(2)"8"字形快攻。

(3)反"8"形字快攻。

(4)击板后长传快攻。

第四节 篮球竞赛主要规则

一、球队的组成

篮球竞赛中一个球队一般为12名球员。当一名球员不在场上参赛、被取消比赛资格或发生了5次犯规时为替补队员。球队应使用4~15之间的号码。

二、比赛通则

比赛分四节,每节各10分钟,每节之间休息2分钟,中场休息15分钟。比赛结束两队积分相同时,则举行延长赛5分钟,若5分钟后比数仍相同,则再次进行5分钟延长赛,直至分出胜负。

比赛开始由两队各推出一名跳球员至中央跳球区,由主裁判抛球双方跳球,开始比赛。之后球权交替拥有。下半场交换场地,加时赛场地同第四节。球投进篮筐经裁判认可后,便算得分。3分线内侧投入可得2分,3分线外侧投入可得3分,罚球投进得1分。

上半场有2次暂停,下半场有3次暂停,决胜期有1次暂停。

比赛开始后15分钟不到场,或不能使5名队员入场准备比赛,应判该队弃权而告负,并判给对方以20∶0获胜。如比赛中某队场上队员少于2名时,应判该队由于缺少队员而告负,比分处理:若该队领先,则判对方以2∶0获胜;若该队落后,则以比赛停止时的比分为准。

每名球员各有4次被允许犯规的机会,第五次即犯满退场,且不能在同一场比赛中再度上场。

三、违例

违例是违反规则的行为。其罚则是判发生违例的队失去控制球权,由对方在违例的就近地点掷界外球。

(一) 跳球违例

下列情况为跳球违例:

(1) 跳球队员以助跑方式起跳拍球。

(2) 球未达最高点拍击球。

(3) 跳球队员直接在跳球中抓住球或拍击球超过2次。

(4) 球拍击后在球未触及地面、非跳球队员、篮板之前跳球队员首先触及球。

(5) 不参与跳球。

(6) 非跳球队员在跳球队员未拍击球前过早进入跳球圆圈。

(二) 运球违例

队员第一次运球后当队员用双手同时触球或使球在一手或双手中停留的瞬间为运球结束,不得再次运球,否则应判运球违例。

(三) 带球走违例

下列情况为带球走违例:

(1) 当一个持活球队员在传球或投篮过程中,球离手前中枢脚落回地面时。

(2) 在运球开始当球离手前中枢脚提起离开地面时。

(3) 当一个持活球队员倒地并滑动、滚动或试图站起来时。

（四）3秒违例

当某队在场上控制活球并且比赛计时钟正在运行时，该队队员不得停留在对方篮下的限制区内持续超过3秒时间，否则应判3秒违例。以下情况应默许：篮下连续投篮，已试图离开限制区；正在运球投篮或同队队员正在做投篮动作。队员离开限制区时必须是双脚置于限制区外的地面上。

（五）5秒违例

当一个队员在场上正持着活球，这时对方处于严密防守状态（距离以超过1米为准），该队员在5秒内不能传、投或运球时，应判5秒违例。

（六）8秒违例

球队从后场控制球开始，必须在8秒钟内使球进入前场。

（七）24秒违例

即当一次进攻开始的时候，从后场得到球，必须在24秒之内尝试投篮，至少在24秒之内投篮一次，否则发生24秒进攻违例。24秒时间到之前出手，球未触框也判24秒违例。

（八）球回后场违例

在比赛中，前场控制球的队，不得使球再回到后场，否则为球回后场违例。

（九）干扰球违例

在投篮的时候，当球在飞行中下落，并完全在篮圈水平面之上时，进攻或防守队员不可以触及球。如是攻方违例，不得分，并将球判给对方队员在罚球线的延长部分掷界外球。如是守方违例，判给投篮队员得2分，如在3分投篮区投篮则判得3分。如同投篮成功一样，在端线后掷界外球重新开始比赛。

（十）踢球和拳击球违例

凡是故意用脚的任何部位（含大腿以及下部位）拦击球为踢球违例；用拳去击球为拳击球违例。

（十一）球出界与掷界外球违例

球出界违例是指当球触及界线或界线外的地面、人员、物体、栏架支柱、篮板的背面及天花板等障碍物，在球出界最后触及的队员为最后使球出界队员。下列情况为掷界外球队员违例：球离手前或离手时脚触及场内地面；球离手前超过5秒；横向移动超出指定掷界外球地点1米（掷端线界外球除外）；掷出的球在未触及场内队员前首先与球接触；球直接进入球篮。

（十二）罚球违例

应在罚球线后并在半圆内占据一个位置，可用任何方式罚篮。在此举中，球不触地面、从上方进入球篮或球触及篮圈。从裁判员将球置于他可处理时起，在5秒钟内应将球离手。不得触及罚球线以及超过罚球线的比赛场地，直到球已进入球篮或已触及篮圈。不得做假动作罚球。

四、犯规

犯规是违反规则的行为，是含有与对方队员不正常身体接触动作和违反体育道德的举止。因身体接触而造成犯规的称为侵人犯规。有违反体育道德的举止，不含有身体接触的犯规称为技术犯规。犯规主要分为以下四类：

侵人犯规：与对方队员发生身体接触而产生的犯规行为。

技术犯规：队员或教练员因表现恶劣而被判犯规，比如与裁判发生争执等情况。

违反体育道德的犯规:裁判员认为队员蓄意地对持球或不持球的对方队员造成侵人犯规为违反体育道德的犯规。

取消比赛资格的犯规:球员做出的不体现运动员精神的犯规动作,如打人。发生此类情况后,球员应立即被罚出场外。

(一)侵人犯规的性质种类及其罚则

1. 侵人犯规的性质种类

侵人犯规包括队员发生阻挡与撞人、背后防守犯规、拉人、非法用手、推人、非法掩护、双方犯规、违反体育道德的犯规、取消比赛资格的犯规及打架等。

(1)阻挡与撞人:防守队员必须占有合法的防守位置。在防守队员建立合法防守位置之后,进攻队员与之发生身体冲撞,则为撞人,再反之则为阻挡。(合法防守位置:身体呈基本站立姿势面向其对手,并且双脚着地。他可将他的双臂和双手举过头或垂直跳起,但是他必须在假想的圆柱体内使手和臂保持垂直的姿势。)

(2)背后防守犯规:防守队员从对方队员的背后与其发生身体接触。即使防守队员正在试图去抢球,与对方队员发生身体接触也是不正当的。

(3)拉人:干扰对方队员移动自由而发生的身体接触。能用身体的任何部位来造成这个(拉人)接触。

(4)非法用手:防守队员试图用手抢球时,仅仅接触了对方队员的手。

(5)推人:是用身体的任何部位强行移动或试图移动对方队员时发生的身体接触。

(6)非法掩护:是试图非法拖延或阻止非控制球的对手到达希望到达的场上位置。

(7)双方犯规:两名对抗的队员几乎同时互相犯规。

(8)违反体育道德的犯规:裁判员认为队员蓄意地对持球或不持球的对方队员造成侵人犯规为违反体育道德的犯规。

(9)取消比赛资格的犯规:任何十分恶劣的不道德的犯规是取消比赛资格的犯规。

2. 侵人犯规的罚则

(1)若被侵犯对方队员正在做投篮动作,中篮得分有效,再判追加罚球1次,如不中,则根据被侵犯队员投篮地点判给2次或3次罚球。

(2)双方犯规除登记犯规队员犯规次数外,不判给罚球,按下列情况重新比赛:发生双方犯规时某队已控制着球,则判由原控制球的队就近掷界外球,如像没有发生双方犯规一样处理;若发生犯规时双方都没有控制球,则判双方犯规队员在就近圆圈执行跳球;若发生双方犯规时刚好出现投球中篮,应判得分有效,由得分队掷界外球,就像没有发生双方犯规一样处理。

(3)违反体育道德的犯规,登记队员犯规次数,并判给被侵犯队员2次罚球(双方在罚球时不必站位)及该队随后的一次掷界外球权。

(4)取消比赛资格的犯规,其罚则同违反体育道德的犯规。

(二)技术犯规种类及其罚则

1. 技术犯规的种类

技术犯规包括队员技术犯规,教练员、替补队员、其他随从人员技术犯规和比赛休息期间技术犯规。

2. 技术犯规的罚则

(1)队员发生技术犯规后应登记犯规次数,并判给对方2次罚球(罚球时双方不必站位)及该队随后的一次控制球权。

(2) 教练员、替补队员及随从人员发生技术犯规,登记有关教练员犯规次数,并判给对方 2 次罚球(罚球时双方不必站位)及该队随后的一次控制球权。

(3) 比赛休息期间技术犯规,登记有关人员犯规次数(属队员技术犯规,累计全队犯规次数;属教练员技术犯规,不累计全队犯规次数),判由对方队罚球 2 次(双方不必站位),随后在中圈跳球开始比赛。

(三) 其他一般规定

1. 队员 5 次犯规

队员被登记犯规次数累计 5 次后,该队员将被取消参加该场比赛资格。

2. 全队犯规

在一节中某队已发生了 4 次全队犯规时,该队处于全队犯规处罚状态;在比赛休息期间发生的所有全队犯规应被认为是随后一节或决胜期的一部分;在决胜期内发生的所有全队犯规应被认为是发生在第 4 节内的。当某队处于全队犯规处罚状态时,所有随后发生的对未做投篮动作的队员的侵人犯规应被判 2 次罚球,代替掷球入界。

五、比赛的组织编排

篮球比赛的赛制分为循环制、淘汰制和混合制。

(一) 单循环

如果参赛球队不多,而且时间和场地都有保证,通常采用这种方法。

1. 单循环比赛轮次的计算

如果参加的队数是偶数,则比赛轮数为队数减 1;如果是奇数,则比赛轮数等于队数。计算轮数可知道比赛所需的时间。

2. 单循环比赛场次的计算

比赛场数的计算:比赛场次 =(队数×(队数 - 1))/2。

3. 单循环比赛的编排

通常采用逆时针轮转法,这种编排方法可使最后的比赛保持精彩。

轮次表编排完后,各队进行抽签,并按各队抽到的号码填列轮次表(或按上届比赛的名次顺序确定编号),据此再编成竞赛日程表。

(二) 球队的名次排列

球队应按他们的胜负记录来排列名次,胜 1 场得 2 分,负 1 场得 1 分,比赛弃权得 0 分。

(1) 如果在这个排列中两个球队积分相等,则以两个队之间比赛的结果来确定名次。

(2) 如果两个队之间在比赛中的积分和得失分率相同,则考虑两个队在组内所有比赛的得分率,并以此来确定名次。

(3) 如果在排位中两个以上的球队积分相等,再次排列中仅考虑积分相等的球队之间的比赛结果。

(4) 如果再次排列后仍有球队积分相同,只考虑仍积分相同的球队之间的比赛结果,用其得分率来确定名次。

(5) 如果仍有球队积分相同,则用在组内所有他们的比赛结果的得失分率来确定名次。

六、规则发展新动向

（一）新规则三项内容

（1）将 3 分线由现在的 6.25 米扩大到 6.75 米。

（2）将现有的梯形 3 秒区改为长度为 8.325 米的长方形 3 秒区。

（3）将 NBA 篮下的规则引进到国际篮联，在球场上增加一个以 1.25 米为半径的半圆形进攻有利区，只设阻挡犯规，没有带球撞人。

（二）规则微调

（1）将不再禁止运动员在比赛服里面穿着 T 恤。

（2）运动员持球倒地或滑行将不再视为违例。

（3）由后场进入前场时，只有运球球员的双脚和球都接触到前场的地板，才算进入前场。

（4）如果运动员从前场起跳，在空中接到球并随后落地时踩在自己的后场界内，将不再被视为违例。

（5）如果防守球员在后面对快攻球员犯规，而此时快攻球员与篮筐之间没有其他防守球员，将被判犯规。

（6）挥肘动作过大，即使没有接触到其他球员，也将被判技术犯规。

思考题

1. 投篮的基本方法有哪几种？
2. 简述传球的种类及其特点。
3. 抢篮板球的基本步骤及其要点有哪些？
4. 何谓篮球战术？篮球战术有几种分类方法？
5. 裁判员判断是否构成球回后场的要素是什么？
6. 简述快攻的种类及特点。

第九章

排　球

第一节　排球运动概述

一、排球运动的起源和发展

排球运动起源于美国，1895年由美国基督教男子青年会体育干事威廉·摩根（Willian Morgan）创造发明。1896年，在斯普林费尔德体育专科学校举行了世界上最早的排球比赛，当时美国的艾特哈尔斯戴特博士把摩根游戏起名为"volleyball"，并沿用至今。1897年，摩根制定了排球比赛规则，有力地推动了排球运动的发展。

最早的排球比赛，场上每队有16人，站成四排，每排四人，故被称为排球。但随着运动技术水平的提高和战术的发展，逐渐演变为12人制、9人制和现在的6人制排球比赛。

亚洲最早的排球比赛于1913年在菲律宾马尼拉举行。1947年，排球运动世界性组织——国际排球联合会（简称国际排联）成立。随着技术水平的不断提高，规则也逐步完善。

国际排联于1949年在布拉格举办了第一届世界男子排球锦标赛，1952年在莫斯科举办了第一届女子排球锦标赛，1964年东京奥运会上排球被接纳为奥运会项目，1965年在华沙举办了第一届男子世界杯排球赛，1973年在乌拉圭举办了第一届女子世界杯赛。至此，形成排球锦标赛、世界杯排球赛、奥运会排球赛三项健全的世界大赛制度，各项赛事每隔四年举办一届。此后，世界排球大赛系列中又增加了世界男女青年锦标赛（1977年）、世界男女少年锦标赛（1989年）、世界男排联赛（1990年）和世界女排大奖赛（1993年）。

由于排球的基本技术比较容易掌握，比赛规则和场地设备也比较简单，不同年龄、性别和训练水平的人均可以参加，因此其深受人们的喜爱。在学校中排球也是学生比较喜爱的体育项目。学生不仅组织各种规模的排球比赛，在课外活动、余暇时间，也经常若干人围成圈开展排球活动。

基于排球是两队隔网进行比赛，而规则又规定每人必须轮转位置，因此，要求每个上场队员要有一定的位置和空间概念，要掌握进攻和防守技术，并根据场上的变化及时做出各种不同的技术动作。因此，参加排球运动不仅能提高人们的力量、速度、灵活、耐力、弹跳、反应等身体素质和运动能力，改善身体各器官、系统的机能状况，而且能培养机智、果断、沉着、冷静等心理素质，也是建设精神文明的一种良好手段。通过排球比赛和训练，可以培养团结战斗的集体主义精神，可以锻炼胜不骄、败不馁、勇敢顽强、克服困难、坚持到底等良好品质。

排球运动自1895年创始以来，迄今已有一百多年的历史。排球从开始仅仅是少数人的一种游戏、娱乐的手段，发展到今天已成为遍及世界五大洲，为广大群众所喜闻乐见的体育运动项目之一。尤其自排球被列为1964年奥运会正式比赛项目之后，各国普遍重视了对排球运动的开展。

二、我国的排球运动

在清朝末期的1905年左右,排球经我国华南沿岸地区和香港等地传入内地。当时广东和福建等省,是中国排球发展较为普及的地区。排球也是当时不少渔民的休闲活动。早在民国时代,排球已在中国各地广泛发展,不过当时最主流的是9人制排球。

从20世纪70年代后期开始,排球运动在我国迅速发展起来,1979年的亚洲女排锦标赛中,中国女排首次称霸亚洲。20世纪80年代是中国女排辉煌的时期,中国女排队员依靠全面的技术、顽强拼搏的精神,相继在1981年的世界杯赛、1982年的世界锦标赛、1984年的奥运会、1985年的世界杯赛和1986年的世界锦标赛上荣登冠军宝座,成为世界上第一个荣获"五连冠"的队伍,把世界排球技术、战术推向了一个崭新阶段,同时极大地振奋了中国人民的爱国激情。中国女排在历经曲折后于2003年再获世界女排大奖赛冠军、亚洲女排锦标赛冠军、第九届世界杯冠军、2004年雅典奥运会冠军、2008年北京奥运会亚军。但2012年伦敦奥运会中国女排仅排名第五。中国男排也曾达到世界先进水平,成为国际排坛上一支不可忽视的力量。

第二节　排球基本技术

排球基本技术是指运动员在规则允许的条件下所运用的各种合理技术动作。它分为无球技术和有球技术。无球技术有准备姿势和移动。有球技术有发球、传球、垫球、扣球和拦网。

一、准备姿势和移动

准备姿势与移动是排球基本技术之一,是完成发球、垫球、传球、扣球和拦网等各项有球技术的前提和基础,并对各项有球技术的运用起串联和纽带作用。

(一)准备姿势

为了便于完成各种技术动作而采取合理的身体姿势称为准备姿势。合理的准备姿势为迅速起动、快速移动及击球创造最好的条件。为完成某项有球技术之前的准备姿势,称为专项技术准备姿势,如拦网、发球、传球等都采用不同的准备姿势。按照身体重心的高低,准备姿势可分为半蹲准备姿势、稍蹲准备姿势和低蹲准备姿势三种。

1. 半蹲准备姿势

两脚左右开立稍比肩宽,一脚稍前,两脚尖稍内收,脚跟稍提起。膝关节保持一定的弯曲,膝关节的投影在脚尖前面,上体前倾,重心靠前。两臂放松自然弯曲,双手置于腹前。全身肌肉放松,两眼注视来球,两腿始终保持微动。

2. 稍蹲准备姿势

稍蹲准备姿势比半蹲准备姿势重心稍高,动作方法相同,一般用于扣球助跑前或对方正在组织进攻时,需快速起动的场合。

3. 低蹲准备姿势

低蹲准备姿势比半蹲准备姿势的身体重心更低、更靠前,两脚左右、前后的距离更宽一些,膝部弯曲程度更大一些;肩部投影过膝,膝部投影过脚尖,手置于胸腹之间。低蹲姿势主要用于防守和接拦回球等。

(二)移动

从起动到制动的过程称为移动。移动的目的主要是及时接近球,保持好人与球的位置关系,以便击球。迅速的移动可占据场上的有利位置,争取时间和空间。队员能否及时移动到位,直接影响着技术、战术完成的质量。移动由起动、移动步法和制动三个环节所组成。

1. 起动

起动是移动发力的开始,它的快慢是移动的关键,起动的速度取决于正确的准备姿势、反应能力和腰腿部的速度力量。在排球比赛中,应根据场上的情况,采取不同的准备姿势,以利于迅速移动和随时改变移动方向。

2. 移动的基本步法

(1) 并步与滑步:当来球距身体一步左右时可采用并步移动。例如,向前移动时,后腿蹬地,前脚向来球方向跨出一步,后腿迅速跟上做好击球准备。当球在体侧稍远时,并步不能直接近球时,可快速连续并步,连续的并步即滑步。

(2) 跑步:球离身体较远时需用跑步,采用跑步移动时,两臂要配合摆动,根据来球的方向,边跑边转身,并逐渐降低重心,做好击球准备。

(3) 交叉步:以向右交叉步为例。上体稍向右转,左脚从右脚前面向右交叉迈出一步,然后右脚再向右跨出一大步,同时身体转向来球方向,保持击球前的姿势。

(4) 跨步和跨跳步:跨步比交叉步移动距离近,便于接距身体1~2米处低球。移动时步幅较大,身体重心较低,可以向前、向斜前或向侧方移动。如向前移动,则后脚用力蹬地,前脚向前跨出一大步,膝部弯曲,上体前倾,身体重心移至前腿上。

(5) 综合步:以上各种步法的综合运用。

3. 制动

制动是移动的结束,也是击球动作的开始。在快速移动后,为了保持稳定的击球姿势,必须经过制动,克服身体移动的惯性,以便于完成下一个击球动作。

影响制动快慢的因素有两个:一是支撑反作用力的大小,支撑反作用力越大,制动越快;二是支撑反作用力与地面夹角的大小,夹角越小制动越快。排球运动中往往可以通过重心下降、上体后仰等来减小其夹角。

(三) 练习方法

1. 准备姿势的练习方法

(1) 成两列横队,在教师的指导下做各种准备姿势。

(2) 两人一组,做好准备姿势,做互相触摸肩游戏。

(3) 原地跑步,在跑动过程中依照教师的手势、口令、哨音或其他信号做不同的准备姿势。

2. 移动的练习方法

(1) 学生成半蹲准备姿势,看教师手势分别做各种步伐的移动练习。

(2) 摸线移动练习,站在指定区域进行前后或左右移动摸线,也可以斜向移动摸线。

(3) 两人一组,一人抛球,一人接球。远、近、高、低不同方向相结合,然后抛接交换。

二、发球

发球是排球运动中一项重要的基本技术。它是比赛的开始,也是重要的进攻手段。有威力、攻击性强的发球,不但可以直接得分,起着先发制人的作用,而且可以破坏对方组织进攻战术,减轻本方防守压力,为防守反击提供有利条件。

发球技术一般有:正面下手发球、侧面下手发球、正面上手发球、正面上手飘球和勾手

大力发球等。无论采用哪种发球,都必须做到以下三点:一是平稳抛球。以单手或双手将球平稳抛起,每次抛球的高度与距离和落点都要固定。二是击球要准。击球时,要以正确的击球动作击中球体的相应部位,使用力方向与所要发球方向一致。如发下手球应以全手掌或虎口部位击球的后下部,用力的方向应是前上方,与球飞行方向一致。三是手法要正确。击球的手法不同,发出球的性能也有所不同。如正面上手发球击球时,以全手掌击球的后中下部,手腕和手掌还要有明显的向前推压动作。而发正面上手飘球时,不能以全掌击球,而以手掌或掌根击球,击球时要有短促用力和突停动作。

(一) 正面下手发球

正面下手发球(图9-1)动作较简单,容易掌握,失误少,准确性高;但球的速度较慢,力量小,攻击性较差,一般适用于初学者。

图9-1 正面下手发球

准备姿势:发球学生面对球网站立(以右手发球为例),两脚前后开立,左脚在前,右脚在后,两膝稍弯曲,上体前倾,左手持球于腹前下方。

抛球摆臂:左手将球平稳抛起在腹前右侧,离手高度约30厘米左右。在抛球同时,右臂伸直往后下方摆动。

挥臂击球:右脚蹬地,右臂伸直,以肩为轴,由体后下方向腹前挥臂摆动,身体重心随之前移,在体前右侧以全掌或掌根击球的后下方。击球后,迅速进场比赛。

(二) 侧面下手发球

侧面下手发球可借助蹬地转体力量带动手臂挥动击球,比较省力,但攻击性不强,一般适合初学者。

准备姿势:队员左肩对网(以右手发球为例),两脚左右开立,与肩同宽,两膝稍屈,上体稍前倾,左手持球于腹前。

抛球摆臂:左手将球平稳抛至腹前离身体约一臂之距,离手高度约30厘米左右。

挥臂击球:在抛球同时,右臂伸直向身体右侧后下方摆动。以右脚蹬地,身体向左转体带动右臂向体前上方挥动,在腹前以全掌或掌根击球的后下方。击球后迅速进场比赛。

(三) 正面上手发球

正面上手发球(图9-2)面对球网站位,便于观察对方,易于控制落点,准确性较大,能充分地利用收腹力量带动手臂迅速挥动去击球,使发出的球力量大、速度快、弧线平。

准备姿势:发球者面对球网(以右手发球为例),两脚前后自然开立,左脚在前,右脚在后,左手持球于腹前。

抛球摆臂:左手将球平稳抛至右肩前上方,高度适中。在抛球的同时,右臂屈肘抬起并后引,肘关节与肩部齐平,手掌自然张开,呈勺形,上体稍向右侧转动,抬头、挺胸、展腹,身体重心移至右脚。

图9-2 正面上手发球

挥臂击球：击球时，两脚蹬地，上体迅速向左转动，迅速收腹，带动手臂向右肩上方加速挥动，以全手掌击球的后中下部。击球时，手臂要充分伸直，手掌和手腕要迅速明显做推压动作，使球向前呈上旋飞行。击球后，迅速进场比赛。

（四）正面上手飘球

发飘球时由于击球的作用力通过球体重心，使球不旋转并带有飘晃地飞行，使对方难以判断，容易产生错觉，造成接发球困难。发这种球，要面对球网，以便于观察对方，控制落点，提高准确性和成功率，增强攻击性。正面上手飘球是目前排球比赛中最常用的一种发球方法。

准备姿势：与正面上手发球相同（以右手发球为例）。但站位离端线距离变化较大，发远距离飘球时，距离端线要远些；发近距离飘球时，距离端线距离要近些。

抛球摆臂：左手将球平稳抛至右肩前上方，稍靠前些，离身体水平距离约半臂左右，抛至与击球点相同的高度，这样便于直线加速挥臂去击球。在抛球的同时，右臂屈肘抬起并后引，肘部略高于肩，两眼注视球。

挥臂击球：当球上升至最高点时，收腹带动手臂快速挥动，以掌根坚硬平面击球的后中下部，使作用力通过球体重心。击球时，五指并拢，掌心向前，手腕紧张并后仰，用力快速、突然、短促，击球后可做突停或下拖动作，不能有推压动作。击球后，迅速进场比赛。

（五）勾手发球

勾手发球速度快、力量大、弧度低，并能发出具有各种旋转性能的球。

准备姿势：左肩对网（以右手发球为例），两脚左右开立，与肩同宽，重心稍偏右脚，左手持球于腹前。

抛球摆臂：将球垂直平稳地向左侧前上方抛起，高度应在最高击球点上方约30厘米左右。

挥臂击球：在抛球的同时，右臂向右侧下方摆动。重心落在右脚上，击球时右脚蹬地，上体向左转动发力，带动手臂挥动击球。击球时，手臂要伸直，在右肩的前上方用掌根击球的中下部。在击球的一刹那，迅速收腹压体。

（六）练习方法

（1）持球做抛球练习，体会正确抛球动作。抛出球的高度与位置要稳定。

（2）徒手练习，模仿发球的完整技术。

（3）练习发球的挥臂动作，对固定目标做挥臂击球练习，体会挥臂击球和协调用力的动作要领。

（4）结合抛球（近网）进行引臂和挥臂练习，掌握抛球引臂与挥臂击球动作的配合。

(5)两人迎面站立(或隔网),相隔6~9米练习发球,也可近距离对墙发球练习,体会完整的发球技术。

(6)发球区发球,体会发球时正确的全身协调用力。

(7)发球区发球比赛。

三、传球

传球是排球运动中最基本、最重要的一项技术,它是组织各种进攻战术的基础。传球由准备姿势、手型、迎球、击球、用力五个部分组成。其中较难掌握的是触球时的手型。因为触球时手型正确与否直接影响手控制球的能力和传球的准确性,对初学者来说,只有掌握了正确的手型,才能保证正确击球和较好地运用手指、手腕的弹力。传球可分为正面传球、背传球、侧传球、跳传球等。正面传球是最基本的传球方法,也是其他一切传球技术的基础。

(一)双手正面传球

准备姿势:两脚采用稍蹲姿势,面对来球(抬头看球),双手自然抬起,放松置于额前上方。

迎球:当球下降一臂远时,蹬地、伸膝、伸臂,两手向前上方迎击来球。

击球:击球点在额前上方一球距离处。

手型:两手自然张开成半球形,手腕稍后仰,两拇指相对成内"八"字形或"一"字形,与球的后下部接触,两肘自然抬起。

用力:传球动作是全身协调用力。用力的顺序是:蹬地、伸膝、伸腰、伸肘、伸臂、手指和手腕屈伸。最重要的是利用伸臂和手腕、手指的紧张用力以及球压在手指上产生的反弹力将球传出去(图9-3)。

图9-3 双手正面传球

(二)背传球

准备姿势:传球前身体背面要对正传球目标,上体比正面传球时稍直立,身体重心稳定在两脚之间,双手自然抬起,放松置于脸前。

迎球:双手上举,挺胸,掌心稍向上,手腕稍后仰。

击球:击球点比正面传球要稍高,保持在额上方。

手型:与正面传球相同,拇指托球的后下部。

用力:利用蹬地、上体后仰、挺胸、展腹、抬臂及手腕、手指的弹力将球向后上方传出。

(三)练习方法

(1)口令指挥,集体做徒手模仿练习。

(2)每人一球,将球向上抛起1米左右高度,用上手传球手型将下落的球接住,检查传球手型是否正确。

(3) 贴墙站立,练习正面双手传球,体会手指、手腕的反弹将球传出技术,巩固传球手型。

(4) 连续自传,传球高度不低于50厘米。

(5) 每人一球,距墙1米,做近距离对墙传球练习。

(6) 两人一组,一人抛球,另一人传对方抛至额前的来球。互换练习。

(7) 两人一组,近距离对传球,或隔网对传球。

(8) 移动传球练习。两人一组,一人抛球(抛前、后、左、右),另一人跑动传球给抛球者,互换练习。

(9) 三人三角传球,可顺时针也可逆时针传,先原地传,后三角跑动传球(跟着传出球的方向跑动)。

(10) 五至七人一组直线跑动传球。

四、垫球

垫球是排球的基本技术之一,是用手臂从球的下部,利用来球的反弹向上击球的技术动作。垫球主要用于接发球、接扣球和接拦回球,是组织进攻的基础。在比赛中,垫球是争取多得分、少失分,由被动变主动的重要技术,是稳定队员情绪、鼓舞队员士气的重要手段。常用的垫球技术有正面双手垫球、侧面垫球、跨步垫球、背垫球、单手垫球、挡球等。正面双手垫球是最基本的垫球技术。

(一) 正面双手垫球

准备姿势:对准来球成半蹲姿势,两脚开立稍比肩宽。

手型:手掌掌心向上,摊开互叠,掌根紧靠,拇指成"一"字形卷握,手腕下压,肘关节内夹,两臂外翻成一个平面。垫球手型主要有抱拳互握式、叠掌式、互靠式等。

垫球部位:对准来球,两臂夹紧前伸,插到球下,用前臂腕关节以上10厘米左右桡骨内侧形成的平面击球的下部。

击球动作与用力:两臂夹紧向膝关节下前伸,当来球距腹前一臂距离时,蹬地、提腰、提肩、抬臂,用正确的击球部位迎击球的后下部,身体重心随击球动作向前上方送出(图9-4),使插、夹、抬、蹬连贯完成,灵活控制击球方向和力量。

手臂角度:垫球手臂与地面所形成的夹角,对控制球的方向、弧度、落点影响很大。一般来说,来球弧度高,手臂与地面的角度应该小些;来球弧度平,手臂与地面的角度应该大些。

图9-4 正面双手垫球

(二) 体侧垫球

当球飞向体侧,队员来不及移动对准来球时,可用双臂在体侧进行垫击。切忌随球向体侧摆臂击球,这样容易把球蹭飞。当来球在体侧较高位时,两前臂靠拢,从侧方向截击来球,击球一侧肩做向上回旋,异侧肩做向下回旋,同时腰部及两脚尖向垫球方向转动配合两臂形成理想的击球反弹面,将球垫起。

（三）背垫球

背垫球是指背向出球方向的垫球。采用背垫球时，根据自己所处的位置，垫击的方向、距离和目标来决定用力的大小和出球的方向。迅速移动插到球下，双臂夹紧，选好击球点。背垫部位要高于肩，用力时上体后仰，利用蹬地抬臂、挺胸展腹的力量，将球向后方垫出，并适当屈肘控制球的飞行路线。

（四）挡球

当来球较高，不利于用手臂垫击时，用双手或单手在胸部以上挡击来球的击球动作，称为挡球。挡球可分为双手挡球和单手挡球两种。

1. 双手挡球

手型有两种：一种是抱拳式，两肘弯曲，一手半握拳，另一手外抱，两掌外侧朝前；另一种是并掌式，两肘弯曲，两虎口交叉，两掌外侧朝前，合并成勺形。挡球时手臂屈肘上举，肘部向前，手腕后仰，用双手手掌外侧和掌根所组成的平面挡击球的后下部，击球瞬间手腕要紧张，用力要适度。

2. 单手挡球

挡球时手臂屈肘上举，肘部向前，手腕后仰，用掌根或掌心平面击球的后下部，击球瞬间手腕要紧张。若球较高还可跳起挡球。

（五）接发球

接发球是比赛的重要环节，是组织进攻战术的基础。由于各种发球的性能不同，接发球的方法也有所不同（有主动迎击球与缓冲击球等），但不论采用何种方法，都应全神贯注，集中注意力，根据发球人的站位和动作特点，做好接球准备。

（六）接扣（吊）球

接扣（吊）球要运用各种垫球技术，一般采用上挡下垫。在跑动中垫击球或垫击低球时，可用屈肘翘腕或铲球等动作进行垫击。准备姿势一般采用半蹲、低蹲姿势，两手置于胸前，以增加控制范围。

（七）练习方法

(1) 学生随教师信号做各种移动步法后的徒手模仿垫球练习。

(2) 自抛自垫球练习，体会全身协调用力，掌握迎击球时机与手臂正确的击球部位。

(3) 对墙练习垫球，体会移动与"插、夹、抬、送"的用力方法。

(4) 垫击抛球练习，两人相距4～5米左右，一抛一垫，抛球者可根据同伴掌握情况，抛不同方向与力量的球，互换练习。

(5) 两人一组（相距4～5米）连续垫球或隔网垫球。

(6) 不隔网的接发球练习。

(7) 两人一组扣垫球练习。

五、扣球

扣球是排球的基本技术之一，由扣球队员通过合理的助跑起跳在空中快速挥臂击球而完成。扣球是进攻中积极有效的方法及得分的主要手段，也是衡量一个球队的进攻实力和比赛中能否夺取胜利的重要因素之一。其攻击性和威力表现在高度、力量、速度变化、技巧、突然性以及各种假动作和佯攻等方面。基本动作包括判断、助跑起跳、挥臂击球和落地互相紧密衔接的四个部分。有正面扣球、调整扣球、勾手扣球和自我掩护扣球等，下面主要介绍正面扣球技术。

（一）正面扣球

正面扣球（图9-5）由于面对球网，便于观察，能根据对方拦防情况，随时改变扣球路线和力量，挥臂动作灵活，准确性高，便于控制球的落点，是最基本和最有效的进攻方法，也是各种扣球技术的基础。

图9-5　正面扣球

准备姿势：一般站在距离球网3米左右，两臂自然下垂，稍蹲，脚步不要站死，两眼观察来球，做好助跑起跳的准备。

助跑起跳：助跑的方向、速度和步数根据二传来球的方向、速度和弧度决定。可用一步、两步、三步或多步助跑。一般以两步助跑为主，关键在最后一步。助跑时（右手扣球为例），左脚先向前迈出一步，接着右脚迅速跨一大步，左脚及时并上，落在右脚稍前面，两膝弯曲稍内扣，重心向后，两臂由身后经体侧迅速向前上方摆起，带动身体腾空。

挥臂击球：起跳后挺胸展腹，上体稍向右转，左手屈臂自然置于体前，右臂向上方抬起，屈肘、拉肩与肩成一直线，身体成反弓形。挥臂时，以迅速转体、收腹动作发力，依次带动肩、肘、腕各关节成鞭甩动作向前上方弧形挥动，在右肩前上方最高点击球。击球时，提肩、伸臂，五指微张呈勺型，以全掌包满球，击球的后中部，力量通过球重心，手腕有推压动作，使球向前下方旋转飞行。

落地：落地时要用前脚掌先着地并屈膝，重心后撤，以缓冲落地时的冲力，并迅速准备做下一个动作。

（二）练习方法

（1）原地模仿扣球练习，体会挥臂动作。

（2）扣固定球练习。

（3）做两步助跑起跳后的徒手挥臂练习。

（4）一人一球原地对墙自抛自扣练习。

（5）教练员抛球，学生用两步助跑起跳扣球。

（6）学生依次轮换扣教练员抛出的4号位与2号位一般球。

六、拦网

拦网是前排队员在网前跳起用双手阻拦对方的扣球，它既是防守技术，也是进攻手段。它是防守的第一道防线，也是反攻的重要环节，通过有效的拦网可减轻后排防守的压力。拦网既可以原地踏跳，也可以移动助跑起跳；既可以单人拦网，也可以双人或多人拦网。

（一）单人拦网

准备姿势：面对球网，两脚平行开立约同肩宽，两膝稍屈，两手自然置于胸前。

移动：可采用并步、跨步、滑步、交叉步、跑步等，将身体重心移动到拦网位置，准备起跳。

起跳：移动后立即制动，使身体正对球网后起跳，或在起跳过程中在空中使身体转向球网。起跳时，重心降低，两膝弯曲，两脚用力蹬地，两臂在体侧划小弧用力上摆，带动身体向上垂直起跳。

空中动作：起跳后稍收腹，控制平衡。两手从额前贴近并平行网向网上沿前上方伸出，两臂伸直，两手尽量伸向对方上空，两手自然张开，屈指、屈腕呈勺型。击球时，提肩压腕。

落地：拦网后自然落回地面，重心后撤，落地时屈膝缓冲，准备做下一个动作。

（二）集体拦网

两人或三人的协同拦网称为集体拦网，目的在于扩大拦网面积，多数为双人拦网。

拦4号位或2号位扣球时，2号位或4号位先取位；拦直线或中斜线，3号位并过来拦中斜线或小斜线。拦3号位扣球时，3号位先取位，2号位或4号位并过来一人，两人平分拦主线和转体线。集体拦网队员间的距离、两人相邻手距要保持好，应尽量组成统一屏障。

（三）练习方法

（1）降低球网原地做徒手伸臂拦网动作练习。

（2）两人一组在低网前隔网站立，一人将球举在网上，另一人原地做拦网动作，体会拦网手型。

（3）两人一组隔网站立，依次在2、3、4号位练习移动拦网，要求空中碰手。

（4）3号位队员依次轮流做向左右移动的拦网练习及配合以2、4号位队员为主的拦网练习。

（5）教练员在高台上自抛自扣固定路线球与不同路线的球，队员起跳拦网。

第三节　排球基本战术

排球战术是指队员在比赛中，根据排球规则要求、排球运动规律以及比赛双方的具体情况和临场的发展变化，合理运用技术所采取的有目的、有预见性的个人和集体配合行动。

一、阵容配备

阵容配备是指比赛时场上人员的搭配布置。阵容配备的目的是合理地把全队的力量搭配好，更有效地发挥每一个队员的特长和作用。根据各队不同的技术水平和战术特点，一般有以下三种阵容配备（图9-6）。

（一）"四二"配备

即场上两个二传手、四个攻手（其中两个主攻手、两个副攻手），安排在对称的位置上。每一轮次前排都有一个二传队员和两个进攻队员，便于组织前排二传传球的两点进攻和后排二传插上传球的三点进攻。但每个进攻队员必须熟悉两个二传队员的传球特点，配合比较困难。

（二）"五一"配备

即场上一个二传队员、五个进攻队员。为了弥补有时主要二传队员来不及传球所出现的被动局面，通常在二传队员的对角位置上，配备一名有进攻能力的接应二传队员。二传队员在前排时采用两点进攻，二传队员在后排时采用插上传球的三点进攻。"五一"配备中，全队进攻队员只需适应一名二传队员传球的习惯、特点，容易建立配合间的默契。但防守时,二传队员如在后排,要插上传球,难度较大。

（三）"三三"配备

即三名能攻的队员与三名能传的队员间隔站位,使每一轮次都有传有扣,是初学者常用的一种阵容配备。

图9-6　阵容配备

二、进攻战术

进攻战术阵形即进攻时所采取的队形。不论是接对方发过来、扣过来、拦过来的球,还是传、垫过来的球,进攻时所采用的阵形是基本一致的,不外"中一二"、"边一二"、"插上"三种阵型。

（一）"中一二"进攻战术阵型

3号位队员做二传,将球传给2、4号位队员进攻的组织形式。其优点是一传向网中3号位垫球比较容易,因而有利于组成进攻,适合初学者采用;二传队员在网前接应一传的移动距离近,向2、4号位传球的距离较短,容易传准。缺点是战术变化少,对方容易识破进攻意图。

（二）"边一二"进攻战术阵型

2号位队员做二传,将球传给3、4号位队员进攻的组织形式。其优点是右手扣球者在3、4号位扣球比较顺手,战术变化较多。缺点是5号位接一传时,向2号位垫球距离较远;一传垫到4号位时,二传传球较为困难。

（三）"插上"进攻战术阵型

二传队员由后排插上到前排做二传,把球传给前排4、3、2号位队员进攻的组织形式。其优点是能保持前排三点进攻,战术配合变化多,并能利用网的全长组织进攻。缺点是对插上二传队员的要求较高。

三、防守战术

根据对方进攻特点,防守可分为单人拦网、双人拦网等防守战术。

（一）单人拦网防守战术阵型

当对方扣球威力不大、扣球路线变化不多、轻打吊球较多时,可以主动采用单人拦网的防守阵型(图9-7)。

（二）双人拦网防守战术阵型

对方水平较高、进攻力量较强、进攻线路变化较多时,多采用这种防守阵型,即两人拦网、4人接球。通常分为"边跟进"和"心跟

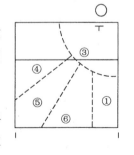
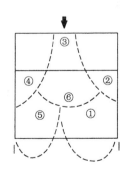

图9-7　单人拦网阵型

进"两种。

1. "边跟进"防守战术阵型

当对方进攻时,本方前排两人拦网,另一名不拦网者后撤,同后排三名队员组成半弧形防守阵式,也称马蹄形防守(图9-8)。如遇对方吊球,由后排同列队员(1号位或5号位)跟进,同时6号位队员要根据情况灵活补位。这种战术形式的优点是有利于防止对方的重扣,便于组织反攻;弱点是场中间空隙较大,对方吊球时较难保护,防对方直线进攻的能力较差。

2. "心跟进"防守战术阵型

采用这种形式,前排队员在布局上同"边跟进"的形式一样,6号位队员先站在离网4米左右的位置上,如遇到对方吊球,则向前跟进;如对方向后排进攻,则迅速后退,协同1号位和5号位队员进行防守(图9-9)。其优点是加强了前场的防守力量,但后场区域较空。

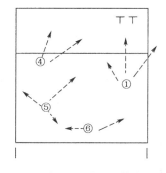

图9-8 "边跟进"防守战术阵型

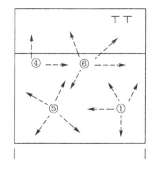

图9-9 "心跟进"防守战术阵型

(三)进攻防守的练习方法

(1)6人站位的接发球练习及轮转。

(2)教练员在对场抛球,队员接起球后进行规定的战术配合练习。

(3)教练员在中后场发轻球,队员接发球后进行战术配合练习。

(4)教练员在发球区发球(力量自控),队员三人一组接发球后进行战术配合,同时可增加单、双人拦网。

(5)分两组,一组发球、另一组接发球组织进攻,在完成规定数目后轮转一个位置。两组变换练习。

(6)教练员或二传手做二传,由2、3、4号位队员扣球,另一方进行防守战术练习。

(7)固定2、4号位的扣球,对方进行防守与组织反攻练习。

(8)6对6防守反攻练习,教练员在场外抛球,双方队员练习进攻与反攻。

第四节 排球竞赛主要规则

一、场地与设备

(一)球场

排球比赛场地由中线分为长9米、宽9米的两个相等的场区。每个场区各有一条距离中线3米的进攻线(其宽度包括在内)。在两边的端线外,两条边线的延长线上,各有两条长15厘米、垂直并距离端线20厘米的短线,两条短线之间为发球区。

（二）球网

球网长9.5米，宽1米，架设在中线上空。在球网两端垂直于边线分别系有两条宽5厘米、长1米的白色带子为标志带，紧靠标志带外沿各有一根长1.8米的标志杆。两标志杆间距9米，称为过网区。球网高度：男子2.43米，女子2.24米。

（三）球

比赛用球的颜色可以是一色的浅色或多色，圆周长为65～67厘米，重量为260～280克。

二、记分办法

排球比赛一般采用五局三胜制或三局两胜制。胜三局或两局的队胜一场。比赛中，某队胜1球，即得1分（每球得分制）。接发球队胜1球时得1分，同时获得发球权，队员按顺时针方向轮转一个位置。每局比赛（决胜局第五局除外）先得25分并同时领先对手2分的队胜一局。当比分为24∶24时，比赛继续进行至某队领先2分（26∶24,27∶25…）为止。决胜局先得15分并同时领先对手2分的队获胜。当比分为14∶14时，比赛继续进行至某队领先2分（16∶14,17∶15…）为止。

三、暂停和换人

在比赛间断时，教练员和场上队长都可以要求合法的暂停和换人。在比赛中，每队最多可以请求2次暂停和6人次换人。暂停时间限制为30秒钟。第1~4局，每局另外有2次时间各为60秒钟的技术暂停，每当领先队达到8分和16分时自动执行。决胜局（第5局）没有技术暂停，每队在该局中可请求2次30秒钟的普通暂停。每局每队最多可替换6人次。队员一上一下为一人次换人。在一次换人中可以同时替换一人或多人。主力队员可以换下场和再次上场，但是再上场时，只能换原来替换他的替补队员，替补队员每局只能上场比赛一次。

四、延误比赛

延误比赛的行为是：换人延误时间；在裁判员鸣哨恢复比赛后，拖延暂停的时间；请求不合法的替换，在同一局中再次提出不符合规定的请求；场上队员拖延比赛的继续进行。延误比赛为全队的行为犯规，同一局中第一次延误，应判延误警告，再次出现则判延误判罚。

五、发球犯规和判罚

（一）发球击球时的犯规

（1）发球次序错误。

获得发球权的一方，发球权队的6名场上队员，先按顺时针方向轮转一个位置，由轮转到1号位的队员发球。未按记分表上所登记的发球次序发球为发球次序错误。记录员在比赛中负责对每一发球人次进行核对，发现发球次序错误立即示意（用铃或哨）及时通知第二裁判员，由第二裁判员通知第一裁判员做出判罚。判罚如下：

① 队员恢复到正确位置。

② 如果在发球次序错误中未造成得分，则判失1分。

③ 如果在发球次序错误中已造成得分，记录员必须准确地确定发球次序错误从何时发生，从而取消该队发球次序发生错误过程中的所有得分，对方得分仍然有效，再判罚该队失1分。

④ 若已得分而又不能确定其发球次序错误从何时发生，则给予失1分的判罚。

(2)发球队员在击球时或击球起跳时,踏及场区(包括端线)或发球区以外地面。
(3)发球队员在第一裁判员鸣哨允许发球后8秒钟内未将球击出。
(4)球未被抛起或持球手未清楚撤离就击球。
(5)双手击球或单手将球抛出、推出。
(6)将球抛起准备发球却未击球。

(二)发球击球后的犯规
(1)球触及发球队其他队员或球的整体没有从过网区内通过球网的垂直平面。
(2)界外球。
(3)球越过发球掩护的个人或集体(发球时,某一队员或两名以上队员密集站位或挥臂跳跃、移动遮挡接发球队员,且发出去的球从他或他们上空飞过,则构成个人或集体发球掩护犯规)。
发球区外发球犯规由第一裁判员及负责端线的司线员共同负责判定,判犯规队失1分。

(三)位置错误
排球规则规定,当发球队员击球时,如果场上队员不在其正确位置上,则构成位置错误犯规。下列情况之一者均为位置错误犯规:
(1)发球队员击球时,场上其他队员未完全站在本场区内。
(2)发球队员击球时,场上队员未按"每一名前排队员至少有一只脚的一部分比同列后排队员的双脚距中线更近"的规定站位。
(3)发球队员击球时,场上队员未按"每一名左边(右边)队员至少有一只脚的一部分比同排中间队员的双脚距左(右)边线更近"的规定站位。

六、击球犯规和判罚

(一)连击犯规
排球比赛时,运动员身体任何部分均可触球,但一名队员(拦网队员除外)连续击球两次或球连续触及其身体的不同部位即为连击犯规。但在第一次击球时,允许队员在同一击球动作中,球连续触及其身体的不同部位。第一次击球是指:接发球、接所有从对方击过来的球、接对方拦回的球、接触本方拦网队员后的球。

(二)持球犯规
排球运动员在比赛中,身体任何部位均可触球。但球必须被清晰地击出,不得有较长的停留,如捞、捧、推、掷等,否则即为持球犯规。

(三)四次击球犯规
一个队连续触球四次(拦网除外)为四次击球犯规。队员不论是主动击球还是被动触及,均算该队员击球一次。

(四)借助击球犯规
队员在比赛场地内借助同伴或任何物体的支持进行击球,皆为借助击球犯规。

(五)同时击球
双方队员或同队队员可以同时触球。同队的两名或两名以上队员同时触到球,被计为两次或两次以上击球(拦网除外)。双方队员在网上同时击球后,如果球落入场内,应继续比赛,获得球的一方仍可击球三次。
击球犯规均由第一裁判员负责判定。

七、队员在球网附近的犯规

队员在球网附近的犯规包括过网击球犯规、过中线犯规、触网犯规和网下穿越进入对方空间妨碍对方比赛犯规等。对方进攻性击球前或击球时,在对方空间触及球为过网击球犯规。比赛进行中,队员整只脚、手或身体其他任何部位越过中线并接触对方场区,为过中线犯规。比赛过程中,队员触网或触标志杆不是犯规。但队员在击球时或干扰比赛情况下的触网或触标志杆为犯规。队员击球后可以触及网柱、全网长以外的网绳或其他任何物体,但不得影响比赛。比赛过程中,在不妨碍比赛的情况下,允许队员在网下穿越进入对方空间。若网下穿越进入对方空间的队员妨碍了对方比赛则为犯规。

过中线犯规由第二裁判员负责判定,发现犯规后应立即鸣哨,做出手势,第一裁判员同样有权判定。

触网犯规由第一、第二裁判员分工观察,第一裁判员观察进攻方与双方队员网上沿有无犯规,第二裁判员观察拦网方及双方队员网上沿以下部分有无犯规。

八、拦网犯规

拦网犯规包括过网拦网犯规、后排队员拦网犯规、拦发球犯规和从标志杆外伸入对方空间拦网犯规几种情况。在对方进攻性击球前或击球时,在对方空间拦网触球为过网拦网犯规。判断过网拦网犯规的依据是进攻队员与拦网队员触球时间的先后。后排队员或后排自由防守队员完成拦网或参加了完成拦网的集体,为后排队员拦网犯规。拦对方发过来的球为拦发球犯规。从标志杆外伸入对方空间拦网并触球为拦网犯规。

九、后排队员进攻性击球犯规

后排队员在前场区内或踏及进攻线(或其延长线),将整体高于球网上沿的球击过球网垂直面或触及对方拦网队员,则为后排队员进攻性击球犯规。

十、自由防守队员的有关规定

排球比赛的各队可以在最后确认的 12 名队员中选择 1 名作为自由防守队员。自由防守队员身着区别于其他队员颜色的服装。比赛前,自由防守队员必须登记在记分表上,并在旁边注明"L"字样,其号码必须登记在第一局上场阵容位置表上。自由防守队员仅作为特殊的后排队员参加比赛,在任何位置上(包括比赛场区和无障碍区)都不得将高于球网的球直接击入对方场区完成进攻性击球。自由防守队员不得发球、拦网或试图拦网。自由防守队员在前场区进行上手传球且所传球的整体高于球网上沿时,其同伴不得在高于球网处完成对该球的进攻性击球。

十一、裁判员的组成及其权力和职责

(一)裁判员的组成及其位置

正式比赛的裁判员由第一裁判员、第二裁判员、记录员和两名司线员组成,正式的国际比赛要求有四名司线员。

(二)裁判员的职责和权利

1. 第一裁判员

第一裁判员是比赛的最终判定者,有权涉及比赛的一切问题。包括赛前检查场地、器材和比赛用球,主持抽签,掌握正式准备活动时间。比赛中对双方队员的不良行为和延误比赛进行判罚,对发球犯规和发球次序错误,包括对发球掩护、比赛击球的犯规、高于球网和球网上部犯规的判定。

2. 第二裁判员

第二裁判员是第一裁判员的助手,有权允许或拒绝比赛中的暂停和换人,掌握间断的时间及暂停和换人的次数,并告知第一裁判员和有关教练员。负责掌握记录员的工作和准备活动区中的队员,比赛中可以用手势指出其职责以外的犯规,但不得鸣哨,也不得坚持自己的判断。在每局开始、决胜局交换场地以及任何必要的时候,检查场上队员的实际位置与位置表上是否相符。比赛中发现以下犯规应立即鸣哨并做出手势:接发球队的位置错误;队员触及球网和自己一侧的标志杆,网下穿越进入对方场区和空间;后排队员进攻性击球和拦网犯规;球从自己一侧网区以外过网;球触及场外物体或球触及地面;第一裁判员处于难于观察的情况时。第二裁判员对第一裁判员的手势都要重复,进行配合。

3. 记录员

比赛前和每局前,登记有关比赛和两队的情况并取得双方队长和教练员的签字;登记位置表上的上场阵容,并保密(裁判员除外)。比赛中,记录得分,并核对记分牌上的比分是否正确;检查发球次序的正确与否,发现错误立即通知裁判员;掌握暂停、换人次数,并告知第二裁判员;每局结束和决胜局第8分时通知裁判员。比赛结束后,登记最终结果;在记分表上签名,并取得双方队长的签名;比赛中如有某队提出抗议,应允许该队队长将有关抗议写在记分表的附注栏内。

4. 司线员

发现以下几种情况,司线员须以旗帜做手势执行任务:对落于其所司的线附近时的球,必须做界内或界外的旗示;当球经接球队触及后落于界外,他必须做球触手出界的旗示;当球由有效空间外飞越球网,或触及标志竿等时,他必须做界外球的旗示;在发球时候(发球员除外),有球员脚踏出比赛场地以外,他必须做出旗示;负责端线的司线员,在发球员违反规则时,负责做出旗示;在第一裁判员的要求下,司线员必须重复旗示。

(三)鸣哨和手势

1. 哨音

(1)哨音要坚决、果断、及时、响亮,哨音要有节奏、有长短及轻重。

(2)避免第一、第二裁判员之间的重复鸣哨。

2. 手势

(1)手势要及时、准确、规范、清楚、大方。

(2)裁判员手势要稍有停留,让其他裁判员、运动员、教练员和观众都能看得清楚。

(3)第一裁判员鸣哨中止比赛后,应先用手势指出应发球一方,然后指出犯规的性质,有必要时指出犯规的球员。

(4)第二裁判员对职责范围内的判断应及时鸣哨中止比赛,先指出犯规性质,再指出犯规的队,再随第一裁判员表示应发球的一方。

(5)当双方犯规时,第一、第二裁判员都应先指出犯规性质,再指出应发球一方(双方同时犯规则判罚该球重新比赛;犯规有先后,则判第一犯规)。

(6)当裁判员之间判断不一致时,第一裁判员都应再次明确,做出最后判定的手势。

十二、比赛的组织编排

比赛可根据参赛队的多少,采用分组循环和单循环比赛。根据每个队的抽签号按"贝格尔编排"进行编排,以确定各轮每个队的轮次和比赛对手。

"贝格尔编排法":编排时将参赛队编成序号(1、2、3……)。不论参赛队是奇数还是偶数,均按偶数队进行编排。如果参赛队是奇数,则在队数最后加一个"0",使其成为偶数。碰到"0"的队轮空。编排时,把参赛队分成左右两个半区。左半区序号由1依次自上而下排列在左半区;右半区的序号接左半区依次自下而上写在右半区("0"放在右半区的最上)。然后用横线把相对的序号数连接起来,即为第一轮次的对阵形势;第二轮将第一轮右上角的编号("0"或最大的一个序号数)移到左上角,序号"1"开始逆时针移动间隔数找好位置,找位置时遇"0"或最大序号则不计为间隔数,再将其余序号依次排列好,然后用横线把相对的号数连接起来,即第二轮次的对阵形势;第三轮将"0"或最大序号又移动到右上角,序号"1"再开始逆时针移动间隔数依次排列好,这就是第三轮的对阵形势,依此类推(表9-1、表9-2)。

表9-1 "贝格尔编排法"间隔移动数

参赛队数	间隔数
4 队以下	0
5~6 队	1
7~8 队	2
9~10 队	3
11~12 队	4
13~14 队	5
……	……

表9-2 七队单循环竞赛表

轮次\队数	一	二	三	四	五	六	七
7 个队	1—0	0—5	2—0	0—6	3—0	0—7	4—0
	2—7	6—4	3—1	7—5	4—2	1—6	5—3
	3—6	7—3	4—7	1—4	5—1	2—5	6—2
	4—5	1—2	5—6	2—3	6—7	3—4	7—1

十三、确定名次的方法

(一)得分

每队胜一场得2分,负一场得1分;弃权得0分(或取消全部比赛成绩);积分多者名次列前。

(二)积分相等

如遇两队或两队以上积分相等,则采用下列办法决定名次:

(1) A(胜局总数)$/B$(负局总数)$= C$(值),C值高者名次列前。

(2) 如果 C 值仍然相等,采用下列办法决定名次:

① X(总得分数)$/Y$(总负分数)$= Z$(值),Z值高者名次列前。

② 如两个队 Z 值仍相等,则按他们之间胜负来决定名次。

③ 如三个以上的队 Z 值相等,按他们之间净胜局决定,即胜局总数减负局总数。

第五节 沙滩排球与气排球运动

一、沙滩排球

(一)沙滩排球的发展

沙滩排球最早出现于20世纪20年代美国的加利福尼亚州,其在美国的开展比竞技排球更为广泛,被视为美国排球的"国粹"。一到夏季,人们便涌向海滩,架起球网,在柔松的沙滩上,充足的阳光下,尽情地跳跃、滚翻、鱼跃。人们还把游泳、冲浪、打排球结合起来,享受着大自然赋予人类的乐趣。

沙滩排球规则逐步建立,4人制、3人制、2人制代替了6人制,沙滩排球逐渐演变成一种竞技体育运动,并深得人们的喜爱。

1993年,国际奥委会正式确认沙滩排球为奥运会正式比赛项目,中国排球协会从1994

年开始举办正式的全国沙滩排球比赛,1997年首次派队参加了世界沙滩排球锦标赛,自此中国沙排走向了世界。

2000年悉尼奥运会,中国的熊姿、迟蓉获得了女子沙滩排球项目的并列第九名;2004年希腊雅典奥运会,中国的田佳、王菲排名第十一;2008年中国北京奥运会,中国的田佳、王洁荣获女子银牌,薛晨、张希荣获女子铜牌,吴鹏根、徐林胤排名男子世界第十一。

2013年世界沙滩排球锦标赛在波兰举行,中国队薛晨、张希为中国取得了第一个沙排世锦赛冠军。

蓝天、碧海、阳光、沙滩,一项独具魅力、风靡世界的运动项目——沙滩排球以其很强的竞技性和独特的艺术性、观赏性和趣味性,被誉为"21世纪最杰出的运动"。运动员和观众们头顶蓝天,面临碧海,耳听涛声,脚踩柔沙,这诗情画意般的境界,很自然地将人们与大自然融为一体。人们投身于大自然的怀抱中,陶冶身心,娱乐健身,锻炼体魄,这是人类与自然的完美结合。

(二)沙滩排球的技术

1. 发球

发球位置在球场两边端线延长线和底线之间的任一点,基本方式可分为低手球、高位球和跳发球。

2. 接球

接球一般用双手合握的方式,两手拇指伸直靠拢在上,一手四指合拢放于另一手虎口处,另一手四指合拢紧握,以拇指合并处的平坦部位接球。接球时身体前倾,两脚分开,眼睛紧盯来球,根据球路调整步伐,手臂要向斜下方伸直,将球击向预定位置。

3. 托球

托球即用托举方式,将球准确传给同伴。托球时两手抬起,肘部稍高于肩部,拇指打开,触球刹那伸直手腕,以腕和肘的力量将球弹出。要注意的是,托球时以手指前两个指节面的部位触球,而不仅是指尖,否则易造成扭伤。

4. 扣球

扣球是最主要的得分方法,要求是快、准、狠。扣球时要注意时间的把握,当身体跃至最高点时,以手掌的下部触球,再以全手掌盖住球体,以全身力量将球往下扣击。

(三)沙滩排球的主要规则

1. 场地设施

沙滩排球比赛场地包括比赛场区和无障碍区。比赛场区为长16米、宽8米的长方形,场地边线外和端线外的无障碍区至少5米,最多6米,球网长度为8.5米,网柱必须固定在边线外0.7~1米同等距离的位置上。比赛场地上空的无障碍空间至少高12.5米。比赛场地的地面是水平的沙滩,沙滩必须至少40厘米深,其中没有石块、壳类及其他可能造成运动员损伤的杂物。比赛场区上所有的界线宽为5~8厘米,界线与沙滩的颜色需有明显的区别,并且由抗拉力材料的带子构成。

沙滩排球比赛的球网设在场地中央中心线的垂直上空,高度为男子2.43米,女子2.24米。球网长8.50米,宽1米(±3厘米),网眼直径10厘米。球网上有两条宽5~8厘米(与边线同宽)、长1米的彩色带子为标志带,分别系在球网的两端,垂直于边线。标志杆是有韧性的两根杆子,长1.80米,直径10毫米,由玻璃纤维或类似质料制成。两根标志杆分别设置在标志带的外沿、球网的两侧。

沙滩排球比赛所使用的球由柔软和不吸水的材料制成外壳（皮革、人造皮革或类似材料），以适合室外条件，即使在下雨时也能进行比赛。球内装橡胶或类似质料制成的球胆，颜色是黄色、白色、橙色、粉红色等明亮的浅色。球的圆周为66～68厘米，重量为260～280克，气压为$1.75 \times 10^4 \sim 2.25 \times 10^4$帕。

2. 比赛要求

沙滩排球比赛时，一个球队由2名队员组成，在比赛的时候，不允许教练员进行指导。运动员的服装包括短裤或泳装，可穿上衣或胸衣，可戴帽子，除裁判员特许外，队员必须赤脚。运动员的上衣（如允许不穿上衣则为短裤）号码必须是1和2。号码必须在胸前（或短裤前）。出场队员固定，每队两名队员必须一直在场上，比赛中没有换人，也不允许更改运动员，但运动员在场内可随意站位，没有固定位置，没有位置错误犯规。

3. 得分方式

比赛采用国际排球总会之沙滩排球规则。采用每球得分制及三局两胜赛制：每局21分，赢得对手2分或2分以上的队伍为胜队，比分没有上限；如出现1比1的局分，进行第三局比赛。第三局为15分，赢得对手2分或2分以上的队伍为该场比赛的胜队，比分没有上限。

4. 基本规则

沙滩排球的基本规则、场地大小、排球大小、得失分和交换发球权等方面与室内排球运动基本一样。细洁柔软的场地，长、宽分别为18米和9米，但场内没有发球区和前后排的限制。国际排联组织的两人制沙滩排球比赛，比赛规则摘要如下：

（1）一个队由两名队员组成。每队的两名队员必须始终在场上，没有换人。当发球队员击球时，除发球队员外，双方队员必须在本场区内，可随意站位，没有固定的位置，没有位置错误或轮转错误，但有发球次序错误。一局比赛每队首次发球时，记录员启示发球次序，启示员应展示发球队员1号或2号的号码牌，指明该队的发球次序。记录员发现发球次序错误，应在发球击球后立即通知裁判员。比赛中球队有权于发球前询问记录台，轮到哪位球员发球，而记录员有义务表明正确发球号码。

（2）一名球员不得连续触球两次（拦网及第一次触击除外）。球可以触击及身体任何部位。

（3）每队最多可击球三次，拦网触手也计一次击球，第三次必须将球从球网上空击回至对方场区。

（4）若双方球员于球网的上方同时触球时而比赛继续进行，则接球的一方仍有三次击球权。

（5）若因双方球员球网的上方触球而造成"持球"，不作犯规论（继续比赛）。

（6）击球时必须清晰，不可托球或掷、吊球（本规则与6人制有很大不同）。

（7）队员不得用手指吊球的动作来完成进攻性击球。

（8）队员用上手传球完成进攻性击球时，传球轨迹不垂直于双肩连线，即犯规。

（9）用上手传球防守重扣球时，允许球在手中有短暂的停滞。当双方队员网上同时触球时可以"持球"。

（10）在不妨碍对方比赛的情况下，允许队员穿入对方空间、场区和无障碍区。

（11）任何队员在本场区空间都可以对任何高度的球进行进攻性击球。

（12）在每局比赛中，每局每队最多可以请求1次暂停，暂停时间为30秒，任一队员都

可向裁判员提出暂停请求;每场比赛中,比赛队员只能有一次受伤暂停,受伤队员可以请求获得一次 5 分钟的受伤暂停时间。第一、第二局当两队比分之和为 21 分时,有 30 秒钟的技术暂停。双方比分累积达 7 分(第一、二局)、5 分(第三局)或 7 分、5 分的倍数时,双方应交换比赛场区等。每次交换场地时没有休息,不允许拖延时间。局间休息时间为 1 分钟。

(13)每场比赛中,对运动队的判罚不累积计算,但每局比赛中累积计算。每局开始时,重新计算该局的判罚次数。第一局比赛抽签的失利者,在第二局开始时有权先进行选择。如进行第三局比赛时,则重新抽签。

(14)比赛中不得要求替补或代换,假如其他球员因故不能继续比赛,则该队在剩下的局数中,可以三位球员比赛(四人制)。

二、气排球

气排球是我国土生土长的一项群众性排球活动。1984 年,呼和浩特铁路局济宁分局为了开展老年人体育活动,在没有规则限制的情况下,组织离退休职工用气球在排球场上打着玩。由于气球过轻且易爆,他们将两个气球套在一起打,最后又改用儿童软塑球。随后又参照 6 人排球规则制定了简单的比赛规则,并将这种活动形式取名为"气排球"。

(一)气排球的特点

1. 球的特点

球是圆形的,由柔软的材料制成。颜色为黄色、白色或彩色。球圆周长为 80~83 厘米,重量为 150~170 克,气压为 $1.6 \times 10^4 \sim 1.7 \times 10^4$ 帕。气排球球质软,富有弹性,手感舒适,不易伤人,在空中飘游缓慢、容易控制,适合于老年人的眼、手、脚的节奏。

2. 场地设施特点

场地小。比赛场区为长 12 米、宽 6 米的长方形,且四周至少 2 米宽的无障碍区。球网低。男子网高为 2.1 米,女子网高为 1.9 米;老年组男子网高 2 米,女子网高 1.8 米。打球时可减少跳跃,运动安全。

3. 运动适量特点

运动适量、不激烈,男、女都可以混合进场参与,适合强身健体活动。

4. 集体配合特点

集体性强,必须协调配合,有利于表现团结奋进和展现道德风范。

5. 规则要求特点

规则宽,人体任何部位触球都可以,有时候为了救球,在手来不及的情况下,可以用脚踢,只要按规则要求,将球打到对方场内地面上空就为有效。气排球好学易懂,是一项老少皆宜的市民运动。

(二)基本技术

1. 发球

(1)正面上手发球。

准备姿势:面对球网站立,两脚自然开立,左脚在前,左手持球于体前。

抛球:左手将球平稳地垂直抛于右肩的前上方,抛球高度为 1 米左右。

引臂:屈肘后引,上体稍向右转,手停于耳旁。

挥臂击球:收腹、振胸、挂肘,上臂带动前臂向前上方做弧形挥摆,伸直手臂,在肩的稍前上方用全掌击球的后中部。

击球手法:包满打转,边包裹边推压;全手掌击球,使球呈上旋飞行。

（2）正面下手发球。

准备姿势：面对球网，两脚前后开立，左脚在前，两膝微屈，上体前倾，重心偏后脚，左手持球于腹前，右臂自然下垂。

引臂：击球的同侧手臂直臂向后摆动。

抛球：左手将球平稳地向上竖直抛起，抛球高度为30厘米左右。

挥臂击球：右腿蹬地，身体重心随着右臂的直臂前摆而前移，在腹前用掌的坚硬部位击球的后下部。重心随击球动作前移，迅速进场比赛。

2. 垫球

半蹲准备姿势，脚跟稍离地，两膝稍内扣。

垫球技术动作可用"插、抬、夹、压、蹬"五个字概括。

插——双手互握插入球下。

抬——提肩抬臂。

夹——两臂夹紧伸直。

压——手腕下压。

蹬——蹬地提重心。

直臂远伸击球，用手腕向上10厘米的前臂平面击球的后中下部，击球后制动，同时根据来球力量适当调整手臂击球动作。

3. 传球（正面上手传球）

半蹲准备姿势，两脚尖稍内收，脚跟稍提起，身体重心稍靠前，两臂放松，自然弯曲，双手置于腹前。两眼注视来球，两脚始终保持微动放松。

传球技术动作可用"手型、击球点、击球部位、用力方法"四个部分概括。

手型：双手呈圆形，两拇指成内"八"字形或"一"字形，掌心稍相对，手腕稍后仰。

击球点：额前上方一球高度处。

击球部位：球后中下部。

用力方法：蹬地，双手向上伸臂迎击球。

传球时移动判断：对准来球落点方向移动，距来球一臂远时迅速伸臂，利用蹬地力量、快速伸臂及指腹与手指间的张力将球弹出。

4. 捧球

掌心向上，手指张开，微紧张状，捧球时接触球的下方，利用手指、手腕的动作和抬臂、屈肘的全身协调用力，将球捧起。捧球用于对方攻击过来的一般球。特别是网前接吊球，双手、单手均可使用。

5. 托、抬球

掌心向上，手指张开，微紧张状，肘关节或微屈，腕关节伸直，自下而上全手掌击球的下部，将球托、抬传出。托、抬球主要用于飞行在运动员腰部左右的轻球，单、双手均可使用。

6. 双手托、翻、顶球

接球前，保持一只手五指分开，手心向上，另一只手五指分开，手心向着来球方向，在接触球的瞬间，一只手接托在下部，另一只手同时反顶球的中后部，利用托、翻、顶的合力将球传出。

托、翻、顶球是气排球运动中创新的一项技术动作，用于接发球和将各种进攻球击过网球，运用十分广泛，有可能发展成为气排球的一个重要的基本技术。

7. 扣球

准备姿势:两脚自然开立,两膝微屈,上体稍前倾,观察二传来球。

技术要点:屈臂引肩重心后移(移动使球在右肩前上方一球间距),转体肘向前且高于肩(重心前移,面向球网),手臂鞭打(抬上臂、向上伸前臂)击球的中上部(满巴掌先击后迅速包卷推球)。

8. 拦网

前排队员两手直臂贴耳上伸,掌心向前,五指张开,在本方场区网上沿的空间碰到对方来球后可有随球动作。

(三)气排球简易规则

1. 比赛场地

(1)比赛场区为长12米、宽6米的长方形,也可为长13.4米、宽6.1米的长方形(羽毛球场地)。边线和端线(均5厘米宽)都包括在比赛场区面积之内。

(2)中心线将比赛场区分为长6米、宽6米的两个相等的场区。每个场区各画一条距离中心线2米的进攻线。进攻线前为前场区,进攻线后为后场区。

(3)端线后两条边线的延长线上各有一条短线,两条短线(包括短线宽度)之间的区域为发球区,发球区深度延至无障碍区的终端。

(4)老年男子2米、女子1.8米;成年男子2.1~2.2米、女子1.9~2.0米。

2. 记分方法

(1)比赛采用每球得分制。

(2)比赛采用三局两胜制,先得21分为胜一局,当比分为20∶20时,先获得21分的队即获胜该局,胜两局的队为胜一场。如果1∶1平局时,应进行决胜局。

(3)决胜局,先得15分同时超过对方2分的队获胜(8分时交换场地)。当比分14∶14时,比赛继续进行至某队领先两分(16∶14、17∶15)为止。

3. 场上位置

靠近球网自右至左2(右)、3(中)、4(左)号位的三名队员为前排队员,另外两名自右至左1(右)、5(左)号位的为后排队员,如图9-10所示。

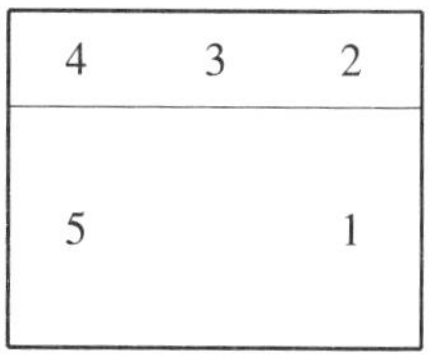

4	3	2
5		1

图9-10

4. 发球与发球犯规

(1)发球。

①后排右(一号位)队员在发球区将球击出而进入比赛的行动,称为发球。

②发球次序:当发球队胜一球时,必须轮转发球。由前排右(二号位)队员轮换至一号位进行发球。当接发球队胜一球时,获得发球权并轮转。

③第一裁判员检查发球队员已握球在手并且双方队员已做好比赛准备时,鸣哨允许发球。

④球被抛起或持球手撤离后,必须在球落地前,用一只手或手臂的任何部位将球击出。发球时球在手中移动或拍球是允许的。

⑤发球队员在击球时或发球起跳时,不得踏及场区(包括端线)和发球区以外地面。击球后,可以踏及和落在场区内和发球区外。

⑥发球队员必须在第一裁判员鸣哨后8秒内将球击出。发球队员如果将球抛起,球未触及发球队员而落地,应允许再次发球,时间连续计算在8秒钟内。

⑦ 裁判员鸣哨前的发球无效,重新发球。

(2) 发球时的犯规。

① 发球次序错误。

② 球触及发球队队员或球的整体没有从过网区通过球网的垂直平面。

③ 界外球。

④ 球越过发球掩护的个人或集体。

⑤ 如果发球犯规与对方位置错误同时发生,判发球犯规。

5. 击球与击球时的犯规

(1) 击球。

① 球可以触及身体的任何部分。

② 球必须被击出,不可接住或抛出。

③ 击球时(包括第一、二、三次击球),允许身体不同部位在一个动作中连续触球。

④ 一名队员不得连续击球两次。

⑤ 同队的两名(或三名)队员同时触到球时,被记为两次(或三次)击球(拦网除外)。如果只有其中一名队员触球,则只记一次。队员之间的碰撞不算犯规。

(2) 击球时的犯规。

① "四次击球":一个队连续触球四次。

② "借助击球":队员在比赛场地以内借助同伴或任何物体的支持进行击球。

③ "持球":没有将球击出,造成接住或抛出。

④ "连击":一名队员连续击球两次或球连续触及其身体的不同部位(但允许身体不同部位在一个动作中连续触球)。

6. 进攻性击球及进攻性击球的限制

(1) 进攻性击球。

① 除发球和拦网外,所有直接击向对方的球都是进攻性击球。

② 在进攻性击球时,吊球是允许的,但击球必须清晰并不得接住或抛出。

③ 球的整体通过球网垂直平面(触及球网后再进入对方空间)或触及对方队员,则认为完成进攻性击球。

(2) 进攻性击球的限制。

进攻线后(后场区),队员可以对任何高度的球完成进攻性击球,但扣球起跳时脚不得踏及进攻线。击球后可以落在前场区。队员可以在进攻线前(前场区)击球,球过网时,必须要有明显向上的弧度。

7. 球网附近的犯规

(1) 队员在对方空间击球或拦网触球。

(2) 队员从网下穿越进入对方空间并妨碍对方比赛。

(3) 队员越过中线进入对方场区。

(4) 队员干扰比赛如下列情况:击球时触及球网上沿的网带;或触及球网以上的80厘米标志杆;或击球时借助球网的支持;或造成了对本方有利;或妨碍了对方合法的击球试图。

8. 触网

队员主动碰网都是犯规,但由于球被击入球网而造成球网触及队员,不算犯规。

9. 拦网

（1）后排队员不得拦网。

（2）不能在对方空间进行拦网。

（3）对方队员完成进攻性击球,拦网队员在拦网动作下,双手不能主动发力捂盖来球。

（4）不能拦发球。

 思考题

1. 气排球技术由哪几部分组成？它们的特点是什么？
2. 沙滩排球、气排球的技术与排球技术有哪些区别？
3. 沙滩排球、气排球与排球的规则有什么不同？

第十章

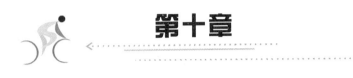

足　　球

足球运动是世界上开展最广泛、影响最大的体育运动项目,被誉为"世界第一运动",深受世界各国人民的喜爱。高水平足球比赛以其特有的魅力吸引着成千上万的现场观众和数以亿计的电视观众,全世界许多青少年和成年人积极投身于绿茵场健身或比赛,并从中得到无穷的乐趣。足球运动是一项主要以脚完成技术动作,两队相互对抗,以球攻入对方球门次数多少判定胜负的球类运动。

第一节　足球运动概述

一、足球运动起源

(一) 古代足球运动起源于中国

根据可靠的文字记载,在公元前475—221年的战国时代,我国就有了古代足球运动。据《战国策·齐策》记载:"临淄甚富而实,其民无不吹竽、鼓瑟、击筑、弹琴、斗鸡、走犬、六博、蹋鞠者。"由此看出,距今2300年前,在齐国临淄就已经广泛地开展了蹴鞠运动。

汉唐时期是我国蹴鞠运动最为盛行的时期。随着社会生产力的发展,足球制作的技术也有所改进,唐代出现了"气球",其内部放置动物的膀胱做气囊。这个时期蹴鞠主要有"筑球"和"白打"两种踢法。在宋、元、明三代,逐渐建立起了民间蹴鞠组织,如宋代的"齐云社"、"圆社"等。这个时期还出现了专述蹴鞠技术的专著,如宋代的《事林广记》、明代汪云程的《蹴鞠图谱》等。清代时还曾将蹴鞠运动改为在冰上的一种竞赛活动,但由于清代统治者对汉族文化的制约,在清代中期,蹴鞠运动已经基本绝迹。

蹴鞠运动在我国有着几千年的历史。1980年4月,国际足联技术委员会主席布拉特在亚洲举办的各会员国协会秘书长学习班上作了名为"国际足球发展史"的报告,其中专门指出"足球发源于中国,由于战争而传入西方"。1985年7月26日,国际足联主席阿维兰热在北京举办的首届柯达杯16岁以下国际足联世界少年足球锦标赛开幕式上讲话时说:"足球起源于中国"。

(二) 现代足球运动起源于英国

从17世纪中后期开始,足球运动逐步从欧美传入世界各国。1857年在英国谢菲尔德成立了第一个足球俱乐部——谢菲尔德足球俱乐部。1863年10月26日,英国人在伦敦成立了世界上第一个足球协会——英格兰足球协会。在当日举办的会议上宣布英格兰足协正式成立,还制定和通过了世界上第一部较为统一的足球竞赛规则,并以文字形式记载下来。英格兰足球协会的诞生,标志着足球运动的发展进入了一个崭新的阶段。因而世界公认1863年10月26日,即英格兰足球协会成立之日为现代足球的诞生日。英格兰足协的成立带动了欧洲和拉美一些国家足球运动的蓬勃发展,1872年英格兰和苏格兰之间进行了历史上第一次协会间的比赛,1890年奥地利开始举办足球锦标赛,1889年荷兰和阿根廷出现

了若干个足球组织,1900年西班牙巴塞罗那成立了"亚泰罗尼亚"足球协会,这些为后期国际足联的诞生奠定了基础。

二、现代足球运动发展概况

(一)世界足球运动发展概况

现代足球运动诞生之后,很快传播到世界各地,并迅速发展。1904年5月21日,在巴黎成立了国际足球联合会,英文缩写为"FIFA"。目前参加国际足球联合会的国家和地区已达200多个,它是世界上最大的单项体育组织之一。现任国际足联主席是瑞士人布拉特。

1. 世界足球锦标赛(世界杯足球赛)

1928年国际足联在荷兰首都阿姆斯特丹举行会议,决定从1930年起每4年举行一届世界足球锦标赛(后改为世界杯),到2006年共举办了18届。冠军奖杯原为"雷米特杯",1970年第9届比赛时由于巴西队第三次夺得冠军而将其永久占有。从1974年第10届比赛开始启用名为"国际足联世界杯"(大力神杯)的新奖杯,它是永久流动的。世界杯足球赛是国际足联组织的规模最大、水平最高的足球比赛。历届世界杯足球赛比赛成绩见表10-1。

表10-1 历届世界杯足球赛成绩

届次	时间	举办地	冠军	亚军	季军
1	1930	乌拉圭	乌拉圭	阿根廷	南斯拉夫
2	1934	意大利	意大利	捷克斯洛伐克	德国
3	1938	法国	意大利	匈牙利	巴西
4	1950	巴西	乌拉圭	巴西	瑞典
5	1954	瑞士	联邦德国	匈牙利	奥地利
6	1958	瑞典	巴西	瑞典	法国
7	1962	智利	巴西	捷克斯洛伐克	智利
8	1966	英国	英国	联邦德国	葡萄牙
9	1970	墨西哥	巴西	意大利	联邦德国
10	1974	联邦德国	联邦德国	荷兰	波兰
11	1978	阿根廷	阿根廷	荷兰	巴西
12	1982	西班牙	意大利	联邦德国	波兰
13	1986	墨西哥	阿根廷	联邦德国	法国
14	1990	意大利	联邦德国	阿根廷	意大利
15	1994	美国	巴西	意大利	瑞典
16	1998	法国	法国	巴西	克罗地亚
17	2002	日本/韩国	巴西	德国	土耳其
18	2006	德国	意大利	法国	德国
19	2010	南非	西班牙	荷兰	德国
20	2014	巴西	德国	阿根廷	荷兰

2. 其他世界大型足球赛事

1900年足球比赛正式成为奥运会的比赛项目,参加奥运会的足球运动员均为业余球员。1984年4月国际足联主席阿维兰热宣布,除不准欧洲和南美洲参加过世界杯足球比赛的队员参加奥运会足球比赛外,今后不再区分职业和业余球员,但奥运会足球比赛将对参赛队员年龄加以限制(23岁以下)。1993年召开的国际足联执委会决定,允许每支参加奥运会足球决赛的队伍有3名年龄超过23岁的队员。

另外,还有世界青年足球锦标赛(20岁以下)、国际足联世界青年锦标赛(17岁以下)、世界女子足球锦标赛、国际足联室内5人制足球世界锦标赛、世界俱乐部足球锦标赛。

随着职业足球的深入普及,许多国家联赛以及洲际比赛的地位也越来越高,如号称"小世界杯"的欧洲足球锦标赛(欧洲杯)、英超联赛、意甲联赛、西甲联赛等。

(二)我国足球运动发展概况

我国现代足球运动是19世纪中期,鸦片战争之后传入我国并逐步发展起来的。1908年,我国成立了现代足球的第一个组织——南华足球会,1931年以中华体育协会的名义加入了国际足联,并在1936年赴柏林参加了第11届奥运会足球比赛。

新中国成立后,1955年成立了中国足球协会,开始举办了甲、乙级联赛,并先后参加了亚洲杯、亚运会足球赛。1958年由于国际足联少数人坚持"两个中国"的错误立场,我国宣布退出国际足联,直至1974年才重新进入国际足联大家庭。在随后的30多年中,"冲出亚洲、走向世界"一直是我国足球人的梦想,在经历了一次次的痛苦失败之后,终于在2002年韩日世界杯时实现了几代人的梦想。然而一球未进、一场未胜的结果仍表明中国足球与世界强队间存在不小的差距。1994年我国开始实行以俱乐部职业队为主的职业联赛。2015年2月,国务院通过了中国足球改革总体方案,相信在不久的将来,中国将申办世界杯足球赛,男足打进世界杯,进入奥运会。

第二节 足球基本技术

足球技术是指运动员在足球竞赛规则条件下,运用身体的有效部位合理完成各种动作方法的总称。足球技术是运动员进行比赛的基本手段和能力,是完成战术配合、决定战术质量的前提和保证。

足球技术分为守门员技术和锋、卫队员技术两大类。在比赛过程中,运动员控制球和处理球所采用的动作方法,称为有球技术;而在处理球后到再次获得球的时间内,运动员所采用的动作方法,成为无球技术。常用的有球技术有踢球、接球、运球、头顶球、抢球、断球、掷界外球等,常用的无球技术有启动、跑动、急停、转身、跳跃等。

一、运球技术

运球是指足球运动员在跑动中运用脚的推拨动作在自己控制范围内连续触球。合理运用运球技术,对调控比赛节奏、丰富战术变化、破解密集防守、创造射门机会等都具有实际的意义。

(一)运球动作过程分析

运球过程中的触球方法多种多样,但无论采用哪种触球方法,完成一次运球动作都要经历以下三个过程:

(1)支撑脚的落地蹬送过程:蹬送的作用是推动人体重心向前移动,维持身体的相对平衡。这一阶段,应尽量缩短支撑时间,积极蹬送,以加速身体的移动。

(2)运球脚触球过程:支撑脚蹬送的同时,运球前摆触球给球以推动力。

(3)运球脚落地支撑过程:触球后运球脚应顺势落地支撑,并随即过渡为蹬送动作,以保证身体移动的连贯性。

（二）常用的几种运球方法

1. 脚内侧运球

支撑脚在球的侧前落位，膝微屈，上体稍向前倾，侧对向球，重心前移，运球脚膝外转，用脚内侧部位推球前进（图10-1（1））。脚内侧运球的动作特点是容易控制球，但速度慢，适用于掩护性运球。

2. 脚背正面运球

身体为正常跑动姿势，上体稍前倾，步幅不宜过大，运球脚提起，膝关节微屈，髋关节前送，提踵，脚尖下指，在着地前用脚背正面部分触球后中部将球向前推送（图10-1（3））。脚背正面运球速度快，但线路单一，推进时前方需要有较大的纵深距离。

3. 脚背外侧运球

跑动时身体放松，上体稍前倾，步幅稍

(1) 脚内侧运球　(2) 脚背外侧运球　(3) 脚背正面运球

图10-1　常用的几种运球方法

小，运球脚提起时膝弯曲，脚跟提起，脚尖稍内转，在前伸着地前，用脚背外侧推拨球（图10-1（2））。脚背外侧运球灵活性强，易于控制运球方向和发挥运球速度，同时便于对球进行保护，是一种重要的运球方法。

（三）易犯错误及纠正方法

1. 易犯错误

（1）膝、踝关节僵硬，动作紧张，控制不住球，效果不好。

（2）支撑脚落位靠后，身体重心滞后，导致人与球距离过远。

（3）运球时低头看球，没有观察场上的其他情况。

2. 纠正方法

（1）运球腿的膝、踝关节张弛交替，以推拨的方式控制运球的力量；脚触球的瞬间，适当地保持紧张度，以便于更好地控制球。

（2）支撑脚尽量靠近球，上体稍前倾，触球时推拨力量适中，使球尽量控制在自己的身体范围之内。

（3）通过重复的练习，注意培养脚在触球时的"脚感"，用眼睛的"余光"去观察球。

（四）运球练习方法

运球技术没有踢球、接球技术那样丰富多样，但是运球作为一项最基本的技术环节，它需要熟练的"脚感"作为基础，因此运球练习应从培养"脚感"为出发点，遵循由简到难、由基础到复杂、由慢速到快速的练习原则来进行。

1. 培养脚触球的感觉（即脚感）

可以通过推、拉、拨、扣、颠球等基本练习，使学生适应和熟悉球性，建立和提高球感，同时培养学生的脚步协调性。

2. 明确运球中"推拨球"的概念及特征

（1）直线运球：发展脚背正面、脚背外侧的运球能力，可先从单只脚连续运球到左右脚交替运球。练习过程中必须突出蹬—摆—推（拨）环节，尽量做到人、球速度的和谐统一。

（2）曲线运球：包括弧线运球、折线运球、圆形运球等练习，主要发展脚内侧的运球能力。练习过程中必须突出"球动人动、人球一体"的关键环节。

3. "控制化"练习

（1）通过在限定的时间内，限定触球部位的运球练习，来提高学生对身体的控制能力。

（2）通过在规定的距离内，限定触球次数的运球练习，来加强学生触球力量及提高学生对速度的控制能力。

4. "外界信号控制"练习法

（1）通过教师或学生的声音信号，进行变速、变向、扣球、转身运球的练习，以提高学生的反应能力及对身体、球的控制能力。

（2）通过视觉信号，来进行急停、变向练习，培养学生运球观察的习惯。

二、踢球技术

踢球技术是运动员有目的地运用脚的某一部位把球击向预定目标的技术，它是足球技术中最主要的技术之一。常用的踢球方法有脚内侧踢球、脚背正面踢球和脚背内侧踢球。

（一）踢球动作过程分析

完整的踢球动作过程包括助跑、支撑、摆腿、击球和随前动作五个技术环节。

1. 助跑

助跑可分为直线助跑和斜线助跑两种。助跑的目的是为了加强击球时的速度和力量，同时还可以调整身体与球之间的距离，以便于顺畅地击球。

2. 支撑

支撑的好坏与击球的质量有着很大的关系。首先，支撑脚的指向决定了出球的方向；其次，脚与球的方位关系决定了触球角度的大小和球的飞行高度；最后，支撑腿的各关节紧张度决定了击球时的稳定性。

3. 摆腿

它是踢球的主要力量来源。在后摆时，小腿后屈与大腿形成一定的夹角。前摆时，大腿带动小腿积极前摆，当膝关节达到球的正上方时，以膝关节为轴，加速摆动小腿，以获得更大的击球力量。

4. 击球

它是踢球过程中最重要的一个环节。击球部位、击球时间和击球动作这三个技术细节很大程度上决定了击球质量，这些将在后面进行详细阐述。

5. 随前动作

是指脚击球后随着球向前摆动的过程，它不仅可以进一步增加击球的力量，同时还有助于控制出球方向的稳定性。

（二）常用的几种踢球方法

1. 脚内侧踢球

脚内侧踢球（图10-2）的方法简单、易掌握，出球平稳准确，利于同伴处理，是短距离传、接球和射门的常用方法。

动作要领：直线助跑，最后一步稍大，支撑脚踏在球侧约15厘米处，膝关节微屈，脚尖指向出球方向。踢球腿以髋关节为轴由后向前摆动，膝踝外展，脚尖微翘，以脚内侧部位对准来球，当膝关节接近球的正上方时，小腿加速前摆，击球瞬间，脚保持固定，击球的后中部。

图 10-2　脚内侧踢球

2. 脚背正面踢球

脚背正面踢球(图 10-3)的动作顺畅,便于发力,球多以直线飞行,利于同伴掌握,是长距离传球和射门的重要方法。

动作要领:直线助跑,支撑脚踏在球侧约 15 厘米处,膝关节微屈,脚尖指向出球方向。前摆时,大腿以髋关节为轴带动小腿前摆,当膝关节摆近至球的上方时,小腿加速前摆,脚背绷直,脚趾紧扣,以脚背正面击球的后中部。击球后,踢球腿顺势前摆着地。

图 10-3　脚背正面踢球

3. 脚背内侧踢球

脚背内侧踢球(图 10-4)的摆腿动作顺畅,脚触球面积大,出球平稳有力,而且性能变化很多,可直线可弧线,可以高远球也可以低平球,是传球、射门的重要方法。

动作要领:斜线助跑,与出球方向约成 45°,最后一步稍大,支撑脚后部外沿先着地,然后过渡到全脚掌,踏在球的侧后方约 25 厘米处,脚尖指向出球方向,膝关节微屈;同时踢球腿以髋关节为轴,大腿带动小腿由外后向前内略成弧线摆动,膝踝关节稍外旋,当膝关节摆至接近球的内侧上方时,小腿加速前摆。击球时,膝向前顶送,脚背绷直,脚趾扣紧斜下指,以脚背内侧击球的后中下部,击球后脚顺势前摆着地。

图 10-4　脚背内侧踢球

（三）易犯错误及纠正方法

1. 易犯错误

（1）摆动时，小腿折叠不够，造成直腿击球，缺乏击球力量。

（2）击球脚松软，脚尖没有扣紧，脚背没有绷直，有恐惧心理，害怕脚踢在地上。

（3）支撑脚站位靠后，击球时身体后仰或臀部后坐造成出球过高。

（4）脚触球时间太短，出球方向控制不好，击球后向上跳起。

2. 纠正方法

（1）后摆时小腿折叠，当大腿摆至球的上方，小腿加速前摆，踝关节保持紧张。大腿摆动的目的是给小腿以初速度，而小腿摆动才是踢球的主要力量来源。

（2）支撑时，身体重心略向支撑脚一侧倾斜。在整个击球过程中保持脚背绷紧，脚尖紧扣。

（3）根据出球的高度要求，支撑脚站在合适的位置，上体保持适度的前倾，即可有效防止出球过高。

（4）脚触球后保持固定脚型随球前摆，适当延长脚触球时间，不仅可以增强出球稳定性，还可以增强对身体的控制。

（四）踢球练习方法

（1）无球模仿练习。助跑、支撑练习，练习支撑脚的稳定性及身体的控制能力；原地摆腿、击球练习，体会踢球的动作要领。

（2）踢"固定球"练习。两人一球，一人用脚底踩在球上（踩球脚脚尖翘起，脚底与地面成45°左右夹角，将球卡在地上），另一人轻踢"固定球"。

（3）对足球墙踢定位球练习。距离由近到远，力量由小到大。

（4）两人对踢定位球练习。

（5）踢运动状态球练习。

（6）两人或多人之间传球练习。

三、接球技术

接球是指运动员运用身体的有效部位，将运行中的球有目的地接控在所需位置上的动作方法。其中触球动作又可分为缓冲、迎撤、压推、切挡、拨转和收挺几种方法。触球部位包括脚部、腿部、胸部、头部等。

（一）接球动作过程分析

一个完整的接球动作应包括以下四个环节：判断选位、支撑脚的支撑、触球动作和跟进动作。首先，准确地判断来球的路线、落点、速度等，并依据身旁防守者的位置，合理地移动，占据有利位置；其次，接球腿的膝关节适当弯曲，身体重心下降，并有意向下一个动作的方向倾斜，以利于接球后迅速摆脱原有位置；再次，接球的瞬间，根据需要可采用缓冲接球方法或改变球的运行路线；最后，接球后身体重心迅速向接球方向转移，动作完成后，身体加速移动，做到人球一致。

（二）常用的几种接球方法

1. 脚内侧接球

身体正对来球，判断来球的性质，选好支撑脚的位置，膝关节微屈。膝、踝关节外旋，脚尖微翘，用脚内侧对准来球，触球刹那，接球部位做相应的触球动作（如缓冲、切挡、拨转等），将球控制在事先预定的位置上。

2. 脚背正面接球

身体正对来球,判断来球的高度、落点和速度,选取接球点,接球腿屈膝提起,用脚背正面迎球,接球瞬间,接球脚引撤下放,膝、踝关节放松,将球接到所需位置。

3. 脚背外侧接球

将接球点放在接球腿一侧,支撑腿关节微屈,接球腿提起屈膝,脚内翻,小腿和脚背外侧与地面成一夹角,接球时大腿向接球后球运行的方向推送,同时身体随球转动。接反弹球时,以膝关节领先做扣压动作,在球弹起的一瞬间切压下来,避免球弹起。

4. 大腿接球

大腿接球主要是运用大腿中部。一般适宜接弧度较大的高空下落球或平行于大腿高度的来球。身体正对来球,接球腿大腿抬起,以大腿中部对准下落的球,肌肉适当放松。在触球的瞬间,大腿迅速下撤,使球落在与下一个动作衔接所需要的位置上。

接低平球时,面对来球,接球腿以大腿中部对准来球,屈膝稍前迎。当大腿接触球的瞬间,随球后撤,使球落在与下一个动作衔接所需要的位置上。

5. 胸部接球

挺胸式接球时[图10-5(1)],身体正对来球,两腿自然开立,膝微屈,两臂自然张开,上体稍后仰,与来球形成一定的角度。触球刹那,胸部主动挺送,使球向前上方弹起后落于体前。

缩胸式接球[图10-5(2)]适用于齐胸的平直球,在触球瞬间,迅速收腹、缩胸来缓冲来球的力量,使球直接落在身体前面。

(1) (2)

图10-5 胸部接球

(三) 易犯错误及纠正方法

1. 易犯错误

(1) 对来球的性质判断不准确,接球思想准备不足。

(2) 触球时机把握不好,过早或过晚,影响接球效果。

(3) 直腿接球,腿部僵硬,缓冲来球冲力效果差。

2. 纠正方法

(1) 及早观察,根据球的旋转、速度、方向,及时选准接球位置。

(2) 缓冲、切挡等触球动作的时机要与球的速度相一致。

(3) 提膝,略降身体重心,缓冲的时机与球的速度相对应,延长触球的时间以有效缓冲。

四、头顶球技术

头顶球是指运动员有目的地运用额部将球击向预定目标的动作方法。头顶球技术是传球、射门、空中抢断球的有效手段,特别是争高空球时头顶球技术更为重要,是争取时间、空间优势的重要技术手段。头顶球技术按照顶球部位可以分为前额正面顶球和前额侧面顶球。

（一）前额正面顶球

前额正面顶球技术特点是触球部位开阔、平坦，动作发力顺畅，容易控制出球方向，是传球、射门常用的技术方法。

原地前额正面顶球时，身体正对来球，两眼盯球，两腿自然开立，膝关节微屈；当球临近时，上体稍后仰，展腹挺胸，两臂自然张开，下颌紧收，身体自上而下蹬地、收腹、摆体、顶送发力，当头摆至身体垂直部位时，用前额正面顶击球的后中部。

跳起前额正面顶球时，首先根据球的速度、高度，选择起跳位置，起跳脚积极蹬地发力，手臂协调向上摆；跳起后，展腹挺胸，形成"背弓"，睁眼盯球，快速收腹摆体，下颌收紧，前额积极迎球顶送；顶球后屈膝缓冲落地。

（二）前额侧面顶球

前额侧面顶球技术特点是动作快速，变向突然，出球线路难以判断，对球门的威胁性极大，但动作难度较大，力量偏小，多用于防守时破坏球以及进攻时接传中球射门。

原地前额侧面顶球时（图10-6），身体稍侧对来球，两脚左右开立，顶球方向一侧的腿在前，身体侧后微屈，重心落在后腿上，两臂自然张开，眼睛注视来球。顶球时，后侧腿用力蹬伸，身体顺势向出球方向侧摆，同时颈部侧甩发力，用前额侧面将球顶出。

图10-6　原地前额侧面顶球

跳起前额侧面顶球动作与跳起前额正面顶球动作基本一致，只是在跳起后，上体向出球的反方向转体。

（三）易犯错误及纠正方法

1. 易犯错误

（1）对来球的高度、速度、旋转等判断不准确，造成顶球失误或漏顶。

（2）顶球的一瞬间缩颈、闭眼睛，影响顶球力量和准确性。

（3）发力时上、下肢脱节，下肢蹬地力量用不到顶球力量之中。

（4）跳起顶球时，起跳点、起跳时机、顶球时机把握不好，造成早跳顶球无力、漏顶或晚跳无法完成完整动作，形成被动顶球。

2. 纠正方法

（1）及早观察，根据球的旋转、速度、高度，及时选准顶球位置。

（2）克服顶球恐惧心理，整个过程睁大眼睛，颈部紧张，下巴收紧，同时不要咬嘴唇或舌头，避免发力时咬伤。

（3）要求身体整体性地自下而上发力顶击。

（4）通过助跑路线、起跳速度的调整，合理控制起跳点、跳起时机和发力时机。

五、守门员技术

守门员是全队的最后一道防线，其主要职责是化解对方射门所造成的威胁，阻止对手得分。一个优秀的守门员对于整支球队来说是非常重要的，人们常说"一个优秀守门员抵得上半支球队"，由此可见守门员的重要性。我们在这里着重介绍守门员的脚部移动和接球技术。

（一）准备姿势

即守门员采取行动之前所保持的身体姿势。两脚平行开立，上体略前倾，两腿自然屈蹲，脚跟稍提，重心保持在前脚掌上，双臂自然屈肘放在体前，五指自然张开，掌心向下，注意力保持高度集中，两眼始终注视着球。

（二）脚步移动

当对方进攻时，守门员要及时站好位置，并随着球的转移合理地进行脚步移动，以调整防守位置和射门角度。守门员的位置应在球所在的地点和两个球门柱之间夹角的分角线上。当对手射门距离较近时，适当向前移动，以缩小扑球角度；当对手射门距离较远时，适当后撤，以防止对手吊射入门。移动脚步方法：一是侧滑步，身体正对来球（以向右为例），左脚用力蹬地，右脚离地向右侧滑动，左脚迅速跟上，一般用于对手射低平球时两侧扑球移动；二是交叉步，上体向右倾斜，身体重心移到右脚外侧，然后左脚用力蹬离地面向右侧横跨与右腿交叉落地，落地时用脚掌外侧着地，再过渡到全脚掌着地，同时向右横跨一步再成准备姿势。这一般用于移动距离较长时，多与扑球相结合运用。

（三）接球技术

1. 接高球

接高球包括跳起接球和不跳起接球。守门员能否将球稳稳接住，其接球的手形起到关键性作用。双手自然张开，拇指相对，食指与拇指形成"球窝状"，要接触球的后中部，触球部位以手指为主，在接球的一瞬间，两手要有缓冲动作，将球牢牢控制在手中。

2. 胸前接球

身体正对来球，当球临近时，根据来球高度做好相应的接球姿势。接球时，两臂尽量前伸迎球，掌心向上，手指张开成"簸箕"状，当手指触球的瞬间，屈臂夹肘收球缓冲，并顺势屈腕、压胸，将球抱牢于胸前。

3. 接地滚球

接地滚球分为直体接球和单膝跪地接球两种。直体接球时，两脚要自然并拢，脚尖对准来球，上体前屈，两臂自然下垂，手指自然张开，手心向前，两手接球底部；接球后，两臂自然弯曲，并互相靠拢，将球抱至胸前。单膝跪地接球时，两脚前后开立，前腿弯曲，支持身体重心，后腿跪立，膝关节接近地面，并靠拢前脚脚跟，上体前倾，手臂下垂，掌心对准来球，两手接球底部，接球后将球抱至胸前。

4. 托、击球

托、击球是守门员在应急情况下的应变技术。托球时，近侧手臂伸出迎球，触球刹那间，手腕后仰，用手掌根部顶推发力，将球向侧或向上托出。击球一般用于出击时的防守，在争抢高球无把握的情形下，可利用单拳或双拳将球击出。双拳击球时，在起跳的上升阶段，双手于胸前屈肘握拳，两拳并拢，掌心相对，至最高点时，双拳同时迎球冲出击球。单拳击球时，击球手臂位于肩侧，屈肘握拳，体稍侧转，以肘带肩挥拳，用拳面将球击出。

第三节 足球基本战术

足球战术是指比赛双方为了充分发挥个人与集体的特长，攻击对方的弱点，取得比赛胜利所采用的手段和方法。根据攻防的基本特点，足球战术可分为进攻战术、防守战术、比赛阵型三大部分。在攻防战术中又分别包括个人、局部和全队整体的攻防战术以及定位球战术。战术的运用是以体能为前提,以技术为基础,以心理为保证的。

一、比赛阵型

比赛阵型是指比赛场上队员的位置排列和职责分工的形式。19世纪中后期,世界上有了第一个足球比赛阵型,在以后的一百多年中,比赛阵型不断演变发展,对足球运动的发展做出了不可磨灭的贡献,全攻全守型打法是世界足球运动发展的必然趋势。

(一) 比赛阵型的发展历史

1. 萌芽阶段

在早期的足球比赛中球队往往是重攻轻守,比赛阵型也比较模糊,一般情况下都是一名队员负责防守,得球之后直接长传至对方球门,其他人一窝蜂地去进攻。此时的阵型可以归结为"九锋一卫"式、"八锋二卫"式。

2. 快速发展阶段

1880年英国人创立了"二三五"式(即塔式)阵型,使攻守人员配备逐渐趋向平衡。1930年英国人契普曼创立了"WM"式阵型,这个阵型分工明确,攻守力量平衡,在很长一段时间内被各国所采用。20世纪50年代末,匈牙利和巴西针对"WM"式阵型的缺陷,创立了"四前锋"阵型,并在世界大赛上取得了辉煌的成绩,一时间世界各国纷纷效仿。

20世纪70年代,荷兰队和德国队在战术指导思想上进行了革新,摒弃前锋单纯进攻、后卫单纯防守的陈旧观念和打法,摆脱刻板阵型的约束,根据全体队员的能力有机结合,形成了"四三三"式整体全攻全守的先进打法。

3. "百花齐放"阶段

当今的比赛阵型已不再是刻板单一的了,教练员往往根据本队队员的能力以及对手的情况具体安排阵型,并且在同一场比赛中随着人员的调换,阵型也在调整。当前世界足坛比较流行的阵型有"四四二"式、"三五二"式、"四三三"式、"四五一"式(圣诞树式)等,但万变不离其宗,全攻全守是最重要的核心部分。

(二) 各个位置的职责

1. 边后卫的职责

边后卫主要是防守对方的边锋以及其他进攻队员在边路的活动,破坏对方由边路发动的进攻,同时还可利用插上助攻式运球来直接威胁对方球门。

2. 中后卫的职责

中后卫有突前中后卫和拖后中后卫之分。前者主要任务是盯守对方突前的最有威胁的中锋,因而又被称为盯人中后卫;后者的站位经常处于其他防守队员后面,主要担负整个防线的指挥任务。

3. 前卫的职责

前卫通常被称为中场队员。中场是一个非常重要的区域,控制了中场也就得到了比赛的主动权,因此比赛各队往往都在中场投入较大力量。前卫的主要职责是组织进攻,及时、准确地将球传到对方后卫身后,为本方前锋突破射门创造条件,也可伺机插上与同伴配合突破对手防线射门得分。防守时就地拦截,瓦解或延缓对手进攻,盯防对方插上的前卫,并协助后卫进行夹击,在罚球区前沿形成一道防守屏障。

4. 前锋的职责

通过传、切配合,运球突破防守进行射门得分。丢球后就地展开反抢,抢球不成功则在

中场游弋以牵制对方防守者,削弱对手的进攻力量。

二、进攻战术

进攻战术是指在比赛中,为了战胜对手而采取的个人进攻行动和集体配合方法。进攻应遵循制造宽度、快速渗透、灵活多样、随机应变等原则。

（一）个人进攻战术

个人进攻战术包括传球、射门、运球、过人、接球、摆脱、跑位等几个方面。

1. 传球

传球是集体配合的基础,它是完成战术配合、创造射门机会的主要手段。选择传球目标、掌握传球时机和控制传球力量是传球的主要战术内容。

（1）传球目标:一般可分为向脚下传和向空当传两种。比赛中向空当传,特别是向前方空当传可以有效地渗透防守线,对对方威胁最大。传脚下球和横传、回传是为了更好地控制球,掌握比赛的节奏。比赛中当控球者同时可向几个队员传球时,应传给对对方威胁最大的球员,一般向前、向空当跑的队员威胁较大,应及时、准确地将球传向这些空当。

（2）传球力量:应既不利于防守队员的抢截,又有利于接球队员处理球。当向被对手紧逼的同伴传脚下球时,传球力量要大些;向空当传球时,由于要求球到人到,传球速度应与同伴到空当的跑速相吻合。

（3）传球注意事项:传球前要注意观察,预见同队队员和防守队员的意图;传球动作要尽量快速、简练;传球时要隐蔽自己的意图,出其不意,使对手防不胜防;后场少做横传或回传,特别在雨雪天比赛更应谨慎。

2. 射门

（1）射门必须准确、突然、有力。准确是射门的前提,在准确的基础上,要射得突然,这样往往能使对方守门员猝不及防。射门力量也是很重要的一个因素,尤其在远射时,力量更能显示其威力。

（2）利用防守失误射门。比赛中射门进球率一般是很低的,很多得分的球往往是从防守队员的失误中获得的。所以进攻队员需要随时注意利用对方的失误"捡漏"射门,同时还应尽量造成对方防守的失误,并抓住瞬时出现的射门机会。

（3）射门的应变能力。足球比赛中的不可预测因素很多,因此运动员要善于应付射门时遇到的各种情况,须有良好的应变能力。

（二）局部进攻战术

1. 传、切配合

传、切配合是指控球队员将球传给切入的进攻队员的配合方法,是局部进攻战术中运用最多的方法。传、切配合可以分为直传斜切、斜传直切和斜传斜切三种配合方法。

2. 交叉掩护配合

交叉掩护配合是指在局部区域,两名进攻队员在运球交叉换位时,以自己身体掩护同伴越过防守队员的配合方法。

3. 二过一配合

二过一配合是指在局部地域,两名进攻队员通过两次传球越过一名防守队员的战术手段。配合形式包括直插斜传二过一、斜插直传二过一和回传反切二过一。

（三）整体进攻战术

整体进攻战术是指比赛中一方获得球后,为了通过队员之间的传递配合达到射门目的而采用的配合方法。与局部进攻战术相比较,全队进攻战术的进攻面比较广,涉及队员比较多,是全队协调一致的行动,体现一个队的进攻能力和配合实力。

1. 边路进攻

利用球场两侧区域发起进攻的方法叫边路进攻。边路进攻是整体进攻战术的主要形式之一,其主要特点是有利于发挥进攻速度,打破对方防线制造缺口。

2. 中路进攻

中路进攻是利用球场中间区域组织的进攻,这种进攻虽能直接射门,但难度最大,因中路防守最为严密,进攻队员必须是反应敏锐、意识强、技术高、敢于冒险、速度快和善于跑位策应的队员。

3. 快速反击

比赛中当攻方进攻时,后卫线往往压至中场附近,防守人数也由于插上进攻和助攻而相对减少,此时如能抓住对方防区空隙较大和回防较慢的机会,乘其失球发动快速反击,往往能取得良好的效果。

三、防守战术

防守战术是在比赛中为了阻止对方进攻和重新获得控球权所采取的个人防守行为和集体配合方法。防守应遵循延缓、平衡、收缩、控制等原则。

(一)个人防守战术

个人防守战术主要包括选位与盯人防守、抢球、断球等。当对手进攻时,首先要先于对手占据有利防守位置,原则上是进攻者、防守者和本方球门成一条直线,根据场区位置和职责分工,对进攻对手实施紧逼盯人和松动盯人。当球有可能传给自己所负责盯防的对手时,判断相互位置及意图,预测传球的时间和路线,待球传出的瞬间,先于接球对手直线快速插向传球路线,将球断下。断球是防守中最主动、最有效的战术行动,但是断球选择一定要慎重,一旦失误,将造成全局被动。当球已经传至负责盯防的对手时,防守者就应该占据合理的位置,保持适当的距离,集中注意力,一旦时机成熟,运用抢球战术将球抢过来或破坏掉。

(二)局部防守战术

局部防守战术是两个或两个以上的防守队员之间的配合方法,它是集体防守战术的基础。基本配合形式有保护、补位和围抢。

1. 保护

保护是在逼抢持球对手的同伴身后,选择适当的位置协助防守并阻止对方突破的战术配合方法。

2. 补位

补位是当防守过程中一个防守队员被对手突破时,一个队员立即上前进行堵封,来弥补防守漏洞的配合方法。

3. 围抢

围抢是指比赛中在某局部位置上,防守一方利用人数上的相对优势(通常是两三个队员)同时围堵对方的持球队员,以求在短时间内达到抢断或破坏对方进攻的目的。

(三)整体防守战术

整体防守战术可分为两种基本类型:盯人紧逼防守(人盯人防守),即在规定的范围内盯人紧逼,不交换看守;混合盯人防守(盯人和区域相结合),即现今流行的混合防守,紧逼

和保护相结合,在个人的防区内紧逼,做交替防守。单纯的区域防守或者单纯的盯人防守都有其劣势,在当今的比赛中已经很少使用,混合盯人防守是目前最为合理的防守战术。

四、定位球战术

定位球战术包括:中圈开球、掷界外球、球门球、罚球点球、角球和任意球。角球和罚球区附近的任意球战术尤为重要,因为常常以一个定位球就决定了关键性比赛的胜负。有资料统计,40%左右的进球源于定位球,因此定位球战术训练就显得至关重要。

(一)任意球攻守战术

一般说来战术配合简练,成功的可能性就会大些。对对方构成较大威胁的是发生在罚球弧处的任意球,下面将着重分析前场30米罚球区附近的任意球。

1. 直接射门

在前场30米区域内获得任意球的机会时,只要有可能射门,最好的办法就是直接射门。随着守队排墙人数的增加,直接射入对方球门变得更加困难,因此,射手需要掌握高超的踢弧线球的技术。同时进攻队员常采用在对方人墙的两侧或中间"夹塞"的办法,以此在射门前阻挡守门员的视线,使其看不清罚球队员动作,而在射门时这些队员迅速让出空当,使射出的球通过空当。

2. 配合射门

在罚球区的侧角和两边,当不能直接射门时,则应进行配合射门,经常采用的方法有短传配合和长传配合两种。配合射门的传球次数宜少不宜多,宜简不宜繁,传球和射门配合要默契。为避开人墙要用声东击西、假动作分散对方注意力。

(二)角球攻守战术

1. 角球的进攻战术

随着技术的提高和角球战术的发展,角球的威胁大增。角球进攻战术可分为短传配合战术和长传直接传至门前抢点战术。短传配合战术应快速、简练、突然,而且在整场比赛中运用频率不要太高,与长传穿插配合使用,效果更佳。长传球则分为传前点战术和传后点战术两种。传前点需要踢出弧度低平、向球门旋转的球,顶球队员站在近门柱处,迎球向前跑动,转身向球门前上角蹭顶;传后点则要弧度较高,落点在门柱前宽3米、长8米的主要得分区域内,由身材高大、争顶能力强的队员头球攻门。

2. 角球的防守战术

对方踢角球时,前锋、前卫都要及时回位布防,在门柱的两侧各安排一名防守队员弥补守门员的防守"盲区",身材高大、头球技术好的队员守住门前最危险区域,其他队员进行人盯人贴身紧逼防守,并占据重要位置;角球顶出之后,全队要迅速压上,既可减缓门前压力,同时又能导致对方越位犯规。

第四节 足球竞赛主要规则

一、足球比赛场地介绍

(一)场地

球场面积必须符合规则的规定。国际足联曾规定世界杯决赛阶段比赛场地为长105米、宽68米。国内基层比赛的场地可因地制宜(图10-7),但在任何情况下,边线的长度必须长于球门线的长度,场内各区域的面积不得变更。球场地面必须平坦,硬度合适,以不伤害运动员和不影响球的正常运行为原则。国际足联世界杯赛组织委员会曾指令世界杯足球赛不得在人造草皮球场上进行。

(二) 界线

球场各线须与地面平齐,不得做成"V"形凹槽或高出地面的凸线。线的颜色须清晰。土地球场最好用白灰粉或灰浆画线。场地各线的宽度不超过12厘米(一般以12厘米为宜)。边线与球门线的宽度应包括在场地面积之内,其他各线宽度也应包括在该区域面积之内。球门区和罚球区的丈量,都应从球门柱内侧和球门线外沿量起。球门线的宽度必须与球门柱的宽度相等。

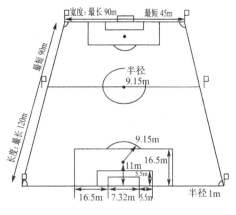

图 10-7 足球比赛场地

(三) 球门

比赛场地的球门应是固定的,门柱及横梁的宽度与厚度均应相同。球门颜色必须是白色。球门网应适当撑起,使守门员有充分活动的空间,并在球进网后不致弹出。

(四) 足球的标准

球是圆形的,以皮革或其他合适的材料制成。球体的圆周不得超过70厘米,不得少于68厘米。球的重量在比赛开始时,不得超过450克,不得少于410克。如果在比赛中,球破裂或不合标准,应停止比赛,更换标准的球,在球破裂的地点坠球重新开始比赛。如果当时球是在球门区内,则坠球的地点是在平行于球门线的球门区线上最接近比赛停止时球的位置的地点。比赛时间内未经裁判员同意,不可更换比赛用球。正式的国际足球比赛分为上、下两个半场,每个半场45分钟,中间休息不得超过15分钟。

二、参赛队员及裁判员

每队上场队员不得多于11名,其中必须有一名守门员。如果一队的场上队员少于7人,则比赛不能开始。每场比赛最多可以使用3名替补队员,场外和场上队员未经裁判员许可不能擅自进出场地。比赛时守门员和其他队员的位置不能随意交换,如需要交换,须经裁判员同意。

一场正式的足球比赛由一名裁判员、两名助理裁判员、一名第四官员负责裁判工作。裁判员的职责:有场上的最终判决权,决定比赛时间是否延长、比赛是否推迟和中止。助理裁判员的职责:示意越位及球出界,协助裁判员的场上判罚,但没有最终判决权。

三、越位

进攻队员较球和最后第二名对方球员更接近于对方球门线(与之平行则不是),即为处于越位位置。队员处于越位位置本身并不是犯规,只有在同队队员踢或触及球的一瞬间,这名处于越位位置的球员干扰比赛、干扰防守队员、利用越位位置获得利益,才会被判为越位犯规。队员直接接到球门球、角球、界外球则没有越位犯规。

四、犯规与不正当行为

队员在比赛中如果出现以下行为则被判犯规或不正当行为,在犯规地点判罚给对方踢直接任意球,如果下列犯规出现在本方罚球区内,则被判罚球点球。

(1) 踢或企图踢对方队员。

(2) 绊摔或企图绊摔对方队员。

(3）跳向对方队员。

(4）猛烈地或带有危险性地冲撞对方队员。

(5）打或企图打对方队员。

(6）向对方队员吐唾沫。

(7）拉扯对方队员。

(8）推对方队员。

(9）故意手球（不包括守门员在本方罚球区内）。

(10）为了得到对球的控制权而抢截对方球员时，于触球前触及对方队员。

五、出示红黄牌

（一）需要被黄牌警告的犯规或不正当行为

(1）比赛开始后，队员擅自在比赛进行中离场、进场而未经裁判员允许。

(2）队员连续违反规则。

(3）延误比赛重新开始。

(4）罚角球、任意球、掷界外球时不退出规定的距离。

(5）出现非体育道德行为。

(6）以语言或行动表示异议。

（二）队员出现下列情况时，要被出示红牌并罚令其出场

(1）有暴力犯规行为。

(2）严重犯规。

(3）向对方或其他任何人吐口水。

(4）经黄牌警告后，因犯规又被给予第二次黄牌警告。

(5）使用无礼的、侮辱性或辱骂性的语言及动作。

(6）用可能被判为直接任意球的犯规，破坏对方向着本方球门移动着的明显进球得分机会。

六、掷界外球

掷界外球时球员必须面向球场，两脚均应有一部分站在边线上或边线外，不得全部离地，用双手将球从头后经头顶掷入场内。掷球队员在球被其他队员踢或触及前不得再次触球。界外球不可以直接掷入球门得分。

七、罚球点球

在比赛进行中，一个队在本方罚球区若出现可判为直接任意球的十种犯规之一而被判罚的任意球，应执行罚球点球。罚球点球时，除主罚队员之外的双方队员不能进入罚球区。如防守方提前进入罚球区，进球有效，不进则重罚；如进攻方提前进入罚球区，进球应重踢，如不进则为防守方球门球。在罚球点球时，守门员可以在球门线上左右移动，但不可以提前向前移动。

 思考题

1. 试分析运球、踢球、接球、头顶球的动作过程。
2. 试分析踢球、接球技术的易犯错误及纠正方法。
3. 简述整体进攻战术和防守战术分类、打法及特点。
4. 简述主要的定位球攻守方法及要求。
5. 什么情况下应判罚队员越位犯规？试举例并绘图说明。

第十一章

第一节 乒乓球运动概述

一、乒乓球运动的起源

乒乓球运动属于隔网对抗的技能类体育项目,比赛是按规则将球击中对方桌面迫使对手回球出界、落网或犯规。乒乓球运动于19世纪末起源于英国,是由网球运动派生而来的,被称为"桌上网球"。大约在1890年,英国人吉姆斯·吉布去美国旅行时见到了赛璐珞制的玩具球并带回英国,取代了原来的实心球。当时的球拍柄长,两面贴着羊皮纸,中间是空洞的,用这种球拍打赛璐珞球时发出"乒"的声音,落台时发出"乓"的声音。由此,"乒乓"的名称诞生了。这种玩具球被称为乒乓球。乒乓球运动源于欧洲、美国,然后在亚洲传播开来。

国际乒乓球联合会是由参加国际乒联的乒乓球组织(简称为乒协会)组成的联合体,其目前的协会成员已经超过200个,使乒乓球成为世界上参与人数最多的三个体育运动项目之一,其简称为国际乒联。它于1926年12月在英国伦敦成立,总部原设在英国东苏塞克斯郡的黑斯廷斯,2000年迁至瑞士洛桑。

1926年12月12日,在英国伦敦伊沃蒙塔古的母亲斯韦思林女士的图书馆里,举行了第一次国际乒乓球联合会代表大会。在会议上,正式通过了国际乒联章程和竞赛规则。由于发现"乒乓"一词是商业注册名称,于是将国际乒联重新命名为"桌上网球"协会,这个名字一直沿用至今。

1926年12月6日至11日,在伦敦弗灵顿街麦摩澳大厅举行了第1届世界乒乓球锦标赛。比赛设有男子团体、男子单打、女子单打、男子双打和男女混合双打5个比赛项目。

二、乒乓球运动的发展

(一)世界乒乓球运动的发展

乒乓球运动兴起之时,使用的是横握球拍。1902年传入日本之后,出现了直握球拍方法。球拍开始是短的光木拍和贴着软木或砂纸的球拍,然后又陆续发明了胶皮拍、海绵拍、正贴海绵拍和反贴海绵拍、防弧圈海绵胶皮拍及"弹性胶水"。现在选手们使用的是特制的附有齿粒的橡胶胶皮,朝上或朝下覆盖在海绵表面,粘贴在木板或者碳素纤维板上的球拍。

计分方法由早期的10、20、50、100分一局等逐渐变为一局21分制,2003年的第47届世乒赛正式开始使用一局11分制。

世界乒乓球的重大赛事主要有四项:奥运会乒乓球比赛、世界乒乓球锦标赛、世界杯乒乓球赛、国际乒联职业巡回赛。

世界乒乓球锦标赛是世界四大乒乓球赛事中规模最大、水平最高、参赛人数最多、唯一含有全部七项锦标的比赛。目前,逢双年举行团体比赛,逢单年举行五个单项比赛。每个项目都设有专门奖杯,奖杯来自许多国家,各项奖杯都是以捐赠者的姓名或国名命名的。

现在的乒乓球运动已经发展成为高科技、高速度和强旋转相结合的一种竞技体育项目,全世界有近4000万人从事这项运动。

(二)中国乒乓球运动的发展

乒乓球运动被世界公认为是中国的"国球"。

乒乓球运动是从日本传入中国的。1904年,上海四马路一家文具店的经理,从日本买来10套乒乓球器材(球台、球网、球和带洞眼的球拍),摆设在店中,并亲自表演打乒乓球,介绍在日本看到的打乒乓球的情况。从此,我国开始有了乒乓球运动。

1935年,国际乒联来电邀请我国加入国际乒联并参加第9届世界乒乓球锦标赛,由于经费没有落实而未能实现。

1959年4月5日,在第25届世界乒乓球锦标赛中,容国团为我国夺取了第一个男子单打世界冠军。

1961年4月,中国乒乓球协会在北京承办了中国历史上第一个世界锦标赛——第26届世界乒乓球锦标赛。

自容国团1959年赢得第一个世界冠军至今,中国乒乓球队近50年来在奥运会、世界乒乓球锦标赛、世界杯乒乓球赛中共为祖国夺取了100多个世界冠军,并且囊括了4次世锦赛的全部金牌,创造了世界体坛罕见的长盛不衰的历史。

自从1988年汉城奥运会乒乓球首次成为正式比赛项目以来,中国几乎完全垄断了这一项目的金牌。至2012年8月,我国已4次包揽奥运会乒乓赛的全部金牌。

乒乓球运动在我国已形成普及—提高—再普及—再提高的良性循环。据统计,目前我国经常打乒乓球的人口为1000多万。在改革开放的今天,为了提高全民族的身体素质,进一步振奋民族精神,在积极推行全民健身计划的浪潮中,乒乓球活动在我国变得更加时尚起来,越来越多的人在课余、工余、休息日参加这项运动。

2015年4月,在中国苏州举办了第53届世界乒乓球锦标赛,中国队又一次取得了优异成绩。

第二节 乒乓球基本技术和战术

一、乒乓球基本技术

(一)握拍法

握拍法分为直拍和横拍两种。

1. 直拍快攻型握法

以食指第二关节和拇指第一关节扣压拍肩部,指距一指,虎口贴住拍柄,其他三指自然弯曲重叠,中指第一关节顶在拍后中线处(图11-1)。

图11-1　直拍快攻型握法　　　　　　图11-2　横拍握法

2. 横拍握法

虎口贴住拍肩,中指、无名指、小指握住拍柄,拇指放在正面,食指自然伸直置于背面

（图 11-2）。

3．练习提示

握拍不能太深或太浅、太松或太紧，以免影响手腕动作的灵活性及击球时发力的合理性；直拍握法与横拍握法技术上各有优缺点，练习者以选择适合自己的握拍法为宜。

（二）准备姿势

两脚平行站立比肩稍宽，两膝微屈稍内扣、前脚掌内侧着地、提踵，上体略前倾，收腹、含胸，重心置于两脚之间，下颌稍向后收，两眼注视来球。执拍手臂自然弯曲，置于身体右侧（以下动作均以右手为例）。

（三）步法

由于来球的落点不断变化，要准确地还击每个来球，除必须具备快速的反应和良好的身体素质外，还要靠正确、灵活的步法，及时移动身体到最佳的击球位置。常用的步法有单步、跨步、跳步、并步、交叉步、侧身步和小碎步七种。

1．单步

以一脚前脚掌为轴，另一脚向前、后、左、右不同的方向移动一步（图 11-3）。在来球角度不大时，小范围内使用。

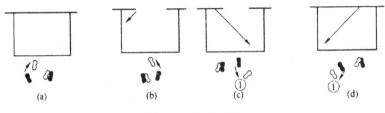

图 11-3　单步移动

2．跨步

来球同侧脚先向侧跨一大步，后跟着地，另一脚随即跟进移动。常用来对付来球角度大、离身体稍远的球。

3．跳步

一脚用力蹬地，使两脚离开地面，同时向左、右或前后跳动。快攻型打法用它来侧身攻球。

4．并步

来球远侧方的脚先向近侧方靠一步，然后近侧方的脚再向来球方向迈一步。在小范围内移动时常使用此步法。

5．交叉步

来球反方向的脚向来球方向移动一小步，另一脚迅速向来球方向迈一步。主要用于对付离身体较远的来球，如快攻在侧身进攻后扑空当常用此步法。

（四）发球

发球是唯一不受对方制约的技术。在比赛中应力争主动，先发制人。发球种类有：高抛、低抛与下蹲；正手、反手与侧身；速度、落点、混合旋转和单一旋转等。初学者先学习正手平击发球和正手发加转下旋球与不转球两种发球。

1．正手平击发球

近台站位，左脚稍前，身体略向右，左臂屈肘掌心托球置于体侧。发球开始时，持球手将球向上抛起，同时执拍手臂自然向侧后伸肘引拍，拍面垂直。当球从高点回落至离地约 1

米处,上臂带动前臂向前迅速挥拍,手腕旋内,拍形稍前倾,触球中上部。击球后,手臂随势余摆,球拍收势于左脸前,眼见球拍背面,身体转正。

2. 正手发加转下旋球与不转球

正手发加转下旋球时(图11-4),左脚在前,左肩侧对球台,持球向上抛球,同时,执拍手臂将拍引至后上方略高,肘部后移,带动手腕旋内,球拍呈横状,拍面垂直,重心后移。当球回落时,肘关节加速运动,前臂带动手腕猛然加力旋外,在胸腹前偏右一前臂距离处,拍形后仰,用球拍下部靠左的部位触球正后位底部,加大力臂摩擦球体。击球后,随势将重心移至前脚。"切"球越薄,发球越转。

图11-4 正手发加转下旋球

发不转球与发加转下旋球的主要区别在于球拍触球瞬间,突然减慢手臂前进速度,并减小拍形后仰角度,用球拍中部偏右的地方去碰球的中下部,使作用力接近球心,由于力臂小使力矩小,因而旋转就减弱成不转球。

3. 练习方法

(1) 模仿发球动作,进行持拍摆臂练习。

(2) 在球台上进行完整发球练习。

(3) 双方对练发球并与接发球相结合练习。

(4) 发上旋球结合推与攻练习,发下旋球结合对搓与正手快拉球练习。

(五) 接发球

乒乓球比赛首先是从发球和接发球开始的,比赛中接发球技术差就会造成被动,导致心理上紧张和畏惧,引起一连串失误。如果接发球技术好,不仅可以直接得分,也可以破坏和限制对方的抢攻,从而为自己的进攻创造有利的条件。

1. 技术要领

接发球常用推、搓、削、拉、抽等方法来回击。推、搓、削是用旋转和变化落点去抑制对方的攻势,并带有一定的防御性质。拉球和抢攻时可以直接破坏对方的攻势,打法上较积极主动。所以,在接发球时应根据不同的情况做到时搓时拉,忽攻忽守,只有这样才能充分掌握比赛的主动权。

2. 练习方法

选好合适的站位。应根据发球方站位,预测来球落点和准备采用何种方法接球而站位,一般不宜离台过远或过近,约离台30～40厘米,左右距离以能击好大角度来球为宜。准确识别发球的旋转和落点。接发球的关键是要自始至终注视来球,尤其是发球方球拍与球接触瞬间的动作,包括触球部位、球拍移动方向、用力程度等。

(六) 推挡球

推挡球(图11-5)技术特点是站位近、动作小、击球早、球速快、变化多。推挡包括快推、加力推、减力推等技术，这里主要学练快推。

图11-5 推挡

1. 技术要领

站位离台30～40厘米左右，偏左半台1/3处。两脚开立，比肩略宽，左脚稍前。初学时可以右脚稍前，两脚前后相距半脚。击球前，执拍手臂贴身，前臂外旋屈肘成100°，后撤引拍成半横状，拍面垂直。击球时，上臂带动前臂向前稍微向上辅助用力推击，触球瞬间食指前倾，在腹前靠左侧离身约一前臂距离处，在来球上升期击球中部或中上部。击球后，手臂即刻停止向前，顺势收回。

2. 练习方法

（1）持拍模仿推挡动作。

（2）对教学练习挡板墙自击练习。

（3）用推挡接正手平击球，并进行左方斜线对推练习。

（4）一人攻球或推挡侧身攻，另一人推挡，两人轮换。

（七）攻球

攻球是乒乓球技术中重要的组成部分，是比赛中克敌制胜的重要手段。

攻球分为正手攻球、反手攻球和侧身攻球三大部分。各部分还包括近台、中远台和扣杀等各种技术。正手攻球分为正手近台快攻、正手中远台攻球和正手快拉球三种。

1. 正手近台快攻

正手近台快攻（图11-6）具有站位近、动作小、速度快、有一定力量等特点。

击球前，前臂稍内旋向右侧引拍，大拇指压拍，球拍成横立状，拍面成80°前倾，重心偏右。击球时，当球从台面弹起时，前臂快速发力，在右胸正前方一前臂距离处迎击上升期来球，触球中上部，使拍面沿球体做小弧形转动。击球后，顺势将球拍挥至左额前方，并迅速还原，手臂肌肉放松，准备下一板连续击球。

(a) 直拍攻球   (b) 横拍攻球

图11-6 正手近台快攻

2. 正手中远台攻球

其特点是力量较重，进攻性较强。击球前，执拍手臂微屈肘，向右后方引拍，前臂与地面略平行，球拍呈半横状，拍面约垂直。击球时，右脚蹬地，上体左转，在上臂带动下以前臂发力为主,由右后下方向左前上方挥拍,在胸、颈部正前方一前臂加一球拍距离处,手腕控制拍面角度,在来球高点期或下降前期,触球中上部或中部。击球后,重心转至左前脚掌,再迅速放松还原,做下一次击球准备。

3. 正手快拉球

通常也叫拉攻或提拉球,是一项对付下旋球的重要技术。它具有速度较快、动作较小、命中率高的特点。

拉球时,前臂发力为主,在来球高点期或下降前期击球,手腕同时向前上方用力转动球拍摩擦来球,制造上旋弧线。

拉球时,要判断好来球下旋程度,调整用力大小和方向,调节拍面角度和触球部位。

4. 练习方法

（1）原地徒手及持拍模仿动作,注意身体重心的变换和腰、臂协调一致的用力。

（2）结合步伐,在移动中进行攻球模仿动作。

（3）一人发平击球,另一人练习攻球。打一板后再重新发球。

（4）多球练习。一人喂球,另一人练习攻球。

（5）两人的一推一攻练习。要求固定落点和线路,先轻打力求提高板数,随着技术质量的提高再增加力量。

（6）两人对攻斜线、直线,力量由轻到重,体会触球时的肌肉感觉。

（7）一点对两点或多点的连续攻。要求陪练方将球推挡至对方的两点或多点,主练习者攻到对方的一点。

（8）综合性技术练习,如左推右攻,推挡侧身及推挡侧身扑正手等（开始应有规律,待到熟练后再到无规律）。

（八）搓球

搓球是近台还击下旋球的一种基本技术。搓球可分为正手搓球(图11-7)和反手搓球、慢搓和快搓、加转搓球和搓不转球等。

图11-7 正手搓球

1. 技术要领

站位离球台约50厘米,右脚稍前,上体竖直,重心居中。击球前,手臂引拍至左肩处,屈肘成80°,手腕内收（微勾）,拍面稍后仰。击球时,以肘关节为轴,前臂发力带动手腕快速向前下方挥拍,同时伸肘,前臂略内旋和上翘手腕,在左胸前一小臂距离处,在来球下降后期,击球中下部,并向底部摩擦。击球后,手臂肌肉放松,并随即收回还原,准备下次击球。

2. 练习方法

（1）徒手模仿动作,注意小臂、手腕的发力方法。

（2）自抛球在台上,弹起后,将球搓过网,反复体会前臂、手腕发力摩擦球的动作。

（3）搓接固定旋转、落点的发球。

(4) 斜线或直线对搓,在熟练的基础上结合各种搓球。

(5) 搓球和攻球综合练习。

(九) 弧圈球

弧圈球技术包括加转弧圈球、前冲弧圈球、正手侧拐弧圈球、转与不转弧圈球等。其特点是攻击力大,使用率高,稳定性强等。

1. 加转弧圈球

加转弧圈球(图11-8)又称"高吊弧圈球"。正手拉球时,左脚在前,身体向右扭转,右肩略低于左肩。引拍时,执拍手臂自然下垂,将球拍置于靠近臀部的位置。击球时,上臂带动前臂快速向前上方挥动,拍面垂直,在来球下降后期摩擦球的中部或中下部。特点是球上旋力强,弧线高,着台后突然下沉。

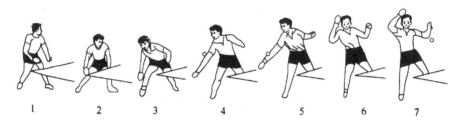

图 11-8 加转弧圈球

2. 前冲弧圈球

击球前,将球拍引至身体右侧偏后,约与台面同高,拍面稍前倾。击球时,小臂在上臂的带动下迅速内收,手臂向前上方挥拍,在来球的高点期或下降前期击球的中上部。拍面前倾角度较大。特点是球速快,弧线低,前冲力和上旋力强。

准确、速度、旋转、力量和落点五种要素构成乒乓球击球质量。它们之间既矛盾又统一,共同存在于每一种打法、每一种技术和每一次击球动作之中,用得好起着相互补充和促进作用,掌握不好,相互牵制和制约,就会影响技术的提高。

3. 练习方法

(1) 徒手做模仿动作,认真体会动作要领。

(2) 自抛自拉练习,体会腰、臂的协调用力。

(3) 一人发平击球或下旋球至某一点,一人练习拉球,体会正确的击球点和触球瞬间的摩擦动作(可用多球进行)。

(4) 一人推挡,一人拉,定点定线,要求力量先轻,随着水平提高再增加力量和旋转。

(5) 两点或三点对一点连续拉,要求拉者在左右移动中进行练习,范围由小到大,落点从有规律到无规律。

(6) 对搓斜球,其中一方侧身抢拉或反手拉。

(7) 一方一点搓两点,另一方搓中抢拉。

二、乒乓球基本战术

战术是在敌我双方实力的对比中,根据对方的打法及技术特点,选择、运用各种技术克敌制胜的战斗方法。从广义上讲,战术是技术、意志、智能和素质在比赛中有针对性的综合应用。在运用战术的过程中,应体现以我为主、积极主动、机动灵活的思想,打出风格,打出水平。

(一) 战术的制订

比赛前,应对自己的技术情况做到心中有数,了解和分析对手的球拍性能、基本打法、技术、战术运用情况、心理素质及体能状况等,有针对性地制订出正确的、切实可行的战术方案。要做到知己知彼,有的放矢;机动灵活,随机应变;以己之长,制彼之短;勤于观察,善于分析;勇猛顽强,敢打敢拼。在比赛的过程中,也可通过打各个不同落点的球试探对手的优、缺点,然后攻击其弱点。

(二) 战术的种类及运用

乒乓球技术的不断发展,使战术也形成了多样化的格局,主要包括发球抢攻战术、接发球抢攻战术、对攻战术、拉攻战术、搓攻战术和削攻结合的战术等。

1. 发球抢攻战术

发球抢攻是我国直板快攻打法的"撒手锏",是力争主动、先发制人的主要战术。以攻为主打法的选手常以发球抢攻作为重要的得分手段。

(1) 正手发转与不转球抢攻。正手发转与不转球结合落点变化进行抢攻。将球发至对方近网或中路,以不出台为主,先发加转球后发不转球(也可先发不转球后发加转球),找机会抢攻。落点正手以近网为主,结合底线似出台又未出台,使对方难以接发球抢攻或抢拉,为自己创造抢攻的机会。

(2) 发侧上、下旋球抢攻。以发侧下旋短球为主,配合侧上旋球至对方左、右方两大角近网处,使发出的球在对方台面上两跳甚至三跳不出台面,迫使对方难以接发球抢攻,而给自己制造抢攻和得分的机会,或发异线大角度长球牵制对方。

(3) 发急球与侧上、下旋球结合抢攻。发急球或急下旋球与侧上、下旋短球相结合,以发急球为主配合短球;发侧上、下旋与急球配合不同落点,长短结合,上、下旋结合,使对手难以防范。

2. 接发球抢攻战术

接发球战术与发球抢攻战术同样重要。在接发球战术中,一方面要抑制、扰乱或破坏对方运用发球抢攻战术及战术意图,降低发球抢攻的质量,形成相持状态;另一方面应从被动中求主动,通过过渡性接发球技术力争达到第四板抢先上手,占据有利战局,伺机抢攻。接发球战术是各类型打法的选手都必须掌握的,也是必不可少的主要战术。

第三节 乒乓球竞赛主要规则

一、规则要点

(一) 发球

(1) 发球开始时,球自然地置于不持拍手的手掌上,手掌张开,保持静止。

(2) 发球时,发球员须用手将球几乎垂直地向上抛起,不得使球旋转,并使球在离开不执拍手的手掌之后上升不少于16厘米,球下降到被击出前不能碰到任何物体。

(3) 当球从抛起的最高点下降时,发球员方可击球,使球首先触及本方台区,然后越过或绕过球网装置,再触及接发球员的台区。双打中,球应先后触及发球员和接发球员的右半区。

(4) 从发球开始,到球被击出,球要始终在台面以上和发球员的端线以外,而且不能被发球员或其双打同伴的身体或衣服的任何部分挡住。

(5) 在运动员发球时,球与球拍接触的一瞬间,球与网柱连线所形成的虚拟三角形之内和一定高度的上方不能有任何遮挡物,并且其中一名裁判员要能看清运动员的击球点。

(二) 击球

对方发球或还击后,本方运动员必须击球,使球直接越过或绕过球网装置,或触及球网装置后,再触及对方台区。

(三) 失分

(1) 未能合法发球。
(2) 未能合法还击。
(3) 击球后,该球没有触及对方台区而越过对方端线。
(4) 阻挡。
(5) 连击。
(6) 用不符合规则条款的拍面击球。
(7) 运动员或运动员穿戴的任何物件使球台移动。
(8) 运动员或运动员穿戴的任何物件触及球网装置。
(9) 不执拍手触及比赛台面。
(10) 双打运动员击球次序错误。
(11) 执行轮换发球法时,发球一方被接发球一方或其双打同伴,包括接发球一击,完成了13次合法还击。

(四) 一局比赛

在一局比赛中,先得11分的一方为胜方;10平后,先多得2分的一方为胜方。

(五) 一场比赛

单打的淘汰赛采用七局四胜制,团体赛中的一场单打或双打采用五局三胜制。

(六) 次序和方位

(1) 在获得2分后,接发球方变为发球方,依此类推,直到该局比赛结束,或直至双方比分为10平,或采用轮换发球法时,发球和接发球次序不变,但每人只轮发1分球。

(2) 在双打中,每次换发球时,前面的接发球员应成为发球员,前面的发球员的同伴应成为接发球员。

(3) 在一局比赛中首先发球的一方,在该场比赛的下一局中应首先接发球,在双打比赛的决胜局中,当一方先得5分后,接发球一方必须交换接发球次序。

(4) 在某一方位比赛的一方,在该场比赛的下一局应换到另一方位。在决胜局中,一方先得5分时,双方应交换方位。

(七) 其他

(1) 处于比赛状态中运动员或他穿戴的任何东西使球台移动、触及球网装置和运动员不执拍手触及比赛台面均失1分。

(2) 在一场比赛开始前,运动员有权在比赛球台上练习2分钟;在局与局之间,运动员可以有不超过1分钟的休息时间;在一场比赛中,运动员可要求一次暂停,时间不超过1分钟。

(3) 每局比赛中,每得6分后,或决胜局交换方位时,有短暂的时间擦汗。

二、竞赛方法

乒乓球比赛分团体赛和单项比赛。比赛中采用淘汰赛、分组循环赛。在单打比赛中可采用三局二胜制、五局三胜制、七局四胜制。团体赛形式分为：五局三胜制（五场单打）、五场三胜制（四场单打和一场双打）、七场四胜制（六场单打和一场双打）和九场五胜制（九场单打）。单项比赛一般应采用淘汰制进行，但团体赛和单项预选赛可以按淘汰制或分组循环制进行。

（一）淘汰赛

淘汰赛分单淘汰赛和双淘汰赛。采用淘汰制在比赛中失败者就要退出比赛，胜者可继续下一轮次的比赛。淘汰赛的特点是节省时间，竞争性强。

1. 单淘汰赛

单淘汰赛是运动员按编排顺序由相邻的两个选手进行比赛，胜者进入下一轮比赛。单淘汰赛的场次计算：比赛总场次 = 参赛总人数 − 1。

2. 双淘汰赛

双淘汰赛是将运动员编成一定顺序，每一轮的负者有第二次机会，即按其失败的轮次定位到另一个淘汰赛中，输两场即被淘汰。

3. 轮空和预选赛

淘汰赛第一轮的位置数应为 2 的幂。如果位置数多于已接纳的报名人数，第一轮应设置足够的轮空位置以补足所需位置数目。如果位置数少于已接纳的报名人数，应举行预选赛，使预选赛出线人数和免予参加预选赛的人数的总和等于所需的位置数。轮空位置应按照种子排列先后次序安排，在第一轮中尽可能均匀分布。

通过预选赛的选手应视情况尽可能均匀地排入相应的上半区、下半区、1/4 区、1/8 区或 1/16 区。

（二）循环赛

循环赛分单循环赛和分组循环赛。循环制是球类比赛的一种基本和常用的方法，参赛各队在整个比赛或小组比赛中都有相遇的机会，比较有利于对手之间的交流，偶然性及机遇性小，名次排列比较合理，能客观反映比赛结果。但相对而言，比赛的场次多，消耗的时间长，因此在参赛人数（队）多而球台少、时间短的情况下不宜采用。

1. 单循环赛

单循环赛是所有参赛队员或队都轮流比赛一次。比赛采用"逆时针轮换法"，即 1 号固定不动，其他位置相互之间每比赛一次，按逆时针方向轮转一个位置再排出下一轮的比赛顺序。

单循环赛场次的计算：比赛总场数 = ［人（队）数 − 1］× 人（队）数/2。

单循环赛的计算方法是获胜次数多者名次列前，有两个或两个以上的运动员获胜次数相同时，则依次由他们之间场数胜负的比率、局数胜负的比率、分数胜负比率来决定。

2. 分组循环赛

在分组循环赛中，小组里每一成员应与组内所有其他成员进行比赛；胜一场得 2 分，输一场得 1 分，未出场比赛或未完成比赛场次得 0 分，小组名次应根据所获得的场次分数决定。

如果小组的两个或更多的成员得分数相同，他们有关的名次应按他们相互之间比赛的成绩决定。首先计算他们之间获得的场次分数，再根据需要计算个人比赛场次（团体赛时)、局和分的胜负比率,直至算出名次为止。

分组循环赛可采用蛇形排列法、抽签法、蛇形结合抽签法来分组。分组循环赛一般用于团体赛。

思考题

1. 乒乓球常用步法有哪些?
2. 乒乓球发球与接发球的方法有哪些?
3. 乒乓球攻球方法有哪些?
4. 如何练习乒乓球的弧圈球技术?
5. 如何编排小型乒乓球比赛?

第十二章

羽毛球

第一节 羽毛球运动概述

一、羽毛球运动的起源与发展

(一) 羽毛球运动的起源

14～15世纪的日本流行一种游戏,当时的球拍为木质,球是在樱桃核上插上羽毛做成的。但时间不长便消失了。

18世纪,在印度的蒲那城,出现了类似羽毛球活动的游戏,以绒线编织成球形,上插羽毛,人手持木拍,隔网将球在空中来回对击。

现代羽毛球运动诞生于英国。1873年,在英国格拉斯哥郡的伯明顿镇有一位叫作鲍弗特的公爵,在庄园里进行了一次"蒲那游戏"的表演。因这项活动极富趣味性,故很快就风行开来。此后,这种室内游戏迅速传遍英国,"伯明顿"(Badminton)即成为英文羽毛球的名字。

(二) 羽毛球运动的发展

1875年,第一本羽毛球比赛规则在英国出版。

1893年,在英国成立了世界上第一个羽毛球协会。1899年,该协会举办了第1届"全英羽毛球锦标赛",每年举办一次,沿袭至今。

羽毛球运动20世纪初流传到亚洲、美洲、大洋洲,最后传到非洲。

1934年,成立了国际羽毛球联合会,总部设在伦敦。

1939年,国际羽毛球联合会通过了各会员国共同遵守的《羽毛球竞赛规则》。

20世纪20～40年代,欧美国家的羽毛球运动发展很快,其中英国、丹麦、美国和加拿大的水平相当高。20世纪50年代,亚洲羽毛球运动发展很快,马来西亚取得两届汤姆斯杯赛冠军,印度尼西亚队在技术和打法上有所创新,很快取得了霸主地位。

1981年5月,国际羽毛球联合会重新恢复了中国在国际羽联的合法席位,揭开了国际羽坛历史上新的一页,进入了中国羽毛球选手称雄世界的辉煌时代。

在1988年汉城奥运会上,羽毛球被列为表演项目,在1992年巴塞罗那奥运会上被列为正式比赛项目。从此羽毛球运动进入新的发展时期。

(三) 我国羽毛球运动的发展

现代羽毛球运动约于1910年传入我国。20世纪50年代中后期,一批报效祖国的赤子先后回国,并带回了先进的羽毛球技术,推动了我国羽毛球运动的发展。我国羽毛球运动员总结了国内、外羽毛球运动的经验教训和技术资料,结合自己的运动实践进行了探索,不断改进训练方法,逐步形成了中国羽毛球运动所特有的"快、狠、准、活"的技术风格。终于在1963年以自己独创的快速和进攻的打法,一举击败了当时的世界冠军印尼队,跃入世界强队行列。1964年和1965年,我国羽毛球队再次战胜印尼队,打败了欧洲羽毛球王国的丹麦队和瑞典队,成为"无冕之王"。我国的羽毛球技术开始处于世界领先地位,涌现出了许多基本功扎实、技术全面、打法多变,能在各种大赛中发挥稳定的优秀运动员。但直到1981年5月,国际羽联重新恢复我国在国际羽联的合法席位,才实现了我国运动员多年的夙愿——逐鹿世界羽坛,争夺世界桂冠,为国争光。1982年,我国第一次参加国际大赛并夺得"汤姆斯杯",1984年,女队又夺得了"尤伯杯"。随后,我国涌现出了一批世界羽坛顶尖高手,进一步奠定了我国羽毛球技术水平处于世界羽坛领先地位的基础,创造了中国羽毛球历史上的辉煌时期。进入20世纪90年代后,我国与欧洲、韩国、马来西亚等国进入了群雄抗衡的时代。在巴塞罗那奥运会上,我国羽毛球项目竟与金牌无缘。直到1995年才逐渐步出低谷,首次夺得"苏迪曼杯"。1996年,在亚特兰大奥运会上,葛菲、顾俊勇夺女双冠军,实现了我国羽毛球项目在奥运会上金牌零的突破。1997年,我国运动员又夺"苏迪曼杯",同时在世界锦标赛上获得了女单、女双和混双三块金牌,中国羽毛球再次崛起。在第29届北京奥运会上,我国选手豪夺了男单(林丹)、女单(张宁)、女双(杜婧/于洋)的三个冠军,再次捍卫了中国在世界羽坛的霸主地位。2011年伦敦羽毛球世锦赛,中国羽毛球队包揽了全部五块金牌,重现1987年和2010年世锦赛包揽五金的辉煌,巩固了羽坛第一强国的地位。2012年伦敦奥运会林丹、李雪芮分别获得男、女羽毛球单打冠军。

二、场地与器材

(一) 球场

羽毛球球场为长方形,长13.40米,单打场地宽5.18米,双打场地宽6.10米,均用宽40毫米的线画出。场地线的颜色一般是白色、黄色或其他容易辨别的颜色(图12-1)。

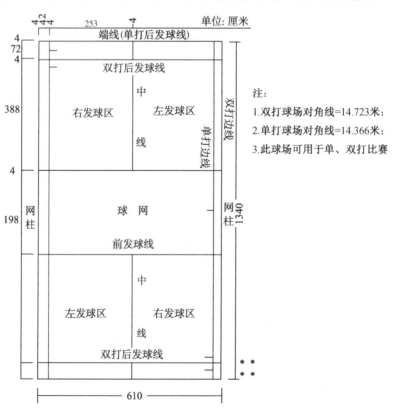

图12-1 羽毛球场地

（二）网柱

网柱从球场地面算起，必须稳固地与地面垂直，并使球网保持紧拉状态。

球网为深色。球场中央网高1.524米，双打边线处网高1.55米，球网的两端必须与网柱拉紧，它们之间不应有空隙。

（三）羽毛球

羽毛球由天然材料、人造材料混合制成，分为羽毛和球托两个部分。

羽毛球应由16根6~7厘米长的羽毛固定在底部为圆形的球托上，每一个球的羽毛从托面到羽毛尖的长度应一致。羽毛球质量为4.75~5.50克。

（四）球拍

球拍由拍柄、拍弦面、拍头、拍杆和连接喉五个部分组成。拍框总长度不超过680毫米，宽不超过230毫米。一般来说，碳素材料的球拍弹性较好，便于借力，而且也不易折断。

第二节 羽毛球基本技术

羽毛球基本技术是指运动员在比赛中所采用的动作方法的总称。羽毛球的主要基本技术包括手法和步法两大类。手法有握拍法、发球法、接发球法和击球法；步法有基本步法和场上移动步法。

一、手法

（一）握拍法

握拍法一般分为正手握拍法和反手握拍法两种。

1. 正手握拍法

虎口对着拍柄窄面内侧的小棱边，拇指和食指贴在拍柄的两个宽面上，食指和中指稍分开，中指、无名指和小指并拢握住拍柄（图12-2）。

图12-2　正手握拍法　　　　图12-3　反手握拍法

2. 反手握拍法

在正手握拍法的基础上，拇指、食指将拍柄稍向外转，拇指自然贴在拍柄内侧的宽面上，柄端靠近小指根部，使掌心留出空隙，有利于击球发力（图12-3）。

3. 握拍法的重点

不论是采用正手握拍还是采用反手握拍，它们共同的技术关键就是要放松和灵活。在练习中要经常提醒和检查自己的握拍是否正确。

（二）发球法

1. 正手发球

（1）正手发高远球（图12-4）。球的运行轨迹又高又远，下落时与地面垂直，落点在对方场区底线附近的球叫作高远球。左手把球举在身体的右前方并自然放下，使球下落，右手同时持拍由上臂带动小臂,从右后方沿着身体向前并向左上方挥动。当球落到右手臂向前下方伸直能触到球的一刹那,握紧球拍,并利用手腕的力量向前上方发力击球。击球之后,球拍顺势向左上方挥动缓冲。

图 12-4　正手发高远球

（2）正手发网前球（图12-5）。准备姿势同发高远球。击球时,握拍要放松,上臂动作要小,主要靠小臂带动手腕向前切送,用力要轻。发网前球时手腕不能有上挑动作,落点要在前发球线附近,发出的球贴网而过。

图 12-5　正手发网前球

（3）正手发平高球。准备姿势同发高远球,只是在击球的一刹那,小臂加速带动手腕向前上方挥动,拍面要向前上方倾斜,以向前用力为主。发出球的高度以对方伸拍击不着为宜,并应落到对方底线。

（4）正手发平快球。准备姿势同发高远球,利用小臂带动屈腕的爆发力向前方用力击球,使球直接从对方肩稍上高度越过,落到后场。

2. 反手发球

反手发球（图12-6）的特点是动作小、出球快、对方不易判断。在双打比赛中多采用此发球技术。

图 12-6　反手发球

发球站位：站在前发球线后 10~50 厘米及发球区中线的附近,也可以站在前发球线及场地边线附近的地方。

准备姿势：面向球网,两脚前后站立（左脚或右脚在前均可）,上体稍前倾,身体重心在前脚上。右手反手握拍,左手拇指、食指和中指捏住球的二三根羽毛,球托明显朝下,球体与拍面平行或球托对准拍面放在拍面前方。

发球动作要领:击球时,小臂带动手腕朝前横切推送。发网前球时,用力要轻,主要靠"切"送;发平快球时,发力要突然,击球时拍面要有"反压"动作。

3. 发球练习方法

（1）徒手做发高远球、网前球动作的挥拍练习,要求动作规范。

（2）两人各站球场一侧场区,进行发高远球练习。

（3）两人各站球场一侧场区,进行发网前球练习。

（4）利用多球连续练习发高远球和正、反手网前球,要求按规范做发球动作练习。

（三）接发球法

1. 接发球的站位和姿势

（1）单打站位。单打站位于离前发球线1.5米处。在右发球区要站在靠近中线的位置;在左发球区则站在中间位置,主要是防备对方直接进攻反手部位。一般左脚在前,右脚在后,双膝微屈,收腹含胸,身体重心放在前脚上,后脚脚跟稍抬起。身体半侧向球网,球拍举在身前,两眼注视对方。

（2）双打站位。双打发球区比单打发球区短0.76米,发高远球易被对方扣杀,所以双打发球多发网前球。接发球时要站在靠近前发球线的地方。双打接发球的准备姿势和单打接发球的准备姿势基本相同,略有区别的是身体前倾较大,身体重心可以随意放在任何一脚。球拍举得高些,在球达到最高点时击球以争取主动。但要注意右场区对方发平快球突袭反手区域。

2. 接发各种来球

（1）对方发高远球或平高球时,可用平球、吊球或杀球还击。一般说来,接发高远球是一次进攻的机会,还击得好,就掌握了主动。但初学者因后场技术没掌握好,还击球的质量较差,以致遭到对方的攻击。因此,要提高后场进攻技术。

（2）对方发网前球时,可用平高球、挑高球、放网前球、平推球还击;如对方发球质量不好,也可用扑球还击。要洞察对方发网前球的意图,如果是要发球抢攻,而自己的防守能力又不强,那就放网前球或平推球还击,落点要远离对方的站位,控制住球不让对方进攻。当对方连续发球抢攻时,接发球时一定要冷静、沉着,若疏忽、麻痹,回球质量稍差,则有可能遭到对方的攻击。

（3）对方发平快球时,可用平推球、平高球还击,以快制快,由于接球方还击的击球点比发球方高,所以下压得狠些可以夺取主动。也可以高远球还击,以逸待劳。不能仓促还击网前球,因为若击球质量稍差,就有可能遭到对方的攻击。

3. 接发球练习方法

（1）自己对着镜子练习接发球的准备姿势,要求准备充分,身体自然放松。

（2）一人发球一人接发球练习。

（3）练习者根据自己的意图把发球者发来的球还击到不同的区域。

（四）击球法

1. 后场击高球技术

一般将击球点高于头部的击球,称为上手击球。上手击球按其技术特点和球飞行弧线的不同,可分为高远球、吊球、杀球和平高球等。它一般用于后场主动进攻或调动、控制对方,所以也称后场主动进攻技术。

(1) 击高远球。击高远球就是将球打得又高又远,球飞至对方底线上空垂直落到端线以内。它可分为正手击高远球、头顶击高远球、反手击高远球。

① 正手击高远球(图12-7)。首先判断来球的方向和落点,侧身后退使球在自己右肩稍前上方的位置,左肩对网,左脚在前,右脚在后,重心在右脚上。左臂屈肘,左手自然高举,右手持拍,手臂自然弯曲,将球拍举在右肩上方,两眼注视来球。击球时,由准备动作开始,上臂后引,随之肘关节上提至明显高于肩部,将球拍后引至头后,自然伸腕(拳心朝上),然后在后脚蹬地、转体和腰腹的协调用力下,以肩为轴,上臂带动小臂快速向前上方甩动手腕,在手臂伸直的最高点击球。击球后,持拍手臂顺惯性往前下方挥动并收拍至体前。与此同时,左脚后撤,右脚向前迈出,身体重心由后脚移到前脚。

图 12-7　正手击高远球

② 头顶击高远球。动作要领与正手击高远球基本相同,只是击球点偏于左肩上方。准备击球时,身体偏左倾斜。击球时,上臂带动小臂使球拍绕过头顶,从左上方向前加速挥动,注意发挥手腕的爆发力,落地时左脚向左后方摆动幅度大些。

③ 反手击高远球。当对方的来球落向左后场区时,迅速把身体转向左后方,移动到适合的击球位置,背对球网,并用反手握拍法握拍。最后一步右脚跨向左后方,球拍由身前举到左肩附近,以上臂带动小臂转动。击球时小臂由左肩上方往下绕弧形,最后一刹那手指紧握球拍,击球点应在右肩上方为好,以手腕往右后上方或者根据还击的需要掌握好球拍的角度进行击球,把球击向后上方。击球后,转身,手臂回到胸前。

(2) 吊球。在中、后场的高球,运用劈切和拦截的技术动作,使球轻轻地落在对方网前区的击球,称为"吊球"。

① 正手吊球。包括劈吊和轻吊。

A. 劈吊(快吊):击球前期动作同正手击高远球。击球时,拍面正面向内倾斜,手腕作快速切削下压动作。若劈吊斜线球,则球拍切削球托的右侧,并向左下方发力;若劈吊直线球,则拍面正对前方,向前下方切削。

B. 轻吊(拦截吊):击球前期动作同正手击高远球。击球时,一种轻吊的拍面变化同劈吊基本一致,但用力要更轻些;另一种是击球时,拍面正击球托或借助于来球的反弹力用球拍轻挡,使球过网后贴网而下。后者多用于拦截对方击来的平高球和半场高球。

② 反手吊球。击球准备和前期动作同反手击高远球,不同点在于击球时拍面的掌握和力量的运用。吊直线球时,用球拍反面切削球托的后中部,向对方的右半场网前发力;吊斜线球时,用球拍反面切削球托的左侧,朝对方左半场网前发力。

③ 头顶吊球。击球前的动作与头顶击高远球一样,它也可劈吊和轻吊。头顶吊直线球的动作同正手吊直线球的动作基本一致,只是击球点不同;头顶吊斜线球时,球拍正面向外

转,切削球托的左侧,朝右前下方发力。

（3）杀球。把对方击来的高球全力向下扣压,称为"杀球"。杀球的特点是力量大、速度快,它是主动进攻的重要技术。杀球分正手杀球、反手杀球和头顶杀球。

① 正手杀球。其击球前的准备姿势和击球动作与正手击高远球基本一样。不同的是最后用力的方向朝下,而且要充分利用蹬地、转体、收腹以及手臂和手腕的爆发力全力地将球向下击出,击球的一刹那要紧握球拍(图12-8)。

图12-8　正手杀球

② 反手杀球。准备姿势和击球动作与反手击高远球一样,但最后用力的方向朝下,而且要加快手臂和手腕朝下的闪动。击球点应尽可能高些、前些,有利于力量的发挥。

③ 头顶杀球。准备姿势和击球动作与头顶击高远球一样,不同的是击球时要充分利用腰腹力量,以上臂、小臂带动手腕快速下压,击球点比头顶击高远球略前一点。头顶杀球是一种重要的进攻技术。

（4）平高球。击出飞行弧线比高远球低,但对方举拍又拦截不到,落点在对方端线附近场区内的球,称为平高球。同击高远球一样,平高球也可以用正手、反手或头顶击球技术来完成。其动作要领与用正手、反手和头顶击高远球一样,所不同的是击球时拍面仰角小于击高远球时的拍面仰角,最后用力主要向前方,而不是向前上方。

（5）后场技术练习方法。

① 一人在场区一边发高远球至对方后场,练习者用高远球或平高球回击练习,将球回击至发球方后场。

② 一人在场区一边发高远球至对方后场,练习者用吊球或杀球回击练习,将球回击至发球方的网前或中场。

③ 两人各站一边,做对击高远球和平高球练习。

④ 两人各站一边,进行一人吊、一人挑及一人杀、一人挡网练习,可规定每组的时间或击球次数。

2. 中场低手击球技术

在中场部位,击球点低于头部高度的击球,称为中场低手击球技术。中场低手击球技术主要有：挡网前技术、挑高球技术、抽球技术、快打技术。它要求挥拍预摆幅度小,突出体现一个"快"字。

（1）挡网前技术。一般用于杀球力量大、球速快时,借助于来球的反弹力量把球挡回去。它分为正手挡网前球和反手挡网前球两种。

① 正手挡直线网前球。该技术多用于接对方快速下压的球。接球前移至右场区,身体右倾,手臂右伸,小臂外旋,手腕外展。击球时,小臂内旋稍翻腕带动球拍由右下向前上方挥动击球,把球挡向直线网前,也可以在击球时小臂由外旋到内收,带动球拍由右向前切送

把球挡向直线网前。击球后身体左转,正面对网,然后右脚上前一步,球拍随身体向左转收至体前。

② 正手挡对角网前球。准备姿势同上。挥拍击球时,在肘关节屈收的同时小臂稍内旋,手腕由后伸到内旋,闪动挥拍击球托的右侧。接球点在右侧前,用手腕、手指控制拍面角度,使球向对角网前坠落。

③ 反手挡直线网前球。准备姿势与正手相似,只是动作方向与正手握拍法相反。击球时,借助于对方来球的冲力,以小臂带动球拍由左上方向左前方用拇指的顶力挥拍轻击球托,把球挡压至网前。击球后,身体右转,正面对网,球拍随身体的移动收至体前。

④ 反手挡对角网前球。用反手网前勾对角球的握拍法。击球时,手腕由外展到后伸,闪动挥拍击球托的左侧下部,使球向对角网前坠落。

（2）挑高球技术。

① 正手接杀挑直线后场高球。当对方杀右边线球时,右脚向右侧跨一大步到位。随步法移动往右侧引拍,右臂稍向右后摆的同时稍带有外旋,手腕后伸到最大限度,使球拍迅速后摆,紧跟着右小臂急速向前挥动时略有外旋,手腕从后伸到伸直闪腕,这时,以肘关节为轴,拍面对准来球,击球托的中下部,使球向直线高远方向飞行。如击球托的右下部,则球向对角线方向飞行。击球后,小臂内放,球拍往体前上方挥动,球拍回收至体前。

② 反手接杀挑后场高球。当对方杀左边线球时,左脚或右脚向左侧跨一大步到位。换反手握拍法,移动的同时往左侧引拍。击球前,前臂内旋,手腕外展,引拍至左侧前。击球时,上臂支撑,小臂急速往右前方挥摆。手腕由外展至后伸闪动,握紧球拍,加上拇指的顶力,快速挥拍击球托的中下部,使球向直线方向飞行。若向对角线方向挥拍击球托的左下部,则球向对角线方向飞行。

（3）抽球技术。抽球是把在头部以下、腰部以上、身体左右两侧的来球平扫回击的击球技术。它可分为正手抽球和反手抽球两种。

① 正手抽球。站在右场区中部,两脚平行开立稍宽于肩,重心在两脚间,微屈膝,收腹,正手握拍举于右肩前。击球前肘关节前摆,前臂稍往后带外旋,手腕稍外展至后伸,引拍至体后。击球时前臂内旋,手腕伸直闪动,手指抓紧拍柄,球拍由右后方往右前方高速平扫来球。击球后手臂顺势左摆,左脚往左前方迈进一步,准备迎击第二次来球。

② 反手抽球。右脚前交叉在左侧前,重心在左脚上,右手反手握拍在左侧前。击球前,肘关节稍上摆,前臂内旋,手腕外展,引拍至左侧。击球时,在髋的右转带动下,前臂外旋,手腕由外展到伸直闪动,挥拍击球托的底部,击球后,球拍随身体的回动收到右侧前。

（4）快打技术。快打是在中场击从对方过来约肩以上至略高于头部之间的平球。快打技术主要具有快速、凶狠、紧逼对方、主动进攻的特点,多用于双打比赛中。它分为正手快打和反手快打。

① 正手快打。在中场区,两脚平行站立或右脚稍前站立均可,两膝弯曲成半蹲,举拍（正手握拍）于肩上。击球点选在右肩上方,击球时,小臂向前,手腕由后伸至前屈,闪动挥拍击球托的后部,使球平直、急速地飞向对方中场区附近。击球后,球拍顺势前盖,右脚往右前方迈一步,站在中线两侧稍偏后位置上,球拍由左下方回举至前上方,准备迎击下一次的来球。

② 反手快打。两脚平行站立于左场区,重心在右脚,举拍于右侧前。当判断来球击往左场区时,右前臂往左摆,身体稍向左转至右肩对网,左脚也往左侧迈一小步,前臂内旋,手

腕外展引拍于左侧后。击球时,前臂外旋,手腕伸直闪动,手指突然抓紧拍柄,挥拍击球托后部,使球比较平直地向前飞行。击球后,球拍由右下回举至前上方,准备下一次击球。

(5) 中场低手击球技术练习方法。

① 进行一人对墙平抽练习。

② 一人在场区一边采用发多球,让练习者在对面中场左右平抽、半蹲快打击球。

③ 两人在中场互相对击,可采用半场直线或斜线,可规定每组练习时间或一次连续对击的次数。

④ 一人扣杀半场直线或斜线,另一人做接杀球练习。

3. 前场击球技术

前场击球技术包括搓球、放网前球、勾球对角、推球、扑球和挑球技术。准备姿势:侧身对网,右脚跨弓箭步,左脚在后自然拉开,上体略有前倾,右手持拍前伸约与肩平,肘关节微屈。注意握拍要放松。

(1) 搓球。击球前准备姿势同上。击球时,拍面稍前倾,利用手腕和手指的力量向前"切削"球托底部或向后"提拉",使球击出后旋转或滚动过网。搓球一般在对方来球较靠近网上时运用。正、反手搓球除握拍不同外,其他要领相同。

(2) 放网前球。准备姿势同上。击球时,拍面稍朝前下方倾斜,小臂带动手腕和手指用前送动作击球托的底部。除握拍不同外,其他要领同正、反手搓球。

(3) 勾对角球。在网前把来球回击到对角线网前叫勾对角球。准备姿势同上。击球时,拍面斜向对方(左)网前。正手勾对角线时击球托的右侧,手腕和手指带动球拍向左内方向勾动;反手勾对角时,击球托的左侧,同时向右内方向勾动。

(4) 推球。在网上将来球用较平的弧线快速推到对方底线场区叫推球。准备姿势同上,击球时拍面前倾几乎与网平行,利用小臂带动手腕和手指的快速"闪动"将球击出。正手推球多用食指力量,反手推球多用拇指力量。

(5) 扑球。在网上把高于网的来球迅速扑压下去叫扑球。击球时,拍面前倾,小臂带动手腕和手指快速闪动发力,击球后立即收拍,以免触网犯规。扑球时要求判断准、上步快、抢点高、动作小。正、反手均可。

(6) 挑球。把对方的吊球或网前球还击到对方后场去叫挑球。它是在被动情况下为了争取回场而采取的一种过渡性质的击球。挑球有正手挑球与反手挑球两种。正手挑球时,以肘关节为轴,伸拍向前并以小臂带动手腕由下向上挥动。反手挑球时,以反手握拍法握拍,击球时,肘关节稍抬高,并以肘关节为轴,小臂带动手腕由下向上挥动。不论是正手挑球还是反手挑球,最后一步应是右脚在前。

(7) 前场击球技术练习方法。

① 自己对着镜子按接网前来球的技术动作徒手挥拍练习,并检查动作是否规范。

② 两人一组,一人在场地一边将球抛在网前,练习者在另一边网前将球击出。可练习正、反手挑球,正、反手放网前球,搓球等各种网前技术。两人轮换练习。

③ 两人在网前对练正、反手放网前球或正、反手搓球等,可规定每组练习时间。

二、步法

(一) 步法的概念

羽毛球比赛时,运动员在场上为了接到球而采取的快速、合理、准确的移动方法,称为步法。它由起动、移动、协助完成击球动作和回动这四个环节所构成。

1. 起动

起动依赖于判断和反应。判断正确、反应快是迅速起动的前提。在起动这一环节中,除了抓好反应速度练习外,同时还要提高判断能力。

2. 移动

一般来讲,从中心位置到击球位置,运动员在场上的速度快慢,很大程度表现在移动上。为了加快步法移动的速度,可以采用专项速度训练。

3. 协助完成击球动作

羽毛球技术在击球时,不单要用上肢挥拍击球,而且需要下肢配合共同发力来完成动作,这是步法结构中的关键部分。如果动作别扭,是不可能击出速度快、落点准的球的。因此要求动作准确、合理、协调,给人轻松自如的感觉。

4. 回动

击球后要很快回到场区中心位置,做好迎接下一来球的准备。回动不是盲目地向场地中心跑,而是要根据战术需要来移动。

(二) 基本步法和场上移动步法

基本步法包括垫步、交叉步、小碎步、并步、蹬转步、蹬跨步和腾跳步等。场上移动步法大致分为三大类,一是上网移动步法,二是两侧移动步法,三是后退移动步法。

1. 基本步伐

(1) 垫步。当右(左)脚向前(后)迈出一步后,紧接着以同一只脚向同一方向再迈一步为垫步。

(2) 交叉步。左、右脚交替向前、向侧或向后移动为交叉步。经另一只脚前面超越的为前交叉步,后面超越的为后交叉步。

(3) 小碎步。小碎步即小的交叉步。由于步幅小,步频快,所以一般在起动或回动起始时用。

(4) 并步。右脚向前(后)移动一步时,左脚即刻向右脚跟并一步,紧接着右脚再向前(后)移一步,称为并步。

(5) 蹬转步。蹬转步是以一只脚为轴,另一只脚向后或向前蹬转迈步。

(6) 蹬跨步。在移动的最后一步,左脚用力向后蹬的同时,右脚向球的方向跨出一大步,称为蹬跨步。它多用于上网击球,在向后场底线两角移动抽球时也常采用。

(7) 腾跳步。起跳腾空击球的步法为腾跳步。它可分为两种:一种是在上网扑球或向两侧移动突击杀球时,以领先的脚(或双脚)起跳,进行扑球或突击杀球;另一种是对方击来高远球时,用右脚(或双脚)起跳到最高点时杀球。

2. 场上移动步伐

在掌握了以上基本步法的基础上,练习上网移动步法、两侧移动步法和后退移动步法等场上移动步法。

(1) 上网移动步法。从中心位置移动到网前击球的步法,称为上网移动步法。上网移动步法可根据各人习惯采用交叉步、并步、垫步或蹬跨步。

① 右边上网步法。可采用两步或三步交叉步加蹬跨步移动的方法;也可采用垫一步再跨一大步移动的方法上网。

② 左边上网步法。同右边上网,只是移动方向是朝左边网前。

(2) 两侧移动步法(接杀球)。从中心向左、右两侧移动到击球点上击球的步法,称为两侧移动步法。它一般用于中场接杀球,起跳突击。

①向右侧移动步法。离中心较近时,可蹬跨一大步到位击球,如离中心较远,则垫一小步后右脚再跨一大步。

②向左侧移动步法。与向右侧移动步法相同,惟方向相反。

③起跳腾空步法。为了争取时间、高点击球,用单脚或双脚起跳,居高临下,凌空一击的方法叫起跳腾空击球。主要采用并步加蹬跳步,这种步法在两侧突击进攻时使用较多。

(3)后退移动步法。从中心移动到后场各个击球点的位置上击球的步法,称为后退移动步法。

①正手后退(右场区)步法。一般采用侧身后退步法,有利于到位后挥拍击球。多采用并步加跳步。

②头顶后退击球(左场区)步法。一般采用侧身后退步法,移动方向是向左后场,采用后交叉步加跳步步法。

(三)练习方法

1. 分解步法练习

分解步法练习主要包括正、反手上网步法练习;正、反手接杀步法练习;正手后退击球步法练习;头顶后退击球步法练习;杀上前(前、后场连贯步法)练习和后场反拍击球步法练习。

2. 固定移动路线的步法练习

从中心位置开始,先后退至正手底线,然后回到场地中心,再上至右网前,再回到场地中心,如此循环地练习。

3. 不固定移动路线的步法练习

由一人指挥,练习者跟着指挥者的手势进行全场综合步法练习。在进行练习时应注意:不论是自练还是按场外指导的指示练习,都要避免机械地移动步子,而应多做一些无规律的重复跑动,这样才能与实战结合起来。

4. 回击多球步法练习

由一人将多球先后发往练习者的前、后、左、右场区,迫使练习者运用各种步法移动去迎击来球。此练习方法既可以练习步法,又可以练习手法,练习密度大,实际效果好。

第三节 羽毛球基本战术

羽毛球的战术是根据对手的技术、打法、体力和意志等因素,从发挥自己的长处、弥补自己的短处出发,为了争取比赛的胜利而采取的各种对策。战术要以技术为基础,技术越高就越能更好地完成战术的要求。

羽毛球运动的竞赛项目分为单打、双打和混双,实战中的技术、战术组合方式各有其特点。

一、单打战术

(一)单打打法

1. 压后场底线

通过高远球或进攻性平高球压对方后场底线,迫使对方后退,配合大力扣球或吊网前空当得分。

2. 打四方球

准确攻击对方场区四个角落,调动对方来回奔跑,打乱其阵脚,在对方来不及回到场地中心或回球质量较差时,向其空当部位发动攻击。

3. 快拉快吊

以平高球快压对方底线两角,配合快吊网前两角,吸引对方上网;以网前搓球、勾对角球结合推后场底线,迫使对方疲于奔跑、被动回球,从而为本方创造中后场大力扣杀或网上扑杀的机会。

(二) 单打基本战术

1. 发球抢攻战术

发球抢攻是重要得分手段,发球可根据对手的站位、回击球的习惯球路、反击能力、打法特点、心理状态等情况,运用不同的发球方法,以取得前几拍的主动权。运动员使用这一战术,可以打乱对方的整个战略部署,使对方措手不及。

2. 接发球抢攻战术

接发球抢攻战术是接发球战术中最易得分、最有威胁的一种战术。但是,前提是对方发球质量欠佳。

3. 攻后场、前场战术

攻后场是通过击高球、重复压对方的底线两角,造成对方的被动,然后寻找机会进攻。用它来对付初学者、后场还击能力较差者、后退步法较慢者以及急于上网者是有效的。

攻前场是对网前技术较差的对手,用此战术先将其吸引到网前,然后再攻击其后场。采用此战术,自己首先要有较好的网前击球技术。

4. 打四方球战术

打四方球是在对手的步法较慢、体力较差、技术不全面的情况下,以快速、准确的落点攻击对方场区的四个角落,寻找机会向空当进攻。运用这种战术可以通过打落点,逼迫对方前后奔跑、被动应付,并在其回球质量下降或露出破绽时乘虚而攻之。

5. 吊杀上网技术

吊杀上网是针对对手打来的后场高球,本方先以杀球配合吊球把球下压,落点选在场区的两条边线附近,致使对手被动回球。在对手回网前球时,本方迅速上网搓球、勾对角球或平推球,创造在中场大力扣杀的机会。运用吊杀上网战术必须能很好地控制杀球和吊球的落点,在使对手被动回网前球时,才能主动迅速上网。

二、双打战术

(一) 双打站位及打法

1. 前后站位打法

此打法基本上在本方发球时采用。发球队员站位较前。当发球员发球后立即举拍封堵前场区,另一名队员则负责中场或后场的各种来球。

2. 左右站位打法

本打法基本上为本方处于接发球状态和受到下压进攻时采用。对方发球或打来的平高球处于后场,接球方可从原来的前后站位立刻转换为左右站位,两人各负责左右半场区的防守,以平抽、平打压住对方底线两角,在对方扣杀球时也能以平抽反击或挑高远球至两底角,造成对方回球无力,一举扣杀或吊球成功。

3. 轮转站位打法

在比赛中,攻守双方应根据比赛的情况而不断地在前后站位和左右站位间相互变换。

(1) 发球或接发球时前后站位。当对方回击高球至后场偏一侧进攻时,位于前面的队员要直线后退,后方的队员看情况向左侧移动,改换成左右站位。

(2) 发球或接发球时处于左右平行站位。在发球后或在击球过程中,一旦有机会进行下压进攻,一名队员便快速上网封堵,另一队员则快速移动到后场进行大力扣、吊、杀球,使对方处于被动地位。

4. 双打打法

(1) 快攻压网。从发球、接发球抢攻开始,以左右分边站位、平抽平打快速杀球为主,压在前场进攻。

(2) 前场打点。通过网前搓、勾对角及推半场球或找空隙进攻,打乱对方站位,以创造后场进攻的机会。

(3) 后攻前封。两队员基本保持前后站位,后场逢高球下压,当对方回球到前半场或网前时,予以致命的扑杀。

(4) 抽压底线。以快速的平高球或长抽球压住对方底线两角,即使在对方扣杀时也能以平抽反击或挑高球至对方底线两角来调动对手,伺机进攻。

(二) 双打基本战术

双打比赛不仅仅是竞赛双方在技术、战术、体力上的较量,同时也是双打同伴相互间配合程度的较量。所以在学习双打战术之前,应先了解两人之间站位形式上的配合。

1. 攻人战术(二打一)

这是一种经常运用的行之有效的战术。当发现对方有一人的防守能力或心理素质较差,失误率比较高或防守时球路单调时,就可采用这种战术,把球进攻到这个弱者的一边。双打比赛中配对选手的技术,一般总有一人稍好,另一人稍差。即便两人水平相差不多,但若能集中力量攻其中一人,也可给其造成很大的心理压力,从而使其出现失误。

2. 攻中路战术

当对方分边站位防守时,将球攻击到对方两人的中间;当对方前后站位对,可将球下压或平推至两边线的半场处,这样可使对方在防守时互相争抢或互让而出现失误。

3. 攻后场战术

若对方后场扣杀能力差时,本方可采用平高球、推平球、接杀挑底线,把对方一人紧逼在底线两角移动。当对方被迫还击时,则抓住机会大力扣杀。如另一对手后退支援时,即可攻网前空当。

第四节 羽毛球竞赛主要规则

一、羽毛球比赛方法

一般采用单循环赛和单淘汰赛两种。有时也可以综合这两种比赛方法的优点,采用阶段赛方法,即第一阶段分组单循环赛,第二阶段单淘汰赛。

(一) 单循环赛

参加比赛的运动员(或队)之间轮流比赛一次,为单循环赛。

单循环赛由于参加运动员(或队)之间比赛的机会多,有利于相互学习,共同提高。但单循环赛场数多,比赛时间长,使用场地数量也多。因此,单循环赛的运动员(或队)不宜过多。在运动员(或队)过多时,可采用分组单循环赛的办法。采用分组单循环赛时,一般以4~6人(或队)为一组比较适宜。

(二)单淘汰赛

运动员(或队)按编排的比赛秩序,由相邻的两名运动员(或队)进行比赛。败者淘汰。胜者进入下一轮比赛,直至将所有对手淘汰成最后一名胜者(或队)——冠军,比赛即告结束。

1. 轮数和场数

单淘汰赛的轮数等于或大于运动员人(队)数最接近的2的乘方指数,是2的几次方即为几轮。场数 = 人(队)数 − 1。

2. 轮空位置的分布

当参加比赛的人(队)数为4、8、16、32、64或较大的2的乘方指数时,他们应按比赛顺序成对相遇地进行比赛;当参加比赛的人(队)数不是2的乘方指数时,第一轮应有轮空。

3. 抽签

确定种子队。

4. 附加赛

单淘汰赛只能产生第一、二名,如果比赛需要排出第一、二名以后的若干名次,则需要另外再增加几场比赛,增加的这几场比赛称为附加赛。

5. 预选赛

当参加比赛的运动员超过64人时,建议竞赛组织者在竞赛委员会或裁判长监督下进行争夺参加正式比赛资格的比赛。

二、羽毛球比赛规则简介

(一)计分规则

国际羽联目前的记分规则实行每球得分制,所有单项的每局获胜分皆为21分,最高不超过30分。每场比赛采取三局两胜制。率先得到21分的一方赢得当局比赛。如果双方比分为20∶20,获胜一方需超过对手2分才能取胜;直至双方比分打成29∶29,那么率先得到30分的一方获胜。上局获胜一方在接下来的一局比赛中率先发球。

(二)挑边规则

比赛开始前,双方应利用挑边器决定场区或发球,赢者优先选择。

(三)站位方式

1. 单打

当发球员得分数为0或偶数时,双方运动员均在各自的右发球区发球或接发球;当发球方得分数为奇数时,双方运动员均在各自的左发球区发球或接发球。

2. 双打

(1)比赛中,当比分为0或偶数时,球从右发球区对角发向对方场地的右接发球区;当比分为奇数时,球从左发球区对角发向对方场地的左接发球区。比赛中,只有当一方连续得分时,发球队员才必须在右或左发球区交替发球,而接发球方队员的位置不变。其他情况下,运动员应站在上一回合的各自发球区不变,以此保证发球队员的交替。

(2)双打比赛无论是在开始还是在赛中,皆为单发球权,也就是说每次一方只有一次发球权。发球方失误不仅丢失发球权,也将丢失1分,如果这时得发球权的一方得分为奇数,则必须是位于左发球区的运动员发球,如果这时得发球权的一方得分为偶数,则必须是位于右发球区的选手发球。

(3) 双打比赛只有接发球队员才能接发球,若其同伴接发球或被球触及则"违例",判发球方得分。当发球被回击后,球可由两人中任一人击回,不得连击,如此往返直至死球。

(4) 双打比赛发球时,发球队员和接发球队员必须站在规定的发球区和接发球区内发球和接发球,他们的同伴站位可以不受限制,但不得妨碍同伴。运动员发球和接发球顺序不得有误,一名运动员在同一局比赛中不得连续两次接发球(重发球除外)。

(四) 比赛间隙方式

每场比赛均采取三局两胜制。当一方在比赛中得到 11 分时,双方队员将休息 1 分钟;两局比赛之间的休息时间为 2 分钟。

(五) 比赛中常见的违例

1. 过腰

发球时球的任何部分在击球瞬间高于发球运动员的腰部。

2. 过手

击球瞬间,球拍顶端未朝下,整个拍框没有明显低于握拍手的整个手部。

3. 未先击球托

在击球瞬间不是首先击中羽毛球的球托部分。

4. 不正当行为

一旦开始发球,双方站好位置,任何运动员就不得做假动作,或有意妨碍对方或故意拖延发球或接发球的准备时间,有企图占便宜等不正当行为(发球队员向前挥拍动作不得中断)。

5. 发球方位错误

发球时发球队员(双打时包括接发球队员)未站在应该站的发球区内发球或接发球。

6. 顺序错误

双打中发球或接发球队员,没有按照正确顺序进行发球或接发球。

7. 脚违例

发球时发球或接发球队员,不得有踩线、任何一脚离开地面、移动等动作。

8. 连击

运动员在击球时两次挥拍连续击球两次,或同队两名队员连续各击球一次。

9. 持球

击球时,球停滞在拍上紧接着又有拖带动作。

10. 过网击球

球拍与球的接触点不在击球者一方(如在本方击球后,则球拍允许随球过网)。

11. 触网

比赛进行中,运动员的球拍、身体或衣服触及球网或其支撑物。

12. 侵入对方场区

比赛进行中运动员的球拍和身体任何部分侵入对方场区。

13. 妨碍

当对方运动员在靠近网前上空有机会向下击球时,将球拍在网前举起企图拦截使球反弹过去。

三、羽毛球比赛欣赏

欣赏羽毛球比赛,第一看运动员手法、步法的协调性;第二看运动员的战术运用;第三看运动员的精湛技艺;第四看运动员的赛风和拼搏精神;第五看运动员的绝招。运动员在极其复杂的对抗中,会表现出高超的技艺,显示个人能力。

羽毛球比赛是一个全球性的项目,深受世界人民的喜爱,欣赏羽毛球比赛,除了要懂得比赛规则、掌握基本看点外,还可以从"快、准、刁、活"这四个方面细细品味。

"快",在羽毛球的竞技中起决定胜负的作用。高水平选手都具备起动快、反应快、动作快的特点,能够从对方的击球姿势、击球响声发生的一刹那,判断出对手是扣、吊球或接高远球的意图,从而迅速做好稳妥的回击来球准备。另外,运动员在场上前后、左右疾停疾起地奔跑,那轻盈美丽的步法,特别是腾空跳起的大力扣杀,会给观众留下深刻的印象。

"准",也是吸引观众的一个方面,羽毛球在空中来回飞行一次的时间在一秒之内,而羽毛球高手能在这瞬间控制住球,使它按照自己的意志飞行、下落。

"刁",即刁钻,刁钻是高手球艺的特点,无论是球路的刁钻或是技术手段的刁钻,都是运动员聪明才智的反映。高手们网前灵活多变的手腕,手指微细的变化,打出搓、勾、推、放等几种刁钻而落点不同的球,能让对手顾此失彼,难以招架。

"活",即变化多端,这是羽毛球比赛的特点。在比赛时,双方的打法都是不断变化的,各种球路如前后、左右、直线、斜线等都是为了扬长避短、克敌制胜。灵活多变的战术是调动对手、控制对手、取得胜利的重要因素。

总之,一场精彩的羽毛球比赛,既有乒乓球比赛那样细腻精巧的技术,又有网球比赛中前后、左右奔跑,以力相搏的角逐;既有高雅的韵味,又有激烈的对峙,能给人们最佳的视觉享受。

思考题

1. 正手发高远球的技术要点是什么?
2. 发高远球与发网前球在实战中有什么不同的作用?
3. 对方发来高远球或网前球时,可用哪几种击球方式还击?
4. 怎样才能加大扣杀球的效果?
5. 羽毛球单打和双打的基本战术有什么不同?
6. 步法和手法之间有什么关系?

第十三章

网 球

第一节 网球运动概述

一、网球运动的起源与发展

（一）网球运动的起源

网球（tennis）是一项高雅而激烈的运动,网球运动的由来和发展可以用四句话来概括：孕育在法国,诞生在英国,开始普及和形成高潮在美国,现在盛行全世界。现代网球运动包括室内网球和室外网球两种形式。

网球运动最早起源于12~13世纪法国传教士在教堂回廊里用手掌击球的一种游戏。后来成为宫廷里的一种室内消遣娱乐活动。

14世纪中叶,这种游戏通过英国国王亨利五世传入英国,英国人将这种表面用斜纹法兰绒制作的球称为"tennis",并沿用至今。

15世纪改用羊皮纸做拍面的卵形球拍代替了手掌,并增设了球网。

16~17世纪,出现专门建造的球场,规定了场地的大小,制定了相应的比赛规则,并进一步改进了球拍,拍面由羊皮纸变成了弦线。

（二）网球运动的发展

1881年,出现了世界上第一个全国性的网球协会,即美国全国草地网球协会（"全国"两字于1920年取消）。该会于当年8月31日至9月3日,在罗得岛纽波特港举行了第一届美国草地网球男子单打和男子双打锦标赛,采用了温布尔顿的比赛规则,参加比赛的有26人。

1900年,21岁的美国网球运动员戴维斯,为了推动现代网球运动的发展,捐赠了一只纯银大钵,名为戴维斯杯。它后来成为国际网坛声望最高的男子团体锦标赛的永久性的流动奖杯。每年的冠军队和队员的名字都刻在杯上。

1904年,澳大利亚草地网球协会成立,并于1905年开始主办澳大利亚网球锦标赛,设男子单打、男子双打两个项目。1922年又增加了女子单打、女子双打和混合双打三项。法国网球锦标赛、英国温布尔顿网球锦标赛、美国网球锦标赛和澳大利亚网球锦标赛合在一起是世界上最有声望的"大满贯"网球锦标赛。任何一名选手或一组双打选手能在同一赛季中赢得这四个锦标赛的冠军,便可获得"大满贯"优胜者的荣誉。

1913年3月1日,由澳大利亚等12个国家的网球协会代表在巴黎成立了国际网球联合会（ITF）,协调国际网球活动,安排全年比赛日程表,修订网球比赛规则并监督它的执行。

1896年在雅典举行的第1届奥运会上,网球的男子单打与双打被列为正式比赛项目。后来因故被取消资格,直到1984年的洛杉矶奥运会上,网球才被列为表演项目。到1988年的汉城奥运会上,网球重新被列为正式比赛项目。

二、网球场地的种类

标准网球场根据其材料又分为草地场、硬地场、红土场等,网球场可分为室外和室内,且有各种不同的球场表面。草地场是最基本的户外场地,但是其建立和保养费用太昂贵,所以现在已被人造球场取代,它较便宜且容易保养。另外,有一种在欧洲盛行的红土场,法国公开赛即使用此种球场。

1. 草地场

草地场是历史最悠久、最具传统意味的一种场地。其特点是球落地时与地面的摩擦小,球的反弹速度快,对球员的反应、灵敏性、奔跑的速度和技巧等要求非常高,使用草地场最典型的比赛就是温布尔顿网球公开赛。

2. 红土场

更确切的说法是"软性球场"。使用红土场最典型的比赛就是法国网球公开赛。另外,常见的各种沙地、泥地等都可称为软性球场。

3. 硬地场

现代大部分的比赛都是在硬地场上进行的,它也是最普通、最常见的一种场地。硬地场一般由水泥或沥青铺垫而成,其上涂有红、绿色塑胶面层,表面平整、硬度高,球的弹跳非常有规律,但球的反弹速度很快。硬地场最典型的比赛就是美国网球公开赛。

三、世界著名网球比赛

目前在世界范围内影响力最大的网球比赛被称为四大公开赛,又称为大满贯赛,是所有的职业、正式网球比赛中奖金最多、积分最多、地位最高的比赛,也是所有网球选手最想拿到冠军的比赛。除此之外,奥运会网球比赛以及中国网球公开赛也逐渐受到人们的关注。

四、我国网球运动的发展概况

1885年前后,网球运动传入中国。先是在上海、广州等大城市的外国传教士和商人之间出现网球活动,随后一些教会学校也开展起这项运动。1898年,上海圣约翰书院举行斯坦豪斯杯赛,这是中国网球史上最早的校内比赛。1906年,北京汇文学校、协和书院、清华学校、上海圣约翰大学、南洋公学、沪江大学以及南京、广州、香港的一些学校开始举行校际网球赛,促进了网球运动在中国的传播。20世纪60年代初期,由于国家经济困难,全国性的网球比赛一度停止。

改革开放后,中国网球运动飞速发展。20世纪90年代初引进了国际大赛,举办全国巡回赛。1993年开始尝试走职业化道路,1998年建立了具有中国特色的职业化网球俱乐部,并举办了网球俱乐部联赛。

2004年,中国的双打选手李婷与孙甜甜获得了雅典奥运会的女子双打金牌,为中国的奥运会网球历史书写了新的篇章。2006年1月27日,中国选手郑洁、晏紫在澳大利亚公开赛上夺得女子双打冠军。2006年7月,郑洁、晏紫在温布尔顿网球公开赛上又一次夺得女子双打冠军。2008年北京奥运会上,郑洁、晏紫获女子网球双打冠军。2011年,李娜获澳大利亚网球公开赛女单亚军,在随后的法国网球公开赛上获得冠军。2014年李娜获得澳大利亚网球公开赛冠军。

随着中国网球运动员成绩的不断提升,中国的网球运动必将向着更高的方向发展。

第二节　网球基本技术

网球基本技术主要有：握拍、准备姿势、基本步法、发球与接发球、抽击球、截击球、高压球、削切球等。

一、握拍

网球技术中，最基本的就是握拍方式。目前最流行的握拍方式为东方式握拍和西方式握拍。握拍方式不同，网球接触球拍的角度不同，产生各种不同的击球效应和打法。这两种握拍方式在世界网坛上都有着不错的成绩。此处介绍几种最常见的握拍方法。

（一）大陆式握拍

大陆式握拍又被称为"榔头"式握拍，采用这种握拍时，食指根部压在与拍面水平的那个柄平面上，拍面的角度几乎与地面垂直，仿佛在用拍框的侧面钉钉子一样。大陆式握拍法适合用来击打任何类型的球，但在发球、打截击球、击过顶球、削球以及打防守球时采用这种握拍效果更好（图13-1）。

图13-1　大陆式握拍

（二）东方式正手握拍

将手平放在拍弦上，然后下滑到拍柄根部抓握；或者把球拍平放在桌面上，闭上眼，将球拍拿起。从技术的角度讲，东方式正手握拍就是先以大陆式握拍法持拍，然后沿逆时针方向旋转球拍（左手握拍的选手需沿顺时针方向转动），直到食指的根部压到下一个接触的斜面为止（图13-2）。

图13-2　东方式正手握拍

图13-3　半西方式正手握拍

（三）半西方式正手握拍

以东方式正手握拍，然后沿逆时针方向（左手握拍则沿顺时针方向）旋转球拍，使食指根部压在下一条拍棱上。在职业网球巡回赛中，底线力量型选手多采用这种握拍法（图13-3）。

（四）西方式正手握拍

在半西方式正手握拍的基础上，逆时针转动拍面（左手握拍顺时针转动），使食指根部接触到下一个平面，这种握拍就是完全的西方式正手握拍法。喜欢打强烈上旋球的红土场选手多采用这种握拍法（图13-4）。

图13-4　西方式正手握拍

图13-5　双手反手握拍

（五）双手反手握拍

使拍面处于大陆式和东方式反手握拍的中间位置，然后用另一只手以东方式正手握拍法放在持拍手的前方（图13-5）。

事实上，没有完美的握拍方式，每一种握拍方式都有它的优点和局限。握拍方式决定了球拍击球时的角度、接触球的位置，最终影响到步法、球的旋转以及击球时的场上位置。困难的是为每次击球都选择适当的握拍方式。

二、准备姿势

面对球网，双脚开立略比肩宽，膝部放松，上身稍向前倾，重心稍放在脚尖上。右手轻握拍柄，左手扶住球拍，球拍置于腰部与胸部之间。两肘轻触腰侧部，目光注视来球。重要的是身体要放松，肩部和握拍要放松，过于用力就无法顺利地进入挥拍动作。要根据来球迅速地做出反应，判断是正手击球还是反手击球，要能随时进行跳跃动作。

三、基本步法

网球的各种击球都是在跑动中完成的。步法的移动是为了调整好人和球之间的距离，只有通过精确的判断、及时的移动以获得不同落点、不同高度的球的一个理想站位，才能更有效地击球。下面以右手持拍为例，介绍几种步法。

（一）正手击球步法

原地时，右脚右转90°，同时转体，左脚向左前方跨出，与端线约成45°，使左肩对网击球。移动时，右脚向右侧跨出半步，同时右脚右转，左脚与端线约成45°，左肩对网击球。

（二）反手击球步法

原地时，左脚左转90°，同时转体，右脚向左前方跨出，使右肩背侧对网击球。

（三）滑步步法

向右移动时先跨右脚再跟左脚，向左移动时先跨左脚再跟右脚。

（四）前进步法

正手击球时，左脚向前跨一步，右脚紧跟左脚向右前跨出，约成45°，此时重心在右脚，击球后移至左脚。反手击球时，左脚向前跨一步，右脚滑步跟上，左脚向左前迈步，右脚大步跨到左脚前与球网成45°，此时重心在左脚，击球后移至右脚。

（五）后退步法

正手击球时，右脚后退，左脚随同后退，右脚向右转，左脚跟随向右转约45°，重心在右脚，击球后重心移至左脚。反手击球时步法相反。

（六）练习方法

（1）徒手听口令练习步法。

（2）结合挥拍练习步法。

（3）多球定点练习步法。

（4）多球不定点练习步法。

四、发球与接发球

在现代网球运动中，发球技术（图13-6）是非常重要的网球技术。它可以不受对方制约，在较大的程度上能够发挥出个人的特点，用以控制对方，为自己的进攻创造有利条件。为此，要求运动员必须比较全面地掌握各种发球技术，以利于在比赛中争取主动。

图 13-6 发球

（一）动作要领

（1）采用大陆式或东方式反手握拍法。

（2）准备姿势。全身放松，两脚分开约同肩宽，左脚与端线约成 45°，右脚约与端线平行，重心在左脚上。左手持球，轻托球拍在腰部，拍头指向前方。呼吸均匀，精神集中。

（3）抛球与后摆球拍动作同步开始。抛球动作要协调、平稳，球送至最高点再离开手指抛向空中。此时右肘向后外展约同肩高，拍头指向天空，左侧腰、胯成弓形状，身体重心随着抛球开始先移向右脚，然后平稳地开始前移。此刻，肩与球网成直角。

（4）当球下降至击球点时，迅速向上挥拍击球，左脚上蹬，使手臂和身体充分伸展。

（5）随挥动作。球发出后，身体向场内倾斜，保持连续的、完整的、向前上方伸展的随挥动作。球拍挥至身体的左侧，重心移向前方，做到完全自然地跟进并保持身体平衡。

（二）发球的分类及其方法

发球基本分三种：平击发球、切削发球和上旋发球。每一种发球都有自己的特点和用途，好的发球具有相当大的攻击力，并使发出的球在速度、力量、旋转和落点方面有变化。

1. 平击发球

平击发球在诸种发球中是球速最快的发球法，也叫炮弹式发球。该发球不但球速快，而且反弹低。

动作要领：平击发球时的击球点应在右眼前上方，以拍面中心平直对准球，击球的后中上部。因此手腕的向前抖甩和前臂的"旋内鞭打"非常重要，身体充分向上、向前伸展，以获得最高击球点，提高发球命中率。

2. 切削发球

这是一种以右侧旋转（略带下旋）为主的发球法，就是由球的右上方往左下方切削击球。

动作要领：发球时把球抛到右侧斜上方，球拍快速从右侧中上方向左下方挥动。击球部位在球的中部偏右侧，使球产生右侧旋转。

3. 上旋发球

这是以上旋为主、侧旋为辅的发球法。

动作要领:发上旋球时把球抛到头后偏左的位置,击球时身体尽量后仰成弓形,利用杠杆原理使球加速旋转,球拍快速从左向右上方挥动,从下向上擦击球的背面,并向右带出,使球产生右侧上旋。

(三)练习方法

(1)徒手练习。

(2)有球定区练习。

(3)多球听指令练习。

五、抽击球

(一)底线正手抽击球

1. 正手平击球

动作要点(图13-7):

(1)东方式握拍或东西方混合握拍法,以腰的扭转带动拉拍,动作放松,手腕控制好拍面,手背与小臂成70°。

(2)充分利用腰部回转和腿部力量,整个手臂的挥动要快,用力要集中,击球时手背与小臂成30°,球拍击球中部直接将球击出。

(3)进攻击斜线时,应击球的中部偏右部位;进攻击直线时,应以击球的中部为主。在步法上,应根据对方来球的落点变化而做出相应的反应。

(4)由于平击球飞行弧线平直,容易出界或下网,因此挥拍动作不应过于向上,应几乎水平地向前挥动击球,这样便于压住球并控制好球过网的高度。

图13-7 正手平击球

2. 正手上旋球

正手上旋球是球拍自后下方向前上方挥动摩擦整个球体,使球由后下方朝前上方转动,故叫作上旋球。动作要点:

(1)西方式握拍或半西方式握拍法,以腰部扭转带动拉拍,动作放松,手腕控制好拍面,手背与小臂成70°。

(2)充分利用腰回转和腿部力量,整个手臂的挥动要快,用力要集中,击球时手背与小臂成30°,球拍击球中部直接将球击出。

(3)挥拍过程中,拍头移动的弧线应由低到高,球拍轨迹主要靠屈肘完成,触球时,小臂内旋,同时屈肘击球。

(4)击球后继续向前挥拍,上臂与地面平行,随挥动作使肘部抬至与肩同高。

（二）底线反手抽击球

底线反手抽击球有上旋球拍击法与下旋球拍击法,另有单手击球和双手击球之分。

1. 底线反手抽击球

动作要点(图13-8):

（1）向后拉拍要早,左手轻扶拍颈,借助于转体,右肩侧身对左侧网柱(或对网),右脚向前方跨出,持拍手肘关节微屈并靠近身体,向后拉拍。

（2）当球落地弹起,持拍手借助于腰部回转,球拍由后下方向前上方挥出,击球点在身体侧前方(右脚尖前方),击球时拍面垂直于地面,击球的中部偏下。

（3）击球后球拍要向正前上方挥出,重心也由左脚移到右脚,同时正面对网,结束动作要放松并顺其自然。

图13-8　底线反手抽击球

2. 底线双手反手抽击球

动作要点(图13-9):

（1）反手双手握拍击球,两只手都是东方式握拍法;如果是右手握拍者,右手以东方式反手握拍法握拍,手掌根靠近球拍柄的端部,左手以东方式正手握拍法握在右手的上方。

（2）侧身转肩背朝球网,向后充分引拍,以获得必要的击球力量。右脚向前跨出,身体重心在右脚,后引动作靠近身体腰部。

（3）击球时回身扭腰,球拍由后下方向前上方挥出,拍面垂直,触球的中部或中部偏下,使球产生上旋,击球点在右脚侧前方。利用双臂的伸展来增加击球力量,身体重心移向右脚。

（4）击球后面向球网,随挥动作由后下方向前上方越球而过,动作在肩部结束。

图13-9　底线双手反手抽击球

（三）练习方法

（1）徒手挥拍练习。

（2）对墙练习。

（3）两人练习。

六、截击球

截击球是网前技术中的一种攻击性击球方法，在球落地之前，将球击回到对方半场区。它回球速度快，力量重，威胁大。目前国内外优秀网球运动员都普遍采用发球上网或接发球上网战术，因而截击球技术被提升到攻击性打法中不可缺少的重要地位。

（一）正手截击

引拍幅度要小，一般不超过肩部。挥拍路线向前下方，挥拍同时左脚向前跨半步成半开放式站立。拍面倾斜，与地面成一定角度，截击后使球下旋，击球时各关节（腕、肘）相对固定。随挥动作幅度极小，击球时，球拍整体与球网平行。

（二）反手截击

击球点比正手截击更靠前，击球转体动作较小，非持拍手后伸，以保持身体平衡。

（三）练习方法

（1）徒手练习。

（2）两人练习。

七、其他技术介绍

（一）高压球

同截击球一样，高压球属于上网击球技术，用以对付对方挑高球，其动作类似于发球，在头部上空用扣杀动作还击来球。高压球堪称击球中的一门"重炮"，是迅速制胜的锐利武器（图13-10）。

图 13-10　高压球

（二）挑高球

挑高球是对付网前选手的一种办法，使球越过对手头顶，迫使对手回跑或我方直接得分。

（三）吊短球

吊短球就是把球刚好"吊"过网。短球吊得好，可迫使疲劳的对手从底线上网，而又够不着球。吊短球要求多采用手腕动作，带有削击的特点。

（四）反手削球

反手削球技术不使用腰部转动和膝关节的伸屈动作以及重心的移动。双手反手击球的人，特别容易利用腰部转动去击球，因此，特别要注意不要使用腰部转动动作。

第三节 网球基本战术

一、网球单打战术

网球单打战术一般分为发球战术、接发球战术、上网战术、底线结合上网战术和底线战术五种。

（一）发球战术

发球不受对方支配，可通过力量、速度和准确性达到得分目的；针对对方弱点，攻其薄弱环节；可利用不同的发球方式，随球上网截击；可运用相似手法，发出不同性能的球，使对方不易捉摸；可利用外界自然条件（如风向、阳光、场地类型等）发球，给接发球者制造困难。

（1）发第一区时，尽量接近中点线，发直线球逼住对方反拍；发第二区时，站位可距中点线稍远，便于以更大斜线发到对方反拍区，扩大自己正拍防守区域。

（2）第一发球时，多用大力平击发球使对方造成接发球失误，或用切削发球、上旋发球控制落点，发至对方防守较差地区。

（3）第二发球时，重点在准确，力求凶狠，控制落点，多用切削发球或上旋发球。

（4）大力平击发球和上旋发球后上网。因大力平击发球后，对方回球快，而且身体不易掌握平衡，常来不及上网，故利用上旋发球后上网者居多。

（二）接发球战术

接发球者一般是处于被动地位，但处理得好可减少被动，甚至化被动为主动。

（1）站在对方可能把球发到的角度的角分线上。当对方发向外或向内旋转的球时，要靠近旋转方向一点。

（2）一般采用平击抽球，将球回击到对方底线两角；也可运用旋转使球旋向两边线外，造成对方左右奔跑；或运用切、削球打到近网两角，或运用挑高球挑过发球上网者头顶等。

（三）上网战术

上网战术是发球或接发球后，冲到离球网较近的位置，不等对方回击的球落地便进行空中截击或高压的一种战术。

（1）发上旋球后，借球在空中飞行时间长，对方难于回击之机上网截击。若抽击球后上网，则出球要斜、深、重，或接近中央地带。

（2）尽可能站到距离球网约2米处。近网则进攻威胁性大，封网角度小，防守控制面积大。此时，站位应在对方可能的击球角度的分角线上。

（四）底线结合上网战术

（1）底线正、反拍必须具有进攻性和较大威胁。

（2）用凶狠的抽击球（如上旋球）拉开对方，及时上网。

（3）具有较好的预测、判断能力，击球果断、有力，及时上网。

（4）底线抽击球在斜、深、重的情况下使对方被动，紧跟着上步做抽杀。

（5）既要考虑积极上网，又要提防对方的破上网打法。

（6）上网击球主要采用截击球和高压球，此时还要熟练掌握反弹球，以落点为主，应付被动情况，争取第二次截击。

（五）底线战术

以进攻型打法为前提，用快速、力量、准确、凶狠取胜对方，使看来是防守性的打法具有攻击性。常用的有逼右攻左、逼左攻右、攻击对方弱点或击出对方不喜欢打的球。

二、网球双打战术

双打比赛，站位一般是正拍好的站右边，反拍好的站左边，理想的是一个右手握拍，一个左手握拍。双打有其特定的战术，不能用单打战术代替。

（一）发球战术

（1）发球者站在底线后面的中线与边线之间的一半处，比单打站位稍靠边线，因为另一边有同伴防守，同时可使发出的斜线球角度更大。

（2）第一发球应大力、凶狠、准确，掌握上网主动权。常用大力上旋球发对方反手区，压制其进攻力量和回击角度，也可用大力平击发球，迫使对方回击高球，以便上网扣杀。

（3）同伴站位在离球网2~3米，离边线3米左右处，把守半边场区，伺机截击或高压击球。

（二）接发球战术

（1）站在对方可能把球发到角度的角分线上。

（2）交替运用平击、切削、旋转三种击球方式，使对方捉摸不定。球要过网低、角度斜、落点深。要压制对方上网，利用时机自己上网。

（3）同伴站在发球线附近，比发球者站得稍后一些，随时关注场上变化。

（三）网前比赛战术

当四人均上网时，短兵相接，要求反应灵敏，动作迅速，有较高的技术水平。

（1）上网位置约在离球网2~3米处，两人各站半场中间稍靠中线位置。这样站位，便于进退和防"中间球"。

（2）来球在两人之间时，由正拍击球者回击；球在两人之间，又是斜线球时，由距离近的运动员迎击；挑高球在两人之间，由正拍击球者进行高压；对方接发球回击过来的是中场球时，由上网运动员争取截击，发球运动员随时准备补漏；情况复杂时，通过呼叫"我的""你的"互相照应。

（3）比赛中还要分析彼我情况，调整战术，以己之长，攻彼之短，灵活机动地变化战术，出奇制胜。

（四）底线比赛战术

双打应争取机会上网，一旦被压在底线，只能考虑防守，伺机反攻，或诱使对方失误。可挑高球，回击短而低的球，或打平直线球快速穿过对方中央场区，或运用侧旋直线球打对方两侧。

第四节　网球竞赛主要规则

一、发球

（一）发球员的位置

（1）每局开始，先从右区端线后发球，得或失一分后，应换到左区发球。

（2）发出的球应从网上越过，落到对角的对方发球区内或其周围的线上。

（二）发球无效

发球触网后，仍然落到对方发球区内或接球员未做好接球准备，均应重发球。

（三）交换发球

第一局比赛终了，接球员成为发球员，发球员成为接球员。以后每局终了，均依次互相

交换,直至比赛结束。

二、通则

(一) 交换场地

双方应在每盘的第1、3、5等奇数局结束后,以及每盘结束双方局数之和为奇数时,交换场地。

(二) 失分

发生下列任何一种情况,均判失分。

(1) 在球第二次着地前,未能还击过网。
(2) 还击的球触及对方场区界线以外的地面、固定物或其他物件。
(3) 还击空中球失败。
(4) 故意用球拍触球超过一次。
(5) 运动员的身体、球拍,在发球期间触及球网。
(6) 过网击球。
(7) 抛拍击球。

(三) 压线球

落在线上的球称为压线球,都算界内球。

三、双打

(一) 双打发球次序

每盘第一局开始时,由发球方决定由何人首先发球,对方则同样地在第二局开始时,决定由何人首先发球。第三局由第一局发球方的另一位球员发球。第四局由第二局发球方的另一位球员发球。其后各局均按此次序发球。

(二) 双打接发球次序

先接发球的一方,应在第一局开始时,决定何人先接发球,并在这盘奇数局,继续先接发球。双方同样应在第二局开始时,决定何人接发球,并在这盘偶数局继续先接发球。他们的同伴应在每局中轮流接发球。

(三) 双打还击

接发球后,双方应轮流由其中任何一名队员还击。如运动员在其同队队员击球后,再以球拍触球,则判对方得分。

四、计分方法

(一) 胜一分

遇到下列情况时,判对方胜1分:

(1) 发球员连续两次发球失误或违反发球站位规定。
(2) 接球员在发来的球没有落地前用球拍击球,或球触及自己的身体及其所穿戴的衣物时。
(3) 在球第二次落地前未能还击过网时。
(4) 还击球触及对方场区界线以外的地面、固定物或其他物件时。
(5) 还击空中球失败时。
(6) 在比赛中,击球员故意用球拍拖带或接住球,或故意用球拍触球超过一次时。
(7) "活球"期间运动员的身体、球拍(不论是否握在手中)或穿戴的其他物件触及球网、网柱、单打支柱、绳或钢丝绳、中心带、网边白布或对方场区以内的场地地面时。
(8) 还击尚未过网的空中球(过网击球)时。

(9) 除握在手中(不论单手或双手)的球拍外,运动员的身体或穿戴的物体触球时。

(10) 抛拍击球时。

(二) 胜一局

(1) 每胜1球得1分,先得4分者胜一局。

(2) 双方各得3分时为"平分",平分后,净胜2分为胜一局。

(三) 胜一盘

(1) 一方先胜六局为胜一盘。

(2) 双方各胜五局时,一方净胜两局为胜一盘。

(四) 决胜局计分制

在每盘的局数为6∶6时,有以下两种计分制。

1. 长盘制

一方净胜两局为胜一盘。

2. 短盘制(抢7)

决胜盘除外,除非赛前另有规定,一般应按以下办法执行。

(1) 先得7分者为胜该局及该盘(当分数为6∶6时,一方须净胜2分)。

(2) 首先由发球员发第1分球,再由对方发第2、3分球,然后轮流发2分球,直到比赛结束。

(3) 第1分球在右区发,第2分球在左区发,第3分球在右区发,以此类推。

(4) 每满6分球和决胜局结束都要交换场地。

(五) 赛制

实行淘汰赛。一场比赛中,男子比赛除大满贯赛事和部分大师系列赛决赛采用五盘三胜制以外,均使用三盘两胜制。女子比赛全部采用三盘两胜制。

五、比赛设备与器材

1. 球场尺寸

单打比赛球场宽为8.23米,长为23.77米,双打比赛球场宽度为10.97米。

球场左、右两旁的线被称为"单打边线"或"双打边线"。球场两端的白线被称为"端线"。两条底线的中间标有短小的中界点。球场周围必须留出空间。

球网与球场的底线平行,穿越整个球场,将球场分为相等的两部分。球网两端悬挂在两边的网柱上。网柱中心在双打边线外的91.4厘米处。球网在网柱处的高度为1.07米,在球场中央的高度为91.4厘米。球网顶部用白色网边布包缝。

2. 球

场上用球外部需要由纺织材料统一包裹,颜色为白色或黄色,接缝处应无缝线痕迹。球的质量为56.7~58.5克。球在从254厘米的高度向混凝土地面做自由落体运动时,反弹的高度应为134.62~147.32厘米。

 思考题

1. 简述世界著名网球赛事。
2. 简述正手击球的动作要领。
3. 网球发球有哪几种方法?
4. 网球运动的基本步法有哪些?

第十四章

游 泳

第一节 游泳运动概述

一、游泳运动的起源与发展

据现有史料记载,游泳的起源和发展经历了人类社会的各个发展时期。人们从旧石器时代的遗物中发现有鱼漂之类的工具,在五千年前的我国古代陶器上,刻有人类潜入水中猎取水鸟及类似爬泳的图案,这些说明当时人们的居处依山傍水,靠山打猎,傍水捕鱼,以谋生存,在生产劳动和同大自然做斗争的过程中已经产生了游泳运动技能。

1896年,在希腊雅典举行的第1届现代奥林匹克奥运会,就把游泳列为竞赛项目。

1908年,在英国伦敦举办第4届奥运会时,成立了国际业余游泳联合会,审定了各项游泳世界纪录,并制定了国际游泳比赛规则。

1912年,在瑞典斯德哥尔摩举行的第5届奥运会上,开始把女子游泳列为比赛项目。

1952年第15届奥运会后,国际游泳比赛规则中把蛙泳和蝶泳分为两个单项进行比赛。从此竞技游泳发展成4种游泳姿势和32个竞赛项目。

为更好地开展世界游泳运动,促进游泳技术交流,国际泳联在1968年决定,从1971年开始,每两年举行一次世界游泳锦标赛,包括游泳、跳水、水球、花样游泳等比赛项目。

此外,国际泳联还决定举办两年一度的世界杯游泳比赛。第一届世界杯游泳比赛于1979年9月初在日本东京举行。这样,每年都有一次大型世界游泳比赛。

二、我国游泳运动的发展概况

19世纪后期和20世纪初期,近代游泳运动从我国沿海的广东、福建、上海、青岛、大连等省市开始发展起来。1887年,在广州沙面修建了室内游泳池,开始了我国近代游泳竞赛活动。

1913年,中国游泳运动员开始参加国际性游泳比赛。在1915年第2届远东奥运会上,我国游泳运动员在9个项目比赛中获得5项冠军。1920年开始增加了女子比赛项目。1924年成立了"中国游泳研究会"。

进入20世纪80年代,我国游泳运动技术水平迅速提高。

国际游泳比赛方面,在1953年第4届青年学生联欢节的游泳比赛中,我国选手吴传玉获得男子100米仰泳冠军,新中国的五星红旗第一次在国际运动场上空飘扬。以后在世界大学生运动会、第1届新兴力量运动会、亚运会以及和各国游泳运动员日益频繁的交往过程中,我国运动员多次获得金牌,取得了良好的成绩。

1988年第24届奥运会上,我国游泳选手取得新突破,共获3枚银牌、1枚铜牌。第25届奥运会上,我国游泳女队一举夺得4枚金牌和5枚银牌,奖牌和积分跃居世界四强之列,震撼世界。在第26届奥运会上,乐静宜再次获得100米自由泳冠军。到1999年9月25日止,中国保持着7项女子游泳世界纪录。在第27届奥运会上,中国运动员罗雪娟获得100

米蛙泳金牌。2008年北京奥运会上,中国游泳运动员共获得1金、3银、2铜的好成绩,刘子歌在女子200米蝶泳比赛中获得金牌,并打破世界纪录。2012年伦敦奥运会上,我国游泳运动员获得了5金、2银、3铜的好成绩,其中孙扬获自由泳400米、1500米金牌,叶诗文获女子个人混合200米、400米金牌,焦刘洋获女子蝶泳200米金牌。

三、游泳运动的价值

游泳运动除了有很强的竞技性和欣赏价值外,还是一项很有实用价值和锻炼价值的运动,它对于强身健体、健美体形、防病治病以及丰富人们的精神文化生活等都有积极的作用。

游泳对于提高人的心肺功能有着显著作用。游泳运动员的肺活量可达5000～7000毫升,呼吸差可达14～17厘米;而一般人的肺活量为3500毫升左右,呼吸差为4～8厘米。运动员安静时的心率为40～45次/分钟。游泳还可以使血管壁的弹性加强,毛细血管开放数量增加,明显提高心血管系统机能。游泳能有效地增强人体的免疫功能,产生强身健体的作用,提高人体对疾病的抵抗力。游泳时,水能对身体起良好的按摩作用,经常游泳能大量消耗体内多余的脂肪,使皮肤光滑、健美且富有弹性,体形匀称、协调。在高职院校中,大力推广游泳运动有利于学生塑造健美的形体,形成良好的体质,并为将来建立良好的生活方法和体育锻炼习惯奠定基础。游泳运动除了具有健身功能外,对培养人的意志品质和拼搏精神也具有独特的作用。

四、游泳运动的分类

游泳运动内容丰富,形式多样,可分为三大类。

(一) 实用游泳

实用游泳是指直接为生产劳动、军事活动服务的游泳活动。包括浮水、潜水、侧泳、水上救护、武装泅渡等。

(二) 竞技游泳

1. 竞技游泳

这是根据国际泳联规定,追求最快速度游完规定距离的项目。现已正式进入世界游泳锦标赛的项目有34项,列入奥运会比赛项目的有32项(表14-1)。

表14-1 游泳比赛项目

泳式	比赛距离/米		备注
	男	女	
自由泳	50、100、200、400、800、1500	50、100、200、400、800、1500	
仰泳	100、200	100、200	
蛙泳	100、200	100、200	
蝶泳	100、200	100、200	
个人混合泳	200、400	200、400	蝶泳—仰泳—蛙泳—自由泳
自由泳接力	4×100、4×200	4×100、4×200	
混合泳接力	4×100	4×100	仰泳—蛙泳—蝶泳—自由泳

2. 跳水

跳水是在跳水器械上起跳,在空中完成指定动作的竞赛项目。分为竞技跳板跳水(1米板和3米板)、跳台跳水(10米),项目有单人、双人跳水。非竞技跳水是指表演性的跳水,其内容丰富,动作惊险刺激,不受规则限制。

3. 水球

水球是在水中进行的一项球类节目。两队对抗,每队7人,全场分为4节,每节7分钟,每射入一球得1分。

4. 花样游泳

这是在各种游泳运动的基础上,编排出独具特色的表演形式,伴随音乐的旋律完成一系列动作的一种水上竞技运动。它分规定和自选两个项目,规定动作为单人基本技术比赛;自选动作分单人、双人和集体项目。

5. 其他竞技项目

包括游渡海峡、长距离游泳、综合性竞赛项目、伤残人游泳比赛等。

(三) 大众游泳

大众游泳是指以强身健体、防病治病和娱乐享受为目的的一种游泳活动。它不受规则的限制,有很强的健身和娱乐趣味功能,已成为全民健身的重要内容。

第二节 游泳基本技术

一、熟悉水性

(一) 水中行走练习

6~7人一组,依次下水,手拉手向前走。水中走动时,可向前、向后和向两侧走,并从浅水区向深水区过渡。

(二) 呼吸练习

(1) 面向池壁站立,两手扶池或拉住同伴双手,在水面上吸气后蹲下,将头没入水中憋气,坚持片刻,头出水后先呼气后吸气,反复练习。

(2) 原地站立,深呼气后闭气,低头团身双手抱膝,背部露出水面停留片刻;站立时两臂前伸,手掌向下压水并抬头,同时两脚向正下方伸展。

(3) 站立方向同上,两臂自然向前伸,深吸气后身体前倾并低头,同时两脚向后下方蹬池底,使身体飘浮于水中(面)。

二、蛙泳技术

(一) 开始姿势

蛙泳开始时身体水平地俯卧水中,两臂向前伸直并拢,头略前抬,水齐前额,脸浸水中(图14-1)。这也是滑行姿势。

图14-1 蛙泳开始姿势

(二) 腿部动作

蛙泳时腿部蹬水动作是推动身体前进的主要动力。运动员一般都采用窄收窄蹬的技术。腿部动作分为滑行、收腿、翻脚和蹬水四个阶段。

1. 滑行

紧接鞭状蹬腿,身体借助惯性力高速向前滑行。这时,两腿并拢向后伸直,身体成水平姿势,下肢放松,只靠腿部肌肉的适当收缩,把脚跟稍稍提向水面,为收腿做好准备。

2. 收腿

收腿是接滑行开始的,放松滑行时,腿由于本身的重量而开始下沉,这时两腿稍内旋,使脚跟分开,膝关节随腿的下摆向前边收边分,收腿结束时,大腿和躯干之间的角为

130°~140°,小腿和脚尽量靠近臀部,并位于大腿的投影之中,两膝的距离与肩同宽(图14-2)。

3. 翻脚

蹬水效果的好坏取决于翻脚技术。随着收腿的结束,两脚继续向臀部收紧,同时,小腿向外翻,接着脚尖也向两侧外翻,使脚掌内侧正对蹬水方向。整个翻脚动作是由收腿、压膝和翻脚三个连贯动作组成的(图14-3)。

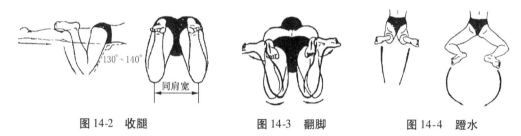

图14-2 收腿　　　图14-3 翻脚　　　图14-4 蹬水

4. 蹬水

蹬水是靠翻脚时大腿内旋造成膝内压,带动小腿和脚向后蹬水的。同时,靠大腿内旋带动小腿内旋,产生对踝关节的制动作用,这种制动有力地带动小腿、踝关节,直至脚尖,在向后蹬水的同时用力加速地做蹬、夹紧密结合的动作,直至两腿成内旋姿势并拢,起着最有力的推进作用(图14-4)。

(三)臂部动作

蛙泳臂部动作可分为滑行、抓水、划水、收手、伸臂五个不可分割的阶段。

1. 滑行

伸臂结束,身体靠蹬水向前滑行。两臂自然放松伸直,手指自然并拢,掌心向下,两手尽量接近水面。这种姿势可使身体在较高位置上保持稳定,整个身体成流线型。

2. 抓水

紧接滑行,肩保持前伸,两臂内旋,使两臂和掌心转向斜外下方,屈手腕(按人体解剖部位是伸腕成150°~160°),结束抓水时两臂与水平面和与前进方向都各成15°~20°(图14-5)。

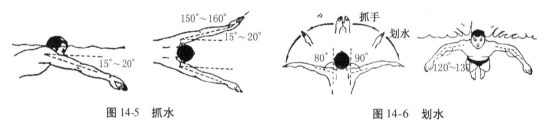

图14-5 抓水　　　　　　　图14-6 划水

3. 划水

两手同时向后划至与前进方向约成80°,实际上是一条向后偏外下方的路线,划水时肩部仍向前伸展,保持高抬肘姿势。整个动作过程肘高于手,肘前于手,肘前于肩,手带小臂,接着上臂在向后切的过程中,肘关节从开始为150°~160°至最后为120°~130°(图14-6)。

4. 收手

收手是从结束划水开始,手掌在向内上方移动的同时,上臂外转,向前推肘的动作过程。手提到头的前下方,掌心相对,斜向内下,臂放松(图14-7)。

5. 伸臂

紧接收手,继续推肘伸臂。在伸肩关节的同时,靠推动伸肘来完成。因此,两手是先向前上方再向前伸。伸臂结束时,两臂恢复滑行姿势。

图14-7 收手

三、自由泳技术

（一）身体姿势

自由泳时身体几乎水平地俯卧水面成流线型,头部姿势对身体姿势和动作都有一定的影响。在游进中应保持头部平稳,水齐前额,吸气时自然转向一侧(图14-8)。

（二）腿部动作

自由泳时两腿在水下交替做鞭状打水动作。以髋关节为轴,由大腿发力,带动小腿和脚,使髋、膝、踝各关节相继传递。大腿、小腿、脚掌各部分相对运动形成一个柔韧的上、下打腿的鞭打动作。膝关节的最大曲度为140°～160°,以形成较大的推进作用。两腿交替打水,动作要连贯,有节奏。两脚尖上下最大幅度为30～40厘米(图14-9)。

图14-8 自由泳身体姿势

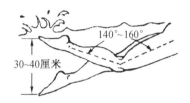

图14-9 腿部动作

（三）臂部动作

臂部动作是自由泳时推动身体前进的主要动力。为了便于分析动作,把一个周期分为入水、抱水、划水、出水和空中移臂五个阶段。

1. 入水

完成空中移臂后,手在控制下自然放松地入水。入水时手指自然伸直并拢,通过臂内旋使肘关节抬高,屈成130°～150°,使肘关节处于最高点,掌心斜向外下方(图14-10)。

图14-10 入水

2. 抱水

臂入水后,在积极向前下方插入的过程中,手掌从向斜外下方转向斜内后方并开始屈腕、屈肘,保持高抬肘姿势。到抱水结束、划水开始时,上臂与水平面约成30°,小臂屈至60°,手掌已经接近垂直,肘关节屈至150°左右(图14-11)。

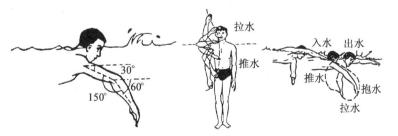

图14-11 抱水　　图14-12 拉水和推水　　图14-13 推水开始肘的屈度

3. 划水

划水是发挥最大推进作用的主要阶段。分为拉水和推水两个部分（图14-12）。紧接抱水阶段进入拉水，这时，要保持高抬肘，并使上臂内旋，继续屈肘。

拉水至肩的垂直平面后，即进入推水部分，这时，肘的屈度约为100°（图14-13）。

4. 出水

划水结束后，臂由于惯性的作用很快地靠近水面，此时应立即借助三角肌和斜方肌的适当收缩，将臂提出水面，并放松屈肘向外上方做"拉"的动作，将小臂和手提出水面。出水时，掌心朝后上方。

5. 空中移臂

移臂时肩关节应向前靠近身体，使肩膀和肩锁充分伸展，以利加大动作幅度。肘关节始终保持较高的部位。手掌始终接近水面前移，开始时掌心向外上方，移至肩的垂直平面时向后，结束移臂时转向外下方（图14-14）。

图14-14 空中移臂

四、仰泳技术

（一）身体姿势

仰泳时身体平直地仰卧水中，胸部要自然伸展，腹部微收成流线型。头和肩略高于胸，头要稳定，后脑浸入水中，脸露出水面，水平面位于两耳际，眼看后上方（图14-15）。

（二）腿部动作

仰泳腿部动作是一个以髋为轴，大腿带动小腿和髋、膝、踝相继屈伸，大腿、小腿相对运动的"鞭状打水"。仰泳打水时大腿动作幅度比自由泳小，但小腿的弯曲角度要比自由泳大，约为135°，两脚上下幅度约为45厘米（图14-16）。

图14-15 仰泳时身体姿势

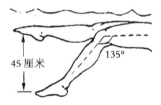

图14-16 腿部动作

（三）臂部动作

臂部动作是推进身体前进的主要动力，为了便于分析动作，把一个周期分为入水、抓水、划水、出水和空中移臂五个阶段。

1. 入水

空中移臂入水，入水时臂自然伸直，掌心朝外下方，小指领先入水。手稍内收，与上臂成150°～160°。

2. 抓水

手臂入水后，躯干上部稍向入水臂一侧转动，形成抓水姿势。完成抓水动作时，上臂与前进方向构成的角约为40°，手掌离水面30厘米左右，肘关节开始弯曲，形成前抬肘姿势。

3. 划水

仰泳的划水动作是推进身体前进的主要动力。划水动作分拉水和推水两个部分。

（1）拉水：紧接抓水，肘关节屈成150°，使手掌和小臂都达到良好的"对水"姿势。当划到肩部垂直平面时，手掌离水面15厘米左右，小臂与上臂形成的角为90°～110°

(图 14-17)。

（2）推水：当臂划过肩关节时应充分利用拉水的速度和划水面,使整个臂同时用力向后下方做推压的动作,上臂带动小臂和手加速内旋推水,并以手的下压结束推水动作,这时手掌在大腿侧下方,离水面40~50厘米(图14-18)。

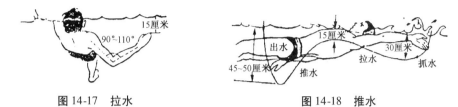

图 14-17　拉水　　　　　　　图 14-18　推水

4．出水

利用臂内旋下压的反作用和三角肌的适当收缩,使臂自然地提出水面,手出水时掌心向内,大拇指向上领先出水,整个动作应该是放松的。

5．空中移臂

当一臂完成了划水动作时另一臂正在入水;当一臂出水时另一臂抓水;当一臂空中移臂时另一臂则划水。

第三节　游泳救护方法

一、入水和游近溺者

救溺时可采用带助跑入水的方法（与出发跳水类同）。在不熟悉水情或很近距离救溺时,也常用脚先入水的方法。入水后,可采用自由泳迅速游近溺者,当接近溺者时则用蛙泳或潜泳,从后方接触溺者。当正面接近溺者时应用迅速的动作,拦住溺者的手或扭转臂部,使其背向救护者,迅速把溺者的脸部托出水面,并使其身体平卧,以便拖带(图14-19)。

图 14-19　游近和拖带溺者

二、水中解脱

1．虎口解脱法

虎口指溺者两手拇指与食指之间的部位。当两臂任何部位被抓住时,都可采用虎口解脱法,即手臂向溺者大拇指方向转动脱出。解脱后,立即扭转和上托溺者。

2．扳指解脱法

凡是溺者从背后抓抱,但两臂未被束缚时可采用反扳溺者中指的方法解脱。

3．推扭解脱法

凡是溺者从前面抓抱,但两臂未被束缚时可采用推托溺者下巴或扭转溺者颈部的方法解脱。

4．托肘解脱法

凡是被溺者从前或后方把身体和两臂抓抱时,可采用把溺者的肘部上托的方法解脱。

三、水中拖带

水中拖带溺者,多采用反蛙泳或侧泳技术。要时刻注意使溺者脸部露出水面。

1. 仰式托带法

可用单手或双手托住溺者的后脑勺或肩等部位(图 14-20)。单手拖带时另一臂还可在水下做游泳动作,以利于托带。

图 14-20　仰式拖带法　　　　　　图 14-21　侧式拖带法

2. 侧式托带法

一臂伸直托住溺水者的后脑,一手在体侧划水,两腿用侧泳蹬剪水进行(图 14-21)。

四、出水

溺者处于昏迷状态时全身是松弛的,出水和护送要特别小心。出水时,把溺者从下往上推的方法比较困难。救护者在上,把溺者从下往上拉的方法较好。

五、人工呼吸

(一) 人工呼吸前的准备

把溺者护送到平坦、松软和安静的地方安置好后,做好人工呼吸的准备。

1. 检查

首先脱去溺者衣服,松开裤带,清除溺者口鼻内的杂物,并且检查溺者的心跳和呼吸情况。

2. 倒水

清除溺者腹里的积水,是人工呼吸的前提。其方法是使溺者俯卧,腹高头低,并适当做推压动作,加速排水(图 14-22)。

图 14-22　倒水

3. 开口

人工呼吸前,应把溺者的口扳开,拉出舌头,以免堵塞气管。

(二) 人工呼吸的方法

做好以上准备后,就开始进行人工呼吸。

1. 俯卧式

使溺者成俯卧,一臂前伸,一臂枕于头下,脸侧向。救护者有节奏地(每分钟 16~18 次)按压溺者背部肋腰部位,一压一松,帮助溺者进行扩胸活动,恢复呼吸。

2. 仰卧式

溺者成仰卧姿势,脸朝上,两臂上举。按压方法与俯卧式相同。加上心压按摩更好。目前的医疗器械,已经有人工呼吸器和简易氧气袋等设备,各游泳池(场)常备这类器械,人工呼吸的效果更好。人工呼吸必须坚持长时间进行,只要还有一丝希望,就要尽力把溺者救活。

 思考题

1. 游泳有哪几种基本泳姿?
2. 怎样练习蛙泳的技术?

第十五章

武 术

第一节 武术运动概述

武术是以技击为主要内容,通过套路、搏斗等运动形式来增强体质和培养意志的民族传统体育。武术运动在持续发展的过程中,对社会进步产生了深远的影响和作用,它的功能日益得到充分显示,其特点也更加突出。

一、武术的产生与发展

中华武术源远流长,始于原始社会狩猎劳动和部落之争。从原始社会至封建社会,石木兵器变为"五兵"、"五刃"、"十八般兵器"和各种多刃兵器;简单的射、砍、刺、击,发展为规范的刺、劈、崩、点、撩、挂、扎、斩、扫、缠、穿、架、踢、打、摔、跌等。明代武术专著出现后,各拳种、流派泾渭分明,理论、技术自成体系。1927年6月在南京建立了"中央国术馆",1928年和1933年两次举行国术国考,1936年组队赴柏林参加第10届奥林匹克运动会武术表演。中华人民共和国成立后,武术成为我国体育事业的组成部分。1955年,国家体委设立武术研究室,并将武术列为体育院系专业课;1956年成立中国武术协会;1957年国家体委将武术列为体育竞赛项目;1978年起武术被列为大学生体育课教学计划。20世纪80年代以后,通过专家出访、国际武术邀请赛、世界武术锦标赛等,同40多个国家和地区进行友好往来,并成立了国际武术联合会。特别是在2008年北京举行的第29届奥运会上,武术被列为国际体育比赛表演项目。

二、武术的形式、内容与分类

武术的内容丰富多彩,按其运动形式可分为两大类:套路运动和搏斗运动。

(一)套路运动

武术套路是以技击动作为素材,以攻守进退、动静疾徐、刚柔虚实等矛盾运动的变化规律编成的整套练习形式。主要内容包括拳术、器械、对练和集体表演。

1. 拳术

拳术是徒手练习的套路运动。它的种类很多,主要有长拳、太极拳、南拳、行意拳、八卦掌、通背拳和象形拳等。

2. 器械

器械的种类很多,分为长器械、短器械、双器械和软器械。刀、枪、剑、棍是长、短器械的代表。目前在武术竞赛中,刀、枪、剑、棍也是重点竞赛项目。

3. 对练

对练是在单练基础上,两人或两人以上,在预定的条件下进行的攻防假设性实战练习。其中包括徒手对练、器械对练、徒手与器械的对练。

4. 集体表演

集体表演是6人以上的徒手或器械集体演练,可变换队形与图案,采用音乐伴奏,要求队形整齐,动作协调一致。

（二）搏斗运动

搏斗运动是两人在一定条件下按照一定的规则进行斗智较力的对抗练习形式。目前武术竞赛中正在开展的有散打和推手两项。

1. 散打

散打是两人按照一定的规则使用踢、打、摔、拿等方法制胜对方的竞技项目。

2. 推手

推手是两人遵照一定的规则,使用挤、按、采、肘、靠等手法,通过肌肉的感觉来判断对方的用劲,然后借劲发劲将对方推出,以此决定胜负的竞技项目。

三、武术的特点与作用

（一）武术的特点

1. 寓技击于体育之中

武术最初作为军事训练手段,与古代军事斗争紧密相连,技击的特性是显而易见的。在实用中,其目的在于杀伤、制服对方,它常常以最有效的技击方法,迫使对方失去反抗能力,这些技击术至今仍在军队、公安中被采用。

武术作为体育运动,技术上仍不失具有攻防技击的特性,并且将技击寓于搏斗运动与套路运动之中。

搏斗运动集中体现了武术攻防格斗的特点,在技术上与实用技击基本是一致的,但是从体育的观念出发,它受到竞赛规则所制约,以不伤害对方为原则。例如,在散打中对武术中有些传统的实用技击方法做了限制,而且严格规定了击打部位和保护护具;短兵中使用的器具也做了相应的变化;而推手则是在特殊的技术规定下进行竞技对抗。为此,可以说武术的搏斗运动具有很强的攻防技击性,但又与实用技击不完全相同。

套路运动是中国武术的一个特有的表现形式,不少动作在技术规格、运动幅度等方面与技击的原形动作相比有所变化,但是动作方法仍然保留了技击的特性。即使因联结贯串及演练技巧上的需要,穿插了一些不一定具有攻防技击意义的动作,然而就整套技术而言,主要的动作仍然是以踢、打、摔、拿、击、刺诸法为主,是套路的技术核心。它的攻防技击特性是通过一招一式来表现的,技击方法是极其丰富的,在散打、短兵中不宜采用的技术方法,在套路运动中仍有所体现。

2. 内外合一、形神兼备的民族风格

内外合一、形神兼备,是中国武术的一大特色。所谓内,指心、神、意等心志活动和气息的运行;所谓外,即手、眼、身、步等形体活动。内与外、形与神是相互联系统一的整体。

武术"内外合一,形神兼备"的特点主要通过武术功法和技法来体现。"内练精气神,外练筋骨皮"是各家各派练功的准则。这一特点反映了中国武术作为一种文化形式在长期的历史演进中备受中国古代哲学、医学、美学等方面的渗透和影响,形成了独具民族风格的练功方法和运动形式。

3. 广泛的适应性

武术的练习形式、内容丰富多样。不同的拳种和器械有不同的动作结构、技术要求、运动风格和运动量,分别适应不同年龄、性别、体质的人的需求,人们可以根据自己的条件和兴趣爱好进行选择练习。同时,它对场地、器材的要求较低,即使一时没有器械,也可以徒手练拳、练功。且它受时间、季节限制也很小。

(二) 武术的作用

武术具有健身、防身、修身养性、娱乐观赏等多方面的作用,是人们增强体质、振奋精神的一种好手段。

1. 增强体质,提高健康水平

武术运动具有强体健身的作用,它不仅是形体上的锻炼,而且使人身心得到更全面的锻炼,对外能利关节、强筋骨、壮体魄;对内能理脏腑、通经脉、调精神。尤其是武术许多功法注意调息行气和意念活动,对调节内环境的平衡、调养气血、改善人体机能、增强体质是十分有益的。

2. 提高防身自卫的能力

武术具有技击的特点,通过习武,不仅可以掌握各种踢、打、摔、拿、击、刺等技击方法,还可以提高身体的灵活性和反应能力。持之以恒地练功,还能增长劲力、抗击摔打、克敌制胜,具备防身自卫的能力。若系统地训练,掌握技击术,可以为国防、公安建设服务。

3. 磨炼意志,培养道德情操

武术的学艺和练功,不仅要有吃苦耐劳精神,还需要坚持不懈,持之以恒,因此不仅能培养坚韧不拔、勇敢无畏的意志品质,也是一种修身养性的良好手段。

武术在长期的延绵中,一向重礼仪、讲道德。培养武德是武术的传统。武德教育作为培养优良精神道德的一个组成部分,通过练武习德可以培养尊师重道、讲礼守信、见义勇为、不凌弱逞强等良好的心理素质和高尚的道德情操,有益于社会主义精神文明建设。

4. 娱乐观赏,丰富文化生活

武术具有很高的观赏价值,不管是赛场上两人斗智较勇的对抗性搏斗,还是显现武术功力与技巧的套路演练,都会引人入胜,给人以美的享受,丰富人们的文化生活。此外,群众性的武术活动,可以成为人们切磋技艺、交流思想、增进友谊的良好形式。随着武术在世界上的广泛传播,武术将会在世界各国人民之间的友好交往中发挥更大的作用。

第二节　武术基本技术

一、武术之手型、手法

(一) 手型

1. 拳

四指并拢握紧,拇指紧扣食指和中指的第二指节(图15-1)。

要点:拳握紧,拳面平,腕平直。

2. 掌

四指并拢伸直,拇指弯曲紧扣于虎口处(图15-2)。

要点:掌面直立后翘,四指并紧。

3. 勾

屈腕,五指的第一指节捏拢在一起(图15-3)。

要点:五指捏紧,腕关节用力回屈。

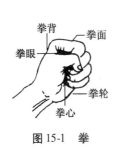
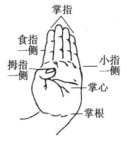
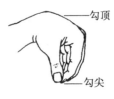

图 15-1 拳　　　　图 15-2 掌　　　　图 15-3 勾

(二) 手法

1. 冲拳

开步站立,拳心向上,两拳抱于腰间。右拳从腰间向前猛力冲出,转腰、顺肩,右拳向前内旋冲出,力达拳面。拳心向下称为平冲拳,拳眼向上称为立冲拳。两拳交替进行(图15-4)。

要点:出拳快速有力,做好拧腰、顺肩和前臂内旋动作。

2. 推掌

开步站立,两拳拳心向上抱于腰间。右拳变掌,前臂内旋向前立掌推出,力达掌根。两掌交替进行。先屈肘,掌面要平,拇指压于食指、中指的第二指节上(图15-5)。

要点:挺胸、收腹、直腰;出掌快速有力,做好拧腰、顺肩、沉腕动作。

3. 亮掌

开步站立,两拳拳心向上抱于腰间。右拳变掌,经体侧向右、向上划弧,举至头部右前方时,抖腕亮掌,臂成弧形,掌心朝上。眼睛始终随右手动作转动,抖腕亮掌时,转头注视左方。两掌交替进行(图15-6)。

要点:抖腕、亮掌与转头动作要同时完成。

图 15-4 冲拳　　图 15-5 推掌　　图 15-6 亮掌　　图 15-7 架拳

4. 架拳

开步站立,两拳拳心朝上,抱于腰间。右拳沿下、左、上的顺序经头前向右上方划弧架起,拳眼向下,转头双眼注视左方。两拳交替进行(图15-7)。

要点:松肩,肘微屈,前臂内旋。

二、武术之步型

(一) 弓步

前脚微内扣,全脚掌着地,屈膝半蹲,大腿成水平,膝部约与脚面垂直;另一腿挺膝伸直,脚尖里扣斜向前方,全脚掌着地,上体正对前方,两手抱拳于腰间(图15-8)。

图 15-8 弓步

要点:挺胸,立腰;前腿弓、后腿绷。

(二) 马步

两脚左右开立,相距约为脚长 3~4 倍,脚尖正对前方,屈膝半蹲,大腿成水平,眼看前方,两手抱拳于腰间(图 15-9)。

要点:头正、挺胸、立腰、扣足。

(三) 虚步

后脚尖斜向前,屈膝半蹲,大腿接近水平,全脚掌着地;前腿微屈,脚面绷紧,脚尖虚点地面(图 15-10)。

要点:挺胸、立腰、虚实分明。

图 15-9　马步　　图 15-10　虚步　　图 15-11　仆步　　图 15-12　歇步　　图 15-13　丁步

(四) 仆步

一腿全蹲,大腿和小腿靠紧,臀部接近小腿,全脚掌着地,膝与脚尖稍外展;另一腿平铺接近地面,全脚掌着地,脚尖内扣(图 15-11)。

要点:挺胸、立腰、开髋,全脚掌着地。

(五) 歇步

两腿交叉屈膝全蹲,前脚全脚掌着地,脚尖外展;后脚跟离地,臀部外侧紧贴后小腿(图 15-12)。

要点:挺胸、立腰、两腿贴紧。

(六) 丁步

两腿半蹲并拢,一脚全脚掌着地支撑,另一脚停在支撑脚内侧相靠,脚尖点地(图 15-13)。

要点:挺胸、立腰、虚实分明。

三、五步拳

预备姿势:并步抱拳(图 15-14)。

(一) 弓步冲拳

成左弓步,左手向左平搂收回腰间抱拳,冲右拳;目视前方(图 15-15)。

(二) 弹腿冲拳

重心前移,右腿向前弹踢,同时冲左拳,收右拳;目视前方(图 15-16)。

图 15-14　并步抱拳　　图 15-15　弓步冲拳　　图 15-16　弹腿冲拳　　图 15-17　马步架打

（三）马步架打

右脚落地，向左转体90°，下蹲成马步，同时左拳变掌，屈臂上架，冲右拳；目视右方（图15-17）。

（四）歇步冲拳

左脚向右脚后插一步，同时右拳变掌向左下盖，掌外沿向前，身体左转90°，收左拳；目视右掌；上动不停，两腿屈膝下蹲成歇步，同时冲左拳，收右拳；目视左拳（图15-18）。

图15-18　歇步冲拳

（五）提膝穿掌

两腿起立，身体左转。随即左拳变掌，顺势收至右腋下；右拳变掌，由左手背上穿出，手心向上。同时左腿屈膝提起，目视右手。上动不停，左脚落地成仆步；左手掌指朝前，沿左腿内侧穿至左脚面；目视左掌（图15-19）。

图15-19　提膝穿掌　　　　图15-20　虚步挑掌　　　　图15-21　收势

（六）虚步挑掌

左腿屈膝前弓，右脚前上成右虚步；同时左手向后划弧成勾手，右手顺右腿外侧向上挑掌；目视前方（图15-20）。

（七）收势

左脚向右脚靠拢成并步，同时左勾手和右掌变拳，回收抱于腰间；目视前方（图15-21）。

第三节　初级长拳

一、初级长拳第一路

1. 第一段

预备势—马步双劈拳—弓步冲拳—蹬腿冲拳—马步冲拳—马步双劈拳—弓步冲拳—蹬腿冲拳—马步冲拳（图15-22至图15-25）。

图15-22　预备势—马步双劈拳

图 15-23　弓步冲拳—蹬腿冲拳—马步冲拳　　图 15-24　马步双劈拳—弓步冲拳

图 15-25　蹬腿冲拳—马步冲拳　　图 15-26　弓步推掌—弓步推掌—弓步搂手砍掌

2. 第二段

弓步推掌—弓步推掌—弓步搂手砍掌—弓步穿手推拿—弓步推掌—弓步推掌—弓步搂手砍掌—弓步穿手推拿（图 15-26 至图 15-28）。

图 15-27　弓步穿手推拿—弓步推掌—弓步推掌　　图 15-28　弓步搂手砍掌—弓步穿手推拿

3. 第三段

虚步上架—马步下压—弓步冲拳—马步冲拳—虚步上架（图 15-29 至图 15-30）—马步下压—弓步冲拳—马步冲拳。

图 15-29　虚步上架—马步下压—弓步冲拳　　图 15-30　马步冲拳—虚步上架

4. 第四段

弓步双摆掌—弓步穿掌—推掌弹踢—弓步上架推掌—弓步双摆掌—弓步撩掌—推掌弹踢—弓步上架推掌—收势（图 15-31 至图 15-34）。

图 15-31　弓步双摆掌—弓步穿掌　　图 15-32　推掌弹踢—弓步上架推掌—弓步双摆掌

图 15-33　弓步撩掌—推掌弹踢　　　　　　图 15-34　弓步上架推掌—收势

二、初级长拳第二路

1. 第一段

预备势—弓步搂手冲拳—冲拳弹踢—马步上架冲拳—虚步挎肘—弓步搂手冲拳—冲拳弹踢—马步上架冲拳—虚步挎肘。

2. 第二段

歇步亮掌—转身弓步顶肘—提膝双扣拳—弓步双推掌—歇步亮掌—转身弓步顶肘—提膝双扣拳—弓步双推掌。

3. 第三段

虚步推掌—歇步抡压—提膝上穿掌—弓步撑掌—虚步推掌—歇步抡压—提膝上穿掌—弓步撑掌。

4. 第四段

虚步穿掌—进步踢腿—纵步飞脚—弓步推掌—虚步穿掌—进步踢腿—纵步飞脚—弓步推掌—收势。

第四节　中国传统健身方法

五禽戏和八段锦、太极拳等，都是中国民间广为流传的健身方法。1982 年 6 月 28 日，中国卫生部、教育部和当时的国家体育委员会发出通知，把八段锦等中国传统健身法作为在医学类大学中推广的"保健体育课"的内容之一。2003 年中国国家体育总局把重新编排后的八段锦等健身法作为"健身气功"向全国推广。

一、太极拳

太极拳是中国武术的一种，被归类为内家拳。关于太极拳的起源，历来有多种说法。其中传播最广的是陈王庭创拳说，认为是陈氏九世陈王庭创造了太极拳，然后世代相传，十四世陈长兴在祖传套路的基础上由博归约精炼归纳，发展成为现在的陈式太极拳一路、二路（又名炮捶）。后经弟子杨露蝉广泛传播，形成了杨、吴、武、孙各个流派。

太极拳以"掤、捋、挤、按、采、挒、肘、靠、进、退、顾、盼、定"等为基本方法。动作徐缓舒畅，要求练拳时正腰、收颚、直背、垂肩，有飘然腾云之意境。清代拳师称"拳势如大海，滔滔而不绝"。同时，太极拳还很重视练气，所谓"气"，就是修炼人体自身的精神力，这是太极拳作为内家功夫的特点之一。

太极拳习练要点：体松心静，呼吸自然。身体中正，腰胯松垂，不可僵硬。沉肩坠肘，动作圆活，柔而不软。步履轻盈，虚实分明。腰、手、脚要协调一致。

二、二十四式简化太极拳

（一）起势

（1）身体自然直立，两脚开立，与肩同宽，脚尖向前；两臂自然下垂，两手自然放在大腿外侧，指尖向下；向前平视。

要点：头颈正直，下颏微向后收，不要故意挺胸或收腹。精神集中（起势由立正姿势开始，然后左脚向左分开，成开立步）。

（2）两臂慢慢向前平举，高与肩平，同肩宽，手心向下。

（3）上体保持正直，两腿屈膝下蹲；同时两手轻轻下按，两肘下垂与两膝相对，眼向前平视（图15-35）。

要点：两肩下沉，两肘松垂，手指自然微屈。屈膝松腰，臀部不可凸出，身体重心落于两腿中间。两臂下落和身体下蹲的运作要协调一致。

图15-35　起势

（二）左右野马分鬃

（1）上体微向右转，重心移至右腿上；同时右臂收在胸前平屈，手心向下，左手经体前向右下划弧放在右手下，手心向上，两手心相对成抱球状；左脚收到右脚内侧，脚尖点地；眼看右手（图15-36）。

（2）上体微向左转，左脚向左前方迈出，右脚跟后蹬。右脚自然伸直成左弓步；同时上体继续向左转，左、右手随转体慢慢分别向左上、右下分开，左手高与眼平（手心斜向上），肘微屈；右手落在右胯旁，屈肘，手心向下，指尖向前；眼看左手（图15-37）。

图15-36　左右野马分鬃(1)　　　　图15-37　左右野马分鬃(2)

（3）上体慢慢后坐，重心移至右腿，左脚尖翘起，微向外撇（45°～60°）。左脚左手慢慢踏实，身体左转，重心再移至左腿；同时左手翻转向下，左臂收在胸前平屈，右手向左划弧放在左手下，两手心相对成抱球状；右脚随即收到左脚内侧，脚尖点地；眼看左手（图15-38）。

（4）右腿向右前方迈出，左腿自然伸直，成右弓步；同时上体右转，左、右手随转体分别向左下、右上分开，右手高与眼平（手心斜向上），肘微屈，左手落在左胯旁，肘微屈，手心向下，指尖向前（图15-39）。

图15-38　左右野马分鬃(3)　　　　图15-39　左右野马分鬃(4)

(5) 与(3)相同,只是左右相反。

要点:上体不可前俯后仰,胸部必须宽松舒展。两臂分开时要保持弧形。身体转动时要以腰为轴。弓步动作与分手的速度要均匀一致。做弓步时,迈出的脚先是脚跟着地,然后脚慢慢踏实,脚尖向前,膝盖不要超过脚尖;后腿自然伸直;前、后脚夹角为45°~60°(需要时后脚跟可以后蹬调整)。野马分鬃式的弓步,前、后脚的脚跟要分在中轴线两侧,它们之间的横向距离(即以动作行进的中线为纵轴,其两侧的垂直距离为横向)应该保持在10~30厘米。

(三) 白鹤亮翅

(1) 上体微向左转,左手翻掌向下,左臂平屈胸前,右手向左上划弧,手心翻转向上,与左手成抱球状;眼看左手(图15-40)。

(2) 右腿跟进半步,上体后坐,身体重心移至右腿,上体先向右转,面向右前方,眼看右手;然后左脚稍向前移,脚尖点地,成左虚步,同时上体再微向左转,面向前方,两手随转体慢慢向右上、左下分开,右手上提停于右额前,手心向左后方,左手落于左胯前,手心向下,指尖向前;眼平视前方。

图15-40 白鹤亮翅

要点:完成姿势胸部不要挺出,两臂上下都要保持半圆形,左膝要微屈,身体重心后移和右手上提、左手下按要协调一致。

(四) 左右搂膝拗步

(1) 右手从体前下落,由下向后上方划弧至右肩外侧,肘微屈,手与耳同高,手心斜向上;左手由左下向上、向右划弧至右胸前,手心斜向下;同时上体先微向左再向右转;左脚收至右脚内侧,脚尖点地,眼看右手(图15-41)。

图15-41 左右搂膝拗步(1)

(2) 上体左转,左脚向前(偏左)迈出成左弓步;同时右手屈回由耳侧向前推出,高与鼻尖平,左手向下由左膝前搂过落于左胯旁,指尖向前,眼看右手手指。

(3) 右腿慢慢屈膝,上体后坐,重心移至右腿,左脚尖翘起微向外撇,随后脚手慢慢踏实,左腿前弓,身体左转,身体重心移至左腿,右脚收到左脚内侧,脚尖点地的同时左手向外翻手由左后向上划弧至左肩外侧,肘微屈,手与耳同高,手心斜向上;右手随转体向上、向左下划弧落于左胸前,手心斜向下;眼看左手(图15-42)。

图15-42 左右搂膝拗步(2)

(4) 与(2)相同,只是左右相反。
(5) 与(3)相同,只是左右相反。
(6) 与(2)相同,只是左右相反。

要点:前推手时,身体不可前俯后仰,要松腰松胯。推掌时要沉肩垂肘、坐腕舒掌,同时须与松腰、弓腿上下一致。搂膝拗步成弓步时，两腿跟的横向距离保持约 30 厘米左右。

（五）手挥琵琶

右脚跟进半步，上体后坐，重心移至右腿上，上体半面向右转，左脚略提起稍前移，变成左虚步，脚跟着地，脚尖翘起，膝微屈；同时左手由左下向上挑举，高与鼻尖平，手心向右，臂微屈；右手收回放在左臂肘部里侧，手心向左；眼看左手食指（图 15-43）。

图 15-43　手挥琵琶

要点：身体要平稳自然，沉肩垂肘，胸部放松。左手上起时不要直向上挑，要由左向上、向前，微带弧形。右脚跟进时，脚尖先着地，再全脚踏实。身体重心后移和左手上起、右手回收要协调一致。

（六）左右倒卷肱

（1）上体右转，右手翻手（手心向上），经腹前由下向后上方划弧平举，臂微屈，左手随即翻手向上；眼的视线随着向右转体先向右看，再转向前方看左手（图 15-44）。

图 15-44　左右倒卷肱（1）　　　图 15-45　左右倒卷肱（2）

（2）右臂屈肘折向前，右手由耳侧向前推出，手心向前，左臂屈肘后撤，手心向上至左肋外侧；同时左腿轻轻提起向后（偏左）退一步，脚尖先着地，然后全脚慢慢踏实，身体重心移到左腿上，成右虚步，右脚随转体以脚尖为轴扭正；眼看右手。

（3）上体微向左转，同时左手随转体向后上方划弧平举，手心向上，右手随即翻手，手心向上，眼随转体先向左看，再转向前方看右手（图 15-45）。

（4）与（2）相同，只是左右相反。

（5）与（3）相同，只是左右相反。

（6）与（2）相同，只是左右相反。

（7）与（3）相同，只是左右相反。

（8）与（2）相同，只是左右相反。

要点：前推手不要伸直，后撤手也不可直向回抽，随转体仍走弧线。前推时，要转腰、松胯，两手的速度要一致，避免僵硬。退步时，脚跟先着地，再慢慢全脚踏实，同时，前脚随转体以脚尖为轴扭正。退左脚略向左后斜，退右脚略向右后斜，避免使两脚落在一条直线上。后退时，眼神随转体动作先向左右看，然后再转看前手。最后退右脚时，脚尖外撇的角度略大些，便于接做"左揽雀尾"的动作。

（七）左揽雀尾

（1）上体微向右转，同时右手随转体向后上划弧平举，手心向上，左手放松，手心向下；眼看左手。

（2）身体继续右转，左手自然下落逐渐翻掌经腹前划弧至右肋前，手心向上；右臂屈肘,手心转向下,收至右胸前两手相对成抱球状;同时身体重心落在右腿上,左脚收到右脚内侧,脚尖点地;眼看右手(图 15-46)。

图 15-46　左揽雀尾(1)

(3) 上体微向左转,左脚向左前方迈出,上体继续左转,右腿自然蹬直,左腿屈膝,成左弓步;同时左臂向左前方划出(即左臂平屈成弓形,用小臂外侧和手背向前方推出),高与肩平,手心向后;右手向右下落放于右胯旁,手心向下,指尖向前;眼看左前臂(图 15-47)。

要点:掤出时,两臂前后均保持弧形。分手、松腰、弓腿三者必须协调一致。揽雀尾弓步时,两脚跟横向距离应超过 10 厘米。

(4) 身体微向左转,左手随即前伸翻掌向下,右手翻掌向上,经腹前向上、向前伸至左前臂下方;两手下捋,即上体向右转,两手经腹前向右后上方划弧,直至右手手心向上,高与肩平,左臂平屈胸前,手心向后;同时身体重心移至右腿;眼看右手(图 15-48)。

要点:下捋时,上体不可前倾,臀部不要凸出。两臂下捋须随腰旋转,仍走弧线。左脚全脚掌着地。

图 15-47　左揽雀尾(2)　　图 15-48　左揽雀尾(3)　　图 15-49　左揽雀尾(4)

(5) 上体微向左转,右臂屈肘折回,右手附于左手腕里侧(相距约 5 厘米),上体继续左转,双手同时向前慢慢挤出,左手心向后,右手心向前,左前臂要保持半圆;同时身体重心逐渐前移成左弓步;眼看左手腕部(图 15-49)。

要点:向前挤时,上体要正直。挤的动作要与松腰、弓腿相一致。

(6) 左手翻手,手心向下,右手经左腕上方向前、向右伸出,高与左手齐,手心向下,两手左右分开,与肩同宽;然后右腿屈膝,上体慢慢后坐,重心移至右腿,左脚尖翘起;同时两手屈肘回收至腹前,手心均向前下方;向前平视。

(7) 上式不停,重心慢慢前移,同时两手向前、向上推出,掌心向前;左腿前弓成左弓步;眼平视前方(图 15-50)。

要点:两手向前推时,须走曲线,手腕部高与肩平,两肘微屈。

(八) 右揽雀尾

(1) 右腿屈膝,上体后坐右转,身体重心移至右腿,左脚尖里扣;右手向右平行划弧至右侧,然后由右向下经腹前向左上划弧至左肋前,手心向上,左臂平屈胸前,左手向下与右手成抱球状;同时身体重心移向左腿,右脚收至左脚内侧,脚尖点地;眼看左手(图 15-51)。

(2) 同左揽雀尾(3)解,只是左右相反。

图 15-50　左揽雀尾(5)

（3）同左揽雀尾（4）解，只是左右相反。

（4）同左揽雀尾（5）解，只是左右相反。

（5）同左揽雀尾（6）解，只是左右相反。

（6）同左揽雀尾（7）解，只是左右相反。

图 15-51　右揽雀尾

（九）单鞭

（1）上体后坐，重心逐渐移至左腿上，右脚尖里扣；同时上体左转，两手（左高右低）向左弧形运转，直至左臂平举，伸于身体左侧，手心向左，右手经腹前运至左肋前，手心向后上方；眼看左手（图15-52）。

图 15-52　单鞭（1）　　　　　图 15-53　单鞭（2）

（2）重心逐渐移至右腿上，上体右转，左脚向右脚靠拢，脚尖点地；同时右手向右上方划弧（手心由里转向外），至右侧方时变勾手，臂与肩平；左手向下经腹前向右上方划弧停于右肩前，手心向里；眼看左手。

（3）身体微向左转，左脚向左前侧方迈出，右脚跟后蹬成左弓步；在身体重心移至左腿的同时，左掌随上体继续左转慢慢翻转向前推出，手心向前，手指与眼齐平，臂微屈；眼看左手（图15-53）。

要点：上体保持正直，松腰。右臂肘部稍下垂，左肘与左膝上下相对，两肩下沉。左手向外翻掌前推时，要随转体边翻边推出，不要翻掌太快或最后突然翻掌。全部过渡动作上下要协调一致。如面向南起势，单鞭的方向（左脚尖）应向东偏北（大约为15°）。

（十）云手

（1）重心移至右腿上，身体渐向右转，左脚尖里扣；左手经腹前向右上划弧至右肩前，手心斜向后。同时右手变掌，手心向右前；眼看左手（图15-54）。

图 15-54　云手（1）

（2）上体慢慢左转，身体重心随之逐渐左移；左手由脸前向左侧运转，手心渐渐转向左方；右手由右下经腹前向左上划弧，至左肩前，手心斜向后；同时右脚靠近左脚，成小开立步（两脚距离 10～20 厘米）；眼看右手。

（3）上体再向右转，同时左手经腹前向右上划弧至右肩前，手心斜向后；右手向右侧运转，手心翻转向右；随之左腿向左横跨一步，眼看左手（图15-55）。

图 15-55　云手(2)

(4) 同(2)。

(5) 同(3)。

(6) 同(2)。

(十一) 单鞭

(1) 上体向右转,右手随之向右运转,至右侧方时变勾手;左手经腹前向右上划弧至右肩前,手心向内;身体重心落在右腿上,左脚尖点地;眼看左手(图 15-56)。

(2) 上体微向左转,左脚向左前侧方迈出,右脚跟后蹬,成左弓步;在身体重心移向左腿的同时,上体继续左转,左手慢慢翻转向前推出,成"单鞭"式(图 15-57)。

要点:与前"单鞭"式相同。

图 15-56　单鞭(1)　　　　图 15-57　单鞭(2)

(十二) 高探马

(1) 右脚跟进半步,身体重心后移至右腿上;右勾手变掌,两手心翻转向上,两肘微屈,同时身体微向右转,左脚跟渐渐离地;眼平视左前方。

(2) 上体微向左转,面向前方;右手经右耳旁向前推出,手心向前,手指与眼同高;左手收至左侧腰前,手心向上;同时左脚微向前移,脚尖点地成左虚步;眼看右手(图 15-58)。

图 15-58　高探马

要点:上体自然正直,双肩下沉,右肘微下垂。跟步移换重心时,身体不要有起伏。

(十三) 右蹬脚

(1) 左手手心向上,前伸至右手腕背面,两手相互交叉,随即向两侧分开并向下划弧,手心斜向下;同时左腿提起向前方迈步(脚尖略向外撇);身体重心前移,右腿自然蹬直,成左弓步;眼看前方(图 15-59)。

(2) 两手由外圈向里圈划弧,两手交叉合抱于胸前,右手在外,手心均向后;同时右脚向左脚靠拢,脚尖点地;平视右前方。

(3) 两臂左右划弧分开平举,肘微屈,手心均向外;同时右腿屈膝提起,右脚向右前方慢慢蹬出;眼看右手(图 15-60)。

要点:身体要稳定,不可前俯后仰。两手分开时,腕部与肩齐平。蹬脚时,左腿微屈,右脚尖回勾,劲使在脚跟。分手和蹬脚须协调一致。右臂和右腿上下相对。如面向南起势,蹬脚方向应为正东偏南(约30°)。

图 15-59　右蹬脚(1)　　　　　图 15-60　右蹬脚(2)

（十四）双峰贯耳

（1）右腿收回平屈,脚尖自然下垂,左手由后向上、向前落至体前,两手心均翻转向上,同时向下划弧分落于右膝盖两侧;平视前方。

（2）右脚向右前方落下,重心渐前移成右弓步,面向右前方;同时两手下落,慢慢变拳,分别从两侧向上、向前划弧至面部前方,成钳状,两拳相对,高与耳齐,拳眼都斜向内下(两拳中间距离10～20厘米);眼看右拳(图15-61)。

要点:完成式时,头颈正直,松腰松胯,两拳松握,沉肩垂肘,两臂均保持弧形。双峰贯耳式的弓步和身体方向与右蹬脚方向相同。弓步的两脚跟横向距离同"揽雀尾"式。

图 15-61　双峰贯耳　　　　　图 15-62　转身左蹬脚(1)

（十五）转身左蹬脚

（1）左腿屈膝后坐,身体重心移至左腿,上体左转,右脚尖里扣;两拳变掌,由上向左右划弧分开平举,手心向前;眼看左手(图15-62)。

（2）身体重心再移至右腿,左脚收到右脚内侧,脚尖点地;同时两手由外圈向里圈划弧合抱于胸前,左手在外,手心均向后;眼平视左方。

（3）两臂左右划弧分开平举,肘部微屈,手心均向外;同时左腿屈膝提起,左脚向左前方慢慢蹬出;眼看左手(图15-63)。

要点:与右蹬脚式相同,只是左右相反。左蹬脚方向与右蹬脚成180°(即正西偏北,约30°)。

图 15-63　转身左蹬脚(2)

（十六）左下势独立

（1）左腿收回平屈,上体右转;右掌变勾手,左掌向上、向右划弧下落,立于右肩前,掌心斜向后;眼看右手。

（2）右腿慢慢屈膝下蹲,左腿由内向左侧(偏后)伸出,成左仆步;左手下落(手心向外),向左下顺左腿内侧向前穿出;眼看左手。

要点:右腿全蹲时,上体不可过于前倾。左腿伸直,左脚尖须向里扣,两脚脚掌全部着地。左脚尖与右脚跟踏在中轴线上(图15-64)。

(3) 身体重心前移,以左脚跟为轴,脚尖尽量外撇,左腿前弓,右腿后蹬,右脚尖里扣,上体微左转并向前起身;同时左臂继续向前伸出(立掌),掌心向右,右勾手下落,勾尖向后;眼看左手。

图15-64　左下势独立(1)　　　　　图15-65　左下势独立(2)

(4) 右腿慢慢提起平屈,成左独立步;同时右勾手变掌,并由后下方顺右腿外侧向前弧形摆出,屈臂立于右腿上方,肘与膝相对,手心向左;左手落于左胯旁,手心向下,指尖向前;眼看右手(图15-65)。

要点:上体正直,独立的腿要微屈,右腿提起时脚尖自然下垂。

(十七) 右下势独立

(1) 右脚下落于左脚前,脚尖着地,然后以左前脚掌为轴转动,身体随之左转;同时左手向后平举变勾手,右手随转身向左侧划弧,立于左肩前,掌心斜向后,眼看左手(图15-66)。

(2) 同左下势独立(2),只是左右相反。

(3) 同左下势独立(3),只是左右相反。

(4) 同左下势独立(4),只是左右相反。

要点:右脚尖触地后必须稍微提起,然后再向下仆腿。其他均与左下势独立相同,只是左右相反。

图15-66　右下势独立　　　　　　　图15-67　左右穿梭(1)

(十八) 左右穿梭

(1) 身体微向左转,左脚向前落地,脚尖外撇,右脚跟离地屈膝成半坐盘式;同时两手在左胸前成抱球状(左上右下);然后右脚收到左脚内侧,脚尖点地,眼看左前臂(图15-67)。

(2) 身体右转,右脚向右前方迈出,屈膝弓腿,成右弓步;同时右手由脸前上举并翻掌停在右额前,手心斜向上;左手先向左下再经体前向前推出,高与鼻尖平,手心向前;眼看左手。

(3) 身体重心略向后移,右脚尖稍向外撇,随即身体重心再移至右腿,左脚跟进,停于右脚内侧,脚尖点地;同时两手在右胸前成抱球状(右上左下);眼看右前臂(图15-68)。

图 15-68　左右穿梭(2)

(4) 同(2),只是左右相反。

要点:完成姿势面向斜前方(如面向南起势,左右穿梭方向分别为正西偏北和正西偏南,均约30°)。手推出后,上体不可前俯。手向上举时,防止引肩上耸。一手上举一手前推要与弓腿、松腰上下协调一致。做弓步时,两脚跟的横向距离同搂膝拗步式,保持在30厘米左右。

(十九)海底针

右脚向前跟进半步,身体重心移至右腿,左脚稍向前移,脚尖点地,成左虚步;同时身体微向右转,右手下落经体前向后、向上提抽至肩上耳旁,再随身体左转,由右耳旁斜向前下方插出,手心向左,指尖斜向下;与此同时,左手向前、向下划弧落于左胯旁,手心向下,指尖向前;眼看前下方(图15-69)。

要点:身体要先向右转,再向左转,完成姿势,面向正西。上体不可太前倾,避免低头和臀部外凸,左腿要微屈。

图 15-69　海底针

图 15-70　闪通臂

(二十)闪通臂

上体微向右转,左脚向前迈出,屈膝弓腿,成左弓步;同时右手由体前上提,屈臂上举,停于右额前上方,手心翻转斜向上,拇指朝下;左手上起经胸前向前推出,高与鼻尖平,手心向前;眼看左手(图15-70)。

要点:完成姿势时上体自然正直,松腰、松胯;左臂不要完全伸直,背部肌肉要伸展开。推掌、举掌和弓腿动作要协调一致。弓步时,两脚跟横向距离同"揽雀尾"式(不超过10厘米)。

(二十一)转身搬拦捶

(1) 上体后坐,身体重心移至右腿上,左脚尖里扣,身体向右后转,然后身体重心再移至左腿上;与此同时,右手随着转体向右、向下(变拳)经腹前划弧至左肋旁,拳心向下;左掌上举于头前,掌心斜向上;眼看前方(图15-71)。

(2) 向右转体,右拳经胸前翻转撇出,拳心向上;左手落于左胯旁,掌心向下,指尖向前,同时右脚收回后,(不要停顿或脚尖点地)即向前迈出,脚尖外撇;眼看右拳(图15-72)。

图 15-71　转身搬拦捶(1)　　　　　图 15-72　转身搬拦捶(2)

(3) 身体重心移至右腿上,左脚向前迈一步;左手上起经左侧向前上划弧拦出,掌心向前下方;同时右拳向右划弧收至右腰旁,拳心向上;眼看左手(图 15-73)。

(4) 左腿前弓成左弓步,同时右拳向前打出,拳眼向上,高与胸平,左手附于右前臂里侧;眼看右拳(图 15-74)。

图 15-73　转身搬拦捶(3)　　　　　图 15-74　转身搬拦捶(4)

要点:右拳不要握得太紧,右拳收回时,前臂要慢慢内旋划弧,然后再外旋停于右腰旁,拳心向上。向前打拳时,右肩随拳略向前引伸,沉肩垂肘,右臂要微屈。弓步时,两腿横向距离同"揽雀尾"式。

(二十二) 如封似闭

(1) 左手由右腕下向前伸出,右拳变掌,两手手心逐渐翻转向上并慢慢分开回收;同时身体后坐,左脚尖翘起,身体重心移至右腿;眼看前方(图 15-75)。

图 15-75　如封似闭(1)　　　　　图 15-76　如封似闭(2)

(2) 两手在胸前翻掌,向下经腹前再向上、向前推出,腕部与肩平,手心向前;同时左腿成弓步;平视前方(图 15-76)。

要点:身体后坐时,避免后仰,臀部不可凸出。两臂随身体回收时,肩、肘部略向外松开,不要直着抽回。两手推出宽度不要超过两肩。

(二十三) 十字手

(1) 屈膝后坐,重心移向右腿,左脚尖里扣,向右转体;右手随转体向右平摆划弧,与左手成两臂侧平举,掌心向前,肘部微屈;同时右脚尖随着转体稍向外撇,成右侧弓步;眼看右手(图 15-77)。

(2) 身体重心慢慢移至左腿,右脚尖里扣,随即向左收回,两脚距离与肩同宽,两腿逐渐蹬直,成开立步;同时两手向下经腹前向上划弧交叉合抱于胸前,两臂撑圆,腕高与肩平,右手在外,成十字手,手心均向后;平视前方(图 15-78)。

图 15-77　十字手(1)　　　图 15-78　十字手(2)　　　图 15-79　收势

要点:两手分开与合抱时,上体不要前俯。站起后,身体自然正直,头要微向上顶,下颏稍向后收。两臂环抱时须圆满舒适,沉肩垂肘。

（二十四）收势

两手向外翻掌,手心向下,两臂慢慢下落,停于身体两侧;平视前方(图 15-79)。

要点:两手分开下落时,要注意全身放松,同时气也徐徐下沉(呼气略加长)。呼吸平稳后,把左脚收到右脚旁,再走动休息。

三、五禽戏

五禽戏是一种中国传统健身方法,由五种模仿动物的动作组成。据说由东汉医学家华佗创制。

五禽戏是中国民间广为流传的古老健身方法之一。五禽戏由五种动作组成,分别是虎戏、鹿戏、熊戏、猿戏和鸟戏,每种动作都是模仿了相应的动物动作。每戏又分两个动作,分别为:虎举、虎扑;鹿抵、鹿奔;熊运、熊晃;猿提、猿摘;鸟伸、鸟飞。每种动作都是左右对称地各做一次,并配合气息调理。

五禽戏锻炼要做到:全身放松,意守丹田,呼吸均匀,形神合一。练熊戏时要在沉稳之中寓有轻灵,将其剽悍之性表现出来;练虎戏时要表现出威武勇猛的神态,柔中有刚,刚中有柔;练猿戏时要仿效猿敏捷灵活之性;练鹿戏时要体现其静谧恬然之态;练鸟戏时要表现其展翅凌云之势,方可融形神为一体。常练五禽戏,可活动腰肢关节,壮腰健肾,疏肝健脾,补益心肺,从而达到祛病延年的目的。

四、八段锦

八段锦是一种在中国古代发明的健身方法,由八种肢体动作组成,内容包括肢体运动和气息调理。

"八段锦"一般认为有两层意思:一是表示这是一种集锦多种练习方法的功法;二是源自一种名为"八段锦"的织锦,表示练习时动作连续。

传说八段锦是由岳飞创编的,也有人认为八段锦是由唐代的钟离权创造的。最早出现"八段锦"名目的是宋代洪迈著《夷坚志》一书。在宋代的道教养身书中也记载有类似的健身方法,如曾慥辑的《道枢》等。所以大多数人认为八段锦是在宋朝创制的。现在流传的站式八段锦,一般来源于清代梁世昌所编《易筋经图说》的附录"八段锦"。但作者不详。

八段锦在姿势上分为站式和坐式两种,站式要求双脚微分与肩同宽,坐式要求盘膝正坐,具体动作各不相同。站式和坐式都分别可由八句话总结动作要领。

站式:双手托天理三焦,左右开弓似射雕,调理脾胃双臂举,五劳七伤向后瞧,摇头摆尾去心火,背后七颠百病消,攒拳怒目增气力,两手攀足固肾腰。

坐式:手抱昆仑,天柱微震,托天按顶,牢攀脚心,臂转车轮,左右开弓,交替冲拳,叩击全身。

第五节 散打与防身术

散打与防身术是中华武术重要的技击方法之一,愈来愈受到国内外武术爱好者尤其是青少年的喜爱。它的动作不仅技术性强,而且手段变换多样,步法、身法随机应变,动作灵巧,内容丰富,常年演练,奥妙无穷。其于健身、防卫、交流大有益处。

散打与防身术是利用人体中各个关节的活动规律和要害部位的生理特点,按照人体力学、身体方位、重心的转移,根据人体不同的站位和姿势,依照手法、步法、身法的变换,运用踢、打、摔、拿等技术动作来制服对手。

一、散打运动概述

散打以前称为散手,是中华武术的精华,是具有独特民族风格的体育项目,多年来在民间流传发展,深受人们喜爱。散打的起源和发展,与中华民族的悠久历史同步。它从先辈的生产劳动、生存斗争缘起,又服务于此,演化至今,成为华夏民族灿烂文化遗产中的瑰宝。原始社会中人类为了争取生存、猎取食物,长期与野兽搏斗,学会了与野兽搏斗所使用的不同方法,古称相搏、手搏、卞、弁、白打等。

现在的散打是两人按照国家武术管理中心制定的规则,运用武术中的踢、打、摔和防守等方法,进行徒手对抗的现代体育竞技项目,它是中国武术的重要组成部分。现在,武术散打对传统技击术进行归纳、整理,舍弃它们的具体形态,找出其中带有共性的规律,即把中国各拳种门派的拳法、腿法通过规整,总结出它们的基本运动形式,经过高度抽象,确立进攻技术具有两种运动形式:一种是直线形方法,另一种是弧线形方法。拳法以冲、掼、抄、鞭为内容,腿法以蹬、踹、扫、摆、勾为内容,摔法则根据"快摔"的要求和"无把"的特点,主要把握"破坏重心"和"抢圈"的要点,创造出"接招摔"和"夹打摔"的方法。同时,防守技术也划分为"接触式防守"和"不接触式防守"两种。散打从比赛形式上采用了中国传统的"打擂台"的方式,一方掉擂出局即为输方。在竞赛方法上采用三局两胜制,先赢两局者即为赢家。

1979年,随着中国武术热的再度兴起,国家体委按照竞技体育模式,首先在浙江省体委、北京体育学院和武汉体育学院进行了武术对抗性项目的试点训练,设置在80厘米高、8米见方的擂台上进行比赛。散打比赛允许使用踢、打、摔等各种武术流派中的技法,不允许使用擒拿,不许攻击喉、裆等要害部位;运动员分体重、穿护具,在相同的条件下平等竞争。

1979年5月在广西南宁举行的全国武术观摩交流大会上散打做了首次汇报表演。同年,又进行了几次比赛。

1982年国家体委组织制定了《散打比赛规则》,自此,散打运动按照积极、稳妥的精神,每年举行一次全国武术对抗性项目(散打)表演赛,不断试验,逐步发展。

1989年,散打被国家体委批准为正式比赛项目,并设"团体锦标赛"和"个人锦标赛"赛制。

1993年,散打比赛正式被列为第7届全运会比赛项目。

1998年,散打比赛被列入第13届亚运会正式比赛。

2000年,首届中国武术散打王争霸赛在湖南长沙市举行,湖南卫视对赛事作了全程报道,这是中国武术散打发展史上的里程碑,中国武术散打进入了专业赛制的时期。

2001年3月27日,中国武术散打王争霸赛在国家奥林匹克体育中心中国武术协会散

打馆拉开帷幕,比赛的直播工作在2000年湖南卫视现场直播的基础上,采取国内各地方与国外电视台同步直播的形式进行。从2001年2月15日开始,人民日报、中国青年报、中国体育报、北京电视台、北京有线电视台、中央人民广播电台等全国180多家媒体对赛事的筹备情况进行了跟踪报道,引起了社会各界对2001年散打王争霸赛的广泛关注。

2001年中国武术散打王争霸赛在竞赛组织方面的最大突破是邀请外国选手正式组队参加常规比赛。这标志着中国武术散打王争霸赛的国际化理念将由设想变成现实。

2012年2月25日在陕西省西安市成立了中国国家散打队,而建立一支专门的国家队在中国武术发展史上尚属首次。

二、散打的特点

(一)对抗性

相对于武术套路运动,徒手对抗格斗是散打的基本运动特征。现代散打运动并不局限于对中国武术中传统的徒手格斗术进行单纯的继承和表现,而是在继承的基础上有了发展和提高,其中最为突出的,就是把传统中只注意"招法"的观念发展成为把体能、智能与技能结合起来,进而突出了它的综合应用的能力。散打由于自身的特性以及社会的需要,更突出地反映了武术的本质——技击性,打击对方、保护自己是散打运动的基本目的。

(二)体育性

相对于传统的防身自卫绝技,散打作为竞技体育项目,必须体现体育的本质属性,即把人体安全和健康作为自身生存和发展的前提。散打是一种激烈的运动,虽然其技术总是在不断追求最大的攻击效果中发展,但出现对运动员健康有害的行为是绝对不允许的。因此,散打技术的攻防招法明显区别于使人致伤、致残的技术方法,其技法的实用性限制在一定范围内起作用。

(三)民族性

现代散打运动在比赛形式和技术运用上,通过继承与发展,都体现了我国武术的民族性特点。首先,散打在擂台上进行比赛和采用三局两胜制赛制就是沿袭了中国古代民间打擂比武的风俗习惯。其次,在散打技术的应用上,"远踢、近打、贴身摔"技击方法的多样化和打击部位的多层次,充分体现了中国武术技术的整体性特点。现代散打技术还对世界各国搏击技术进行了大胆的借鉴,摄取其中的有益成分,甚至是具体的实用技法,使现代散打运动形成现今流行的模式。

三、散打基本技术

(一)实战姿势

散打的实战姿势(图15-80)一般分为左手在前的"正架"和右手在前的"反架"两种,该姿势便于步法的移动,便于进攻和防守。

要点:两脚前后开立,屈膝含胸,屈臂沉肘,目视前方,自然放松。

(二)步法

步法是散打运动中身体向前后、左右移动的方法。灵活而敏捷的步法,不仅是调节重心、维持身体平衡的关键,也是进攻和占据有利位置、发挥最优攻势的基础方法。

图15-80　实战姿势

1. 进步

要点:前脚提起,向前进步,后脚迅速蹬地,跟进同样距离(图15-81)。

2. 退步

要点:后脚向后退一步,前脚用力蹬地,迅速后退同样距离(图15-82)。

图 15-81　进步　　　　　　　　图 15-82　退步

3. 侧滑步

要点：前脚向左或右滑行，后脚向左或右滑行跟进（图 15-83）。

4. 垫步

要点：后脚蹬地向前脚并拢，同时前腿屈膝提起向前落步（图 15-84）。

图 15-83　侧滑步　　　　　　　　图 15-84　垫步

5. 换步

要点：前脚与后脚同时蹬地交换，同时两拳也前后交换成反架姿势（图 15-85）。

（三）拳法

拳法技术是散打技术体系的重要组成部分，它是散打比赛中中距离和近距离时的主要进攻手段。拳法主要包括冲拳、掼拳、抄拳和转身鞭拳四大类。

图 15-85　换步

1. 冲拳

冲拳（图 15-86）是散打技法中重要的拳法之一，属直线形进攻拳法，它预兆小、动作突然、力量大。

图 15-86　冲拳

动作要点：蹬地、转胯、拧腰、冲拳，力达拳面。实战运用见图 15-87。

进攻对方面部　　　进攻对方胸部　　　进攻对方腹部

图 15-87　冲拳的实战运用

2. 掼拳

掼拳(图15-88)是散打拳法中重要拳法之一,是实战中常用的攻击性拳法,它力量大,动作突然。

进攻对方下颌　　　　进攻对方太阳穴

图15-88　掼拳　　　　　　　图15-89　掼拳的实战运用

动作要点:蹬地、拧腰、转胯,臂外摆,向前、向内划弧,力达拳面。实战运用见图15-89。

3. 抄拳

抄拳是散打实战当中贴身或近距离的进攻拳法,其隐蔽性强,力量大,具有很大的突然性和杀伤力。抄拳按其动作的击打路线分为斜抄拳、上抄拳和平抄拳。

(1)斜抄拳(图15-90)。斜抄拳又称前手抄拳,其动作灵活,速度快,在实战中既可抢攻,也可阻击。

动作要点:蹬地、转胯,后拳从腰间斜上方击出,力达拳面。实战运用见图15-91。

进攻对方上肋部　　　进攻对方下肋部(脾部)

图15-90　斜抄拳　　　　　图15-91　斜抄拳的实战运用

(2)上抄拳见图15-92。上抄拳又叫前手上抄拳,其动作幅度大,发力突然。

动作要点:前臂略下摆,后脚蹬地、转胯,拳从胸前正上方击出,力达拳面。实战运用见图15-93。

进攻对方下颌　　　进攻对方胃部　　　进攻对方心脏部

图15-92　上抄拳　　　　　　图15-93　上抄拳的实战运用

(3)平抄拳(图15-94)。平抄拳是实战中双方贴身近战时打击对方脸颊部最有效的方法,该动作预兆小,隐蔽性好,打击力量大。

动作要点:蹬地,臂外摆,拧腰、转胯、掀肘,拳面由外向内横向击打,力达拳面。实战运用见图15-95。

进攻对方下颌　　　　　进攻对方太阳穴

图 15-94　平抄拳　　　　　　　　图 15-95　平抄拳的实战运用

4. 转身鞭拳

转身鞭拳(图 15-96)是散打动作当中较为复杂的拳法,它动作幅度大,不易直接进攻,但其击打力量特别重。转身鞭拳分为转身左鞭拳、转身右鞭拳。

动作要点:以前脚为轴,拧腰转体、转头,前臂斜下鞭打,力达拳根或小臂外侧。实战运用见图 15-97。

转身击打对下颌　　　　转身击打对太阳穴

图 15-96　转身鞭拳 　　　　　　　图 15-97　转身鞭拳的实战运用

(四) 腿法

腿法技术是散打比赛中的主要得分技术,它是中、长距离的主要进攻手段。腿法主要有踹腿、鞭腿、蹬腿、转身后摆腿、扫腿和勾踢腿六种。

1. 踹腿

踹腿(图 15-98)是散打技术中主要的腿法之一,其动作最大的特点就是"快",即提膝便踹,直接攻击。该动作隐蔽性好,启动突然,踹击力量大,是散打比赛中的主要得分手段。踹腿分为左踹腿、右踹腿。

图 15-98　踹腿

动作要点:踹腿正前方提起,支撑腿蹬转、翻膝,大腿带动小腿向侧前方踹击,力达脚跟。实战运用见图 15-99。

进攻对方腹部　　　进攻对方头部　　　进攻对方膝关节　　　进攻对方胸部

图 15-99　踹腿的实战运用

2. 鞭腿

鞭腿(图 15-100)又称边腿和横踢腿。该动作启动快,预兆小,鞭打力量重,是实战中最主要的进攻腿法之一,分为左鞭腿和右鞭腿。

动作要点:鞭腿正前方提起,支撑腿蹬转,鞭腿以膝关节为轴,绷脚,横向鞭打,力达脚背和踝关节之间。实战运用见图 15-101。

图 15-100　鞭腿

进攻对方小腿内侧　　进攻对方大腿内侧　　进攻对方肋部　　进攻对方头部

图 15-101　鞭腿的实战运用

3. 蹬腿

蹬腿(图 15-102)属于直线形腿法。它预兆小、启动快,易于直接进攻。蹬腿分为左蹬腿和右蹬腿。

图 15-102　蹬腿

动作要点:蹬腿屈膝提起上顶,支撑腿屈膝蹬转,蹬腿大腿带动小腿,向前踹击,力达脚跟。实战运用见图 15-103。

阻击对方大腿　　　　进攻对方腹部　　　　进攻对方头部

图 15-103　蹬腿的实战运用

4. 转身后摆腿

转身后摆腿(图 15-104)在散打技术当中属于难度系数较大的腿法,它借助于腰的扭转来带动后腿向前横扫,以此来击打对方头部和躯干部,因其动作幅度大,不宜直接进攻,故在使用中常常借助于后摆腿的惯性来加以使用。转身后摆腿分为左转身后摆腿和右转身后摆腿。

动作要点:拧腰转体,提伸腿后摆划弧,脚面绷直,力达脚掌。实战运用见图15-105。

图 15-104　转身后摆腿　　　　　图 15-105　转身后摆腿的实战运用

5. 扫腿

扫腿俗称扫堂腿,它主要进攻对方的下盘,在使用中因变线突然,常把对方扫倒在地,是一个很好的反击方法。扫腿分为前扫腿和后扫腿。

（1）前扫腿（图 15-106）。

图 15-106　前扫腿

动作要点:支撑腿屈膝,身体下沉,以腰带动扫腿,勾脚、擦地向前划弧扫击,力达脚踝处。实战运用见图15-107。

图 15-107　前扫腿的实战运用

当对方以左踹腿进攻我胸部时,我左脚随即斜上步,同时身体突然下沉,带动右腿扫其支撑腿,使其倒地。

（2）后扫腿（图 15-108）。

图 15-108　后扫腿

动作要点:支撑腿屈膝,身体下沉,拧腰转体,以腰带动扫腿,擦地划弧向后扫击,力达脚后跟至小腿下端之间部位。实战运用见图15-109。

图 15-109　后扫腿的实战运用

当对方以右踹腿进攻我胸部时,我身体突然下沉,同时转体回头,右腿后扫其支撑腿,使其倒地。

6. 勾踢腿

勾踢腿(图 15-110),因其在发力时形如勾而得名,它是借助于腿部的摆动,小腿由外向内,由屈到伸,横向踢出,用于反击和摔法中。勾踢腿分为左钩踢腿和右勾踢腿。

图 15-110　勾踢腿

动作要点:支撑腿上步,以腰带动勾踢腿,自外向内擦地斜上勾踢,力达脚踝。实战运用见图 15-111。

直接勾踢对方　　　　　　　　　　　接腿勾踢摔

图 15-111　勾踢腿的实战运用

(五)摔法

摔法是在比赛或格斗中使对手倒地的方法,散打中的摔法有别于其他项目的摔法,其特点一是"快",二是几乎无"把"可抓,三是摔法可与拳法、腿法并用。

(1)夹颈转体摔,见图 15-112。

图 15-112　夹颈转体摔

(2)抱腿前顶摔,见图 15-113。

图 15-113　抱腿前顶摔

(3)接腿勾踢摔,见图 15-114。

图 15-114　接腿勾踢摔

(4)抱背过背摔,见图 15-115。

图 15-115　抱背过背摔

(5)接腿涮摔,见图 15-116。

图 15-116　接腿涮摔

(六)防守法

防守是因势因时使用动作,破坏对方进攻的手段,是一种可以节制和削弱对方的攻击,保护自己并使自己处于反击位置的方法,准确巧妙地防守,不但能保护自己,而且能为攻击创造更好的条件。

1. 接触式防守

接触式防守的方法包括拍挡(图 15-117)、挂挡(图 15-118)、拍压(图 15-119)、外抄抱(图 15-120)、里抄抱(图 15-121)、外截(图 15-122)、里挂(图 15-123)、掩肘(图 15-124)等。

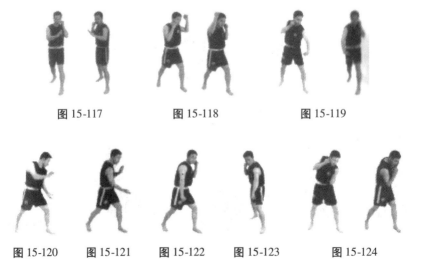

图 15-117　　　图 15-118　　　图 15-119

图 15-120　图 15-121　图 15-122　图 15-123　图 15-124

2. 非接触式防守

非接触式防守的方法包括提膝（图 15-125）、后闪（图 15-126）、侧闪（图 15-127）、下闪躲（图 15-128）等。

　　图 15-125　　　　图 15-126　　　　图 15-127　　　　图 15-128

（七）组合技术

1. 拳法组合

（1）左冲拳—右掼拳—左平抄拳。

（2）右平抄—左掼拳—右冲拳。

（3）左冲拳—右掼拳—左斜抄—右平抄—左掼拳—右冲拳。

（4）左掼拳—右上抄—左平抄—右冲拳—左掼拳—右鞭拳。

2. 腿法组合

（1）左踹腿—右蹬腿。

（2）左踹腿—右鞭腿—左摆腿。

（3）左踹腿—右蹬腿—左高鞭腿—右摆腿—左蹬腿。

（4）右蹬腿—左踹腿—右低鞭腿—左高鞭腿—右摆腿。

3. 拳腿组合

（1）左冲拳—左踹腿。

（2）左踹腿—右冲拳。

（3）左冲拳—左踹腿—右掼拳。

（4）右鞭腿—左冲拳—左蹬腿。

四、散打竞赛规则简介

散打竞赛不同于对敌的散打实战，散打竞赛必须在《武术散打竞赛规则》指导下进行，以保护参赛者的身体健康与安全。

1. 参赛者按体重分级比赛

按体重分级共分 11 个级别。即:48 千克级（＜48 千克）、52 千克级（48～52 千克）、56 千克级（52～56 千克）、60 千克级（56～60 千克）、65 千克级（60～65 千克）、70 千克级（65～70 千克）、75 千克级（70～75 千克）、80 千克级（75～80 千克）、85 千克级（80～85 千克）、90 千克级（85～90 千克）、90 千克以上级（＞90 千克）。参赛的运动员赛前都要统一称量体重。

2. 服装护具及拳套重量

参赛者必须穿戴大会指定的拳套、护头、护齿、护胸、护裆、护腿，赤脚穿护脚；穿与比赛护具颜色相同的背心和短裤；护裆必须穿在短裤内。比赛的护具分红、黑两种。

拳套重量:65 千克以下级别的拳套为 230 克，70 千克及以上级别的拳套为 280 克。

3. 场地

正规散打比赛必须在规定的场地上进行,比赛场地为高60厘米、长800厘米、宽800厘米的木质结构的方形台。台面上铺有软垫,软垫上有帆布盖单,台中心画有直径为100厘米的太极图。台面边缘有5厘米宽的红色边线,台面四边有10厘米宽的黄色警戒线。台下四周铺有高20~40厘米、宽200厘米的保护软垫。

4. 竞赛方法

竞赛方法有循环法、单败淘汰赛、双败淘汰赛三种。

每场比赛采用三局二胜制,每局3分钟,局间休息1分钟。以三局两胜的方法计胜负。

5. 禁击部位和得分部位

后脑、颈部和裆部为人体要害部位,现代散打比赛中为禁击部位。头部、躯干、大腿和小腿为得分部位。

6. 禁用方法和可用方法

禁止用头、肘、膝和反关节擒拿攻击对方;禁用迫使对方头部先着地的摔法或有意砸对方;对方倒地,禁用腿法攻击其头部,禁用拳连击对方头部。

除上述禁用方法外,其他任何武术流派的任何方法都可使用。

7. 优势胜利的判断标准

散打比赛的输赢判断有两种情况:一是优势胜利,二是分数获胜。

优势胜利主要有以下几种情况。

(1) 实力相差悬殊时,为保护运动员,场上裁判经裁判长同意后可宣告占优势的一方获胜。

(2) 一方运动员受重击倒地,在10秒钟内不能重新比赛,或10秒内站起后明显丧失比赛能力,另一方运动员即取得优势胜利。

(3) 在一场比赛中如果一方运动员强制读秒三次,到最后一次读秒完毕,场上裁判员即可宣布另一方获胜。

(4) 在比赛中,一方运动员出现伤病,经现场医务监督诊断为不宜继续进行比赛,场上裁判员可宣布另一方获胜。

(5) 当一方犯规被取消比赛资格时,对方运动员获胜。

(6) 因对方弃权获胜。

8. 得分标准

优势胜利在比赛中相对少见,大部分情况下,需要通过计算双方的得分来判定胜负。

(1) 得3分。

① 在一局比赛中,对方第一次下台。

② 用转身后摆腿击中对方躯干部位而自己站立。

③ 用主动倒地的动作致使对方倒地而自己即刻起立。

④ 用勾踢将对方踢倒而自己站立。

(2) 得2分。

① 对方倒地而自己站立。

② 用腿法击中对方躯干部位,对方被强制读秒一次(从1数到8)。

③ 对方受警告1次。

（3）得1分。

① 用手法击中对方得分部位。

② 用腿法击中对方头部或下肢(脚除外)。

③ 对方消极,即被指定进攻后8秒内仍不进攻。

④ 对方主动倒地超过3秒钟。

⑤ 双方先后倒地,后倒地者也可得1分。

（4）不得分。

方法不清、效果不明显、双方都下台或双方同时倒地,双方互打互踢、抱缠时击中对方等情况,均不得分。主动倒地,对方也不得分。

9. 裁判人员及其职责

在一场散打比赛中,设有裁判长1人,台上裁判员1人,边线裁判员5人。台上裁判员负责用铃和手势指挥运动员比赛,裁定运动员的倒地、下台、犯规、消极、无效、强制读秒、得3分、临场治疗等事宜,宣布每场比赛结果。边线裁判员负责记录运动员的得分,每局比赛后根据裁判员信号,迅速显示个人对该局的评判结果。

10. 犯规种类

散打规则规定的犯规有两类:第一类是侵人犯规,因容易给对手造成伤害,故台上裁判员对侵人犯规的处罚极严厉;第二类是技术犯规,主要指一些不符合规则要求,会对比赛造成一定影响的行为。

（1）七种侵人犯规。

① 在场上裁判员口令"开始"前或"停"后进攻对方。

② 击打对方禁击部位。

③ 用头、肘和反关节动作进攻对方。

④ 用膝攻击对方头部。

⑤ 使用迫使对方头部先着地的摔法或有意砸压对方。

⑥ 用腿法攻击倒地一方的头部。

⑦ 用牙咬对方。

（2）八种技术犯规。

① 消极搂抱对方。

② 消极逃跑躲避对方攻击。

③ 用手抓住围绳进攻对方或不正当地利用围绳或立柱。

④ 处于不利状况时要求暂停。

⑤ 比赛中对裁判员有不礼貌的行为、语言或有其他不服从裁判的行为。

⑥ 有意拖延比赛时间。

⑦ 上场不戴或吐落护齿,有意松脱护具。

⑧ 教练员及助手严重违反规则。

11. 处罚措施

对犯规的处罚措施主要有三种:劝告、警告和取消比赛资格。

技术犯规一般给予劝告,对手得1分。没有造成严重后果的侵人犯规,一般给予警告,对手得2分。运动员故意伤人或者虽然不是故意犯规却使对方不能比赛时,就要被取消当场的比赛资格,并视情况给予禁赛处分。这种处分一般比较谨慎,台上裁判员不能独立执行,只能由裁判长进行确定。

五、防身术的攻击部位与实用技法

(一)防身术常用攻击部位

防身术常用的攻击部位是人体的关节和人体薄弱环节,也是人体的易控关节与要害部位。

1. 人体易控关节

人体中骨与骨相连接能活动的部位叫关节。人体关节受到超过生理限度的打击或压迫时,就会造成脱臼或韧带撕裂,从而失去正常功能。在进行自我防卫的过程中,要想做到控制一名歹徒的关节,完整实施防卫动作,实属不易,需要通过系统训练,使身体素质达到一定的条件和掌握必要技能后,才能达到很好的效果。

易控关节主要有颈部关节、肩关节、肘关节、腕关节、指关节、膝关节、踝关节等(图15-129)。

图15-129　易控关节　　　　　　图15-130　要害部位

2. 人体要害部位

人体要害部位是指人体遭受外力打击或挤压和强烈振动时,最容易造成昏迷、伤残、休克、致死,以及使某些组织器官、神经或肌肉发生功能性障碍的部位。根据承受打击的能力,人体要害部位是裆部、头部(眼睛、后脑)、腋下、咽喉(颈部动脉)、肋部、腹部、腰部、胸腔(图15-130)。这些部位是防卫者常用的最佳攻击目标。有的要害部位若被击可达到一招制胜的效果,有的可使人暂时失去抵抗能力。所以攻击对手时,要有击打要害部位的意识。如果击不中要害部位,攻击就不易奏效;如果能击中要害部位,即使是轻轻一点也会收到事半功倍的效果。

(1) 头部。头部是人体的主宰,有听、视、嗅觉功能以及大脑、小脑等重要器官。其要害部位有眼睛、后脑、太阳穴、耳后穴等,这些部位若受到拳脚、外物等重力打击,会使人昏迷甚至死亡。这其中眼睛为"明穴",眼睛更为身之主,宜精神贯注,破敌全凭之。它是公开暴露的,又是要害,若对方眼睛受到点、戳等打击,轻者会流泪不止、怕光而睁不开,重者会眼内大量出血或发生水肿,甚至失明。

(2) 喉部。喉部通常称为咽喉,这一部位面积较大,包括呼吸道和食道,两侧附有颈动脉血管。若用力卡压、锁喉,以掌、指、拳等重力击打,就会使呼吸和血流受阻,使人头昏、休克甚至死亡。

(3) 胸腔。胸腔内有心肺等重要器官。胸腔受到拳、掌、肘、膝等重力击打或压迫时,就会使心肺受到损伤,失去正常功能(尤其是我们俗称的"心窝"三角部位)。

(4) 腹部。腹腔内有肝、脾、胃、肾、膀胱等重要器官,壁腹膜神经末梢丰富,感觉非常灵敏。若受到拳、膝、脚等重力打击或压迫,可导致剧痛昏迷或损伤,失去正常功能。

（5）腰部。腰部是连接上体与下体、维持身体正常姿态的重要部位,起着传导重力的作用。若受到拳、脚、膝的猛力击蹬,腰椎、肾脏会失去正常功能。

（6）肋部。人体共有十二对肋骨。由于肋骨细长,若受到拳、脚、肘等重力打击或压迫,可导致疼痛、骨折,甚至使内脏器官损伤,呼吸困难,失去正常功能。

（7）裆部。裆部是指生殖器官,也是人体神经末梢最丰富的地方。若受到顶、撞、抓、踢、撩等打击,会造成剧痛或昏迷。在防卫技术中对裆部的动作俗称为"击裆术",它也是女子防卫的惯用招法。

（8）腋下。腋窝下有丰富的神经组织,又紧靠人体重要的内脏器官——肺脏。人体背骨、胸骨的防护,在这里恰巧形成交接空缺。腋下遭遇打击,轻则疼痛憋闷难忍,重则吐血窒息。

（二）防身术实用技法

防身术的实用技法按受敌方位分正面迎敌、侧面迎敌、背面迎敌和综合技艺四种。

1. 正面迎敌

受敌正面攻击时,可采用以下招式。

（1）头撞。以额头为武器攻击对手,在武术中被称为头锋。头部虽然要害薄弱部位最多,但也有坚实的区域,就是额。有人做过试验,人的前额能承受1000千克的压力。徒手对前额的攻击,若无特殊功力,一般都是攻击一方受伤。而以头锋击人,却颇见威力。头锋攻击,主要用于撞击对手面部和胸部(图15-131),一般而言,撞击面部效果较好。撞击面部要瞄准鼻梁处三角区,千万不能撞在对方前额上,形成互伤。

动作要点:注意用发际以下、眉弓以上的前额撞击对方的面部或胸腹部,用力要狠,力点要准。

图15-131　头撞

图15-132　踢裆

（2）弹踢裆部。歹徒正面攻击,我即成站立实战姿势,一腿支撑,一腿屈膝抬腿,脚背绷直,力达脚背,向歹徒裆部弹踢(图15-132)。

动作要点:绷脚尖,用踝关节和脚背踢击裆部。

（3）正侧踢:先转体,一腿上抬,屈膝,勾脚尖,由屈到伸向前踹击,力达脚跟;低踹腿可踹胫骨和膝(图15-133),中踹腿可踹歹徒腹部。

动作要点:迎击在对方胫骨上的瞬间,注意把踝关节勾紧,保持自身的平衡。

（4）压腕撞头。歹徒单手抓胸,我即双手紧压其腕,重心下沉,上体前倾,同时用前额撞其面部(图15-134)。

动作要点:压腕要紧,撞头要狠,压腕与撞头要同时进行。

图 15-133　正侧踢　　　　　　　图 15-134　压腕撞头

（5）锁腕踢头。歹徒正面抓腕，我即用另一手按压其手，同侧手外旋，擒拿其腕，再踢其头部（图 15-135）。

动作要点：锁腕以后，要注意将对方手拉直，用低鞭腿弹踢其面部。

（6）开山震虎。歹徒双手搭在我肩，我即双臂向上向外撑架、格挡，同时，用头撞其面部（鼻梁）（图 15-136）。

动作要点：两臂撑架要快速、准确，头撞要猛，力点要准。

图 15-135　锁腕踢头　　　　　　　图 15-136　开山震虎

（7）挟臂绊踢摔。歹徒直拳击我面部，我即用双手格挡挟住其臂，再上步用肘击其面部，同时用腿绊踢其重心脚跟部，将其摔倒在地（图 15-137）。

动作要点：挟臂、肘击和绊踢要同时进行，协调一致。

图 15-137　挟臂绊踢摔

（8）侧闪撞膝。歹徒直拳击我面部，我即向侧闪躲，两手按压其肩臂，用膝撞击其肋间或胸腹部（图 15-138）。

动作要点：闪躲要及时，按压要与撞膝动作协调配合。

（9）踢胫击面。歹徒单手抓胸挑衅，我即一手格挡，一腿踢敌胫骨，同时用另一手掌击其面部（图 15-139）。

动作要点：格挡、脚踢和掌击要同时进行。

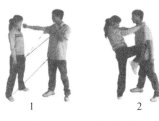

图 15-138　侧闪撞膝　　　　　图 15-139　踢胫击面

（10）狮子摇头。歹徒正面抓肩，我即上前一步，同时一手按压其手腕，同侧手外旋托其肘部，像狮子摇头般地擒住其手臂（图 15-140）。

动作要点：压腕与托肘要配合用力（反向用力），不容对方屈臂松脱。

（11）前上翻。歹徒击我胸部，我即用同侧手前臂先格挡，后抓腕，一脚上步，另一手下穿反压其手腕，将其擒住（图 15-141）。

动作要点：压腕和下穿之手相交，握住其手腕，反关节，使其前臂外上翻。

（12）抱腰摔。歹徒出拳袭击或伸手挑衅，我即向外格挡抓握其手腕，上前一步紧抱其腰，身体贴紧敌髋部，用力将歹徒摔倒在地，倒地的同时将其手臂缠绕其颈部，我单腿跪压在其背部，将其擒住（图 15-142）。

动作要点：格挡、上步要同时完成，抱摔用力要快。

图 15-140　狮子摇头　　　图 15-141　前上翻　　　图 15-142　抱腰摔

（13）英雄跨虎。歹徒左直拳击我，我即右手格挡、抓腕，左手抓其上臂，两手一起用力向下、向后拉，同时，用左腿向后绊踢其前腿，迫使其倒地，我即跨骑在歹徒左肩上，同时压其手腕（图 15-143）。

动作要点：向斜下用力，使其手臂保持伸直状态，同时绊踢对方的支撑腿。

（14）上步挎篮。歹徒抓我手臂，我即上前一步，用同侧手格挡、握其腕，用另一手臂击其肘部，反绕抓住其肩，握腕之手使其屈臂，同时用力上推，侧跨一步成弓步，如挎篮动作将其擒住（图 15-144）。

动作要点：抓肩要快，推臂要狠。

（15）拉臂别肘。歹徒正面摆拳击我头部，我用同侧手格挡、抓腕，另一手穿插在其臂下，抓拉其肘部，向前推压，将其擒住（图 15-145）。

图 15-143　英雄跨虎　　　图 15-144　上步挎篮　　　图 15-145　拉臂别肘

动作要点：拉臂动作与推肘动作要同时用力，各向一个方向。

2. 侧面迎敌

（1）上挑肘。歹徒侧面双手抱腰，我即屈肘用力向上挑肘，击打歹徒下颌（图15-146）。

动作要点：要在歹徒未抱紧时快速掀肘击之。

（2）后击肘。歹徒侧面单手搂脖，我即屈肘用力向后击肘，击打歹徒腹部（图15-147）。

动作要点：击打腹部时，用力要猛，向击打方向拧腰。

图 15-146　上挑肘　　　图 15-147　后击肘　　　图 15-148　踹踢胫骨

（3）踹踢胫骨。歹徒侧面拉我手腕，我急反手握住其手，向内旋转、向下、向后拉其手臂，同时用低踹腿踢其胫骨，将其摔倒（图15-148）。

动作要点：往后拉臂的同时，用力踢击。

（4）别翅压肘。歹徒侧面拍我肩部，我即按压其手掌，同侧手屈臂滚压其肘部（图15-149）。

动作要点：压手掌要紧，不能松，屈臂、滚压要快。

（5）压腕击面。歹徒侧面拍我肩部，我即拍压其前臂，同侧手屈臂握拳，鞭拳击其面部（图15-150）。

动作要点：用拳面击其鼻梁。

（6）弓步顶肘。歹徒侧面拉我衣袖，我即拍击其前臂，同侧手屈臂握拳，用肘击其肋间（图15-151）。

动作要点：拍击、顶肘要一气呵成。

图 15-149　别翅压肘　　　图 15-150　压腕击面　　　图 15-151　弓步顶肘

3. 背面迎敌

（1）后面抱腰。

① 仙人摘桃。歹徒后面双手抱腰，我即上体前俯，一手从两腿之间向后伸出，反手抓、握其生殖器（图15-152）。

动作要点：前俯腰要快，保持身体平衡，撩阴掌要快而准。

② 折其手指。歹徒从后面双手抱腰，我即抓住其手指，向相反方向折其手指（图15-153）。

动作要点：折手指时，最好是折一个手指。

③下蹲拉腿。歹徒从后面双手抱腰,我即下蹲成马步,两手握住其腿,向前、向上拉,将其摔倒(图15-154)。

动作要点:应确定歹徒一腿在我裆下时才能运用此招,并注意保持自身平衡,拉腿要快而有力。

④压腕撞头。歹徒从后面双手抱腰,我即一手抓其手腕反其关节,另一臂屈肘,回身用肘尖撞其头部(图15-155)。

动作要点:转身要快,发力要猛。

图15-152 仙人摘桃　　图15-153 折指　　图15-154 下蹲拉腿　　图15-155 压腕撞头

⑤吸气撞肘。歹徒从后面将我搂抱,我即吸气外展,再呼气缩身下沉,用肘击其腹部(图15-156)。

动作要点:此招是被歹徒抱紧以后,采用吸气使胸腔扩大,再呼气缩小胸腔,利用瞬间空隙差距,下沉、撞肘。

⑥震脚撞头。歹徒从后面将我搂抱,我即提膝震脚,用脚后跟踩其脚背,同时抬头撞击其面部(图15-157)。

动作要点:震脚、撞头要同时进行。

图15-156 吸气撞肘　　图15-157 震脚撞头

(2)后面搂脖、抓肩。

①仰头撞面。歹徒从后面单手搂脖,我即仰头撞击其面部(图15-158)。

动作要点:用心感受其呼吸,用力向后撞击其面部。

②屈肘撞腹。歹徒从后面双手抓肩,我即屈肘回身,用肘撞击其腹部(图15-159)。

动作要点:回身要快,用力要猛。

图15-158 仰头撞面　　图15-159 屈肘撞腹　　图15-160 回头擒猿

③ 回头擒猿。歹徒从后面单手抓肩,我即回身用异侧手按压其手掌,同侧手内旋缠绕其手臂,按压在敌胸前(图15-160)。

动作要点:按压手掌的手要紧,缠绕要快。

(3) 后面抓头。

① 回身踢裆。歹徒从后面抓头,我即用双手按压其手腕,反其腕关节,回身脚踢其裆(图15-161)。

图15-161　回身踢裆

动作要点:按压、反其关节和回身要一致,踢裆要狠。

② 退步撞肘。歹徒手抓我头发或辫子,我即后退两步用肘撞击其胸部(图15-162)。

动作要点:退步与撞肘要同时完成。

4. 综合技艺

(1) 若被按压倒地后成仰卧姿势,被歹徒按压,这时歹徒可能站着、跪着、坐着、趴着、骑在仰卧者身上,也可能卧靠在旁边,或仅以上身压着仰卧者,另外,也可能抓领、抓肩、搂脖或掐喉。

图15-162　退步撞肘

但是,不管其处于上述哪种情况,都要尽可能地采取攻其要害、一招制敌的方法。

① 仰卧踢裆。歹徒站立,两腿分跨于仰卧者上体左右,俯身抓、掐、压制仰卧者,这时,仰卧者腰部上抬、举腿,用力蹬击其裆部,将其踢倒在地(图15-163)。

动作要点:用脚踢击小腹,两手推其上体。

② 插击腋窝:若对方手肘抬起,露出腋下,可用掌夹、凤眼捶、勾手等猛击其腋窝(图15-164)。

动作要点:插击时机是歹徒向前伸臂之时,用指尖插向歹徒腋窝。

③ 二龙戏珠。直接戳击对方眼睛或戳击对方咽喉,有意想不到的效果,因为这时距离很近(图15-165)。

动作要点:瞄准眼球,指尖对准插击。

图15-163　仰卧踢裆

图15-164　插击腋窝

图15-165　二龙戏珠

④ 肘击头部。如果手臂未被压住,对方的手臂又未形成阻隔(多在抱胸抱腰时),可用肘尖横击其太阳穴(图15-166)。

动作要点:用腰腹之力、旋臂之力,向内猛击其头。

⑤ 口咬鼻舌。如歹徒强行亲吻仰卧者,可抓住机会咬掉其鼻尖或舌尖。但要注意的是,被咬伤后的歹徒可能更丧心病狂。因此要在狠咬之后,趁其负痛一时失智的机会,连续进攻,再对其要害部位实施攻击(图15-167)。

动作要点:口咬要果断,趁歹徒慌乱之时,继续击打其要害部位。

图15-166　肘击头部　　　　图15-167　口咬鼻舌

⑥ 头撞鼻梁。双手托住歹徒双肩,以头锋撞其鼻梁,撞击要猛(图15-168)。

动作要点:用前额部位,对准鼻梁撞击。

⑦ 膝撞腹部。两手扶地或抓住歹徒肩部,屈膝,用膝撞击歹徒腹部(图15-169)。

动作要点:要找到支点,发力要狠。

(2)侧卧被按压。被歹徒搂抱成侧位时,可采用的防卫方法有头撞、脚踢、肘击等多种方法。

① 侧踹踢裆。倒地后成侧卧姿势,被歹徒按压,这时,最好的解脱方法是屈腿,用侧踹腿踢其裆部(图15-170)。

动作要点:屈腿要快,发力要猛。

图15-168　头撞鼻梁　　　　图15-169　膝撞腹部　　　　图15-170　侧踹踢裆

② 后脑撞面。如果被歹徒侧位抱住欲强吻,则退后一步,背对歹徒,再用后脑撞击歹徒面部(图15-171)。

动作要点:用后脑撞击歹徒鼻梁。

③ 肘击肋间:如果歹徒侧位搂抱,则可回身用肘尖向后撞击其肋间(图15-172)。

图15-171　后脑撞面

动作要点:转身与撞击动作要连贯。

(3)处于俯卧被按压时,是一种非常被动的位置,所以要尽一切可能变成侧位或仰卧位,这样就可以用前面介绍的方法进行自救。如果不行,可以尝试下面的方法抗暴。

① 肘击面部。俯卧在地时,如果歹徒头靠得很近,可以用一手撑住地面,使上体向上抬高一点,另一手屈臂,用肘向后击打歹徒太阳穴或面部(图15-173)。

动作要点:撑地之手要稳,肘击头部要狠。

② 仰头击面。俯卧在地时,如果能够感觉到歹徒靠近你的气息,也可以两手扶地,直接向后抬头撞击歹徒面部(图15-174)。

动作要点:沉着冷静,先低头再抬头。

图 15-172　肘击肋间　　　图 15-173　肘击面部　　　图 15-174　仰头击面

③ 缩身拱猪。如果歹徒骑坐在你背上，你可两手撑地，后缩上体，弓背撅臀，把歹徒摔倒在地上（图 15-175）。

图 15-175　缩身拱猪

动作要点：缩身向后，弓背抬臀。

思考题

1. 什么叫武术套路？
2. 武术的基本步型有哪几种？
3. 简述马步的动作要点。
4. 简述学练太极拳的要点。
5. 五禽戏分别模仿哪五种动物的动作？
6. 简述 5～6 种防身实用技法中正面迎敌的招式。
7. 散打中拳法包括哪四大类？列举它们的实战应用。

第十六章

健美操

第一节 健美操运动概述

一、健美操运动的概念

健美操是融体操、舞蹈、音乐于一体,通过徒手、持轻器械和专门器械的操作练习,以达到健身、美体、陶冶情操等目的的一种新兴的具有娱乐和观赏价值的体育项目。

健美操内容丰富,简单易学,不受年龄、性别、场地、气候等条件的限制,具有一般体育活动共有的增强体质、增进健康、锻炼身体的作用,同时对女子减肥和改善体形、提高身体的协调性以及韵律感,都有着特殊的促进作用。健美操是新兴的体育项目,其基础和实质是有氧练习或有氧运动。有氧练习是健身操最基本的特征,也是影响人体机能的最积极的方面。健美操以其强大的生命力和自身固有的价值和魅力,深受世界人民的喜爱。

二、健美操运动的起源与发展

(一)健美操运动的起源与发展

19世纪末20世纪初,欧洲出现了许多体操流派,他们在理论和实践上的创新对健美操的发展起到了推动作用。20世纪80年代初,随着遍及全球的健身热和娱乐体育的发展,健美操迅速风靡世界。美国是对世界健美操的发展有着重要影响的国家,自1985年开始,美国正式举办一年一度的健美操锦标赛,并确定了竞赛项目和规则,使健美操发展成为竞技性运动项目。健美操不仅在美、英、法等发达国家迅速发展,而且在一些发展中国家和地区也得到不同程度的开展。苏联很早就把健美操列入大、中、小学的体育教学大纲。在亚洲地区,日本、菲律宾、新加坡等国家也建有许多健美操活动中心及健身俱乐部,很多人开始将健美操作为自己的主要健身方式,由此形成了世界范围内的"健美操热"。

(二)我国健美操运动的兴起与发展

健美操于20世纪70年代末传到我国。当时北京、上海、广州等地相继举办了各种健美操培训班。随后通过各种新闻媒介对国外各种健美操的介绍,逐步推动了健美操运动在我国的广泛开展。一些大专院校也根据国家教委对高校体育教学的要求,逐步开设了健美操普修或选修课,从而把我国的健美操从社会引向了学校。

1986—1988年,健身健美操和竞技健美操在我国得到了长足的发展。继1986年4月在广州举行的我国首届"全国女子健美操邀请赛"后,1987年5月在北京又成功地举办了首届正式的竞技健美操比赛——"长城杯"健美操邀请赛。为了有组织、有计划地推动全国大学生健美操运动的发展,1992年2月,在北京成立了中国大学生体育协会健美操、艺术体操协会。1992年9月,中国健美操协会在北京正式成立,标志着我国健美操运动进入到一个崭新的发展阶段。2005年7月在第7届世界运动会上中国竞技健美操混合六人首次获得金牌。2006年6月,在中国南京举办的第9届世界健美操锦标赛上,中国选手获得两金、两银、一铜,创造了历史最好成绩。2014年世界健美操锦标赛在墨西哥举行。

三、健美操运动的分类

按照目的任务和国外的惯例,健美操运动分为健身性健美操和竞技性健美操两大类(表16-1)。

表16-1　健美操运动的分类

健身性健美操			竞技性健美操
徒手健美操	水中健美操	器械健美操	男子单人
一般健美操	一般水中操	踏板操	女子单人
瑜伽健美操	器械水中操	哑铃操	混合双人
拉丁健美操		皮条操	混合六人
街舞		健身球操	三人

(一) 健身性健美操

1. 健身性健美操练习的主要目的是"锻炼身体、保持健康"

健身性健美操的动作简单,实用性强,音乐速度也较慢,且为了保证一定的运动负荷和锻炼的全面性,动作多有重复,并均以对称的形式出现。

2. 健身性健美操的练习时间可长可短

在练习的要求上健身性健美操可以根据个体情况而变化练习时间,在严格遵循"健康、安全"原则的基础上,能有效防止运动损伤,保证锻炼安全有效。

3. 健身性健美操可分为徒手健美操、水中健美操和器械健美操三类

(1) 徒手健美操是以提高心肺功能,改善身体有氧代谢能力为主的一种健美操。包括传统意义上的一般健美操和为满足不同人群兴趣和需要的各种不同风格的健美操,如目前年轻人特别喜爱的街舞等。

(2) 水中健美操是目前国外非常流行的一种独特的健美操练习形式,它可以减轻运动时地面对膝、踝关节的冲击力,有效减少关节的负荷,并利用水的阻力提高练习效果,以及利用水传导热能快的原理,达到锻炼身体和减肥的目的,因此深受中老年人、康复病人和需要减肥者的喜爱。

(3) 器械健美操是以力量练习为主的一种健美操,其主要练习目的是保持肌肉外形、增强肌肉力量和防止肌肉退化,从而延缓衰老。例如,踏板操加大了腿部的运动负荷,增加了运动量,但减轻了对下肢关节的冲击力,同时也使动作更加多样化;而哑铃、皮条操等可锻炼到全身的每一个肌肉群,有效地提高肌肉力量。

(二) 竞技性健美操

(1) 竞技性健美操练习的主要目的是"竞赛",其比赛项目有男子单人、女子单人、混合双人、三人和混合六人。

(2) 竞技性健美操在参赛人数、比赛场地、成套动作的时间等方面都有严格的规定,规则对成套动作的编排、动作的完成情况、难度动作的数量等也都有严格的规定。

(3) 竞技性健美操在动作的设计上更加多样化,并严格避免重复动作和对称性动作。近年来,运动员为争取好成绩,均在比赛中加入了大量的难度动作,如各种大跳成

俯撑、空中转体成俯撑等,这样对运动员的体能、技术水平和艺术表现力等提出了更高的要求。

(三)表演性健美操

(1)表演性健美操是我国在健美操运动发展过程中出现的一种特殊形式,在国外是没有的。表演性健美操练习的主要目的是"表演",它是专为表演而设计编排的成套健美操,时间一般为2~5分钟。

(2)表演性健美操的动作与健身性健美操的动作相比,更复杂多变,所以对参与者的身体素质要求较高,不仅要具备较好的协调性,还要有一定的表演意识和集体配合意识。

(3)表演性健美操在参与的人数上可以是单人,也可以是多人,并可在成套动作中加入队形变化和集体配合的动作,表演者可以利用轻器械,如花环、旗子等,还可采用一些风格的舞蹈动作,如爵士舞等,以达到烘托表演气氛、感染观众、增添表演效果的目的。

四、健美操运动的特点

(一)高度的艺术性

健美操的艺术性主要体现在其"健、力、美"的项目特征上。无论是健身性健美操,还是竞技性健美操,无不处处表现出"健、力、美"的特征,包含着高度的艺术性因素;健美操动作协调、流畅,练习者不仅锻炼了身体、增强了体质,而且从中得到了"美"的享受,提高了审美意识和艺术修养。

(二)强烈的节奏性

健美操动作具有强烈的节奏性,并通过音乐充分地表现出来,因此音乐是健美操运动不可缺少的组成部分。健美操音乐的特点是节奏强劲有力、旋律优美,具有烘托气氛、激发人们情绪的效应。健美操动作与音乐强烈的节奏性的完美结合,使健美操运动更具有感染力,健美操比赛和表演更具有观赏性。

(三)广泛的适应性

健美操练习形式多样,运动量可大可小、容易控制,对场地器材的要求也不高,因此,对不同年龄层次、不同性别、不同身体素质、不同技术水平的人都适宜,各种人群都能从健美操练习中找到适合自己的锻炼方式,都能从健美操练习中得到乐趣。

第二节 健美操术语及练习方法

一、健美操术语

术语是指各门学科的专门用语。健美操术语是指健美操动作的专门用语。

(一)动作方法术语

立:两腿站立的姿势,有并腿立、分腿立、提踵立、点地立、单腿立等。

蹲:两腿屈膝站立的姿势。半蹲:屈膝小于90°;全蹲:屈膝大于90°。

弓步:一腿屈膝,另一腿伸直,身体重心在两腿之间的站立姿势。一般常用的有前弓步和侧弓步。

点地:一腿伸直或屈膝站立,另一腿脚尖或脚跟触地的姿势,身体重心在主力腿,有向前、侧、后点地。

踢腿:一腿站立,另一腿做加速有力的摆动动作,有向前、侧、后踢腿。

吸腿：一腿站立，另一腿屈膝向上抬起的动作，有向前、侧吸腿。

平衡：一腿站立，另一腿抬起并保持一定时间的动作。

举：臂或腿抬起并固定在某一方位上的姿势，有前举、侧举、斜下举。

屈：使关节角度缩小的动作。

伸：使关节角度扩大的动作。

摆动：臂或腿在某一平面内，自然地由某一部位匀速运动到另一部位的动作。手臂摆动以肩关节为轴；腿的摆动以髋关节为轴。有前后摆动、左右摆动、上下摆动等。

振：臂或上体做大幅度的加速摆动作。

绕：身体某一部位摆至180°以上、360°以内的动作。

绕环：身体某一部位摆至360°或360°以上的动作。

跪：屈膝并以膝着地的姿势，有跪立、单腿跪立、跪坐、跪撑等。

坐：以臀部着地的姿势，有屈腿坐、并腿坐、分腿坐、半劈腿坐、盘腿坐等。

卧：身体躺在地上的姿势，如仰卧、侧卧、俯卧等。

撑：手着地并承担身体质量的姿势，有俯撑、俯卧撑、蹲撑、仰撑等。

（二）移动术语

移动：身体向着相应的方向运动。

向前：向着参考点的方向运动。注意"前"和"向前"的区别，可以面向前移动，也可以面向后向前移动。

向后：向着身体后面的方向运动。

向侧：向着身体侧面的方向运动。

原地：无移动，或在4拍内回到原来的地方。

转体：身体绕垂直轴转动。转体经常是向前、向后和向侧移动的结合。转体可以原地做，也可以绕着一个相应的点做。转体360°可以是4×90°或2×180°的转体。请注意在1~2拍内做一个完整的360°转体具有较大危险，因此应该避免。

二、健美操练习过程

（一）热身部分

1. 热身的时间

热身大约应占用总锻炼时间的10%~20%。60分钟的健美操，热身至少要6~12分钟，或根据气候、季节变化适当地做一些调整，如夏天就可以把热身的时间做一些压缩，冬天就应该延长一点。

2. 热身的目的

热身的目的是使身体较好地适应健美操的基本练习以满足人们在生理和心理上的需要。在锻炼时，人体的机能和工作效率不可能在一开始就达到最高水平，而是在运动开始后的一段时间内逐渐提高的。

3. 热身过程中应注意的事项

（1）音乐的选择。健美操练习前试听的音乐可以是轻柔的，也可以是振奋人心的，音乐选择不当会影响练习的效果，因此需特别注意。

（2）正确的节奏和速度。音乐过快或过慢都会影响健美操的练习效果。进行健美操练习时，一般选用120~138拍/分钟的音乐为宜。

（3）过头顶的手臂动作。过头顶的手臂动作在热身的初始阶段不宜过多地采用。因

为血液送到高过心脏的部位会给循环系统增加压力,对于有些身体机能较差的练习者来说,会迅速加快他们的呼吸和心脏速率。

（4）伸展动作的位置。尽量利用站位,少用坐或躺在地板上的动作。对肌肉做必要的伸展,但不能过多,应适度增加一些具有冲击力或强度的动作。

（二）整理部分

1. 健美操整理运动的目的与作用

健美操整理运动指进行健美操运动后,练习者所做的放松运动。其目的是使人体紧张的肌肉状态逐步过渡到安静状态,促进身体恢复。有效的健美操整理运动有助于防止练习者受伤,并通过伸展运动进一步增强灵活性。同时整理运动也是加快消除代谢产物、加速体力恢复的重要手段。做整理运动时运动量要小,动作尽量轻缓、放松,使身体逐步恢复到安静状态。

2. 健美操整理运动的过程

（1）调整阶段。调整是健美操整理运动的重要组成部分。健美操练习者进行调整后,才能更好地进行伸展牵拉与放松。调整指练习者从整理运动慢慢过渡到停止运动的身体练习。在这一阶段可以做一些准备阶段类似的节律运动（如弹动、半蹲等）,并可配以手的动作。调整过程较简单,用较慢速度和较低强度继续进行有氧健美操套路练习是较为常见的方法。健美操练习者可以从健美操中的高冲击或者跑跳步法过渡到低冲击或非腾空的移动步伐（如交叉步、"V"字步等）,再做一些原地练习（如半蹲、移重心等）,最后慢慢停止运动。调整练习还可以促进血液循环,如果进行健美操练习后立即静止下来,就会影响氧的补充,这将会影响身体机能的恢复。可见调整阶段是健美操整理运动的重要组成部分,它对消除疲劳和促进身体机能恢复有着极其重要的作用。

（2）伸展牵拉阶段。伸展牵拉指将休息状态的肌肉组织拉长,它可以减轻健美操练习后因乳酸堆积而造成的肌肉酸痛感觉和僵硬状态。另一方面有效的伸展牵拉练习,可使肌肉纤维拉长、拉细,这对于爱美的女性来说,更应重视。

（3）放松阶段。健美操练习后,做一些放松练习也是为了更好地促进身体恢复。做放松练习时,应调整好自己的呼吸并配以音乐,音乐以平静、柔和为主,使整个身心都处于一种放松状态。放松分为身体放松和心理放松。

第三节　健美操成套动作

国家体育总局和大学生"两操"协会于1998—2009年连续向社会推广了全国健美操大众锻炼标准多级别的成套规定动作,其内容丰富多彩,编排顺序科学合理,动作结构简单易学,适合大学生锻炼,并具有一定的时代气息。特别是第三套健美操以弹动、踏步、点步、高提膝、开合跳、弹踢和"V"字步等基本步伐为主,增加了典型动作以及动作方向和路线的变化,重复次数相对减少,动作节奏快、变化多、强度大。现介绍全国健美操大众锻炼标准第三套二级和三级的练习方法。

一、健美操大众锻炼标准第三套二级规定动作

（一）组合一

动作								
	1	2	3	4	5	6	7	8

节 拍		下肢步伐	上肢动作
预备姿势		站立	
一	1~4	右脚"十"字步	1 右臂侧举,2 左臂侧举,3 双臂上举,4 下举
	5~8	向后走4步	屈臂自然摆动,7~8 同 5~6 动作
二	1~8	动作同第一个八拍,但向前走4步	

动作					
	1~2	3	4~5	6	7~8

节 拍		下肢步伐	上肢动作
三	1~6	右脚开始6拍漫步	1~2 右手前举,3 双手叉腰,4~5 左手前举,6 双手胸前交叉
	7~8	右脚向后1/2后漫步	双臂侧后下举

动作						
	1	~	2	3	~	4	5~6	7~8

节 拍		下肢步伐	上肢动作
四	1~2	右脚向右并步跳	屈左臂自然摆动
	3~8	左脚向右前方做前、侧、后6拍漫步	3~4 前平举弹动2次,5~6 侧平举,7~8 后斜下举
第5~8个八拍,动作相同,但方向相反			

（二）组合二

动 作		

节 拍		下肢步伐	上肢动作
一	1～2	右脚向右侧滑步	右臂侧上举，左臂侧平举（自然并掌）
	3～4	1/2后漫步	双臂屈臂后摆
	5～6	左脚向左前方做并步	击掌3次
	7～8	右脚向右后方做并步	双手叉腰

动 作		

节 拍		下肢步伐	上肢动作
二	1～2	左脚向左后方做并步	击掌3次
	3～4	右脚向右前方做并步	双手叉腰
	5～6	左脚向左侧滑步	左臂侧上举，右臂侧平举
	7～8	1/2后漫步	双臂屈臂后摆

动 作		

节 拍		下肢步伐	上肢动作
三	1～4	右转90°，右脚上步吸腿2次	双臂向前、向后下方冲拳2次
	5～8	左脚"V"字步左转90°	双臂由右向左水平摆动

动 作		

续表

	节拍	下肢步伐	上肢动作
四	1~4	左腿吸腿(侧点地)2次	1 双臂胸前平屈,2 左臂上举,3 同1 动作,4 还原
	5~8	5~8同1~4动作,但方向相反	

第5~8个八拍,动作相同,但方向相反

(三) 组合三

	节拍	下肢步伐	上肢动作
一	1~4	右脚侧并步跳,4拍时右转90°	双臂上举、下拉
	5~8	左脚侧交叉步	双臂屈臂前后摆动,8拍时,上体向左扭转90°,朝正前方,双臂侧下举

动 作	1~4同(一)1~4拍动作,但方向相反

	节拍	下肢步伐	上肢动作
二	1~4	向右侧并步跳,4拍时左转90°	双臂上举、下拉
	5~8	左脚开始侧并步2次	5~6 右臂前下举,7~8 左臂前下举

	节拍	下肢步伐	上肢动作
三	1~4	左脚向前"一"字步	1 双臂肩上屈,2 双臂下举,3~4 双臂肩前屈
	5~8	左、右依次分并腿	5~6 双臂上举掌心朝前,7~8 双手放膝上

续表

节拍		下肢步伐	上肢动作
四	1~4	左脚向后"一"字步	1~2手侧下举,3~4胸前交叉
	5~8	左、右依次分并腿2次	双臂经胸前交叉侧上举1次,侧下举1次
第5~8个八拍,动作相同,但方向相反			

（四）组合四

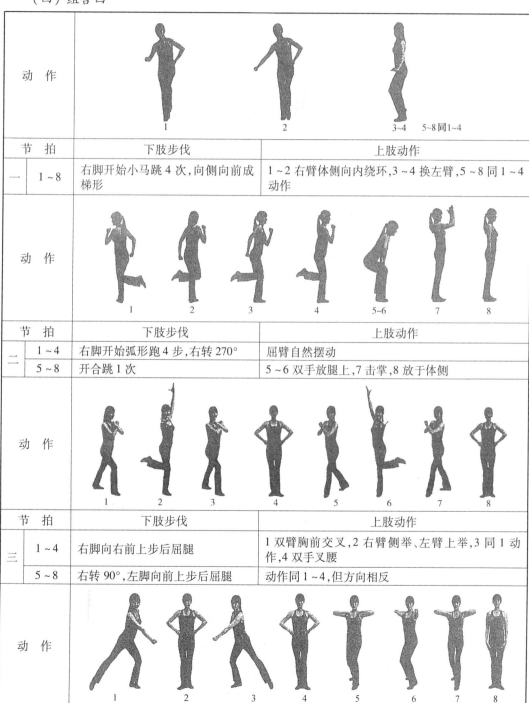

节拍		下肢步伐	上肢动作
一	1~8	右脚开始小马跳4次,向侧向前成梯形	1~2右臂体侧向内绕环,3~4换左臂,5~8同1~4动作

节拍		下肢步伐	上肢动作
二	1~4	右脚开始弧形跑4步,右转270°	屈臂自然摆动
	5~8	开合跳1次	5~6双手放腿上,7击掌,8放于体侧

节拍		下肢步伐	上肢动作
三	1~4	右脚向右前上步后屈腿	1双臂胸前交叉,2右臂侧举、左臂上举,3同1动作,4双手叉腰
	5~8	右转90°,左脚向前上步后屈腿	动作同1~4,但方向相反

续表

节 拍		下肢步伐	上肢动作
四	1~4	右、左侧点地各一次	1 右手左前下举,2 双手叉腰,3~4 动作相同,但方向相反
	5~8	右脚上步向前转脚跟,还原	5 双臂胸前平屈,6 前推,7 同 5 动作,8 放于体侧
第 5~8 个八拍,动作相同,但方向相反			

（五）力量训练部分

开始动作 (1×4) 过渡动作一 (1×8)			

节拍分段		动作描述
开始动作	4 拍	1~2 右脚向右迈步,左臂前平举,右臂上举
		3~4 左脚右后交叉迈步,双臂胸前交叉
过渡动作	一	1~2 右脚向侧迈步,同时屈膝内扣,再打开成分腿半蹲,同时 1 右手左下冲拳,2 右手侧下冲拳
		3~4 身体右转 90°成弓步,双手撑地
		5~8 成俯卧撑

核心力量练习二 (1×8)	核心力量练习三 (1×8)

核心力量练习四 (1×8)	核心力量练习五 (1×8)

节拍分段		动作描述
核心力量练习	二	1~8	1~2 左、右脚依次点地,3~8 保持俯撑
	三	1~8	1~2 左、右腿依次屈膝着地,3~8 保持跪撑
	四	1~8	1~2 屈肘依次撑地,3~8 保持肘撑
	五	1~8	1~2 左、右腿依次伸直,3~8 保持肘撑

节拍分段			动作描述
过渡动作	六	1~8	向左转体180°成仰卧,分腿屈膝,双臂放于体侧
腹肌练习	七至十	1~4	收腹抬上体,1屈左臂,2屈右臂,3~4双臂伸直,手重叠
		5~8	还原,双臂经上举至体侧

节拍分段			动作描述
过渡动作	十一	1~8	依次吸左、右腿,向左转体180°成俯卧,双臂屈臂放于肩侧
背肌练习	十二	1~8	1~2抬起上体和手臂,3~4伸直右臂,转头向左看,5~8还原
	十三	1~8	动作同上,但方向相反
	十四至十五	1~8	同第十二至十三个八拍

续表

节拍分段			动作描述
过渡动作	十六	1~4	撑起成俯卧撑
		5~8	左转90°,左脚放到右脚后,右手支撑,左手上举,保持身体平衡
	十七	1~2	双手撑地,左腿屈膝撑地
		3~8	向右转体270°,左脚向前迈步站起
结束动作	1拍	1	右脚向侧迈步,左脚屈膝侧点地,同时右臂侧上举,左臂扶右髋

二、健美操大众锻炼标准第三套三级规定动作

（一）组合一

节拍		下肢步伐	上肢动作
一	1~4	右脚开始向侧迈步后屈腿2次,呈"L"形	1~2左臂摆至胸前平屈,3~4同1~2,但方向相反
	5~8	向左后迈步后屈腿两次转体180°	双手叉腰

节拍		下肢步伐	上肢动作
二	1~2	1/2"V"字步	1右臂侧上举,2左臂侧上举
	3~8	向后6拍迈步,8左转90°	随脚的动作自然向后摆动

节拍		下肢步伐	上肢动作
三	1~8	交叉步两次,呈"L"形	1双臂前举,2胸前平屈,3同1,4击掌,5~8同1~4

续表

动作						
	1	~	2	3	4	5

节拍		下肢步伐	上肢动作
四	1~4	右脚并步跳,1/2 后漫步	1~2 双臂侧上举,3~4 右臂摆至体后,左臂摆至体前
	5~8	左转 90°,左脚开始小马跳 2 次	5~6 右臂上举,7~8 左臂上举
第五至八个八拍,动作相同,但方向相反			

（二）组合二

动作								
1	2	3	4	5	~	6	7	8

节拍		下肢步伐	上肢动作
一	1~4	右脚向右前上步吸腿 2 次	双臂自然摆动
	5~6	交换步	双臂随下肢动作自然摆动
	7~8	右脚向右前上步吸腿	双臂自然摆动

动作					
1	2	3	4	5~6	7~8

节拍		下肢步伐	上肢动作
二	1~4	左脚开始向右侧交叉步	双臂随步伐反方向臂屈伸
	5~8	右转 45°,左脚漫步	5~6 双臂肩侧屈外展,7~8 经体前交叉摆至侧下举

续表

动作											
		1	2	3	4	5	～	6	7	～	8

节拍		下肢步伐	上肢动作
三	1～4	左脚开始"十"字步,同时左转90°,第2拍转身90°	双臂自然摆动
	5～8	左脚开始并步跳2次	双臂自然摆动

动作									
		1	2	3	4	5	6	7	8

节拍		下肢步伐	上肢动作
四	1～8	左脚漫步2次,右转90°,"一"字步	双臂自然摆动

第五至八个八拍,动作相同,但方向相反

（三）组合三

动作									
		1	2	3	4	5	6	7	8

节拍		下肢步伐	上肢动作
一	1～6	右脚开始做侧点地3次	1～2右臂向下臂屈伸,3～4左臂向下臂屈伸,5～6同1～2动作
	7～8	左脚开始向前走2步	击掌2次

动作									
		1	2	3	4	5	6	7	8

节拍		下肢步伐	上肢动作
二	1~4	左脚开始吸腿跳2次	1侧上举,2双臂胸前平,3同1,4双手叉腰
	5~8	吸右腿跳,向后落地,转体180°,吸右腿	双手叉腰
动作		1　2　3　4　5　6　7　8	

节拍		下肢步伐	上肢动作
三	1~4	左脚开始向前走3步吸腿跳,同时左转180°	1~3叉腰,4击掌
	5~8	右脚开始向前走3步吸腿跳	5~6手臂同时经前向下摆,7~8经肩侧屈外展至体前击掌
动作		1　2　3　4　5　6　7　8	

节拍		下肢步伐	上肢动作
四	1~8	左脚开始侧并步4次,呈"L"形	双臂做屈臂提拉4次

第五至八个八拍,动作相同,但方向相反

（四）组合四

动作	1　2　3　4　5　6　7　8

节拍		下肢步伐	上肢动作
一	1~4	右腿上步吸腿	双臂向前冲拳,后拉2次
	5~8	左脚开始向前走3步吸腿	手臂同时经前向下摆,4击掌

续表

动作				
	1	2 3	4	5

节拍		下肢步伐	上肢动作
一	1~4	1 右脚向侧迈步,2~3 向前1/2前漫步,4 左脚向侧	1 侧上举,2~3 随脚的动作自然摆动,4 同1 动作
	5~8	右脚向左做漫步	双手自然摆动,7、8 转身

动作								
	1	2	3	4	5	6	7	8

节拍		下肢步伐	上肢动作
三	1~6	右腿开始上步吸腿3次	1 肩侧屈外展,2 击掌,3~6 同1~2 动作
	7~8	左脚前1/2漫步	双臂自然摆动

动作								
	1	2	3	4	5	6	7	8

节拍		下肢步伐	上肢动作
四	1~8	左转90°,向左做侧交叉,步转体180° 接侧交叉步	1~4 双臂做外展、内收、外展、击掌,5~8 同 1~4 动作

第五至八个八拍,动作相同,但方向相反

（五）力量练习

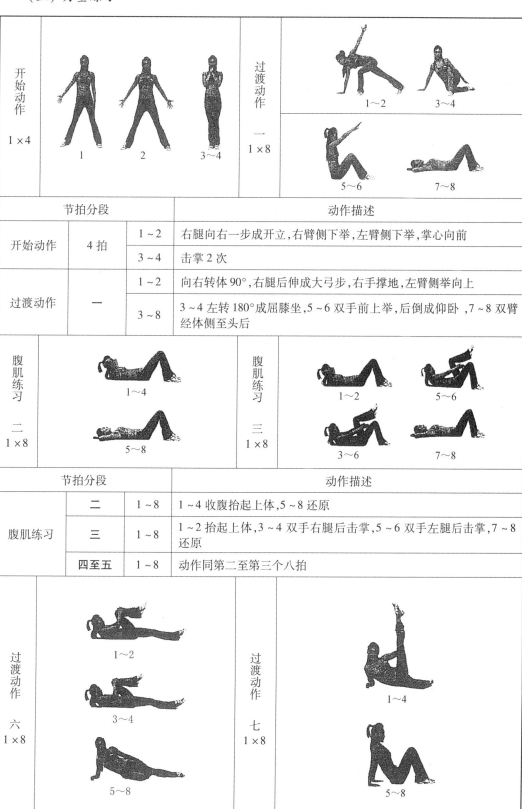

节拍分段			动作描述
开始动作	4拍	1~2	右腿向右一步成开立，右臂侧下举，左臂侧下举，掌心向前
		3~4	击掌2次
过渡动作	一	1~2	向右转体90°，右腿后伸成大弓步，右手撑地，左臂侧举向上
		3~8	3~4 左转180°成屈膝坐，5~6 双手前上举，后倒成仰卧，7~8 双臂经体侧至头后

节拍分段			动作描述
腹肌练习	二	1~8	1~4 收腹抬起上体，5~8 还原
	三	1~8	1~2 抬起上体，3~4 双手右腿后击掌，5~6 双手左腿后击掌，7~8 还原
	四至五	1~8	动作同第二至第三个八拍

节拍分段			动作描述
过渡动作	六	1~2	抬起上体,双手抱右腿膝
		3~4	同1~2动作,抱左膝
		5~8	右转90°成侧卧,右腿后屈,左小臂撑地
	七	1~8	1~4搬左侧腿,5~8左转90°成屈腿坐,双手体后支撑,指尖向前

节拍分段			动作描述
腹背练习	八	1~8	1~2抬起髋部,右腿水平伸直,3~4还原,5~8换另一腿
过渡动作	九	1~8	1~4左转90°成左腿后屈侧卧,小臂撑地,搬右侧腿,5~8还原成屈腿坐
腹背练习	十	1~8	动作同八,但方向相反

节拍分段			动作描述
过渡动作	十一	1~8	1~2 双腿伸直,3~4 右转180°成俯撑,双手体侧撑地,5~6 屈腿,7~8 双手伸直撑地成跪撑
俯卧撑练习	十二至十五	1~8	1~4 屈臂,身体保持稳定,5~8 还原。4同3相反,5~8 还原

节拍分段			动作描述
过渡动作	十六	1~8	左转180°,左脚向前迈步,左手撑膝站起
	十七	1~8	右脚向侧迈步成开立,1~2 左臂经肩侧屈至侧平举,3~4 右臂经肩侧屈至侧平举,5~6 双臂上举,双手互握,7~8 双手握拳至胸前
结束动作	一拍	1	右脚向左前方迈步,屈膝,上体右转,双臂侧下举

第四节 健美操的创编

一、主体与客体

任何一个掌握健美操知识的人都可以创编健美操,但是其效果与质量千差万别。健美操的实践活动又往往是以群体参与性为主要特征的,在整个创编与实践过程之中,主、客体是紧密相连的,体现了主、客体的互补性、集体性、智慧性、创造性的交流过程,是传递给教学对象丰富信息的一种磨合过程。因此,对主体与客体就会有特定的要求。这种关系我们可以这样理解:

主体(创造与提供信息,接受反馈)→客体(接受信息,消化,做出反应)

(一)主体(创编者)

我们在这里所说的主体是指在健美操创编过程中的主导者,也就是主要的创编人。作为主创人员,在整个创编过程中应处于领导位置,因此,不仅需要有精湛的健美操专业知识,同时应该对健美操的相关领域有所了解,如体育运动的相关项目、艺术领域等。

创编者必须具有以下三方面的能力:

1. 敏锐的观察能力

对事物的感知力,是了解事物的最初始阶段,我们不仅仅应该对事物的外在表象有细致入微的察觉,同时还应该对其内在本质具有洞察能力。

2. 较好的分析与吸纳能力

这是将外界事物转化吸收成为自我储存所需资料的重要环节,对事物的分析与思考主要依靠自身的知识基础,根据所需进行的进一步认识过程,是进行创造新事物的"序曲"。

3. 准确的充满激情的表达能力

在健美操创编与教学过程中,表达能力是传递信息的至关重要的环节,再好的事物如果在信息传输中出现问题,都将导致偏离所要达到的目标。对于创编者所应具有的这三个方面的能力,我们可以如下表示:

事物→观察吸收与分析、加工→创造与表达→新事物

(二)客体

这里所讲的客体是指在健美操创编过程与教学过程中的对象,作为创编活动的接受者,他们应具有如下品质与能力:

(1)对健美操的喜好。愿望是事物发展的前提,如果缺少这个前提是无法向前发展的。

(2)积极主动的参与精神。这一精神是事物"多、好、快、省"向前发展的催化剂。

(3)执行与操作能力。这是健美操活动的基础,缺少它就没有健美操的创编与活动。

二、动作与音乐

健美操是一项在音乐伴奏下,按特定规律、原则、载体通过身体动作来达到其目的的体育运动项目。因此,动作与音乐是它的两个最基本的组成部分,而这两个部分既相互独立,又相互联系,即各自既有自己独特的表现形式,又相互依存。作为健美操的创编人员,必须认清他们的基本表现形式及它们之间是以什么相通、相连的。

(一)动作

1. 动作是健美操的首要因素

动作是指物体的活动,健美操的动作是指人体在空间上的活动。

动作是健美操中的首要因素,良好的、科学的、符合健美操要求的动作会使练习者更接近乃至更容易达到目标,反之则会事半功倍,甚至对练习者造成伤害。优美大方的动作可以使人赏心悦目,并给人们带来欢乐,从而延缓疲劳现象的产生;反之则使人退避三舍,产生厌恶心理。

2. 健美操动作的产生基础

人体的运动从解剖学的角度看,是围绕着各个关节而进行并由神经系统指挥肌肉收缩与扩张而产生的,它的运动形式主要为屈、伸、举、绕、弹、踢、摆等以及由躯干、上肢活动与下肢活动配合而产生的各种姿态、步伐、跳动、旋转等。健美操的动作以步伐为基础,通过步伐练习提高心血管系统的机能,培养身体灵活性、协调性、节奏感以及下肢的爆发力等。

3. 健美操动作的影响因素

(1)位置:包括人体相对空间的位置,四肢相对躯干的位置等。

(2)节奏:指动作与动作串联之后的彼此之间的时间关系。

(3)过程:包括两个方面,首先是路线与方向,就是指动作与动作连接过程中肢体的运动轨迹,其次是时间,在连接过程中所用的时间。

(二) 音乐

(1) 音乐是声音的艺术,它作为完整的艺术形式,有着自己独特、完整、系统的表达方式与方法,健美操的动作在音乐的衬托之下,更具有生命力与艺术性。可以说,音乐扩大了健美操的表现空间。

(2) 音乐的节奏与速度严格地控制着动作的节奏与速度,因此,在很大程度上控制着动作的强度。仅就速度与节奏而言,时间一定,节奏与动作越复杂、越快,强度就越大;反之越弱。

(3) 音乐的风格指导着动作的风格,音乐风格受时代的变化、民族传统、环境、作者理解力等因素的影响。

(4) 音乐的强弱变化为动作的力度与起伏创造了内在的条件,使动作与音乐在结构上产生联系,曲调与节奏的变化加之动作起伏产生韵律感,从而增加健美操的韵律美,使健美操在美学价值上得到提升。

(5) 在音乐伴奏下进行锻炼,可以延缓疲劳现象的出现,同时音乐的情绪可以影响人的情绪,这也是健美操多选择曲调欢快、节奏强劲的音乐作为伴奏音乐的重要原因之一。欢愉明快的音乐可以更快地调动人的兴奋性。

三、创编的总体思想与原则

不同类型的健美操在创编中有着不同的指导思想与原则。

(一) 健美操创编的指导思想

1. 健身性

健身性是在创编健美操中首先需要做到的,一切动作与设计都应该围绕着这一指导思想进行。健美操的目的在于提高人的健康水平,发展人的运动基本素质,改善体型。健身操属于有氧运动范畴,有氧运动可以使人体各循环系统得到很好的锻炼,同时有氧运动又能有效地消耗体脂。我们应创编多种有益身体的练习方法和手段并配合有氧健美操来增强健身性。

2. 科学性

要保证人体健康,就要使人身体的各部分都得到充分的锻炼。在创编中应根据解剖特征,使人的头颈、躯干、四肢得到充分的锻炼。应当有意识地、科学地使用各关节的各种形式的运动,从而促进肌力的增加、关节灵活性的提高以及通过改变运动位置、方向与进行单一动作、复合性动作的变化来培养人的协调性;同一动作重复越多,对同一关节的影响越大,但并不是愈多愈好,要强度适宜地锻炼。

3. 安全性

安全性是保证健美操参与者健康的前提,同时也是这一项目为大多数人服务并得到发展的有力保障条件之一。因此,在创编过程中必须坚持有益健康的指导思想,摒弃容易造成伤害的方法与手段,采用有益身心健康的手段与方法。

4. 艺术性

优美动听的音乐可以陶冶人的艺术情操,舒展大方的动作可以使人有美的享受。人们可在音乐与动作的衬托下,释放压抑的情绪,从而获得良好的感觉与状态。

(二) 创编的技术性原则

1. 合理的成套结构原则

在创编健美操时,创编者首先应该了解接受套路对象的具体情况,不同人群的具体情况与要求各不相同,所以,我们在创编健美操时就要对接受者的具体情况进行分析。最基础的是身体状况,如有无严重的疾病,以及有无不适合运动的疾病等。

2. 鲜明的针对性原则

在学校集体练习大众健美操时,学生身体素质各异,协调性一般者居多,一般采用带领法练习健美操。因此,在创编这一类健美操时应注意有顺序地安排,动作与动作之间形成规律及连贯性,这样便于锻炼者最快、最顺利地接受、掌握动作。因此,流畅、符合规律的动作是保锻炼顺利、不间断的有力保证,同时也可以减少运动损伤的出现,从而更好地达到锻炼的目的。

3. 动作有序流畅原则

动作有序流畅是指活动部位的有序流畅以及动作与动作前后连接的规律有序流畅。例如,按照由上至下或由下至上,由外向内或由内向外,从一种步伐合理连接至另一种步伐,由局部到全部,由单一到复杂。为了有利于教学的顺利进行及学习者的掌握,在创编中可以有意识地分解负荷性动作并对动作进行分析,使动作有序流畅。健美操的动作是由下肢步伐配以上肢、躯干的运动而成的,在形成一个复合型动作时,我们可以把这一动作分成若干个单一的动作,逐步加以组合。

4. 动作连贯合理原则

在创编健美操时主要考虑步伐和手臂运动是否连贯合理。步伐流畅的主要保证在于运动中身体重心的把握,在运动中要使身体重心平稳。步伐主要有以下几种形式:一是双脚同时运动;二是双脚依次运动;三是双脚多次运动。步伐与步伐的转换之中重心的变化是其关键所在。当重心在中间、双脚同时运动时,这样的步伐有双腿弹跳、开合跳等,对这类步伐在连接下一个步伐时可以任意选择;当重心偏离人体中心,倒向某一侧时,连接下一步伐最常见的是使用身体的另一边,除非有意多次使用同一侧脚,可以不变化重心。手臂运动的形式与范围复杂与多样,归纳起来有对称性运动、不对称运动、单手运动、双手运动,运动形式有伸、举、摆、绕、振等。对于一般锻炼人群来讲,对称运动比不对称运动容易接受。

5. 运动负荷适宜原则

编创一套操,控制运动负荷非常重要。要严格地把运动负荷控制在中小强度,使之确保运动当中的呼吸节奏。为了有效地达到最佳锻炼效果,应把负荷控制在健身所需负荷之内。且运动负荷应遵循波浪式逐渐上升和逐渐下降的规律。在一套健美操中,可出现一到三次高峰值。注意在出现多次高峰值时,每次的强度应有所不同,可递增或递减。锻炼时间越长,出现多次高峰的可能性越大,反之则越少。

第五节 健美操竞赛主要规则

一、健美操竞赛的种类、内容

（一）健美操竞赛的种类

按照目的和任务,健美操比赛分为大众健美操比赛和竞技健美操比赛。

大众健美操比赛主要是指以健身、推动群众性运动及提高社会参与性为目的,并根据健美操项目自身发展和社会需求来举办的各种类型比赛。其比赛的基本形式有全国万人健美操大众锻炼标准大赛、全国亿万职工健身活动暨健美操大赛等。

竞技健美操是以夺标和提高运动技术水平为目的的,比赛要求参赛者必须具备一定的身体素质和专项技术水平,并严格执行竞赛规则。其比赛形式有世界健美操锦标赛,健美操世界杯,世界健美操冠军赛及全国锦标赛、冠军赛、青少年锦标赛、大奖赛、运动员等级赛等。

（二）健美操竞赛的内容

健美操竞赛有规定动作竞赛和自编动作竞赛。

规定动作比赛是主办单位根据比赛目的、任务、参赛对象层次而特意在赛前创编好的成套动作,作为参赛队共同的比赛套路。

自编动作比赛是参赛单位按照赛前下发的竞赛规程和特定的竞赛规则要求,如对选用的音乐时间、队形变化以及难度动作等做具体的规定和限制,自编操化动作、过渡连接等形成完整的成套动作来参加不同项目的自编动作比赛,每个项目都有严格的评分规则。

二、大众健美操比赛评比规则

2009年版全国大众健美操比赛评分规则在2003年版规则的基础上,根据近年来的执行情况进行了一定的修改,从而更加适合当前大众健美操的发展情况,为各层次和各级别的群众性健美操比赛提供科学可行的评分参考。本评分规则的适用范围为全国大众健美操比赛和所有层次的比赛,包括各省、市、区、县、单位、学校的群众性健美操比赛,以及健美操大众锻炼标准分区赛和全国总决赛。

1. 总则

健身健美操是在音乐伴奏下,以身体练习为基本手段,以有氧运动为基础,达到增进健康、塑造形体、改善气质、娱乐休闲的目的的一项运动。

制定本规则的目标是保证全国大众健美操比赛评分的客观性、规范性和公正性。

大众健美操比赛包括规定动作比赛（全国健美操大众锻炼标准）和自选动作比赛。

2. 年龄与分组

儿童组（小学生）12岁以下,少年组（中学生）13～17岁,青年组18～34岁,中年组35～49岁,老年组50岁以上。

3. 参赛人数

规定动作:每队6人,性别不限,或按比赛规程执行。

自选动作:每队3～16人,性别不限,或按比赛规程执行。

4. 比赛场地与设备

赛台高80～100厘米,比赛场地为12米×12米的地板或地毯,后面有背景遮挡。有专业的放音设备和舞台灯光。裁判席设在比赛场地的正前方。

5. 成套动作时间

规定动作按《全国健美操大众锻炼标准》的规定时间执行。自选动作的成套动作时间为2分30秒至3分,计时从动作开始到动作结束。

6. 音乐伴奏

(1) 规定动作音乐由主办单位提供,音乐为《全国健美操大众锻炼标准》中规定的动作音乐,并统一播放。

(2) 自选动作音乐由参赛队自备,必须录在数码储存器的开头,须备2份,其中1份报到后交大会放音组。自选动作音乐允许有2×8拍的前奏,音乐速度不限,但必须是高质量的。

7. 比赛服装

(1)着健身服或运动式休闲服和运动鞋(旅游鞋式,不可穿球鞋、体操鞋等)。

(2)服装上可有亮片等装饰物,女运动员可化淡妆;比赛时运动员不得佩戴首饰。

8. 裁判组组成

裁判组由1名裁判长、5~7名裁判员、1名记录长、2~3名记录员、1名计时员(自选动作比赛)、1~2名放音员、2~3名检录员、1名宣告员组成,也可根据比赛规模的大小适当增减裁判人员。

9. 评分方法

(1)采取公开示分的方法,成套动作满分为10分,裁判员的评分精确到0.1分。

(2)裁判员的评分去掉一个最高分和一个最低分,中间3个分数的平均分即为总分,再减去裁判长减分即为最后得分。

(3)不接受对比赛成绩和结果的申诉。

思考题

1. 健美操的锻炼过程及注意事项有哪些?

2. 为什么说大众健美操可以起到健身和健美的作用?

3. 结合自己的实际情况,谈谈如何较快地学好健美操。

第十七章

啦啦操

第一节 啦啦操运动概述

啦啦操英文为"Cheerleading",起源于美国的一项体育运动,是指在音乐的衬托下,通过运动员集体完成复杂高难的基本手位与舞蹈动作,充分展示团队高超运动技能、技巧,体现青春活力和积极向上的团队精神,并努力追求最高团队荣誉感的一项新兴体育运动。现代啦啦操也被称为竞技啦啦操,是以团队形式出现,并结合 Dance(舞蹈)、Cheer(口号)、Partner Stunts(舞伴特技,是指托举等难度动作)、Tumbling(技巧)、Basket Toss(轿子抛)、Pyramid(叠罗汉)、Jump(跳跃)等动作技术,配合音乐、服装、队形变化及标示物品(如彩球、口号板、喇叭与旗帜)等要素,遵守比赛规则中对性别、人数、时间限制、安全规则等规定进行比赛的运动。竞技啦啦队分为技巧啦啦队和舞蹈啦啦队,其中技巧啦啦队包括 Mixed(男女混合组)、All-Female(全女子组)和 Partner stunts(舞伴特技);舞蹈啦啦队又包括 Pom(花球)、High kick(高踢腿)、Jazz(爵士)和 Prop(道具)四个组别。

我国啦啦操及啦啦队的分类方式繁多,目前通常分为竞技啦啦操和表演啦啦操。竞技啦啦操分为技巧啦啦操和舞蹈啦啦操,其中技巧啦啦操包括集体技巧、五人配合技巧、双人配合技巧,舞蹈啦啦操包括花球舞蹈、街舞舞蹈、爵士舞蹈、自由舞蹈。

一、啦啦操运动的发展

(一)啦啦操运动的起源与发展

啦啦操是一项新兴的体育运动项目,最早源于为美式足球呐喊助威的活动,并借助美国职业篮球赛(NBA)逐渐在全球范围内广泛传播,至今已有一百多年的历史。啦啦操原名 Cheer leading,其中 cheer 一词有振奋精神、提振士气的意思。

19世纪60年代,英国的学生开始在比赛场地旁为运动员加油助威,到19世纪70年代,第一个啦啦队俱乐部在美国普林斯顿大学成立。20世纪,啦啦操的表演形式开始逐渐丰富起来,喇叭筒在啦啦操中开始流行,在大学和高中开始用纸制成线球作为道具进行啦啦操表演。随着越来越多的女性参与啦啦操运动,并发挥着越来越重要的作用,逐渐开始将体操、舞蹈等动作融入其中。1948年,第一个啦啦操组织——国家啦啦操协会(NCA)在美国成立,称作国立啦啦队协会,由52名女孩组成。为了激发队员的热情和筹集资金,还创立了口号、标语,并设计了丝带和扣环。到20世纪五六十年代,高校啦啦队开始有自己的培训教程和培训班,教授基本的啦啦操技巧,并且得到大力推广。进入20世纪70年代,啦啦操除了为足球和篮球比赛助威外,开始逐渐涉及学校所有体育项目的比赛。1978年春天,哥伦比亚广播公司通过电视第一次向全国转播学校啦啦操评选赛事,从此,啦啦操开始作为一项新兴体育运动项目被人们认识。

20世纪80年代初,啦啦操开始跨越美国国界,向世界传播,并建立统一的啦啦操标准。出于安全考虑,标准剔除了许多危险的翻转和叠罗汉动作。1984年,英国成立了啦啦操协会,并与美国国际啦啦操协会合作,积极发展啦啦操运动,成为欧洲最大的啦啦操组织。1988年,美国啦啦操传到日本,在其发展之初日本便成立了啦啦操协会,统一规范管理,效果显著。到20世纪90年代,全明星队出现,队员从小开始练习体操动作,系统训练,目的就是为了比赛。国际全明星啦啦操队联盟总部设在美国。1998年,国际啦啦操联盟在日本东京成立,成为啦啦操发展史上的一个重要的转折点。到2008年,全世界至少有48个国家和地区开展了啦啦操运动,参加人数超过了600多万,仅美国参加啦啦操运动的人数就超过了300万。2001年11月,首届世界啦啦操锦标赛在日本东京举行,以后世界啦啦操锦标赛每两年举办一届,日期为当年11月的前两个星期,这标志着啦啦操正式晋升为世界性竞赛项目。2013年5月,国际啦啦操联合会正式被国际单项联盟协会认可,成为世界啦啦操运动的唯一官方组织,实现了历史性突破,啦啦操运动从此步入了一个快速发展的新时代。目前,国际啦啦操联合会共有107个会员国,每年1月、2月和4月在美国奥兰多迪斯尼乐园分别举行世界啦啦操大学生锦标赛、世界啦啦操中学生锦标赛和啦啦操世锦赛。

(二) 国内啦啦操的起源与发展

我国通过美国NBA的比赛认识和了解了啦啦操运动。啦啦操在我国还是一项新兴的体育运动项目,但自传入后就很快受到了广大青少年的喜爱,而且在全国的很多赛事中都可见到啦啦操的表演。尤其是1998年,中国大学生篮球联赛诞生以来,为其加油呐喊的啦啦队表演应运而生,激情四射的各高校啦啦操表演,给观众留下了深刻印象,成为篮球场上一道独特的风景线,由此揭开了啦啦操在中国的序幕。2001年,中国大学生体育协会健美操艺术体操分会邀请美国专家到中国进行啦啦操运动的业务培训,同年4月,我国颁布实施了第一部《中国学生啦啦操竞赛评分规则(第一版)》。2005年6月,中国蹦床技巧协会第一次举办啦啦操竞赛,中国啦啦操在中国大学生体育协会健美操艺术体操分会与中国蹦床技巧协会这两大机构的大力倡导与推广下蓬勃发展起来。我国的CCA(China Cheerleading Association)成立于2006年,主要负责中国啦啦操运动项目的发展政策制定与颁布,培训推广与展示,竞赛组织与策划,裁判员、运动员和教练员的资格认证与注册等工作。

二、啦啦操运动的特点

1. 动作干净利落

啦啦操动作的特点主要体现在肢体动作的发力方式上,即通过短暂加速、制动、定位来实现啦啦操特有的力度感。

啦啦操动作完成干净利落,具有清晰的开始和结束,速度快,制动时间短;制动之后没有延伸;上肢的发力点在前臂;手臂的32个基本手位均在肩关节前制动,手臂动作必须严格按照要求完成;身体控制精确,位置准确;肢体运动中直线动作曲直分明,弧线动作蜿蜒流畅。

2. 动作重心较低

在做动作的整个过程中膝关节不完全伸直,保持微微弯曲的状态,重心稳定,移动平稳。

3. 动作内容丰富,形式变化多样

啦啦操作为一种新型的健身形式,完美融合了各种跑、跳、走,并吸收了健美操、体育舞蹈、艺术体操、技巧等项目的多种元素。啦啦操运动内容包括基本动作(各种舞蹈动作和难

度动作)、口号、音乐、道具(横幅、标语、彩球及各种小道具),因此动作的编排和设计极具个性,内容丰富,动作变化多样。

4. 口号与风格表演多样性

啦啦操口号是技巧啦啦操项目的一种文化,要求参赛队伍在成套动作开始之前在规定时间内完成,有全部配音乐的,也有部分只喊口号无音乐的,这取决于比赛规程的限定或活动的主题,大多旋律优美,气氛热烈,节奏快慢有致,强弱有别。

另外,啦啦操的队形变化多样,能够充分利用场地空间;啦啦操服装款式各异,绚丽多姿。

三、啦啦操运动的锻炼价值

1. 具有健身、娱乐价值

啦啦操具有健身美体、自娱自乐的特点,符合现代人追求健身美体的身心需要。在热烈奔放、动感十足的音乐声中释放自己、展示自己,能给人自信、愉快的感受。动作套路形式、风格多样,节奏有快有慢,动作有难有易,运动负荷和运动强度可以根据锻炼者的需要进行调节,因此适合大众锻炼者的需要。

2. 可提高身体素质、增强体质、增进健康

啦啦操运动成套动作练习对身体各部分的影响比较均衡,各种基本素质都能得到锻炼,如力量、柔韧、速度、耐力、协调、灵敏等。随着时代的发展和社会的进步,对人才的要求越来越高,一个合格的、优秀的人才必须要拥有一个健康的体魄,而参加啦啦操运动可以改善身体机能,提高身体素质,促进体能的全面发展,增强体质和提高健康水平。

3. 可提高练习者的审美观

啦啦操运动已不是单纯的体育运动,而是一种体育与舞蹈相结合的综合性艺术形式,啦啦操套路素材内容丰富,多为富有时代感的健美操、拉丁舞、爵士舞、街舞、现代舞等,充满动感的音乐,讲究服饰、舞台效果、动作美和观赏效果,无论是竞赛还是表演,音乐、动作、服饰、道具、形体等都能给人们以美的享受,净化人们的心灵,陶冶人们的情操。

4. 可提高练习者的合作意识和团队精神

啦啦操是一项集体操、舞蹈、音乐、健身、娱乐为一体的新兴体育项目,团队精神是此项运动有别于其他运动最显著的特征。无论是比赛还是表演都强调整体效果,注重团队合作,注重队员之间的磨合,特别是托举和叠罗汉、抛接等动作,必须双人或多人默契配合才能完成,这就需要每个队员都全神贯注。这种训练使得学生考虑更多的是团队和队友,这种精神是我们当代大学生最需要具备的良好品质,也是最能体现他们"以大局为重"的集体荣誉感。啦啦操运动是培养大学生合作能力和集体荣誉感的有效途径。

5. 对培养练习者的创新意识有良好作用

啦啦操运动是一项不断创新的项目,技术每天都在更新和发展。在教学训练中应启发、诱导、鼓励学生敢想、敢问、敢做、敢改、敢超越,让学生学会设计编排动作,学会理解和利用规则,学会组织小型表演活动,培养学生的独立工作能力和创新能力。

第二节 啦啦操基本动作

一、啦啦操运动常用的几种手型

啦啦操运动的手型有多种,它是从芭蕾舞、现代舞、迪斯科、武术中吸收和发展而来的。手

型是手臂动作的延伸和表现,运用得好,会使啦啦操动作更加丰富多彩、生动活泼,更具有感染力。

(1) 并拢式:五指伸直,相互并拢,大拇指微屈,指关节贴于食指旁。

(2) 分开式:五指用力伸直,充分张开。

(3) 芭蕾手式:五指微屈,后三指并拢、稍内收,拇指内扣。

(4) 拳式:握拳,拇指在外,指关节弯曲,紧贴于食指和中指。

(5) 立掌式:五指伸直,手掌用力上翘。

(6) 西班牙舞手式:五指用力,小指、无名指、中指自掌指关节处依次屈,拇指稍内扣。

二、啦啦操运动的基本动作——32个基本手位

啦啦操运动基本动作有统一的动作规格,要求动作有一定的速度及力度。

(1) 上"M"(up M):两臂肩上屈,手指触肩,肘关节朝外。

(2) 下"M"(hands on hip):两手叉腰于髋部,握拳,拳心朝后。

(3) "W"(muscle man):两臂肩上屈,肘关节成90°,握拳,拳心相对。

(4) 高"V"(high V):手臂侧上举(略前倾)成"V"字,手臂伸直用力,注意手腕平直,形成手臂的延长线。

(5) 倒"V"(low V):同高"V"字动作,但方向向下。

(6) "T"(T):两臂侧平举,握拳,拳心朝下。

(7) 斜线(diagonal):一臂侧上举,一臂侧下举,握拳,举成一斜线。举起右臂、放下左臂为右斜线动作;反之则为左斜线动作。

(8) 短"T"(half T):由"T"动作屈肘,上臂、小臂在一个水平面上。

(9) 前"X"(front X):两臂伸直交叉于体前,拳心朝下。

(10) 高"X"(high X):两臂交叉于头前上方,拳心朝前。

(11) 低"X"(low X):两臂交叉于体前下方,拳心朝斜下。

(12) 屈臂"X"(bend X):两臂屈臂交叉于胸前,拳心朝内。

(13) 上"A"(up A):两臂上举,拳心相对且靠近。

(14) 下"A"(down A):两臂体前斜下举,拳心相对且靠近。

(15) 加油(applauding):两手握式屈臂击掌于胸前,肘关节朝下,两手低于下颌。

(16) 上"H"(touch down):两臂直臂上举,与肩同宽,拳心相对。

(17) 下"H"(low touch down):两臂体前直臂斜下举,与肩同宽,拳心相对。

(18) 小"H"(little H):一臂上举,握拳,拳心向前;另一臂胸前屈,握拳,拳心向内。

(19) "L"(L):一臂上举,握拳,拳心向内;另一臂侧平举,握拳,拳心朝下。

(20) 倒"L"(low L):一臂侧平举,另一臂体前下举,握拳,拳心朝下。

(21) "K"(K):一臂体前上举,另一臂体前下举,拳心相对。

(22) 侧"K"(side K):腿为侧弓步或开立,手臂动作同"K"动作。

(23) "R"(R):一臂头后平屈,拳心向内;另一臂体前斜下冲拳,拳心朝下。

(24) 弓箭(bow and arrow):一臂胸前平屈,另一臂侧平举,两拳拳心朝下。

(25) 小弓箭(bow):一臂侧平举,拳心朝下;另一臂胸前屈,拳心朝内。

(26) 高冲拳(high punch):一臂前上举,拳心朝内;另一手叉腰,拳心朝后。

(27) 侧上冲拳(high side punch):右手叉腰为例,左臂侧上冲拳,拳心朝外。

(28) 侧下冲拳(low side punch):动作同侧上冲拳,方向相反。

(29) 斜上冲拳(up cross punch)：右手叉腰为例，左臂右前上冲拳，拳心朝下。

(30) 斜下冲拳(low cross punch)：动作同斜上冲拳，方向相反。

(31) 短剑(half dagger)：一手叉腰，另一臂胸前屈，拳心朝内。

(32) "X"(X)：双腿开立，两臂头后平屈，拳心贴头，肘关节朝外。

三、啦啦操运动基本动作练习方法

基本动作练习应采用多种不同的练习形式。

（1）单个动作练习。掌握单个动作的具体要求，培养良好的本体感觉。

（2）基本动作的组合练习。主要熟悉各个基本动作之间的转换，了解正确的动作路线，采用递进的方式加入各个动作，形成良好的动作姿态。

（3）基本动作的复合练习。在动作组合的基础上，可以加入如屈膝、转体、侧身、步法、口号、表情等元素，使练习内容更加适合啦啦操的项目特点，同时集体练习时动作的一致性需要重点练习。

四、啦啦操运动组合动作练习方法

连续快节奏的徒手动作、跑跳动作构成了啦啦操套路的主体部分，整套动作速度快、幅度大、活动强度大、节奏快，所以要根据练习者的个体掌握情况，酌情选择练习形式。

如果动作掌握不熟练，节奏把握不准确，应该放慢速度，采用慢做、带做或者语言提示等方法。随着学习环节的不断深入，教师应选择适宜的啦啦操音乐来组织练习，音乐应由慢节奏开始，并且强调动作统一、激情投入，力求达到从"形一致"到"神一致"的过渡，从而更好地体现啦啦操积极向上、勇于拼搏的精神。

第三节　啦啦操成套动作

一、系列校园青春健身操——啦啦操基础套路(神采飞扬)

1. 动作组合一

| 预备姿势：直立。 | 第一个八拍 | 1~2 左脚侧迈一步，同时顶左髋，左臂经胸前屈至侧前下举，拳心向内。 | 3~4 右脚侧迈一步，同时顶右髋，右臂经胸前屈至侧前下举（两臂成倒"V"字），拳心向内。 | 5~6 左转90°，重心左移成弓步（左），左臂前上举、右臂前下举（两臂成"K"字），拳心相对，头向1点。 | 7 右转90°，右脚前并迈，同时向前顶右髋，双手扶右髋。 | 8 左脚前并成直立。 |

第二个八拍　1~2 左转180°，面向5点，同时右脚迈成弓步，两臂侧前上举(成高"V")，拳心向前。　3~4 左转180°，面向1点成弓步(左)，两臂握拳胸前交叉，拳心向后。　5 右脚右上侧点地，同时两臂经上依次向右抢臂(先右后左)。　6 左转90°，左脚右并，脚尖点地，同时屈膝半蹲，两臂绕至前下举，含胸低头。　7 右脚向右侧蹬地跳，同时左转90°，抬上体，右脚落地，右脚侧点地，同时两臂侧前平举(成"T"字)拳心向下。　8 平腿跳成直立。

第三个八拍动作同第一个八拍，方向相反。

第四个八拍动作同第二个八拍，方向相反。

2. 动作组合二

第一个八拍　1~3 左脚开始向左侧，左、右脚依次迈开，同时向左转体360°，两臂胸前屈，握拳，拳心向后。　4 右脚左并还原成直立。　5 吸腿跳(左)，两臂胸前击掌。　6 并腿跳成直立。　7 分腿跳，两臂侧前上举(成高"V"字)，拳心向外。　8 并腿跳成直立。

第二个八拍　1 右脚迈一步，左脚侧点地，上体右转45°成弓步(右)，左臂体前向下冲拳。　2 上体左转45°，左脚右并屈膝点地，右臂体前下冲拳，两臂体前交叉，拳心向后。　3 左脚侧迈一步成弓步(左)，右脚侧点地，两臂经体侧至侧前上举(成高"V"字)，拳心向外。　4 前腿跳成直立，两臂胸前交叉，拳心向外。　5 前跳成弓步(左)，左臂侧举，拳心向下，左臂前下举，拳心向内(两臂成左"L")字。　6 动作同4。　7 动作同5，方向相反。　8 并腿跳成直立。

第三个八拍动作同第一个八拍，方向相反。

第四个八拍动作同第二个八拍，方向相反。

3. 动作组合三

第一个八拍　1~2　　　　　3~4　　　　　5~6　　　　　7　　　　　　8
　　　　　向左跳转90°，　右脚后撤一步　右转90°成开　两腿屈膝半　前腿跳
　　　　　面向7点，右　成弓步(左)，右　立，左手握拳　蹲，两手握拳　成直立。
　　　　　腿前踢，同时　臂前下伸，拳变　叉腰，右臂侧　头上交叉，拳
　　　　　左臂放于右侧　掌，左臂腰间握　上举，单指。　　心向外，头左
　　　　　腹，右臂肩侧　拳，头向7点。　　　　　　　　　　侧倒。
　　　　　屈，拳变掌，
　　　　　右手扶头后，头
　　　　　向1点。

第二个八拍　1　　　　2　　　3　　　4　　　5　　　6　　　7　　　8
　　　　　右转90°，同时　前腿跳，　左脚侧迈一　上体左转　面向3点，　并腿跳　右脚前迈　左脚侧迈一步
　　　　　左脚侧迈一步，　右臂肩　步，头向5点，　45°，头向　右脚后撤　成直立。　一步成弓　成弓步(左)，
　　　　　面向3点，两臂　侧上屈。　上体稍右转，　1点，右脚　一步成弓步(　　　　　　步(右)，　右脚侧点地，
　　　　　侧前下举(成倒　　　　　　右臂侧下　侧并，右腿　左)，同时　　　　　　两臂胸前　两臂肩侧屈，
　　　　　"V"字)。　　　　　　　　　举。　　　　屈膝脚点　左臂后下　　　　　　上屈，拳　拳心相对。
　　　　　　　　　　　　　　　　　　　　　　　　地，同时向　举，右臂屈　　　　　　心向后。
　　　　　　　　　　　　　　　　　　　　　　　　左顶髋。　于体后，头
　　　　　　　　　　　　　　　　　　　　　　　　　　　　　向1点。

第三个八拍动作同第一个八拍，方向相反。
第四个八拍动作同第二个八拍，方向相反。

4. 动作组合四

　　　　　　　　　1~2　　　　　　3~4　　　　　　　5~6　　　　　　　7~8
第一个八拍　　　并腿跳成直立。　分腿跳成开立，同时两　左转90°，右腿左　分腿跳成开立，
　　　　　　　　　　　　　　　臂侧前平举(成"T"字)，　并，屈膝脚点地，　上体前屈，右手
　　　　　　　　　　　　　　　拳心向下。　　　　　　两手经体侧至上　叉腰，左手分掌
　　　　　　　　　　　　　　　　　　　　　　　　　　举击掌相握。　　触地，头向1点。

第二个八拍	1~2	3~4	5	6	7	8
	右转90°,左脚右并屈膝点地,两臂经胸前平屈至体前交叉握拳。	左、右脚依次分腿跳成开立,两臂侧前下举(成倒"V"字)。	左、右脚依次并腿跳成直立。	左、右脚依次分腿跳成开立。	动作同5。	动作同6。

第三个八拍动作同第一个八拍,方向相反。

第四个八拍动作同第二个八拍,方向相反。

5. 动作组合五

第一个八拍	1~2	3	4	5~6	7	8
	分腿跳成开立,两臂胸前交叉,拳心向外。	左臂侧前下举。	右臂侧前下举(两臂成倒"V"字)。	左脚并成直立,两臂胸前交叉,拳心向外。	右脚前迈一步成弓步,左臂冲拳上举,左臂胸前屈,拳心均向内。	右臂冲拳上举,拳心相对。

第二个八拍	1~2	3~4	5~6	7~8
	两臂经前至前下举。	右脚后并成直立,两臂胸前屈,拳心相对。	分腿跳成半蹲,两臂侧前下举(成倒"V"字)。	并腿跳成直立,两臂一侧成侧前上举(成高"V"字)。

第三个八拍	1	2	3	4	5~6	7	8
	左脚前迈一步成弓步(左),头向7点,两臂经胸前平屈至左侧下举。	右脚前迈一步成弓步(右),头向1点,两臂经胸前平屈至右侧下举。	左脚侧迈一步开立,左臂经胸前平屈至侧举,拳心向下,右臂放于体侧。	右臂上举,拳心向内,头向2点。	头向1点。	两臂胸前屈,两手击掌相握。	左脚右并成直立。

第四个八拍

1~4
右脚侧迈一步成开立,两臂体前交叉,拳心向下。

5~6
左脚前迈一步成弓步,两臂前举,拳心相对。

7~8
右脚前并成直立,两臂侧前上举(成高"V"字),拳心向外。

6. 动作组合六

第一个八拍
弹踢腿(右),两臂放于体侧,拳心向内。

1
左腿经吸腿侧迈一步,两脚依次落地成开立(先左后右)。

2

3
分腿半蹲,左臂经胸前屈伸至右前下举,两臂体前交叉,拳心向后,稍低头。

4
右臂经胸前屈伸至左前下举,两臂体前交叉,拳心向后,低头。

并腿跳成直立,两臂放于体侧。

5
左脚后撤一步成弓步(右),同时向前顶右膝,两臂经胸前平屈至前举,拳心向下。

6
重心后移,右腿屈膝点地,两臂侧前下举(成倒"V"字),头向6点。

7
右腿前顶膝,两臂侧上举(成高"V"字),单指,头向1点。

8
左脚前并直立。

第二个八拍
1
右脚侧迈一步,同时顶右髋,左脚侧点地,右手扶髋,左臂侧上举,打响指。

2
左脚右后撤一步,两腿微屈膝,两臂经体前屈膝下摆至右侧下举,打响指,头向下点。

3
动作同1,方向相反。

4
动作同2,方向相反。

5 6 7 8
5~8动作同1~4。

第三个八拍
1
右脚向右后侧踏跳,左腿侧摆,面向2点,两臂经胸前交叉至右臂侧上举,左臂侧下举,五指张开,掌心向下。

2
右转270°,扭头,左脚开始踏步三次,手臂放于体侧,两手握拳。

3 4

5~6
右转45°,面向1点,右脚前迈一步成弓步,两臂经胸前屈成侧前上举(成倒"V"字)。

7
踢腿跳(左),两臂侧前下举(成倒"V"字)。

~
左脚后撤一步,两臂胸前屈,拳心相对。

8
左脚落地成弓步跳(右),两臂成侧前下举(成倒"V"字)。

第四个八拍	1	~	4	5	6	7	8
	左转360°。			分腿跳成开立，右臂放于体侧，左臂经胸前屈至上举。	分腿半蹲，上体前屈，右臂放于体侧，左臂经胸前屈至下举。	动作同5。	还原成直立。

7. 动作组合七

第一个八拍	1	2	3	4	5~6	7	~	8
	左脚前迈一步成弓步，两臂经体侧成侧前下举（成倒"V"字）。	右脚前并成起踵，两臂胸前上举（成高"V"字）。	分腿跳成半蹲，两臂胸前上屈，拳心向后。	左转90°，同时重心前移成弓步（左），面向8点，左臂前上举，右臂前下举（成"K"字），头向1点。	面向1点，分腿半蹲，左臂侧下举，右臂侧上举（成右斜线）。	并腿跳，右臂握拳叉腰，左臂经胸前屈到上举。		动作同7。

第二个八拍	1~2	3~4	5~6	7	8
	右转180°，左、右脚各前迈一步，两臂放于体侧。	左脚前迈一步成弓步，左臂侧举，右臂上举。	右转180°，左腿屈膝，吸腿(右)，两臂经胸前平屈至前下举，含胸低头。	弓步跳(右)，同时两臂上举，拳心相对，面向1点。	左脚前并成直立。

第三个八拍	1~2	3~4	5~6	7	8
	左脚侧迈一步成开立，上体面向7点，左手叉腰，右臂向内绕环。	面向1点，右臂侧上举。	重心右移成弓步(右)，面向2点，头向1点，左臂下举，右臂前上举(成"K"字)。	并腿跳，两臂侧前上举（成高"V"字）。	动作同7。

第四个八拍　1　　　　　2　　　　3　　　　4　　　　　5　　　　　6　　　　7　　8

　　　右脚前迈一　右转180°　右脚前迈　右转180°，　右脚侧迈一步成　左腿左并成　　动作同5~6，
　　　步成弓步，　成弓步　一步成弓　面向1点，右脚　分腿半蹲，头右　直立，两臂　　方向相反。
　　　两臂放于体　（左）。　步。　　　前并成直　侧倒,右臂侧举,　放于体侧。
　　　侧。　　　　面向5点。　　　　　立。　　　　拳心向下,左臂
　　　　　　　　　　　　　　　　　　　　　　　　放于体侧。

8. 动作组合八

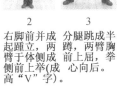

第一个八拍　1　　　　2　　　　3　　　　4　　　　　5~6　　　　　7　　　　~　　　8

　　　左脚前迈一步　右脚前并成　分腿跳成半　左转90°，同　面向1点,分腿　并腿跳,　　　动作同7。
　　　成弓步,两臂　起蹲立,两　蹲,两臂胸　时重心前移　半蹲,左臂侧　右臂握拳
　　　侧前下举(成　臂于体侧成　前上屈,拳　成弓步(左)　下举、右臂侧　叉腰,左
　　　倒"V"字)。　侧前上举(成　心向后。　面向8点,左　上举(成右斜　臂经胸前
　　　　　　　　　高"V"字)。　　　　　臂上举（成　线)。　　　　屈至上举。
　　　　　　　　　　　　　　　　　　　　"K"字），
　　　　　　　　　　　　　　　　　　　　头向1点。

第二个八拍　　1~2　　　　　　3~4　　　　　5~6　　　　　7　　　　　　8

　　　左转180°，左右脚　左脚前迈一步　右转180°,左腿屈　弓步跳（右）同　左脚前并
　　　各前迈一步，两臂　成弓步，左臂　膝,吸腿(右),两　时抬上体,两臂　成直立。
　　　放于体侧。　　　　侧举，左臂上　臂经胸前平屈至　上举,拳心相对,
　　　　　　　　　　　　举。　　　　　前下举,含胸低　面向1点。
　　　　　　　　　　　　　　　　　　头。

第三个八拍　1~2　　　　　3~4　　　　　5~6　　　　　　　7　　　　　　8

　　　左脚侧迈一步　面向1点，右　重心右移成弓步(右),　并腿跳,两臂　动作同7。
　　　成开立,上体　臂侧上举。　面向2点,头向1点,左　侧前举（成高
　　　面向7点，左手　　　　　　　臂前下举、右臂前上　"V"字)。
　　　叉腰，右臂向　　　　　　　举（成"K"字)。
　　　内绕环。

第四个八拍	1	2	3	4	5	6	7	8
	右脚前迈一步成弓步，两臂放于体侧。	左转180°成弓步(左)，面向5点。	右脚前迈一步成弓步。	左转180°，面向1点，右脚前并成直立。	右脚侧迈一步成分腿半蹲，头右侧倒，右臂侧举，拳心向下，左臂放于体侧。	右腿左并成直立，两臂放于体侧。	动作同5~6，方向相反。	

9. 动作组合九

第一个八拍	1	2	3	4	5	6	7	8
	左脚踏步，左手握拳叉腰，右臂左侧上举，握拳，拳心向下，头向7点。	右脚踏步，两臂经前至侧上举，拳心向外，头向1点。	左脚踏步，两臂向内绕环。	左脚踏步，两臂经体侧上举，击掌相握。	左脚前迈一步成弓步，两臂胸前屈击掌。	右脚后并，两臂胸前屈。	右脚前迈一步成弓步，两臂侧前下举（成倒"V"字）。	右脚后并还原成直立。

第二个八拍	1	2	3	4	5	6	7	8
	右脚踏步，右臂胸前屈，握拳，拳心向内。	左脚踏步，左臂胸前屈，握拳，拳心相对。	右脚踏步，右臂经胸前屈到侧上举，拳心向外。	右脚踏步，右臂经胸前平屈到侧前上举（成高"V"字）。	左脚侧迈一步成分腿半蹲，右臂侧举，右臂前下举（成左"L"字）。	左脚右并成直立，两臂胸前屈，拳心相对。	动作同5~6，方向相反。	

第三个八拍	1~2	3~4	5	6	7	8
	分腿跳，同时上体前屈，两手扶地。	并腿跳成直立，两臂经体前侧前上举（成高"V"字），两手握拳，拳心向外。	左腿侧迈一步，左手叉腰，右臂向内绕环，头向7点。	左臂经体前至上举，头向1点。	左脚前迈一步成弓步，右臂下拉至胸前上屈，拳心向后。	右脚前并成直立。

第四个八拍　　1　　　　　　2　　　　　　3　　　　　　4　　　　　　5　　　　　　6　　　　　　7~8
　　　　　左脚侧迈一步成　右转90°，面　右脚侧迈一　头向2点，左　左脚向3点　右脚前　左转90°，左
　　　　　分腿半蹲，左臂　向3点，右脚　步成屈膝开　脚立踵，左脚　前迈一步成　迈一步。　脚前迈一步成
　　　　　上举，右臂侧平　后并成直立，　立，左臂侧　屈膝后抬，两　弓步。　　　　　　　　弓步，两臂经
　　　　　举（成右"L"）。　两臂收于体　举，右臂上　臂收于体侧。　　　　　　　　　　　　　体侧成侧前下
　　　　　　　　　　　　侧。　　　　举（成左"L"　　　　　　　　　　　　　　　　　　　　举（成倒"V"
　　　　　　　　　　　　　　　　　　字）。　　　　　　　　　　　　　　　　　　　　　　字）。

10. 动作组合十

第一个八拍　1　　　　　2　　　　　3　　　　　4　　　　　5　　　　　6　　　　　7　　　　　8
　　　　左脚踏步，左　右脚踏步，　左脚踏步，　右脚踏步，　左脚前迈一　左脚后并，　右脚前迈一步　左脚后
　　　　手握拳叉腰，　右臂经体前　右臂向内　　两臂经体侧　步成弓步，两　两臂胸前　成弓步，两臂　并还原
　　　　右臂左侧下举，　至侧上举，　绕环。　　　上举击掌相　臂侧前上举　屈击掌。　　侧前下举（成　成直立。
　　　　握拳，拳心向　拳心向外，　　　　　　　握。　　　　（成高"V"　　　　　　　倒"V"字）。
　　　　下，头向7点。　头向1点。　　　　　　　　　　　　字），拳心向外。

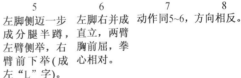

第二个八拍　1　　　　　2　　　　　3　　　　　4　　　　　5　　　　　　6　　　　　7　　　　　8
　　　　右脚踏步，　左脚踏步，　右脚踏步，　左脚踏步，　左脚侧迈一步　左脚右并成　动作同5~6，方向相反。
　　　　右臂胸前　　左臂胸前　　右臂经体　　左臂经胸　　成分腿半蹲，　直立，两臂
　　　　屈，握拳，　屈，握拳，　前平屈到　　前平屈到　　左臂侧举，右　胸前屈，拳
　　　　拳心向内。　拳心相对。　侧前上举，　侧前上举（成　臂前下举（成　心相对。
　　　　　　　　　　　　　　　　拳心向外。　高"V"字）。　左"L"字）。

第三个八拍　　　1~2　　　　3~4　　　　　5　　　　　6　　　　　7　　　　　8
　　　　　　分腿跳，同　并腿跳成直立，　左腿侧迈一步，　右臂经体侧　左脚前迈一　右脚前并成
　　　　　　时上体前　两臂经体前成　左手叉腰，左　至上举，头　步成弓步，　直立。
　　　　　　屈，两手扶　侧前上举（成高　臂向内绕环，头　向1点。　　右臂下拉至
　　　　　　地。　　　　"V"字），两　向7点。　　　　　　　　　胸前上屈，
　　　　　　　　　　　　手握拳，拳心　　　　　　　　　　　　　　拳心向后。
　　　　　　　　　　　　向外。

第四个八拍	1	2	3	4	5	6	7~8
	左脚侧迈一步成分腿半蹲，左臂上举、右臂侧平举（成右"L"字）。	右转90°，面向3点，右脚后并成直立，两臂经体侧收于体侧。	右脚侧迈一步成屈膝开立，左臂侧举，右臂上举（成左"L"字）。	头向2点，右脚立踵，左腿屈膝后抬，两臂经体侧收于体侧。	左脚向3点前迈一步成弓步。	右脚前迈一步。	左转90°，左脚前迈一步成弓步，两臂经体侧成体前下举（成倒"V"字）。

二、全国啦啦操规定套路——花球舞蹈啦啦操

1. 预备造型

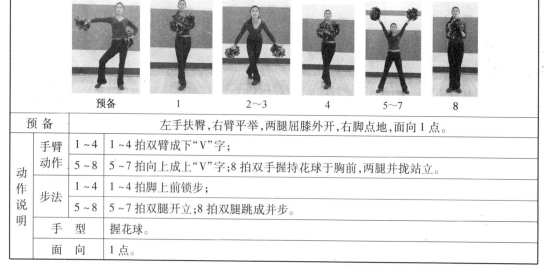

预备		左手扶臀，右臂平举，两腿屈膝外开，右脚点地，面向1点。	
动作说明	手臂动作	1~4	1~4拍双臂成下"V"字；
		5~8	5~7拍向上成上"V"字；8拍双手握持花球于胸前，两腿并拢站立。
	步法	1~4	1~4拍脚上前锁步；
		5~8	5~7拍双腿开立；8拍双腿跳成并步。
	手型		握花球。
	面向		1点。

2. 第一个八拍

预备：左手扶臀，右臂侧平举，两腿屈膝外开，右脚点地，面向1点。

1~3　　1~3侧面示范　　4　　5~6　　7~8

动作说明	手臂动作	1~4	1~3拍手臂垂于大腿前方；4拍成上"H"字；
		5~8	双手抱于胸前，成上"V"字，两拍一动。
	步法	1~4	1~3拍右、左、右脚依次前上步；4拍并步提踵；
		5~8	上左脚成弓步，右膝微屈，脚跟提起。
	手型		握花球。
	面向		1点。

3. 第二个八拍

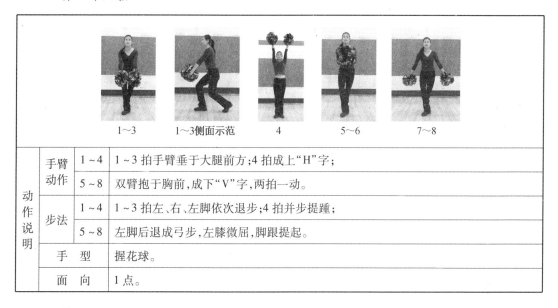

动作说明	手臂动作	1~4	1~3拍手臂垂于大腿前方;4拍成上"H"字;
		5~8	双臂抱于胸前,成下"V"字,两拍一动。
	步法	1~4	1~3拍左、右、左脚依次退步;4拍并步提踵;
		5~8	左脚后退成弓步,左膝微屈,脚跟提起。
	手型		握花球。
	面向		1点。

4. 第三个八拍

动作说明	手臂动作	1~4	1~3拍双臂垂于大腿前方;4拍双臂屈肘于胸前;
		5~8	5~6拍手臂成"K"字;7~8拍双臂屈肘于胸前。
	步法	1~4	1~3拍左、右、左脚依次踏步,同时向左转体360°;4拍成并步;
		5~8	5~6拍迈左脚成屈腿弓步;7~8拍收左脚,并腿站立。
	手型		握花球。
	面向		1~3拍面向7点360°;4拍1点;5~6拍7点;7~8拍1点。
	头位		5~6拍身体面向7点,头部面向1点。

5. 第四个八拍

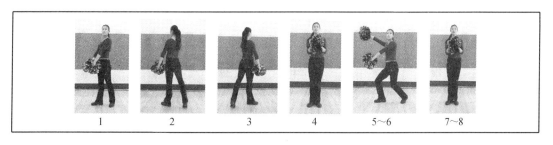

动作说明	手臂动作	1~4	1~3拍双臂垂于大腿前方;4拍双臂屈肘于胸前;
		5~8	5~6拍手臂成"K"字;7~8拍双臂屈肘于胸前。
	步法	1~4	1~3拍右、左、右脚依次踏步向右转体360°;4拍成并步;
		5~8	5~6拍迈右腿成屈弓步;7~8拍收右腿,并腿站立。
	手 型		握花球。
	面 向		1~3拍向3点转360°;4拍1点;5~6拍3点;7~8拍1点。
	头 位		5~6拍身体面向3点,头部面向1点。

6. 第五个八拍

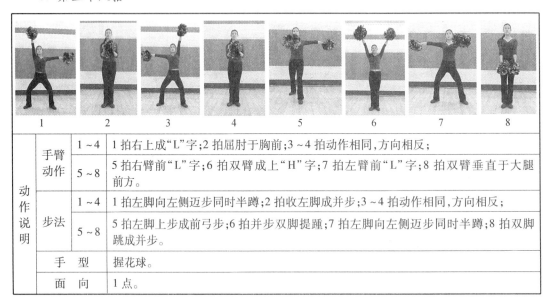

动作说明	手臂动作	1~4	1拍右上成"L"字;2拍屈肘于胸前;3~4拍动作相同,方向相反;
		5~8	5拍右臂前"L"字;6拍双臂成上"H"字;7拍左臂前"L"字;8拍双臂垂直于大腿前方。
	步法	1~4	1拍左脚向左侧迈步同时半蹲;2拍收左脚成并步;3~4拍动作相同,方向相反;
		5~8	5拍左脚上步成前弓步;6拍并步双脚提踵;7拍左脚向左侧迈步同时半蹲;8拍双脚跳成并步。
	手 型		握花球。
	面 向		1点。

7. 第六个八拍

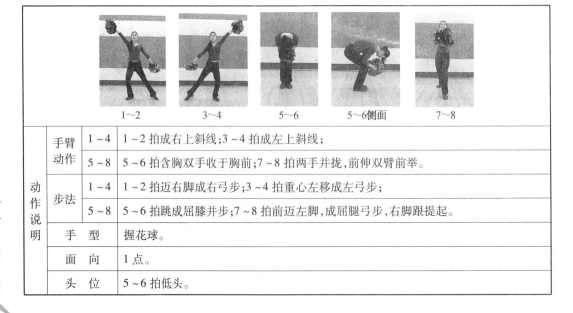

动作说明	手臂动作	1~4	1~2拍成右上斜线;3~4拍成左上斜线;
		5~8	5~6拍含胸双手收于胸前;7~8拍两手并拢,前伸双臂前举。
	步法	1~4	1~2拍迈右脚成右弓步;3~4拍重心左移成左弓步;
		5~8	5~6拍跳成屈膝并步;7~8拍前迈左脚,成屈腿弓步,右脚跟提起。
	手 型		握花球。
	面 向		1点。
	头 位		5~6拍低头。

8. 第七个八拍

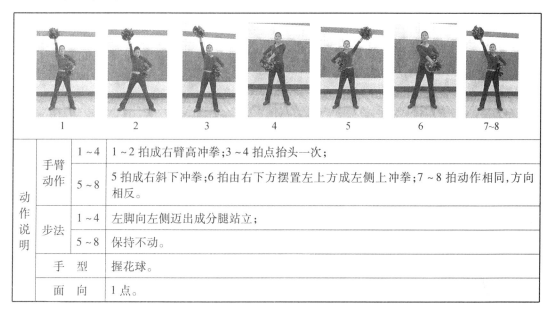

动作说明	手臂动作	1~4	1~2拍成右臂高冲拳;3~4拍点抬头一次;
		5~8	5拍成右斜下冲拳;6拍由右下方摆置左上方成左侧上冲拳;7~8拍动作相同,方向相反。
	步法	1~4	左脚向左侧迈出成分腿站立;
		5~8	保持不动。
	手　型		握花球。
	面　向		1点。

9. 第八个八拍

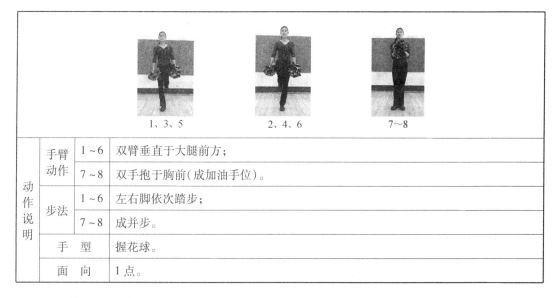

动作说明	手臂动作	1~6	双臂垂直于大腿前方;
		7~8	双手抱于胸前(成加油手位)。
	步法	1~6	左右脚依次踏步;
		7~8	成并步。
	手　型		握花球。
	面　向		1点。

10. 第九个八拍

动作说明	手臂动作	1~4	1~2拍双手上举成上"A"手位;3~4拍手向下成"H"手位;
		5~8	5拍双臂平行向右上方斜冲拳;6拍双手下压扶右膝;7拍垂直于大腿前方;8拍屈臂收于腰间。
	步法	1~4	1~2拍双脚大分腿站立;3~4拍屈膝俯身;
		5~8	5拍身体右转后靠,两腿分立半蹲,重心移至左脚同时左脚跟提起;6拍保持体位重心移至两腿之间;7拍跳成并步直立;8拍右脚在前成锁步。
	手 型		握花球。
	面 向		5~6拍2点;7拍7点。
	头 位		1~5拍眼随手走;6拍低头;7拍7点;8拍1点。

11. 第十个八拍

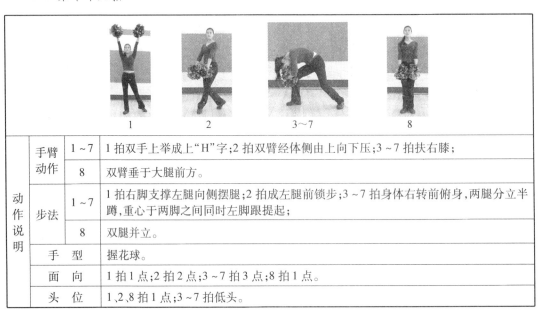

动作说明	手臂动作	1~7	1拍双手上举成上"H"字;2拍双臂经体侧由上向下压;3~7拍扶右膝;
		8	双臂垂于大腿前方。
	步法	1~7	1拍右脚支撑左腿向侧摆腿;2拍成左腿前锁步;3~7拍身体右转前俯身,两腿分立半蹲,重心于两脚之间同时左脚跟提起;
		8	双腿并立。
	手 型		握花球。
	面 向		1拍1点;2拍2点;3~7拍3点;8拍1点。
	头 位		1、2、8拍1点;3~7拍低头。

12. 第十一个八拍(依次动作)

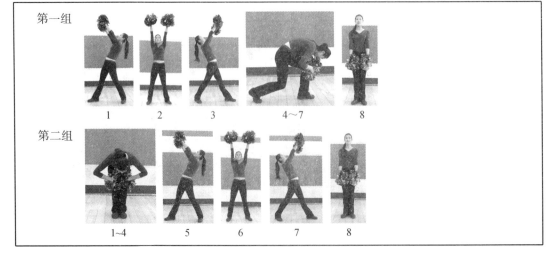

续表

动作说明	手臂动作	1~4	1~3拍双臂成"H"字上举,分别于右前、正前、左前三个方位各敲击一次;4拍左前上方垂直下压扶膝;
		5~8	5~7拍保持双手扶膝;8拍垂直于大腿前方。
	步法	1~4	1~3拍分腿站立;4拍身体左转前俯身,两腿分立半蹲,重心于两脚之间,同时右脚跟提起;
		5~8	5~7拍同4拍;8拍双腿并步直立。
	手型		握花球。
	面向		1拍2点;2拍1点;3拍8点;4~7拍8点;8拍1点。
	头位		1~3拍眼随手走;4~7拍低头;8拍1点。

13. 第十二个八拍

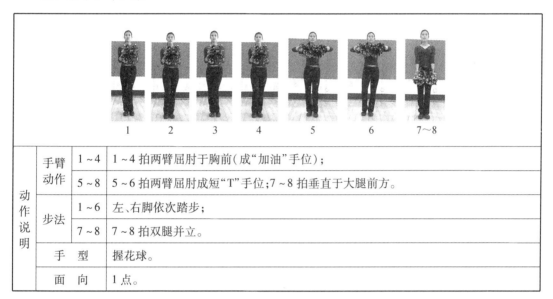

动作说明	手臂动作	1~4	1~4拍两臂屈肘于胸前(成"加油"手位);
		5~8	5~6拍两臂屈肘成短"T"手位;7~8拍垂直于大腿前方。
	步法	1~6	左、右脚依次踏步;
		7~8	7~8拍双腿并立。
	手型		握花球。
	面向		1点。

14. 第十三个八拍

动作说明	手臂动作	1~4	1拍两臂由体侧摆至腹前,哒拍两臂屈肘收于腰侧;2拍两臂向前冲;3拍屈肘成短"T"手位于胸前;4拍成右手斜上冲拳,左手收于腰际,身体稍向左倾斜;
		5~8	5拍成左手斜上冲拳,右手贴于腰际,身体稍向右倾斜;6拍双臂侧下举,同时身体右转向前俯;7~8拍向前振胸两次,同时抬起上体。
	步法	1~5	1拍右腿经地面向前踹,哒拍屈膝收腿;2拍成马步;3~5拍保持马步小跳三次;
		6~8	6~8拍两腿分立半蹲,重心于两脚之间同时左脚跟提起。

动作说明	手 型	握花球。
	面 向	1~5拍1点;6~8拍2点。
	头 位	除6拍低头,其余均面向1点。

15. 第十四个八拍

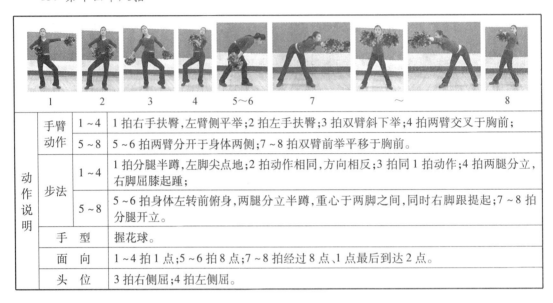

动作说明	手臂动作	1~4	1拍右手扶臀,左臂侧平举;2拍左手扶臀;3拍双臂斜下举;4拍两臂交叉于胸前;
		5~8	5~6拍两臂分开于身体两侧;7~8拍双臂前举平移于胸前。
	步法	1~4	1拍分腿半蹲,左脚尖点地;2拍动作相同,方向相反;3拍同1拍动作;4拍两腿分立,右脚屈膝起踵;
		5~8	5~6拍身体左转前俯身,两腿分立半蹲,重心于两脚之间,同时右脚跟提起;7~8拍分腿开立。
	手 型		握花球。
	面 向		1~4拍1点;5~6拍8点;7~8拍经过8点、1点最后到达2点。
	头 位		3拍右侧屈;4拍左侧屈。

16. 第十五个八拍

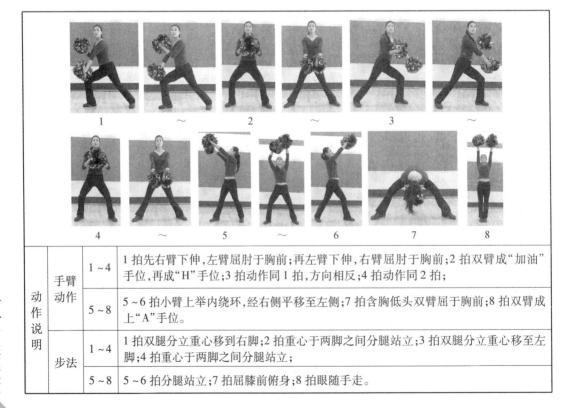

动作说明	手臂动作	1~4	1拍先右臂下伸,左臂屈肘于胸前;再左臂下伸,右臂屈肘于胸前;2拍双臂成"加油"手位,再成"H"手位;3拍动作同1拍,方向相反;4拍动作同2拍;
		5~8	5~6拍小臂上举内绕环,经右侧平移至左侧;7拍含胸低头双臂屈于胸前;8拍双臂成上"A"手位。
	步法	1~4	1拍双腿分立重心移到右脚;2拍重心于两脚之间分腿站立;3拍双腿分立重心移至左脚;4拍重心于两脚之间分腿站立;
		5~8	5~6拍分腿站立;7拍屈膝前俯身;8拍眼随手走。

续表

动作说明	手　型	握花球。
	面　向	1拍2点;2拍1点;3拍8点;4拍1点;5拍2点;6拍8点;7~8拍1点。
	头　位	1~4拍1点;5~6拍眼随手走;7拍低头;8拍眼随手走。

17. 第十六个八拍

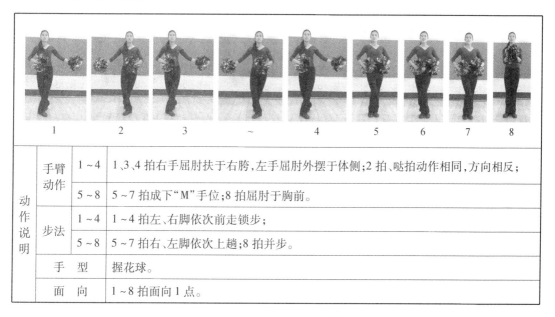

动作说明	手臂动作	1~4	1、3、4拍右手屈肘扶于右胯,左手屈肘外摆于体侧;2拍、哒拍动作相同,方向相反;
		5~8	5~7拍成下"M"手位;8拍屈肘于胸前。
	步法	1~4	1~4拍左、右脚依次前走锁步;
		5~8	5~7拍右、左脚依次上趟;8拍并步。
	手　型		握花球。
	面　向		1~8拍面向1点。

18. 第十七个八拍

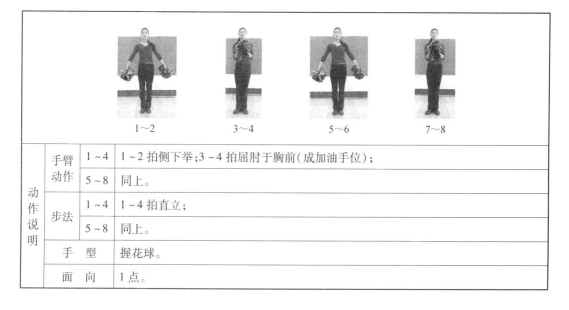

动作说明	手臂动作	1~4	1~2拍侧下举;3~4拍屈肘于胸前(成加油手位);
		5~8	同上。
	步法	1~4	1~4拍直立;
		5~8	同上。
	手　型		握花球。
	面　向		1点。

19. 第十八个八拍

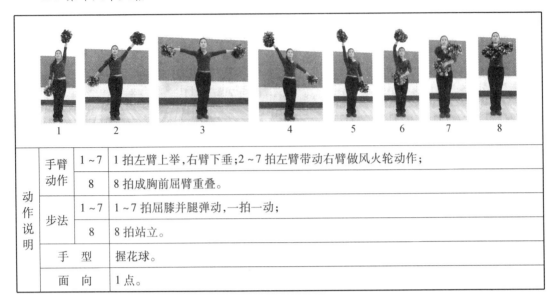

动作说明	手臂动作	1~7	1拍左臂上举,右臂下垂;2~7拍左臂带动右臂做风火轮动作;
		8	8拍成胸前屈臂重叠。
	步法	1~7	1~7拍屈膝并腿弹动,一拍一动;
		8	8拍站立。
	手型		握花球。
	面向		1点。

20. 第十九个八拍

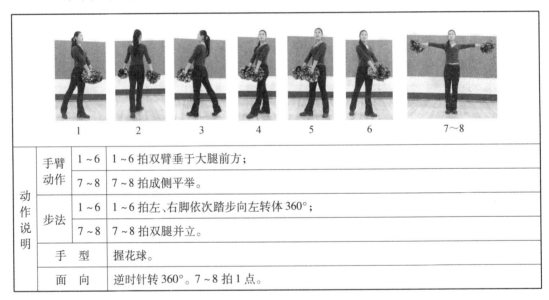

动作说明	手臂动作	1~6	1~6拍双臂垂于大腿前方;
		7~8	7~8拍成侧平举。
	步法	1~6	1~6拍左、右脚依次踏步向左转体360°;
		7~8	7~8拍双腿并立。
	手型		握花球。
	面向		逆时针转360°。7~8拍1点。

21. 第二十个八拍

动作说明	手臂动作	1~8	1~8拍侧平举。
	步法	1~4	1拍左侧膝腿跳;2拍并腿跳;3拍左踢腿跳;4拍并腿跳;
		5~8	5拍右踢腿跳;6拍并腿跳;7拍左踢腿跳;8拍双脚并立。
	手　型		握花球。
	面　向		1点。

22. 第二十一个八拍

注:这是一组双人配合动作,括号内注明的是配合动作(配合的人站在前面)。

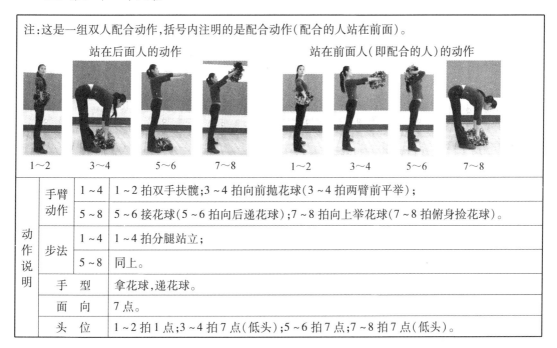

站在后面人的动作　　　　　站在前面人(即配合的人)的动作

1~2　3~4　5~6　7~8　　1~2　3~4　5~6　7~8

动作说明	手臂动作	1~4	1~2拍双手扶髋;3~4拍向前抛花球(3~4拍两臂前平举);
		5~8	5~6接花球(5~6拍向后递花球);7~8拍向上举花球(7~8拍俯身捡花球)。
	步法	1~4	1~4拍分腿站立;
		5~8	同上。
	手　型		拿花球,递花球。
	面　向		7点。
	头　位		1~2拍1点;3~4拍7点(低头);5~6拍7点;7~8拍7点(低头)。

23. 第二十二个八拍

动作说明	手臂动作	1~4	1~4拍右臂高冲拳;
		5~8	5~8拍左手叉腰,右手随胯左、右依次摆动(一拍一动)。
	步法	1~4	1、3拍左脚上步;2、4拍右脚上步;
		5~8	5拍左脚左移动成开立,双腿屈膝,右脚点地;6~8拍脚跟随髋部左、右摆动。
	手　型		握花球。
	面　向		一点。

24. 第二十三个八拍

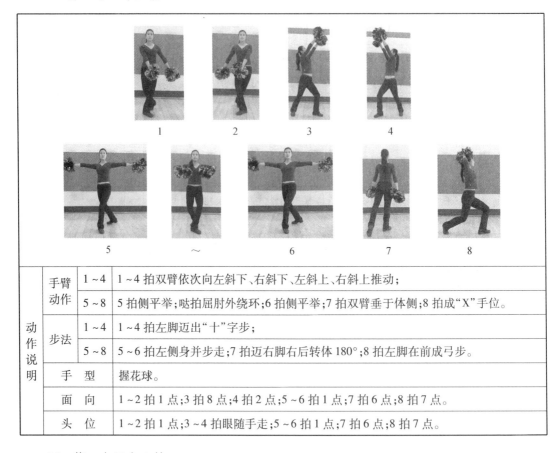

动作说明	手臂动作	1~4	1~4拍双臂依次向左斜下、右斜下、左斜上、右斜上推动;
		5~8	5拍侧平举;哒拍屈肘外绕环;6拍侧平举;7拍双臂垂于体侧;8拍成"X"手位。
	步法	1~4	1~4拍左脚迈出"十"字步;
		5~8	5~6拍左侧身并步走;7拍迈右脚右后转体180°;8拍左脚在前成弓步。
	手型		握花球。
	面向		1~2拍1点;3拍8点;4拍2点;5~6拍1点;7拍6点;8拍7点。
	头位		1~2拍1点;3~4拍眼随手走;5~6拍1点;7拍6点;8拍7点。

25. 第二十四个八拍

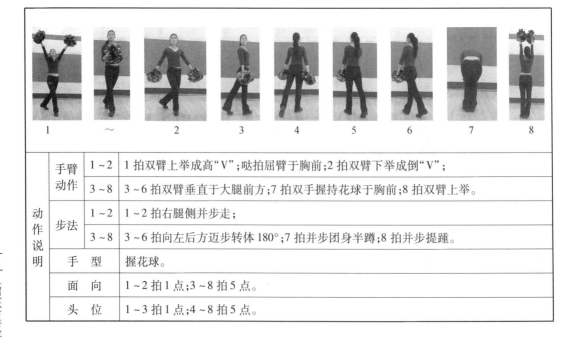

动作说明	手臂动作	1~2	1拍双臂上举成高"V";哒拍屈臂于胸前;2拍双臂下举成倒"V";
		3~8	3~6拍双臂垂直于大腿前方;7拍双手握持花球于胸前;8拍双臂上举。
	步法	1~2	1~2拍右腿侧并步走;
		3~8	3~6拍向左后方迈步转体180°;7拍并步团身半蹲;8拍并步提踵。
	手型		握花球。
	面向		1~2拍1点;3~8拍5点。
	头位		1~3拍1点;4~8拍5点。

26. 结束动作

动作说明	手臂动作	右臂于斜前下方,左臂屈肘于头部后方。
	步　法	分腿站立并屈膝,左脚前脚掌点地,屈膝外开。
	手　型	握花球。
	面　向	身体7点。
结束动作	头　位	头面向1点。

第四节　啦啦操竞赛主要规则

一、竞赛场地

1. 赛台

舞蹈啦啦操比赛可使用赛台,赛台高80~100厘米,后面有背景遮挡,赛台不得小于16米×16米;技巧啦啦操比赛禁止使用赛台。

2. 比赛场地

比赛场地选用专业比赛板,也可用体操板或地毯代替,并用标志带清楚标明14米×14米的比赛区域。标志带为5厘米宽的红色或白色带,标志带是场地的一部分。

二、成套动作评分内容

（一）集体技巧啦啦操成套动作评判

1. 艺术编排(50分)

（1）成套总体评价(10分)。

① 口号时间不足或超过,减1分。

② 口号内容不健康、不文明,减5分。

③ 成套每缺少一类特殊规定内容,减2分。

④ 队形少于5次,每次减2分。

（2）动作设计(10分)。

（3）音乐的选择与运用(10分)：音乐质量差,减2分。

（4）过渡与连接(10分)。

（5）表演与包装(10分)。

2. 完成情况(50分)

包括技术技巧、一致性、综合评价三方面。减分情况见表17-1。

表17-1　技巧啦啦操完成情况与减分

	出现错误的程度	减分情况
小错误	偏离正确完成的错误	每次减0.3分
中错误	明显偏离正确完成的错误	每次减0.4分
大错误	偏离正确完成的严重错误	每次减0.5分
失误	身体因缺乏控制而掉下以及非正常触及地面	每个动作减1.0分

续表

	出现错误的程度	减分情况
音乐不合拍错误		每次减 0.3 分
一致性错误		每次减 0.5 分,最多减 5.0 分
难度动作错误		每个难度最多减 1.0 分

3. 难度动作

技巧啦啦操成套动作中难度分为 4 类,即翻腾类、托举类、抛接类、金字塔类。

(1) 成套动作中的难度选择,必须根据规定的难度级别来选择,不得超过本级别的难度动作,不得超出运动员的实际能力,否则将判违例。

(2) 所选报的难度级别在成套动作中本级别每类难度至少各出现 1 次,每缺少一类将由难度裁判员减 5 分。

(3) 成套动作中难度数量的选择必须符合本级别规定的数量,每超过一个难度数量减 2 分。

(4) 所选难度级别的难度选择必须符合规定范围。

(5) 难度动作选择违反《安全准则》规定,每出现一次减 5 分。

(二) 舞蹈啦啦操成套动作评判

1. 艺术编排(50 分)

(1) 成套总体设计(15 分)。

① 成套动作的总体印象(5 分)。

② 成套动作的创新(5 分)。

③ 成套动作的复杂与多样性(5 分)。

(2) 舞蹈动作的内容(15 分)。

① 舞蹈动作的风格特点与项目特征(5 分)。

② 舞蹈动作创编的多样性与复杂性(5 分)。

③ 成套动作的个性化与独特性(5 分)。

(3) 音乐的运用(10 分)。

① 音乐的选择(5 分)。

② 音乐的使用(5 分)。

(4) 表演与包装(10 分):表演、包装各 5 分。

2. 完成情况(50 分)

包括技术技巧、一致性、综合评价三方面。减分情况见表 17-2。

表 17-2 舞蹈啦啦操完成情况与减分

	出现错误的程度	减分情况
小错误	偏离正确完成的错误	每次减 0.3 分
中错误	明显偏离正确完成的错误	每次减 0.4 分
大错误	偏离正确完成的严重错误	每次减 0.5 分
失误	身体因缺乏控制而掉下以及非正常触及地面	每个动作减 1.0 分

续表

	出现错误的程度	减分情况
音乐不合拍错误		每次减 0.3 分
一致性错误		每次减 0.5 分,最多减 5.0 分
难度动作错误		每个难度最多减 1.0 分
动作中断		8 拍以内每次减 0.5 分, 8 拍以上每次减 1 分

3. 难度动作

舞蹈啦啦操成套中难度分为3类,分别是转体类、跳跃类、平衡与柔韧类。

(1) 成套动作中的难度选择,必须根据规定的难度级别来选择,不得超过本级别的难度动作,不得超出运动员的实际能力,否则将判违例。

(2) 所选报的难度级别在成套动作中本级别每类难度至少各出现1次,每缺少一类将由难度裁判员减5分。

(3) 所有难度必须由全体运动员同时或依次完成,否则将不能计算难度数量及分值。

(4) 成套动作中难度数量的选择必须符合本级别规定的难度数量,每超过一个难度数量减2分。

(5) 所选难度级别的难度选择必须符合规定范围。

(6) 难度动作选择违反《安全准则》规定,每出现一次减5分。

三、评分办法

比赛均采用公开示分的办法,每位裁判员的计分最小单位为小数点后1位,总分计算保留小数点后2位,最后得分保留小数点后2位。

艺术分:去掉最高分与最低分,所剩分数的平均分为最后艺术分,两个中间分为允许的分差范围。最高分为50分,以0.1加分。

完成分:去掉最高分与最低分,所剩分数的平均分为最后艺术分,两个中间分为允许的分差范围。完成分是从50分起评,对每个完成错误给予减分。

难度分:一致同意的分数为最后得分,若意见分歧则取平均分。难度分是按照加分的方法评分,从0分起评。

总分:艺术分、完成分、难度分相加为总分。

最后得分:总分减去裁判长减分和难度减分后的得分为最后得分。若最后得分相同,则名次的排列依次取决于以下得分:最高难度分—最高艺术分—最高完成分—考虑全部艺术分(不除去最高分和最低分)—考虑最高的三个艺术分—考虑最高的两个艺术分—考虑最高的艺术分。

每位评分裁判员必须在每个参赛队伍的评分表上给予现场书面点评。

 思考题

1. 简述啦啦操运动的分类。
2. 简述啦啦操运动的特点及健身价值。
3. 简述国内外啦啦操运动的起源与发展。
4. 简述啦啦操比赛的评分办法。

第十八章

跆 拳 道

第一节　跆拳道运动概述

跆拳道起源于朝鲜半岛(今朝鲜和韩国),是朝鲜半岛人民在生产和生活过程中,经数千年血汗智慧积淀、形成和发展起来的一项运用手脚技术和身体能力进行自身修炼、搏击格斗的传统体育项目。其竞技部分已成为奥运会正式比赛项目。跆拳道以其刚劲优美的技术动作和独特的实战作用得到广泛传播,被公认为"世界第一搏击运动"。

所谓跆拳道,跆(TAE)意为以脚踢、摔撞,是指脚及与腿部相关的各种技术的攻击与防守;拳(KWON)即拳打,以及与手臂相关的各种技术的攻击与防守;道(DO)是方法、规律,指在"跆"和"拳"修炼过程中的精神要求以及搏击的艺术方法和取胜规律。跆拳道是一种利用拳和脚击打的艺术方法。它是以腿法为主的功夫,其腿法占70%。跆拳道的套路共有25套;另外还有兵器、擒拿、摔锁、对拆、自卫术及10余种基本功夫等。跆拳道是经过东亚文化发展的一项朝鲜武术,以东方心灵为土壤,继承悠久传统。跆拳道练习要求"以礼始,以礼终",练习者身穿白色的跆拳道服,腰系代表不同级位和段位的腰带进行比赛或训练。由于跆拳道是练习者精神和身体的综合修炼,使练习者在艰苦的磨炼中培养出理想的人格和体魄,并能够掌握防身自卫的本领,因而在精神锻炼这一环节中,就必须包括"礼仪"的教育和熏陶。"礼仪"是跆拳道运动必不可少而且十分重要的组成部分。

一、跆拳道运动的发展概况

跆拳道的形成和发展历史久远,它以中国的太极和八卦为原理,融入朝鲜的花郎道功夫,体现了阴中有阳、阳中有阴的宇宙之理,在拳击脚踢中攻中有守、守中有攻、动作敏捷、节奏分明、迅速有力、准确灵活。随后经历千年的洗礼和锤炼,最后演变成现代的跆拳道。

在朝鲜古代典籍中没有跆拳道一词,各种徒手技击的名称是手搏、跆肩、角牴、托肩、摔跤、唐手等。1955年,朝鲜半岛的自卫术正式被称为"跆拳道"。1961年9月,韩国成立了唐手道协会,后更名为跆拳道协会,并成为全国运动会正式竞赛项目。1966年,第一个跆拳道国际组织——国际跆拳道联盟成立。1973年5月,在汉城(今首尔)成立了世界跆拳道联合会(The World Taekwondo Federation 简称"WTF")。1973年"世界跆拳道协会"成立,金云龙当选主席,有二十多个国家和地区加入。1973年开始举行第1届世界跆拳道锦标赛。1975年世界跆拳道联合会被国际体育联合会接纳为正式会员。1980年,国际奥委会正式承认了世界跆拳道联合会,跆拳道运动进入国际奥运会大家庭,开始向成为正式奥运会比赛项目努力。1986年,在第10届亚运会上,跆拳道被列为正式比赛项目,1986年举办第1届跆拳道世界杯比赛。1988年和1992年,跆拳道两次被列为奥运会表演项目。1994年在法国巴黎召开的国际奥委会第103届会议通过决议,将跆拳道项目列为2000年奥运会正式比赛项目,设8枚金牌,男、女各4枚。1996年开始举办世界青年跆拳道锦标赛。从此,跆拳道被列为许多世界重大赛事,如世界大学生运动会、世界军人运动会、亚运会、全非洲运动会、泛美运动会、东亚运动会、世界锦标赛、奥运会等国际比赛的项目。现已有180多个成员加入世界跆拳道联合会,世界跆拳道大家庭在不断扩张。

中国自1992年开始有步骤、有计划地开展跆拳道运动。在"国家管理,依托社会,健康规范,迅速启动"方针的指导下,经过20多年的发展,我国跆拳道运动已基本步入正轨,初步建立了科学的训练、竞赛、管理和组织体制,加入了世界跆拳道联盟和亚洲跆拳道联盟,并积极参与了重要的跆拳道比赛和活动,取得了可喜的成绩。1992年10月7日,经国家体委综合司、国际司及国家体委领导批准,中国跆拳道协会筹备小组成立。1994年5月,在河北正定举行了首届全国跆拳道教练员、裁判员学习班;1994年9月,首届全国跆拳道比赛在昆明举行,有15个单位约150名运动员参加了比赛。1995年5月,共有22个单位250名运动员参加了在北京体育大学举行的第1届全国跆拳道锦标赛,从此跆拳道在中国迅速发展起来。同年8月,中国跆拳道协会正式成立,魏纪中任协会顾问,崔大林任主席。1998年5月在越南举办的第13届亚洲跆拳道锦标赛上,北京体育大学98级学生贺璐敏为中国赢得了第一枚亚洲跆拳道比赛金牌。1999年6月在加拿大艾特梦多举行的世界跆拳道锦标赛上,我国女选手王朔战胜多名世界跆拳道高手,获得女子55千克级冠军,这是我国跆拳道运动员获得的第一个世界冠军。接着,在法国里昂举行的跆拳道世界杯上,我国选手贺璐敏、孔繁桃又各获一枚金牌。2000年9月在澳大利亚悉尼举行的第27届奥运会上,我国选手陈中获得女子67千克以上级金牌,成为我国第一位奥运会跆拳道冠军获得者。2004年8月,在希腊雅典奥运会上,罗薇为我国赢得67千克级的金牌,陈中在67千克以上级比赛中卫冕成功。在2008年北京奥运会和2012年伦敦奥运会上,我国选手吴静钰均获得49千克级金牌。

二、跆拳道运动的特点和礼仪教育

(一)跆拳道的特点

1. 以腿为主,手足并用

跆拳道技术方法中占主导地位的是腿法,腿法技术在整体运用中约占3/4,因为腿是人体中长度最长、力量最大的肢体,其次才是手。腿的技法有很多种形式,可高可低,可近可远,可左可右,可直可屈,可转可旋,威胁力极大,是比赛时得分和实用制敌的有效方法。其次是手法,手臂的灵活性很好,可以自如地控制完成防守和进攻动作,同时也可以变化为拳、掌、肘、肩的多种用法,进行实战。在竞赛规则以外的跆拳道实战中,人体的一些主要关节部位也可以用来做进攻的武器或防守的盾牌,如人体的手、肘、膝、脚等关节部位,是跆拳道实战中最常用、最有效的击打武器。

2. 方法简练,刚直硬打

不论是在比赛时还是在实战中,跆拳道的进攻方法都是十分简捷而有实效的。对抗时双方都是直接接触,以刚制刚,用简练、硬朗的方法直接击打对方,或拳或腿,速度快,变化多;防守的动作也是以直接的格挡为主,随即是连续的反击动作。防守时很少使用躲闪防守法,追求刚来刚往,硬拼硬打,尽可能保持或缩短双方间的距离,以增加击打的有效性,在近距离拼斗中争取比赛或实战的胜利。

3. 内外兼修,功法独特

跆拳道理论认为,经过专门训练,人的关节部位能产生不可思议的威力,特别是拳、肘、膝和脚四个部位,尤以脚和手为甚。长期专门练习跆拳道,可以使人达到内外合一的程度,即内功和外力达到统一的巅峰。由于无法确定人体关节部位武器化的威力和潜力到底有多大,只有通过对木板、砖瓦等物体的击打来测量验定练习者的功力水平,以此显示出跆拳道独特的功法和特点。

4. 以击破为测试功力的手段

跆拳道在向外推广时,大多是以这种击破的方式向人们展示其威猛无比的功夫,这种方法是用拳、掌或脚分别击碎木板、砖瓦,以此检验和测试练习者的功力程度。这种独特的方法现已成为跆拳道训练、晋升、表演比赛的一个主要内容。

5. 强调气势,发声扬威

无论品势还是竞技跆拳道,都要求在气势上给人以威严,多以发出洪亮并带有威慑力的声音来显示自己的能力。尤其是在竞技跆拳道比赛中,双方练习者都会以规则允许的发声来提高自己的斗志,借以在气势上压倒对手,甚至在出击时配合击打效果使裁判得以认可,争取在心理上战胜对手。所以,跆拳道练习者都要进行专门的发声练习。

6. 严格的段位晋升制度

跆拳道用不同的级和段来表明练习者的修炼层次。跆拳道的段位晋升制度分为晋级和晋段。具体分为十级九段。不同的级要佩戴不同颜色的腰带,入段后将系黑色的腰带。跆拳道的晋升制度非常严格,只有在一定的年龄段、练习足够的时间、经过规定内容考试合格后才可以晋级或晋段。这种制度不仅能使练习者长期保持练习兴趣,不断追求更高的目标,而且能使初学者按部就班地进行学习和锻炼,从而使跆拳道功夫循序渐进地增长。这无疑会使跆拳道练习者建立比较扎实的功底,同时可以有效地避免好高骛远与贪多冒进。

(二)"以礼始,以礼终",培养良好的道德品质

跆拳道给人们留下的较深印象是跆拳道练习者在不同的场合行礼鞠躬。这是因为跆拳道练习者始终把"礼"作为训练内容,强调"以礼始,以礼终",即练习活动都要从敬礼开始,以敬礼结束,并突出爱国主义。要求跆拳道练习者在练习技术的同时,在道德修养方面也要不断提高自己。通过用行礼的方式向长辈、教练、老师、队友鞠躬施礼,使跆拳道练习者养成发自内心的行礼习惯,以养成恭敬谦虚、友好忍让的态度和互相学习的作风,并培养其坚韧不拔的意识品质。

跆拳道中的"礼仪"是跆拳道基本精神的具体体现。跆拳道虽然是以格斗的形式进行的,但是不管它怎样激烈,由于双方都以提高技艺和磨炼品质为目的,所以在双方各自内心深处都必须持有向对方表示敬意和学习的心理。因此,在练习或比赛前后都一定要向对方敬礼。

"礼仪"是跆拳道运动必不可少并且十分重要的组成部分。礼节是跆拳道练习过程中必须具备的行为规范。练习跆拳道的人要持正确的练习方法和认识态度,对跆拳道的历史、内容、特点、作用及教育意义有全面的了解和认识。

练习时要衣着端正,头发整洁,对教练、同伴要体现出恭敬、服从、谦虚、互助互学的态度。谦逊和正确的言语,谦让和友好的态度,虚心和好学的作风也是跆拳道练习需要遵循的重要礼仪。礼仪不只是形式上的表现,而是要发自内心地实施它,在长期练习和比赛的过程中逐渐将礼节形式转化为心理动力。最常用的礼节表示方式是向教练、同伴敬礼。敬礼动作的具体要求是面向对方直体站立,向前屈30°,头部前屈45°,此时两手紧靠两腿,两脚跟并拢。训练时,进入体育馆后,以端正姿势向国旗敬礼,然后按馆长、教练和长辈的顺序依次向他们敬礼。在体育馆内始终在肃静气氛中行动;妥善保管好自己的服装及其他物品;运动过程中服装松开时,应停止运动,转身背向国旗、会旗和教练同伴整理,整理完好后

再转回原来方向。

三、跆拳道的级别与段位

跆拳道根据练习者的水平分为十级九段。初学者从十级逐渐升至一级,然后再入段,段位越高表明水平也越高,最高段位为九段。从十级到一级的等级标准中,所对应的道带的颜色依次为白、白黄、黄、黄绿、绿、绿蓝、蓝、蓝红、红、红黑,晋段后都系黑色的腰带,一至三段被认为是黑带新手的段位,称为"副师范"(Assistant Instructor),四到六段为高水平段位,称为"师范",七段到九段是授予具有很高学识造诣的人或对跆拳道运动有杰出贡献的人,七段和八段称为"师贤"(Master),九段则称为"师圣"(Grand Master)。黑带的段位是通过黑带上的特殊标记来区分的。

(一)晋级考试的内容

十级至九级考核跆拳道的基本知识和基本技术;八级至四级考核太极一章至太极五章的品势和较难的基本技术;三级至一级考核太极六章至太极八章的品势、腿法、击破、素质及相对应的实战。考核通过,经省级跆拳道协会审批后,由中国跆拳道协会统一颁发级位证书。

(二)升段的要求及考核内容

升段考核的要求:一至三段的晋升考核,需由国家跆拳道协会或竞赛委员会进行考核;四段至八段的晋升需由世界跆拳道晋升委员会或其委托的组织进行考核;晋升九段需由世界跆联组成特别委员会进行审批。

升段考核的内容:主要是对技术水平、功力等的考核。

升段年限要求:在顺利升上一段后升二段需要一年的时间,二段至三段需两年的时间,三段至四段需三年的时间,以此类推,七至九段只授予极其优秀和杰出的人,鲜有人可达到。

第二节 跆拳道基本技术及组合技术

一、基本手型、手法

(一)正拳

拇指以外的四指并拢、内收握拳,拇指紧压于中指与食指上。可用拳心向下的冲拳或拳心向内的勾拳攻击对方。

拳进攻是跆拳道比赛中较为常用的动作之一,但往往很难得分,不是运动员得分的主要技术,它主要用来防守和配合腿的进攻。在竞技跆拳道中主要使用后手拳(图18-1)。

动作要点:蹬地、转腰,臂前伸,拳内旋,力达拳面。

图 18-1 后手拳

实战运用:用拳击打对方胸部、腹部。

(二)冲拳

以右手冲拳为例。马步站立,双手握拳抱于腰间,拳心朝上,目视前方;右臂由屈到伸,臂内旋,以右手正拳向前平冲。

(三) 手刀

四指并拢伸直,中指稍弯,和无名指指端平齐,拇指弯曲,贴于食指跟节之下。手刀的使用部位是小指侧的掌外沿。

二、基本步型、步法

(一) 基本步型

1. 准备姿势

准备姿势(图18-2)也称实战姿势或预备姿势,是跆拳道比赛中双方开始时的基本站立姿势,分高位和低位姿势。准备姿势应便于进攻、防守反击和移动。实战姿势是进攻的起点和终点,左脚在前称为左势实战姿势,右脚在前称为右势实战姿势。

1　　　　　　　2　　　　　　　3　　　　　　　4

图18-2　准备姿势

两脚前后分开,与肩同宽,右脚尖内扣约45°,斜向前方;左脚略偏左,脚跟抬起,重心落于两脚之间;双手握拳,右拳高与肩平,左拳置于胸前;肘关节自然下垂(以右势高位为例)。

2. 开立步(并排步)

两脚左右开立,与肩同宽;两脚尖正对前方,双脚成平行线,两臂自然下垂,双手握拳置于腿侧。

3. 走步

两脚前后开立,前后脚相距三脚的距离;后脚脚尖外撇30°,双腿伸直,重心在两脚中间。

4. 马步

两脚左右开立,脚内侧左右间相距两脚到三脚的距离;两腿膝关节弯曲,正向前方,大、小腿折叠角约为110°;上体中正,低头向下看时,膝关节与脚尖在一条直线上,膝关节扣紧,不能向外。

5. 弓步

两脚前后开立,前后脚相距四脚半的距离,左右宽度是一拳的距离;上体中正,前腿膝关节弯曲,低头向下看时膝关节与前脚尖在一条直线上;后脚尖与正前方自然成30°角,后腿膝关节伸直,重心的2/3放在前腿。

6. 三七步

双脚左右开立,前后脚相距三脚的距离;脚内侧成90°角;重量的30%在前腿,70%在后腿。

7. 虎步

两脚前后开立,身体中正,后脚尖与正前方成30°角;重心在后腿,前腿膝关节与前脚尖在一条直线上;前脚跟离地,前脚掌轻轻点地,双腿膝关节弯曲,身体重量的90%或100%放在后腿上,前后脚相距两脚长距离。

(二) 基本步法

在跆拳道运动中,合理运用腿法准确和强有力地击打对方,主要是通过机动、灵活、稳固的步法来实现的。

1. 前滑步与滑步

(1) 前滑步。保持实战姿势,后脚脚掌蹬地发力,前脚掌轻擦地面向前滑行10～20厘米,后脚随即跟上相同的距离(图18-3)。

动作要点:后脚蹬地发力,前脚轻擦地面前滑,后脚随即跟上,滑步后步型不变。

(2) 后滑步。动作要点同前滑步,方向相反(图18-4)。

图18-3 前滑步　　　　　图18-4 后滑步

2. 上步与撤步

实战姿势(左势为例),以左脚掌为轴,右脚沿直线离地2～3厘米向左脚前方迈上一步,左脚掌自然转动90°左右,成为右势(图18-5)。撤步同上步,方向相反。

动作要点:以前脚掌为轴,脚尖外转,后脚蹬地,拧腰转胯上步。

图18-5 上步　　　　　18-6 侧移步

3. 侧移步

实战姿势(左势为例),第一种步法是左脚为轴,右脚向左(右)侧方向移动,用以改变和对手的站位方向;第二种步法是右脚向左(右)侧方向移动,左脚跟着迅速向左(右)侧移(图18-6)。

动作要点:前脚或后脚向左或右移动,重心要平稳。

4. 前跃步与后跃步

两脚蹬地,同时向前或向后跃一步(图18-7)。

图18-7 前跃步与后跃步

动作要点:身体重心起伏不要太大。

5. 换跳步

保持实战姿势,双脚同时轻轻蹬地,身体有轻微腾空感,双脚沿直线前后交换,落地时前脚成后脚,后脚变前脚,即左势变右势,右势变左势。

三、基本腿法

跆拳道以其变幻莫测、优美潇洒的腿法闻名于世,被称为腿的艺术,腿法是竞技跆拳道得分的关键技术,主要的腿法有前踢、横踢、下劈、侧踢、后踢、后旋踢、双飞踢、旋风踢等。

(一)前踢

以左势实战姿势开始。右脚蹬地屈膝提起,左脚以脚掌为轴外旋约90°,同时右腿伸膝、送髋、顶髋,把小腿快速向前踢出,力达脚背;踢击目标后迅速收回,成左势实战姿势(图18-8)。动作顺序为蹬地、提腿、送髋、踢小腿、绷脚、收腿、还原。

图18-8 前踢

(二)横踢

以左势实战姿势开始。右脚蹬地夹紧向前、向上提膝,左脚以脚掌为轴外旋约135°,右膝关节抬至水平状态,小腿迅速向前踢出;击打目标后迅速收小腿,重心落下,成左势实战姿势(图18-9)。

图18-9 横踢

(三)下劈

以左势实战姿势开始。右脚蹬地,重心前移,右脚上举至头部上方时,迅速向前下方劈落;用脚后跟或脚掌击打目标后,放松落地,成右势实战姿势(图18-10)。

图18-10 下劈

(四)侧踢

以左势实战姿势开始。右脚蹬地起腿,屈膝上提,左脚以脚掌为轴外旋180°,脚跟正对前方,右腿快速向右前上方直线踢出,力点在脚跟;放松收腿,成左势实战姿势(图18-11)。

图18-11 侧踢

（五）后踢

以左势实战姿势开始。左脚以脚掌为轴内旋成脚跟正对对手，上身旋转，右膝向腹部靠近，大、小腿折叠，右腿用力向攻击目标直线踢出；重心前移落下，成右势实战姿势（图18-12）。

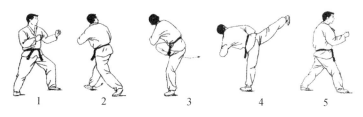

图 18-12　后踢

（六）后旋踢

以左势实战姿势开始。左脚以前脚掌为轴外旋90°，上身旋转，重心前移，屈膝收腿，右腿向后方最高点伸出并用力向左，屈膝击打；重心在原地旋转，身体继续转动，脚落于原来位置，恢复成左势实战姿势（图18-13）。

图 18-13　后旋踢

（七）双飞踢

两人从闭势实战姿势开始。攻方居右，先用右横踢攻击对方左肋部，随即左脚蹬地起跳，身体腾空右转，用左横踢迅速踢击对方胸部或腹部；左脚横踢目标后迅速前落，成左势实战姿势（图18-14）。

图 18-14　双飞踢

（八）旋风踢（360°横踢）

以左势实战姿势开始，右脚上前一步，重心移至右腿，左脚略提起，身体以右脚为轴向左后旋转360°，右腿利用身体旋转产生的力量迅速提膝，拧髋扣膝，小腿由屈到伸快速向前横击，力达脚背。上体略后仰，迅速落下成还原姿势（图18-15）。

图 18-15　旋风踢

四、跆拳道组合技术

组合技术是跆拳道技术体系中的重要组成部分，是实现实战格斗和比赛的必不可少的重要条件。它是由步法、进攻技术、防守技术、反击技术及假动作技术等基本技术根据比赛实战的要求串联组合而成的。大量实战比赛证明：使用单一的技术、战术动作并不能取得预期的攻击效果；单一动作的攻击，对手可轻易地摆脱而转入反击，使自己丧失主动权而受制于对手。只有在瞬息万变的比赛实战中，将各种不同技术、战术动作有序地串联组合，视情况运用，才能保证攻击的效果。

跆拳道组合技术的种类很多，按攻防性质分为五大类，即进攻技术连接进攻技术组合，进攻技术连接防守技术组合，进攻技术连接防守技术再接进攻技术组合，进攻技术连接进攻技术再接防守技术组合，防守技术连接进攻技术组合。

（一）进攻技术连接进攻技术组合

左横踢→右横踢；右前横踢→左横踢；左下劈→右横踢；左右双飞踢→右横踢；左右双飞踢→右下劈；左横踢→右下劈；右前横踢→左右双飞踢；右下劈→左右双飞踢；右横踢→左右双飞踢。

（二）进攻技术连接防守技术组合

右横踢→左后踢；右前横踢→左横踢；右下劈→左后踢；右下劈→左后旋；左右双飞踢→左后踢；左右双飞踢→左后旋；右前横踢→左下劈；右横踢→右侧踢；右下劈→左下劈。

（三）进攻技术连接防守技术再接进攻技术组合

右横踢→左后踢→右横踢；右横踢→左后旋→右横踢；左横踢→左侧踢→右横踢；左前横踢→右后踢→左横踢；右前横踢→左后旋→右横踢；左右双飞踢→左后踢→右横踢；左右双飞踢→左后旋→右横踢；右下劈→左后踢→右横踢；左前横踢→左侧踢→右下劈。

（四）进攻技术连接进攻技术再接防守技术组合

左横踢→右横踢→左后踢；左横踢→右横踢→左后旋；右前横踢→左右双飞踢→左后踢；左右双飞踢→右横踢→右后踢；左右双飞踢→左右双飞踢→左后踢；左右双飞踢→左横踢→右后踢；右横踢→左横踢→右下劈；左右双飞踢→右横踢→左后旋；右前横踢→右下劈→左后旋。

（五）防守技术连接进攻技术组合

左后踢→右横踢；左后旋→右横踢；左侧踢→右横踢；左后踢→右下劈；左后旋→右下劈；左后踢→左右双飞踢；左后旋→左右双飞踢；左推踢→右横踢；左推踢→右下劈。

第三节　跆拳道品势

所谓品势（又称为型），是以技击动作的攻防进退为素材，通过特定运动的规律变化而编排的整套练习形式，是进行跆拳道格斗训练的基本训练形式和基础。它类似于中国武术套路。跆拳道品势是将各种攻防动作按照一定规律组合在一起的固定套路，它既包含了最基本的技术动作，更蕴涵着变化无穷的技击技巧。跆拳道品势约有11型25套，初学者套路是太极一章到八章（1～8型）。品势练习可促进学生身体各部位的全面发展，达到强身健体、磨炼意志的目的，为接下来的实战打下良好的格斗对抗基础。由于篇幅所限，此处仅选最基础的内容——太极八章前四章进行简单介绍。

太极一章的含义是八卦中的"乾"，指天、父（阳）。"乾"象征万物的根源，意味着初始，因此是跆拳道品势当中的第一套品势。特点是以站姿和简单的走步为主，动作由基础动作下格挡、中格挡、上格挡、直拳、前踢组成。适合跆拳道八级修炼者练习。

太极二章的含义是八卦中的"兑"，指外柔内刚。修炼太极二章可以完成基本的挡和踢

的动作。新的动作包括上位直拳和前踢。修炼太极二章以进一步修炼身体协调性为目标，特别是对身体重心的起伏有较为严格的要求。适合跆拳道7级修炼者练习。

太极三章的含义是八卦中的"离"，指火、热情与光明。通过修炼培养人的正气和忍耐力。新动作有单手刀颈部攻击、单手刀中外格挡。新的站姿是三七步，技术特点是连续两次直拳然后迅速格挡对方的进攻。适合跆拳道6级修炼者练习。

太极四章的含义是八卦中的"震"，指雷、威严和力量。太极四章中上位的技术动作和准备实战前的各种动作及站姿比较多。新的动作包括手刀格挡、燕子手刀颈部攻击、平手尖刺击、中外格挡、背拳前击，腿法是侧踢等。适合跆拳道5级修炼者练习。

第四节　跆拳道竞赛主要规则

一、比赛场地

跆拳道比赛场地是12米×12米的正方形，比赛区域为8米×8米的水平的、无障碍的正方形场地，上面铺有弹性、不打滑的垫子，场地正中是一个8平方米的蓝色正方形区域，其外边为红色的警告区。

二、比赛的种类和方法

比赛的种类：分为个人赛和团体赛两种，比赛采用单淘汰和循环赛两种方式。

比赛时间：男、女2分钟3回合制，局间休息1分钟；根据实际情况，比赛时间和回合可以调整。

三、比赛服装

运动员必须穿戴联盟所指定的跆拳道服装及防护用具。

运动员比赛时须佩戴护具，包括护胸、头盔、护裆、护臂、护腿、护齿、手套，使用电子护具时须佩戴感应脚套。其中，护裆、护臂、护腿应戴在道服内；除了头盔外，头部不得佩戴其他物品。

四、允许使用的技术和允许攻击的部位

（一）允许使用的技术

（1）拳的技术：紧握拳头并使用正拳进行正面攻击的技术。

（2）脚的技术：使用踝关节以下脚的部位进行攻击的技术。

（二）允许攻击的部位

（1）躯干部：允许使用拳和脚的技术攻击躯干部位被护具包裹的部分，但禁止攻击后背脊柱。

（2）头部：锁骨以上的部位，只允许使用脚的技术攻击。

五、有效得分部位

（1）躯干部：护胸上蓝色或红色部分覆盖的部位。

（2）头部：锁骨以上的头颈部位（包括颈部、双耳和后脑勺在内的整个头部）。

六、得分

（1）使用允许的技术，准确、有力地击中得分部位时才能得分。

（2）统计三回合中所得分。

（3）运动员使用犯规行为得分时，所得分数视为无效。

七、有效得分分值

（1）击中躯干得 1 分。

（2）旋转踢技术击中躯干计 2 分。

（3）击中头部计 3 分。主裁判员读秒不追加分。

（4）旋转踢技术击中头部计 4 分。

（5）一方运动员被判 2 次"警告"或一次"扣分"，另一方运动员得 1 分。

八、犯规行为

比赛过程中所出现的犯规行为，由场上的主裁判员执行判罚。判罚分为"警告"（Kyong-go）和"扣分"（Gam-jeon），2 次"警告"应给对方运动员加一分，最后一次奇数警告不计入总分，1 次"扣分"应给对方运动员加 1 分。

犯规行为的判罚如下。

1. 以下行为被判为"警告"

（1）双脚越出边界线。

（2）逃避或拖延比赛。

（3）故意倒地。

（4）抓、搂抱或推对方运动员。

（5）用膝部顶撞或攻击对方运动员。

（6）用拳攻击（无意攻击）对方运动员头部。

（7）教练员或运动员有任何不良言行。

（8）提膝阻碍或逃避对方运动员的攻击。

2. 以下行为将被判罚"扣分"

（1）主裁判员发出"分开"（Kal-yeo）口令后攻击对方运动员。

（2）攻击已倒地的对方运动员。

（3）抓住对方运动员进攻的脚将其摔倒，或用手推倒对方运动员。

（4）故意用拳攻击对方运动员面部。

（5）教练员或运动员打断比赛进程。

（6）教练员或运动员使用过激言语、出现严重违反体育道德的行为。

（7）每局比赛开始前，主裁判员应检查双方运动员的电子护具和感应脚套，观察运动员是否有任何操纵电子记分系统，增加电子感应脚套敏感性或者其他违规方式的企图。如发现故意违规行为，主裁判员保留给予该名违规运动员"扣分"判罚的权利，同时，根据运动员违规的严重程度，主裁判员也保留判罚该名违规运动员犯规败的权利。

（8）背逃。

（9）故意攻击对手腰部以下部位。

3. 犯规败

（1）运动员违背竞赛规则或故意不服从裁判员时，主裁判可计时 1 分钟后直接判其"失格败"。

（2）运动员被判罚"警告"和"扣分"累计达 4 分时，主裁判判其"犯规败"（警告和扣分按 3 局累计）。

（3）主裁判员为下达"警告"或"扣分"而暂停比赛时，比赛时间在主裁判员发出"暂停"（Shi-gan）口令的同时而暂停，直到主裁判员发出"继续"（Kye-sok）口令，比赛继续进行。

九、获胜方式

击倒胜（KO 胜）；主裁判员终止比赛胜（RSC 胜）；比分胜（PTF 胜）；分差胜（PTG 胜）；优势判定胜（SUP 胜）；弃权胜（WDR 胜）；失去资格胜（DSQ 胜）；主裁判员判罚犯规胜（PUN 胜）。

思考题

1. 根据学习跆拳道的体会，阐述跆拳道运动的特点和价值。
2. 简述跆拳道级别与段位的划分。
3. 跆拳道比赛中哪几种技法击中对方得分最高？哪几种情况将被"扣分"？

第十九章

休闲体育

第一节 休闲体育概述

一、关于休闲的概念

西方学者对休闲的研究已经有很久的历史,早在古希腊时期就有了关于"休闲"一词的阐述。尤其是近现代工业文明的高度发展,一方面提高了生产率,使人们的闲暇时间增多,人在拥有物质财富的同时,也有更多的机会享受精神生活的满足;另一方面,社会的现代化压抑了人的丰富性,造成人的异化。20世纪以来,休闲在国外备受重视。现代国际著名休闲学研究专家杰弗瑞·戈比教授将休闲(leisure)定义为:"一种从文化环境和物质环境的外在压力中解脱出来的、相对自由的生活。"这个定义把休闲描述为一种生活,一种没有外在压力的、自由的生活,足以使人感受到那份闲恬自在、那种随心所欲。

二、休闲体育的起源与发展

(一) 国外休闲体育的起源与发展

文艺复兴、宗教改革、启蒙运动和资产阶级工业革命推动了西方近代体育的产生与发展。在英国,每到节假日、教会祭日等休闲活动日,户外体育游戏活动都是不可缺少的内容。狩猎、射击、钓鱼、登山、田径、足球、游泳、划船、高尔夫球、曲棍球等都是大众喜爱的项目。为了能够增加娱乐性,提高观赏性,一些体育活动有了比较正式的规则,一些非正规的体育组织孕育而生,有许多活动成为现代田径、球类和水上项目的"母体"。可以说,英国的户外运动为现代体育形成与发展打下了良好的基础,同时也促进了现代休闲生活的发展。

现代社会是经济、政治、文化、科学技术高度发展的社会。体育的繁荣与发展是现代社会的一个重要标志。各种体育书刊的急剧增加,电视机、电脑的普及,互联网接入千家万户,使体育信息量不断增加,体育正以前所未有的速度传播,影响越来越大。"体育生活化"成为一种趋势。休闲时间的增加,休闲设施的改善,观念的改变为人们更好地享受体育活动的乐趣打下了基础。过去曾经是一些"贵族体育"的项目正逐步走进寻常百姓家。例如,20世纪90年代初在美国、新西兰等国家相继兴起了一种"俯冲跳"(蹦极跳),每年在这些国家从事这项运动的有数十万人。冲浪、滑板、攀岩、滑翔、激流皮划艇、水上摩托、轮滑、花式自行车等这些被称之为"极限运动"的项目,也正以飞快的速度在传播,成为人们热衷的休闲活动内容。

(二) 我国休闲体育的发展

在古代中国,蹴鞠(足球)、竞渡(赛龙舟)、投壶、秋千、棋戏、击鞠(马球)等都是我国人民在休闲生活中喜好的体育活动内容,"斗鸡、蹴鞠、走解、说书。相扑台四五,戏台四五,数千人如蜂如蚁,各占一方",表明了体育在人们休闲活动中的地位,但由于封建思想的制约以及当时的经济水平不发达,只局限于少数从事休闲运动的艺人,并没有真正深入到群众中。

随着我国经济的快速发展,居民的闲暇时间开始增多,体育活动越来越深入人心。特别是在校园中发展得更为迅速。传统的田径运动会、球类比赛已经不能满足学生对体育的需求,非竞赛性质的、娱乐性强的新兴体育活动如雨后春笋般出现在校园的各个角落。轮滑、攀岩、远足、街舞、台球、自行车旅游等深受当代学生的喜爱。

2008 年北京奥运会的成功举行,不仅展示给全世界一届精彩的盛会,更使"体育"观念深入人心。体育这种对人身心具有积极影响的活动,无论是过去、现在还是将来,都对人们休闲生活有着重要的意义。它并不单纯为了空闲时间的娱乐和愉快的休养,更重要的是求得人性的积极恢复和确保人的整体性。休闲体育是融浸于现代人日常社会生活中的一种不可缺少的活动,随着社会的发展,这种活动日趋显示出不可忽视的、重要的社会作用,而且这种作用很难被其他社会活动所取代。

第二节 瑜 伽

瑜伽是东方最古老的强身术之一,也是目前最时尚的健身方式。它注重"健全的精神赋予健全的身体",实现身心和谐的过程,有助于培养冷静客观、顺其自然和刚柔相济的品质,充分体会到生命本体的愉悦和芳香。瑜伽的姿势训练是通过缓慢、放松和柔软的动作运动,舒适稳定地达到位置,以消耗最少的能量得到最大的舒展和收获。它对人们各方面,如生理、心理、精神、情感等都能起到良好的作用。根据医学解释,瑜伽的成功在于它能平衡人体的神经系统和内分泌系统,从而影响到人体的其他系统,达到整体的平衡。

瑜伽已有数千年的历史,重要理论著作是公元前 200 年的著名瑜伽行者帕坛伽利(音译)所著的《瑜伽经》。严格来说,瑜伽是一种身心锻炼的统称,如同中国的导引等。有一段时期进行各种身心修炼的人不管任何派别,都被尊称为瑜伽士(Yogi,女性为 Yogini)。

目前开展较多的瑜伽方式主要有:密宗瑜伽、高温瑜伽、舒缓瑜伽、Iyengar 瑜伽、Ashtanga 瑜伽、双人瑜伽、孕妇瑜伽、亲子瑜伽、塑绳瑜伽、塑球瑜伽等。

一、练习瑜伽的好处

长期练习瑜伽姿势、调息法及放松法可预防百病,尤其是糖尿病、高血压、饮食失衡、关节炎、动脉硬化、静脉曲张、哮喘等慢性疾病。有研究显示,长期练习瑜伽的人比普通人更懂得控制自身的体温、心率和血压水平。近年医学界已证实瑜伽可以有效调节神经系统及内分泌系统,进而改善个人整体健康。目前,瑜伽已被应用在治疗艾滋病的层面。而它在心理及精神方面的影响力,更被用来改善囚犯的精神健康,帮助他们减轻精神压力、恐惧感、攻击性,以及改善他们重归社会的能力。瑜伽的益处多不胜数。当我们明白生理、心理和精神三方面的健康并不能分割处理时,自然会对整体生命有更透彻的了解。瑜伽的最终目的,是拓宽个人意识,令我们更了解当下生命的意义和价值。

二、练习瑜伽时的准备工作

瑜伽的练习只要保证空腹的状态,一天中的任何时间都可以练习。

饭后 3 小时之内不宜练习瑜伽姿势。最好能在干净、舒适的房间里,有足够的伸展身体的空间,并且空气清新。最好摆上绿色植物或鲜花,也可播放轻柔的音乐来帮助松弛神经。

练习瑜伽姿势时应穿着宽松柔软的衣服,以棉麻质地为佳,必须保证透气和练习时肌体不受拘束。鞋子必须脱掉,袜子最好也脱掉(天冷时脚部须注意保暖),手表、眼镜、腰带以及其他饰物都应除下。

练习瑜伽当然以使用专业的瑜伽垫为好,如果没有专业的瑜伽垫,铺上地毯或对折的毛毯也可。不要在过硬的地板或太软的床上进行练习,同时注意不能让脚下打滑。沐浴前后20分钟内不要练习瑜伽。

三、瑜伽九大经典动作

（一）"一"字展胸式（图19-1）

（1）仰卧,调整呼吸,放松。

（2）脚尖伸直,重量在脚跟上。

（3）吸气,臀部向上抬起,让身体成"一"字,腰、胸用力向上。

（4）呼气,头向后仰。

（5）闭眼,自然呼吸,感觉放松,保持这个姿势30秒至1分钟。

图19-1　"一"字展胸式　　图19-2　立式展胸式　　图19-3　骆驼式　　图19-4　鸽子式

（二）立式展胸式（图19-2）

（1）站立,调节呼吸。

（2）呼气,头向后沉,自然呼吸,感觉喉咙放松,头部放松。

（3）吸气,臀部向上翘,想象用头顶去够臀部。

（4）双手向后伸展。

（三）骆驼式（图19-3）

（1）跪立,调整呼吸,放松。

（2）双手扶住臀部,向上看。

（3）吸气,继续让身体后仰,双手抓住脚踝,头部有控制地后仰。

（4）保持这个姿势30秒,做深呼吸。

（5）让双手回到臀部,身体慢慢还原。

（四）鸽子式（图19-4）

（1）双腿伸直,坐在地面上,后背立直。

（2）右腿弯曲,右脚跟抵住左腿,左脚向左边打开,小腿弯曲,尽量让大腿向后伸直。

（3）左手抓住左脚脚面让左小腿向上抬起,左手肘关节夹住左脚脚面。

（4）右臂从头后绕过,双手在头后扣住。

（5）保持这个姿势1~2分钟,双腿交换。

（五）扭体侧三角伸展式（图19-5）

（1）跪立,左脚向左伸直,双臂置于体侧,自然呼吸,放松。

（2）吸气,双手向两侧平举,感觉双手向两侧延伸,自然呼吸。

（3）呼气,身体慢慢地向左下沉,左手握住自己的左脚脚踝。

（4）右臂慢慢地向左前方延伸,眼睛看右手指尖,自然呼气。

(5) 吸气,整个右臂、上身向左上方翻转,眼睛看天空。

(6) 保持这个动作 30 秒至 1 分钟,自然呼吸。交换方向做。

(六) 吉祥式(图 19-6)

(1) 跪立,臀部坐在脚后跟上,双手放在大腿上,调整呼吸。

(2) 双手在背后合掌,手腕向内翻转,指尖指向脊柱,保持这个姿势 1 分钟。

   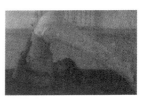

图 19-5　扭体侧三角伸展式　　图 19-6　吉祥式　　图 19-7　肩倒立式　　图 19-8　犁式

(七) 肩倒立式(图 19-7)

(1) 做犁式,双手撑住腰。

(2) 吸气,双腿弯曲,慢慢向上延伸。

(3) 尽量让双腿与胸部、颈椎保持在同一直线上,让下巴靠近胸骨。

(4) 左腿弯曲 15°,右腿弯曲 45°,保持这个姿势 1 分钟,再交换双腿。

(八) 犁式(图 19-8)

(1) 仰卧,呼吸,放松。

(2) 吸气,双手慢慢地向上抬起 90°。

(3) 双手撑住自己的后腰,继续吸气,双腿继续向头后送落到地面上,自然呼吸,放松。

(4) 膝盖弯曲,膝盖贴在额头上,让身体蜷起来,然后慢慢地双手撑到腰部,慢慢地卧在地面上,尽量保持头部不离开地面。

(5) 仰卧在地面上,左耳贴在地面,保持 10 秒,然后右耳贴在地面上 10 秒,缓解颈椎。

(6) 头回正,自然呼吸,休息 20 秒,再做两次。

(九) 桥式(图 19-9)

(1) 仰卧,双臂置于体侧,调整呼吸。

(2) 吸气,屈双膝,将身体抬起,双手托腰,上臂支撑于地。

(3) 呼气,将脚跟抬起,膝盖并拢,大腿内侧肌肉收紧。

(4) 先吸气,然后呼气,同时左腿向上伸直,保持 5～10 秒,自然地呼吸。

图 19-9　桥式

(5) 吸气,左脚落下,支撑,呼气,将右腿向上伸直,保持 5～10 秒,自然地呼吸。

(6) 左、右腿各做 3 次,然后放松还原。

第三节 轮 滑

一、轮滑运动简介

轮滑又称滚轴溜冰、滑旱冰,是穿着带滚轮的特制鞋在坚硬的场地上滑行的运动。当今多数的滚轴溜冰者主要使用直排轮,因此直排轮也几乎成了轮滑运动的代名词。

轮滑作为一项休闲运动,深受青少年的喜爱,在校园里、马路上、广场上到处可见轮滑爱好者的身影。首先轮滑运动具有很强的娱乐性和趣味性,另外轮滑还具有很多体育项目所不具备的一个特性,就是轮滑鞋可以当作交通工具。一般情况下在平整的路面上,轮滑鞋都可以代步成为交通工具。在交通越来越拥挤的今天,轮滑不失为一种时尚、环保的交通方式。

轮滑同时也是竞技项目,随着它的不断完善,目前已形成四个大项的竞技项目。一是速度轮滑,以单排、双排轮滑鞋为比赛工具的竞赛项目,具体比赛项目有场地赛和公路赛。二是轮滑球,看上去像是冰球和曲棍球的结合体,双方各出 5 人在 44 米 × 22 米的场地上进行比赛,规则类似冰球,但不允许身体冲撞或阻挡。三是花样轮滑,分为单人、双人轮滑舞和圆形轮滑舞(规定动作),根据动作的难易程度、舞姿的优美程度打分确定胜方。四是极限运动和技巧,利用 U 形台做各种各样的惊险、复杂技巧表演动作,它也是轮滑竞技项目中最吸引人的一项。

二、所需装备及保养

轮滑鞋的外壳可以防止外来的冲击,具有保护脚部的作用,底架一般装有四个轮子,也有装置五个轮子的速度鞋。注意不要在草地和泥地上进行练习。

护具是最容易被忽视,但又非常重要的一项装备,包括头盔、护肘、护腕和护膝。特别是对于初学者来说,应该摒弃"全副武装"会被人取笑的错误观念,护具对于防止受伤、学习轮滑技术都有着非常重要的作用。

三、安全措施

(1)练习轮滑前应先做好准备活动,尤其是手腕和下肢各关节及韧带要充分活动开。

(2)戴防护用具,如轮滑专用的护腕、护肘、护膝及头盔等。

(3)练习前要检查轮滑鞋的螺丝等紧固部件,以免滑行中因轮滑鞋出问题而受伤。

(4)初学者应在初学场内或规定范围内练习,或尽可能在人少的地方练习,不要任意滑行。初次学习轮滑时,最好有滑行熟练的同伴或辅导员进行辅导。

(5)禁止做危险或妨碍他人的动作,特别是在人多的公共轮滑场内,如几人拉手滑行,在速滑跑道上逆行或与大家滑行方向相反,乱蹦乱跳,在场内横插乱窜,追逐打闹,突然停止等,这些都是既妨碍他人,又容易发生危险的事情。如果在公路上滑行,更要注意交通安全,最好要在人少车少的地方练习。

(6)学习轮滑时摔跤是不可避免的,但要学会在摔跤时做自我保护。方法是当要向前或向侧摔倒时,要主动屈膝下蹲,用双手撑地缓冲,减小摔倒的力量;当要向后摔倒时,也要主动屈膝下蹲,降低重心,尽量让臀部先坐下,并注意保护尾骨处,同时低头团身,避免头部向后仰磕地;摔倒时应尽量避免直臂单手撑地,这样很容易损伤手腕。

四、普通的轮滑技巧

轮滑是一项极易掌握的体育运动,任何人都能很快地学会它。但对很多人来说,初次

接触轮滑时,心理上会产生一种畏惧感——担心摔跤。其实只要简单地掌握一些轮滑的方法和技巧,就能把这项运动变成乐趣。初学轮滑者一定要有耐心,注意在滑行前做充分的准备活动及佩戴护具。初学时一定要注意培养正确姿势,滑行时腰、膝、踝关节保持弯曲,降低身体重心,身体失去平衡时要向下蹲。练习要领可以简单归纳为以下几点:滑需团身、弯曲求稳、重心稍后、欲进先侧、先蹬后落、斜中求正、先倾后蹬、胯部摆动、三点对齐。

（一）平衡练习

平衡是掌握轮滑技术的基础。由于轮滑鞋与地面接触面积小,加之滑轮与地面摩擦后的滚动,所以不易掌握平衡。练习平衡是非常重要的,具体的做法是:

1. 原地踏步

练习静平衡,熟悉轮滑鞋的性能。

2. 用互助法和扶助法练习平衡

两个人相互扶助或双手扶住身边的其他物体,前后、左右移动,练习平衡技术。

3. 借助外力练习平衡

比如可以通过对静止物体的反作用力使自己滑动,或让别人用力将自己推动,也可以抓住正在移动的人或其他物体,使自己前进或后退。

（二）移动身体重心练习

1. 原地站立与踏步

穿好轮滑鞋,两脚平行站立与肩同宽,两腿微屈,上体稍前倾,两臂自然下垂。身体重心移至左腿,右腿稍抬起、放下。然后身体重心移至右腿,左腿稍抬起、放下。反复进行练习,逐渐加快速度。

2. 单脚支撑平衡

在掌握原地踏步方法基础上,保持原来姿势,手扶栏杆或同伴,将重心移至一条腿上,另一腿向侧伸出,再收回成开始姿势。换脚重复以上动作。

3. 模仿滑行姿势的蹲起练习

速度轮滑的滑跑姿势直接关系到滑行速度的快慢。正确的滑跑姿势是上体前倾接近水平,肩背稍高于臀部,腿部弯曲,上体与地面成 $15°\sim20°$,大腿和小腿成 $90°\sim110°$,踝关节成 $50°\sim70°$,两手互握放于背后或在体侧自然摆动,头部自然抬起,眼向前看 $5\sim10$ 米处。

4. "八"字行走

两脚成外"八"字站立,保持好站立的姿势。重心移至左脚上,右脚向前迈一小步,重心随之移至右脚上,然后抬左脚向前迈一步,重心随之移至左腿上,然后抬右脚向前迈一步,重心随之移至右脚上。重复上述练习。

5. 交叉步行走

原地站立,先将重心移至左腿上,收右腿,向左腿前外侧迈步交叉,重心随之移至右腿上,接着收左腿左侧跨一步,成开始姿势。反复练习。

（三）直道滑行

1. 单脚蹬地双脚滑行

右脚用内刃蹬地,将重心推送至向前滑行的左腿上,右脚蹬地后迅速与左脚并拢成两脚滑行。接着用左脚蹬地,将重心推送至向前滑行的右脚上,左脚蹬地后迅速与右脚并拢成两脚滑行。

2. 单脚蹬地单脚滑行

上体前倾,两臂自然下垂,两脚稍分开,成外"八"字站立,重心移至右腿上,用右脚内刃蹬地,左脚用力向前滑出,随着蹬地动作结束,把重心推送至左腿上,左腿成半蹲支撑惯性滑行,接着向前收右腿,同时左脚蹬地,随着蹬地运作结束,把重心推送至成半蹲支撑惯性滑行的右腿上。反复进行。

3. 初步体会直道滑行方法

上体前倾,肩背稍高于臀部,两手互握放于背后或自然摆动,腿部弯曲,上体与地面成15°~20°,膝关节成90°~110°,踝关节成50°~70°。保持这种姿势做单脚蹬地、单脚支撑惯性滑行练习。

4. 直道滑行的摆臂动作

有力的摆臂是顺着身体纵轴前后加速摆动,当两臂向上摆动时,可增加蹬地腿的蹬地力量。同时,两臂摆动越快,身体重心的移动也越快。所以要提高滑动的速度,就必须减小摆臂的幅度,提高摆臂的频率。

(四)弯道滑行

弯道滑行技术和直道滑行技术有明显的区别。弯道滑行技术特点在于练习者用交叉步滑行。根据滑行速度和圆弧的半径,身体向圆心内倾斜,下肢用交叉步滑行,左脚要用外刃,右脚要用内刃。要求两腿半蹲,上体前倾。当左脚用外刃获得稳定平衡时,右脚向左脚的左侧前方迈出大半步,当右脚落地用内刃蹬地时,身体重心从左腿移到右腿,然后左脚迅速从右腿的后方回收,向左侧迈出大半步,用外刃支撑身体重心。在练习的过程中,练习者可从粗糙地面到光滑地面,从站立姿势到半蹲姿势,从不连续压步到连续压步进行练习。

(五)停止法

在滑行中,有时需要及时停止滑行,所以在初步掌握滑行基本动作的同时,就要学会停止滑行的方法。常用的停止法有"T"形停止法和双脚急停法。

1. "T"形停止法

在向前滑行过程中,将重心放在右脚上,右膝弯曲,同时抬起左脚横放在右脚后成"T"形,然后以左脚四轮的侧面摩擦地面,减缓滑行速度,直到停止滑行。

2. 双脚急停法

在向前滑行过程中,两脚并拢,两脚同时向逆时针方向(或顺时针方向)转体90°,右脚以内侧轮、左脚以外侧轮压紧地面,同时屈膝后坐,上体前倾,身体向左(右)倾倒,两臂前伸,两脚用力压紧地面,就会停止滑行。

第四节 舞龙舞狮

一、舞龙运动

舞龙是指运动员在龙珠的引导下,手持龙具,随鼓乐或音乐伴奏,通过人体运动和姿势的变化,完成龙的游、穿、腾、跃、翻、滚、戏、缠、组图造型等动作和套式,充分展示龙的精、气、神、韵等内容的一项民族传统体育项目,反映了龙所象征的中华民族不屈不挠、奔腾争跃、喜庆祥和的精神风貌。

舞龙运动有悠久的历史。最初舞龙与古代劳动人民在农业生产中对自然现象缺乏科学的认识有关,他们认为龙能施雨,便以舞龙活动来祈求神龙,希望龙能保证来年风调雨顺、五谷丰登。山东南北寨村东汉晚期石墓中室东壁上的乐舞百戏为我们提供了汉代鱼龙之戏的形象资料。龙是中华民族的图腾,有资料显示舞龙活动的兴起与古老的图腾崇拜、宗教祭祀活动有关。经过漫长时间的发展,舞龙活动的宗教、神话色彩逐渐被淡化,其娱乐、喜庆、健身等功能得以强化。近年来,舞龙运动迅速发展起来,并被列为全国正式比赛(四类)项目,民间民俗传统舞龙活动走向了现代竞技舞龙运动发展的道路。舞龙运动突出的社会价值和文化功能,极大地迎合了高校的需求,被很多院校引入体育实践中,成为高校体育教育的重要内容。同时,高校得天独厚的资源优势,也促进了高校舞龙运动的快速发展。2003年,中国大学生体育协会舞龙舞狮分会挂牌成立,随后便推出"百校龙狮进课堂"推广计划,十余年来加盟高校已逾百所。两年一届的全国大学生舞龙舞狮锦标赛,竞赛规模不断壮大,竞赛水平不断提高,竞赛内容和形式也不断丰富。

(一)舞龙的基本技术

1. 基本握法

(1)正常位。双手持龙具把,左(或右)臂肘微弯曲。手握于龙具把位末端,与胸同高,右(或左)臂伸直,手握把的上端。

(2)滑把。一手握龙具把端不动,另一手握龙具把上下滑动。

(3)换把。结合滑把动作,当滑动手接近固定手位时,双手转换,滑动手握把成固定手,固定手变成滑动手。

2. 基本步形和步法

(1)步形。

① 正步:两脚靠拢,脚尖对前方,重心在双脚上。

② 小"八"字步:两脚跟靠拢,脚尖分开,对左、右前角。

③ 大"八"字步:两脚跟间相距一脚半,其他同小"八"字步。

④ "丁"字步:右(左)脚跟靠拢左(右)脚足弓处,脚尖方向同小"八"字步。

⑤ 虚"丁"步:(前点步)站"丁"字步,右(或左)脚顺脚尖方向伸出,绷脚点地,大腿外旋。

⑥ 虚步:站虚"丁"步,左(右)腿半蹲。

⑦ 弓箭步:右脚(或左脚)向前迈出,屈膝,小腿垂直,脚尖朝前,左腿(或右腿)挺直,脚尖稍内扣;重心在两腿中间,上身与右(或左)脚尖同一方向。

⑧ 横弓步:将弓步的上身左(或右)转成与左(或右)脚尖同一方向。

(2)步法。

① 圆场步:沿圆线行进,左脚上一步,脚跟靠在右脚尖前,脚跟先着地,再移至前脚掌,同时右脚跟提起。右脚做法同左脚,两脚动作保持在一条线上。

② 矮步:两腿半屈,勾脚尖,迅速、连续地以脚跟到脚尖滚动向前行进;每步大小约为本人的一个脚长。

③ 弧形步:两腿微屈,两脚迅速、连续向前行进;每步大小略比肩宽,走弧形路线;眼注视龙体。

④ 单碾步:预备势脚站小"八"字步,手握把位成上举姿势,右脚以脚掌为轴,脚跟微提起,左脚以脚跟为轴,脚掌微提起,两脚同时向右旁碾动,由正小"八"字步碾成反小"八"字步,然后右脚以脚跟为轴,左脚以脚掌为轴,同时向右旁碾动,成正小"八"字步,反复按此进行。

⑤ 双碾步：预备势站正步，以双脚跟为轴，双脚尖同时向右（或左）碾动，然后再以双脚尖为轴，双脚跟同时向右（或左）碾动，反复按此进行。

⑥ 腾空箭弹：右脚向前上步，膝关节伸直，以脚后跟着地；右臂前摆，持龙珠后摆；眼视前方；接着右脚用力蹬地向上跳起，左脚随之向前、向上摆起，使身体腾起；右腿迅速挺膝向前上方弹踢，脚面绷平，左腿屈膝回收。

3. 舞龙基本动作

舞龙所用龙具有五把一珠和九把一珠之分，以下以九把一珠用龙为例。执龙珠者为0号队员，龙头者为1号队员，龙身队员按序向龙尾依次为2、3、4、5、6、7、8号队员，执龙尾者为9号队员。

（1）"8"字舞龙动作。

① 跪步舞龙。

动作要领：全体队员大"八"字步前后一臂距离成一列纵队站立，龙体在队员两侧做"8"字形环绕舞龙1次后，除龙头队员外其他队员降低重心，单膝着地成跪步，龙体不停顿，继续在队员两侧做"8"字形环绕舞龙4次以上。

要求：跪步要整齐，跪步舞龙时队员挺胸立腰，加大向上和左右的舞动幅度。

② 靠背舞龙。

动作要领：全体队员大"八"字步前后一臂距离成一列纵队站立，3、5、7、9号队员向后180°转身分别与2、4、6、8号队员背对背成"人"字形造型，同时龙体不停，继续在队员身体两侧做"8"字舞龙4次以上。

要求：队员转身动作连贯顺畅，龙形饱满，不停顿。

③ "8"字舞龙磨转。

动作要领：全体队员大"八"字步前后一臂距离成一列纵队站立做"8"字舞龙动作不停，同时以5号队员为圆心，逆时针方向磨转一周。

要求：磨转过程中全体队员要始终保持好前后一臂距离的直线队形不变，磨转一周完成6~8次的"8"字舞龙动作。

④ 站腿舞龙。站腿舞龙时，双数号队员马步站立，上体前倾，双臂尽力前伸，在以手为中心的大立圆内"8"字舞龙，双手以拧把为主，龙杆运行前后的幅度一定要小；单数号队员双脚紧扣其下队员的腰腿部，屈膝内扣贴紧其肩背部，上体尽力弯曲前倾。"8"字舞龙的上下幅度要大。

要求：队员站腿要稳，马步与站腿队员舞龙动作配合要顺畅，不塌肚，不扯龙，完成4次"8"字舞龙动作。

（2）游龙动作。

① 单侧起伏跑小圆场。

动作要领：龙珠引龙体逆时针方向走小圆场，同时龙体在队员右侧快速大幅度上下起伏。

要求：队员互相靠近，身体重心随龙形变化而变化，龙体上下起伏如波浪般流畅，不塌肚，不扯龙。

② 快速跑斜圆场。

动作要领：龙头起伏一次后正向跑斜圆场。动作的掌握可以先分两步进行：第一步，龙体成圆，龙头要内扣咬住龙尾，为保持龙形饱满各节要尽量将龙杆向外撑开；第二步，成一

斜圆。要达到此目的,首先要把握好一个最低点和最高点,在最低点每把都要放到最低,同时身体重心也要降到最低;在最高点,每把都要将龙杆上滑,双手持龙杆举至最高点,同时脚尖跷起,身体重心升至最高点。在最高点和最低点之间的转化要匀速均衡,每把龙杆在两点之间的转化始终处在上升和下降的运动过程中,绝不可出现"拖龙"现象。

要求:龙头、龙珠、龙尾相接成斜圆盘,斜圆场跑动时圆心要相对固定,尽量减少前后和左右的偏移。

③ "S"形游龙。

动作要领:龙珠引龙体快速左右曲线起伏,成"S"形行进,改变3个以上方向。

要求:龙体圆顺,队员改变方向时要沿切线向外走,不要向内切,以保持龙形饱满,不塌肚。

④ 骑肩双杆起伏行进。

动作要领:龙珠引龙体行进成圆后向内聚拢,3、5、7、9号队员分别接2、4、6、8号队员龙把后持双杆分别骑在2、4、6、8号队员肩上,在龙珠引导下,龙头带领龙体上下起伏行进。

要求:聚拢成形动作要快,一气呵成,不拖沓,双杆舞龙配合协调,龙体运行流畅。

(3) 穿腾动作。

① 龙穿身。

动作要领:龙头沿弧线由右侧穿第5节龙身,在穿过之前,6号队员引身后龙体左右摆动,保持龙形活跃,在龙头穿过之后,6号队员顺龙体先下运行之势下滑龙把,7、8、9号队员换把矮步依次从6号队员身前穿过。

要求:6号队员和龙头配合协调,穿过与滑把衔接紧凑。

② 穿八五节。

动作要领:龙珠引龙体逆时针跑圆场,成圆后,龙头带龙身穿越龙尾,之后换把反向顺时针跑弧线,依次穿越第8、5节龙身,当3号队员穿过第8节龙身后,6、7、8号队员分别跳越第1、2、3节龙身,随龙头行进。

要求:龙头穿越后内扣行进,使龙体向中心聚合,不松散。

③ 快腾进。

动作要领:龙珠引龙体弧线行进成半圆后,龙头左后急转弯走直线穿越第五节龙身,6、7、8、9号队员分别腾越第1、2、3、4节龙身后随龙头弧线行进成半圆,反复三次以上。要求:龙体一环扣一环始终保持一个半环。

④ 慢腾进。

动作要领:龙珠引龙体弧线行进成半圆,龙珠左后急转弯举珠带领龙头腾越第四节龙身,龙头腾越第五节龙身随珠而行,第2、3、4号队员分别交叉越过第6、7、8节龙身。龙珠右转弯引龙体反复重复以上腾越动作。

要求:龙体一环扣一环始终保持一个半环。

(4) 翻滚动作。

① 快速逆向跳龙行进。

动作要领:龙头带领龙身在龙珠的引导下举龙快速行进中逆时针方向连续舞两次立圆行进。各龙节迅速依次跳跃龙身随龙头行进。

要求:队员在跳龙时要高举龙把至最高点,为了进一步加大立圆的饱满度,队员在跳龙时做"S"形曲线行进,跳龙后恢复直线行进。

② 大立圆螺旋行进。

动作要领:龙头在内侧,身体重心随龙体起伏,顺时针方向舞大立圆三次,使龙体连续螺旋状翻滚行进。

要求:龙形旋转立圆一致,队员腾越龙身时轻松利索,不碰踩龙体,不拖地。

③ 360°斜圆盘跳龙。

动作要领:龙头引龙体做原地"8"字舞龙2次后,高抛龙头逆时针转体360°舞斜圆扫2号队员脚下,当龙杆运行到2号队员脚下的时候,2号队员起跳空中转体180°从第1节龙杆上跳过,随即下蹲将龙杆扫向第3节,落地后不停顺势转回原来方向……以此类推。注意不同的只是以后每节从龙身上跳过,而不是从龙杆上跳过。

要求:龙体运行连贯顺畅,不打地。

④ 连续螺旋跳龙。

动作要领:龙头逆时针方向舞立圆,队员迅速从龙身上依次跳过,如此反复四次以上,使龙体连续螺旋翻转。

要求:连续跳龙要圆顺,速度要均匀,幅度要统一。

(5)组图造型动作。

① 龙门造型。

动作要领:"8"字舞龙,龙头高抛从5号队员前穿过,然后自打一结,同时,龙尾从5号队员后穿过再从8号队员前穿过打一结。4、5、6节成一直线。接着4、6号队员跪步扶龙杆撑地,5号队员蹲下放龙身时4、5、6龙体成一"V"字造型。7、9号队员靠拢弓步相对,8号立于其腿上,1、2、3号队员动作同7、8、9动作。然后,龙珠空翻从第5节跳进,成龙门造型。

要求:龙门造型规范,左右对称。

② 蝴蝶盘花造型。

龙头高抛换把,端龙内扣,龙头、龙尾相接成一圆场,高擎龙之后,9号队员换把下滑龙杆端,龙反向内扣走弧线,5号队员不动,然后4、6号队员与5号队员靠拢成一直线,单跪步龙杆撑地,龙头、龙尾队员高擎龙相接,其余各节向内龙珠靠拢,成一团身龙舟造型。然后,龙珠从内跳出,1号队员骑3号队员肩,9号队员骑7号队员肩,2、8号队员将龙杆向外撑出,其余各节动作基本不变。接着,1号、9号队员跳出龙身,同时,其余各节内扣靠拢,成蝴蝶盘造型。

要求:造型规范,左右对称,形象逼真。

③ 高塔盘造型。

动作要领:龙体在龙珠引导下走圆,向内两周螺旋收缩,到位后龙头迅速站上2号队员肩上组成高塔盘螺旋造型,接着顺时针方向自转一周。

要求:螺旋造型协调、稳定,龙头站肩迅速、稳定。

④ 大横"8"字花慢行进。

动作要领:龙珠引龙体左右、上下起伏缓慢行进,整个龙体组成明显的大横"8"字花图案造型,重复四次以上。

要求:首尾相连成一完整"8"字形,两边对称,行进过程慢而不断,柔中带刚。

(二)舞龙运动的竞赛规则

1. 竞赛项目

规定动作:单龙,9把1珠,10人上场。

自选动作:单龙,9把1珠,10人上场。

传统套路:形式不限。

技能舞龙:单龙,9把1珠,10人上场。

2. 礼仪、计时、示分与弃权

(1) 礼仪。运动员听到上场点名后,由执龙珠队员向裁判台、观众席举手示意;完成比赛套路后,全队排成一排向裁判台、观众席举手行礼。

(2) 计时。第一位运动员踏入赛场,开表计时;如在赛场内静止造型候场,以第一位运动员开始动作时开表计时。运动员完成套路动作后,最后一位队员离开赛场停表。如在赛场内静止造型结束,则以全体运动员完成静止造型停止动作停表。计时以临场裁判组计时表为准。裁判组用两块表计时,按接近规定时间的表计算时间。

(3) 示分。运动员比赛结束,公开示分。

(4) 弃权。运动员须在赛前30分钟参加检录(查验参赛证件、检验器材、服饰等),3次检录不到作弃权论处;超过规定时间10分钟运动员不参加比赛,即视为弃权。

3. 名次评定

舞龙比赛分预赛、决赛,按成绩高低排定名次。

4. 竞赛人员及其有关规定

参加人员包括领队、教练员、运动员。为确保比赛顺利,须遵守以下规定。

(1) 每支运动队人数不超过16人,其中领队1人,教练1人,运动员14人(包括替换队员兼鼓手4人)。

(2) 每名运动员每次只能代表一支队伍参赛,违者取消比赛资格。

(3) 比赛套路完成时间为7~8分钟。

(4) 比赛时,运动员应穿具有特色的表演服装。要求穿戴整洁,服饰的款式、色彩须与舞龙器材相协调,执龙珠队员的服饰与其他队员应有区别。运动员上场比赛须佩戴号码,执龙珠者为"0"号,执龙头者为"1"号,其余依次顺延,替换队员、伴奏队员均应佩戴号码。

5. 竞赛场地

竞赛场地为边长20米的正方形场地(特殊情况除外),最小面积为边长不得小于18米的正方形,要求地面平整、清洁,场地边线宽0.05米,边线内沿为比赛场地。边线周围至少有1米宽的无障碍区。上空从地面量起,至少有8米的无障碍空间。

6. 比赛器材

(1) 龙珠:球体直径不少于0.33米,杆高(含珠)不低于1.7米。

(2) 龙头:质量不得少于2.5千克,杆高(含龙头)不低于1.85米。

(3) 龙身:以九节布龙参赛,龙身为封闭式圆筒形,直径不少于0.33米,全长不少于18米,龙身杆高(含龙身直径)不低于1.6米,两杆之间间距大致相等。

(4) 龙体、龙尾、龙珠的质量不限制。

(5) 凡器材不符合规定者,不准参加比赛。

7. 评分标准

舞龙竞赛属技能类、表现类,是由裁判员评分的竞赛项目。裁判员评分有5人评分制、7人评分制、9人评分制三种,5名裁判取3名中间有效的平均值为该队得分,7名或9名则是取5名中间的有效分的平均值为该队得分。

二、舞狮运动

舞狮在我国历史悠久,流传地域广阔,每逢喜庆佳节,都有舞狮的风俗,它由民俗活动逐渐发展成为一种独具民族风格的传统体育运动,并以它绚丽的色彩和千姿百态的动作吸引着人们参与、观赏并发出赞誉,使舞狮运动发展成为一项体育竞赛活动。

1985年3月,福建省体委等7个单位联合举办了首届舞龙、舞狮表演赛。来自全国8个地区的16支代表队,共派出了13条龙、9头狮,约300名运动员参赛,显现了这项民间欢庆活动走向体育竞技的趋势。与此同时,东南亚及中国香港地区的华人舞狮活动也日益兴盛。国际性的舞狮比赛也逐年增多,并于1995年1月23日在香港成立了国际龙狮总会。1995年7月,中国龙狮运动协会成立。1995年底,调集广东的南狮、京津地区的北狮专家起草了舞狮竞赛规则。1996年协会又两次组织研讨会对规则进行了修改,并于1997年3月和1997年10月举办了舞龙、舞狮教练员、裁判员的培训班。在同年底,举行了首届全国舞狮锦标赛,来自全国各地的20支舞狮队参加了角逐。

1998年10月,在以狮子为主题的苏州乐园举行了第2届全国舞狮锦标赛。2005年5月在湖南长沙举办了第3届全国舞狮锦标赛。此后我国又分别在广州、上海、深圳成功地举办了第1、2、3届国际龙狮邀请赛。另外,首届中国大学生舞龙舞狮锦标赛于2003年12月在中南大学成功举行。如今两年一届的全国大学生舞龙舞狮锦标赛已成功举办了多届,参赛队伍、竞赛规模和竞赛水平不断提高,促进了"龙狮运动"在我国高校的发展。

(一)北狮运动

1. 表演欣赏

北狮表演不拘形式,多种多样,一般分为对狮或群狮表演。狮子舞最大的特点就是喜庆、活跃,单狮动作讲究轻巧,以跳跃、翻腾和一些技艺造型动作为主体,群狮则讲究集体造型和队形变化。表演的场地器材也不受限制,场地有广场、舞台等,器材有高台、梅花桩、跳板、大球等。表演时间没有限制,一般为30分钟左右。音乐伴奏可以用京鼓、京锣、京钹,也可播放现代的民族吹打乐伴奏。总之,有舞狮出现就标志着有喜庆节日或庆典活动的到来。

2. 竞赛欣赏

北狮竞赛是指在严格遵守竞赛规则要求的前提下所进行的北狮表演活动。有关规则规定,北狮竞赛上场队员10人,其中包括鼓乐5人、引狮员1人、舞狮员4人,比赛场地为20米×20米的四方形,比赛时间为10~15分钟。器材按规则要求自行设计。比赛有规定套路比赛和自选套路比赛。现在舞狮比赛基本是采取自选套路比赛。

自选套路编排要求内容丰富、构思巧妙、结构新颖、风格别致。舞狮技巧难度、创新动作借助器材的设计来演绎,表达山、岭、岩、谷、溪、涧、水、桥、洞等意境,展现狮子喜、怒、醉、睡、醒、动、静、惊、疑、怕、寻、探、望和翻、滚、卧、闪、腾、扑、跃、戏、跳等情态和动作。其动作与鼓乐伴奏和谐一致,既有观赏价值又有健身价值。

舞狮竞赛的评分由5名或7名或9名裁判员根据现场比赛队员的表现和完成动作的情况,依据规则要求来进行相应的扣分,最后,5名裁判员取3名中间有效的平均值为该队得分,7名或9名裁判员则取5名中间的有效分的平均值为该队得分。

欣赏北狮竞赛,应从整套动作的编排、音乐的配合及动作的完成情况三个方面去进行。

(二)南狮运动

1. 南狮的起源与发展

南狮在唐朝时开始盛行,在1000多年的发展过程中,狮舞形成了南、北两种不同的表演风格。南派狮舞在表演时讲究表情细腻、柔和而稳重,有搔痒、舔毛、抖毛、打滚、飞跃等动作,惟妙惟肖,逗人喜爱,着重刻画狮子温顺可爱及雄伟、俊武、勇猛的性格。南狮以广东为中心,并风行于港澳、东南亚以及海外华人、华侨居住的地方。南狮由一人舞狮头,一人舞狮尾。舞狮者穿各种灯笼裤,上身穿密纽扣的唐装灯笼袖衫或短文化衫。狮背用五彩布条或绸布做成。"狮子郎"头戴大头佛面具,身穿长袍,腰束彩带,手握葵扇以逗引狮子,以此舞出各种优美的招式,动作滑稽风趣,雄壮威武。南狮流派众多,有广州、佛山的"大头狮",高鹤、中山的"鸭嘴狮",东莞的"麒麟狮",等等。南狮除外形与北狮不同外,尚有性格不同。黄头狮舞法沉着刚健,威严有力,民间称为"刘备狮";红头狮舞姿勇猛雄伟,气概非凡,人称"关公狮";黑头狮动作粗犷好战,俗称"张飞狮"。

2. 南狮的形神表现

南狮表演,注重形象的表现,要求表现出狮子生动活泼、威武稳重、刚健、勇猛、多疑、贪玩、贪食等特征。例如,狮子睡醒后懒惰的动作,探洞时的多疑的性格,登山时的昂首阔步,过桥时看到水中影子的惊愕,戏水时欢愉的情绪,采食灵芝时贪馋的表情,吞食时的得意,呕吐时的沮丧,月夜吐球时的谨慎等各种形神,都要生动全神地表现出来。形神表现主要由喜、怒、醉、乐、醒、动、静、惊、疑、猛等组成,舞狮者在鼓乐的伴奏下,须将其各种神态淋漓尽致地表现出来,配合生动的步行、步法,才可给予观众欣赏。各种形神的表演要求如下。

喜——狮子为了采青,不惜千辛万苦,排除万难,当采到青时兴高采烈的神态。

怒——狮子遇到物体阻断或外物骚扰时愤恨发怒的状态。

醉——狮子采青后自我陶醉的神态。

乐——狮子在桩上自由跳跃,落脚抓水时活泼畅快的动态。

醒——狮子清醒时威武雄壮的形态。

动——狮子行走时活泼好动的体态。

静——狮子休息时稳重安定的定态。

惊——狮子遇到危险时恐惧、抖颤的心态。

疑——狮子对周围事物的猜测或焦虑的神态。

猛——狮子跳跃或飞桩的动态。

形神表现,务求形似神似,切忌有骆驼狮(狮背凹凸不平)的出现。

3. 南狮的演练与欣赏

南狮比赛套路分传统南狮与高桩狮两类。根据故事内容,以采青为主题,分开始部分、发展部分、主体部分、结束部分。

(1) 开始部分。主要表现狮子睡醒饥饿外出觅食的情景。主要套路动作有平地直线行跑,平地左右行进,醒狮惊望、擦、舔、抹,平地行拜,平地各种步形、步法等表演动作。鼓法配以擂鼓、平鼓、步鼓、快鼓。

(2) 发展部分。主要表现狮子游山玩水过程中发现崇山峻岭,危机重重,疑惑四起,经过试探,仍左右徘徊的状态。主要套路动作有平地360°环回快走、平地180°回头跳、平地腾起、平地上双腿站立、卧地惊望等连接和动态表现动作。鼓法配以震鼓、三星鼓、平鼓、快鼓等。

(3) 主体部分。主要表现狮子发现山上有仙草一把,一时性起,以百兽之王的英雄气概,不怕艰险,不顾一切勇敢冲向山上。经过几番跋山涉水,险象环生,终于排除万难,成功采得仙草。主要套路动作有2.8米高桩坐头造型,180°回头跳接坐头,桩上飞跃,台上飞跃,观青、探青、采青、吃青、吞青、吐青以及洗、舔、擦脚等动态、静态连接表现动作。鼓法配以击鼓边、震鼓、平鼓、快鼓、擂鼓、七星鼓等。

(4) 结束部分。主要表现狮子饱食一顿，睡醒后高兴愉快而归。主要套路动作有连续飞跃，桩上跳下，地上接滚翻，醒狮舔、擦、抹，平地行拜等动态动作。鼓法配以擂鼓、快鼓、三鼓、七鼓、平鼓等。

第五节 定向运动

一、定向运动简介

国际定向运动联合会在2004年将定向运动正式定义为参赛者借助地图和指南针，在尽可能短的时间内到达若干个被分别标记在地图上和实地检查点的运动。定向运动通常在森林、郊外和城市公园里进行，也可在大学校园里进行。

定向运动起源于瑞典，最初只是一项军事体育活动。"定向"一词在1886年首次使用，意思是在地图和指南针的帮助下，越过不被人所知的地带。20世纪初，瑞典人吉兰特少校想到利用乡村美丽风光来激发年轻人的长跑热情，于是将借助地图和指南针进行的定向运动引入越野训练和比赛之中。1912年在他的倡导下，定向运动成为瑞典的竞技运动项目。吉兰特也因此被称为"现代定向运动之父"。到20世纪30年代，定向运动已在芬兰、挪威、瑞典、丹麦等国立足。1932年举行了第一次世界定向运动比赛，1961年国际定向联合会在丹麦哥本哈根成立。国际定联是世界定向运动的行政实体，并于1978年得到国际奥委会承认，定向运动被接纳为奥林匹克体育运动项目。1998年，定向运动成为在日本举行的冬季奥运会比赛项目。

在我国，定向运动也初具规模，并且呈现出强劲的发展势头。1992年7月，国际定联批准中国以"中国定向运动委员会"名义加入该组织，成为正式会员国。1995年，"中国定向运动委员会"正式更名为"中国定向运动协会"。

定向运动是一项非常健康的智能型体育项目，是智力与体力并重的运动。它不仅能强健体魄，而且能培养人独立思考，独立解决所遇到困难的能力，及在体力和智力遭遇压力时做出迅速反应、果断决定的能力。在高职院校学生中开展定向运动，不仅能培养学生独立分析、解决问题的能力和良好的逻辑思维能力，更能培养学生不怕困难、迎难而上的优秀品质。原国家教委于1995年8月在吉林市成立了中国大学生国防体育协会，同时举行了首届中国大学生国防体育节暨定向越野锦标赛。随着定向运动的快速发展，我国部分省市已经将定向运动作为素质教育的一部分列入体育、军事教育课程。定向运动被列入学校教育课程，为定向运动的发展提供了坚实的平台，必定会加速定向运动的普及和发展。

二、定向运动的分类

(一) 徒步定向（定向越野）

这是各种定向运动比赛中组织方法比较简便、开展最为广泛的一种。由于其比赛的成败全在于个人的识图用图、野外定向和奔跑能力的强弱，因此适于各种年龄、性别的人参加。据国外有关资料记载，参加定向运动比赛的运动员最小的只有8岁，而最长者有80岁，这项运动可谓老少皆宜。为增加比赛的乐趣，也可以在判定比赛成绩的方法上有所区别，如可以个人跑计个人成绩、个人跑计团体成绩或个人跑计个人与团体成绩等。

(二) 接力定向

接力定向是团体之间的定向越野比赛项目之一,其成绩好坏有赖于每个队员个人能力的发挥。在接力比赛中,比赛的路线分成若干段(国际比赛通常为四段),每名选手完成其中的一段,各段参赛选手的成绩相加为该队团体总成绩。为便于观众欣赏各选手之间的激烈竞争,接力定向的场地必须设置一个"中心"站,各段选手的交接(即"换段")均在这里以触手方式进行(不使用接力棒),因此,接力定向的观赏性较好,被国际定联纳入了正式比赛项目。

(三) 滑雪定向

滑雪定向可以按个人、团体或接力比赛等形式进行。它与个人徒步定向越野赛的区别是选手需要使用非机动的滑雪工具。同一比赛路线上的滑道通常不止一条,以便于选手自行选择。滑雪定向是国际定联的正式比赛项目之一。滑雪定向在东欧国家十分流行,许多高山、越野和速度滑雪选手同时又是滑雪定向的高手。

(四) 夜间定向

这是定向运动的一种高难度的比赛形式。由于是在夜间进行,不仅增加了比赛的难度,同时对于观众和选手也增加了吸引力和刺激性。夜间定向已被列为国际定联的正式比赛项目。

(五) 专线定向

这种比赛与其他定向比赛的最大区别是在地图上明确地标出了比赛的路线,运动员必须按这些规定的路线行进,并将途中遇到的检查点位置标绘到图上去。成绩以检查点位置标绘的准确程度和所用时间的长短确定。

(六) 校园定向

即在学校的操场上或体育馆内为学生们设计的一种运动,这也是目前我国大学生参与最多的一种定向运动方式。校园定向运动相对于其他的户外活动形式,它具有需要很低的师生比、费用低、危险因素少等特点,因此越来越受到高校组织者的重视。

三、地图和指南针

(一) 地图

定向地图要求完整而详细地表示地貌、水系、建筑物、道路、植被和境界,即所谓"地图的六大要素"。地貌用棕色表示,这类符号还包括小丘、小洼地、土崖、冲沟、陡坡等表示地面详细形态的专门符号。岩石与石块是地貌的特殊形式,它们既可以为读图与确定点位提供有用的参照物,又可以向运动员表明是危险还是可奔跑通行的情况,为使它们明显地区别于其他地貌符号,这一类符号使用黑色。水系与淤泥地(沼泽地)用蓝色表示。植被用空白或黄色和绿色普染表示。白色(空白)指一般性起伏地上的树林的密度适度,地面上无阻碍行进的灌木或杂草丛,可以按正常速度奔跑的地区;黄色指空旷的地域,分为空旷地、半空旷地及凌乱的空旷地;绿色表示树林密度较大的地区。人工地物用黑色表示,包括各种道路、房屋、栅栏等地图符号。

(二) 指南针

常见的定向运动指南针包括三种类型:刻度盘指南针、拇指指南针和拇指刻度盘指南针。在定向运动中,指南针的主要用途是标定地图和确定前进方向。具体方法是(以拇指指南针为例):将指南针的右侧顶角放在地图上自己目前的位置上,并使基板上的前进方向线与目前站立点与目标点的连线平行;水平持握指南针置于胸前,转动身体直到指南针磁针与磁北标定线的北端一致,前进方向箭头所指的方向即前进方向或目标所在地方位。

四、定向运动基本技术

(一)拇指辅行法

先将地图正置,把拇指放在地图上自己所在的位置处。这样要前进的方向便在地图前面,可清楚观察四周的环境及地理特征。当前进时拇指随着移动,当改变前进方向时,地图也要随着转移,即保持地图北向正北方。那样在任何时候都能立即指出自己在图中的位置。

(二)利用指南针

利用指南针可以准确地找出目标的方向,每次前往目标前,可先观察目标周围的地势,加深印象,务求快速及准确地到达目的地。

(三)扶手法

利用明显地理或人物特征做引导,使前进时更具信心。例如,小径、围栅、小溪涧等,皆是有用的扶手。

(四)搜集途中所遇特征

辨别前往控制点途中所遇到的地理特征,确保前进方向及路线正确。

(五)攻击点

先找出控制点附近特别明显的特征,然后利用指南针从攻击点准确、迅速地前往控制点。攻击点必须容易辨认,如电塔架、小路交点等。

(六)数步测距

先在地图上量度两点间的距离,然后利用自己的步幅准确地测量要走的路程。方法:先量度100米我们所需步行的步数(假设200步),当我们在地图上发觉由A点到B点的距离是150米便可算出应走300步。为了减少数步的数目,多利用"双步数",即只数右脚落地的一步,这样可把步数减半。

(七)目标偏测

目标偏测是为了安全到达线状特征上或线状特征附近的检查点,而有意识地瞄准目标一侧行进,从而避免到达线状特征时迷失行进的方向。

五、参加定向运动应注意的问题

(一)场地因素

学校开展定向运动时应把学生安全放在首位。在场地选择上尽量选择校园、公园等比较安全的场所。如果要进行野外练习,应尽量选择离学校较近的地方,并根据地图对实地进行全面勘察,危险地域要在地图上予以标注,同时在路线的选择上应避开危险地带,确保学生的安全。

(二)应急用品

在夏季进行定向越野会遇到高温、高湿或强烈日光暴晒,因此要穿轻薄宽松的衣物,及时补充含盐饮料,以免发生中暑和脱水,也可以随身携带藿香正气水、人丹等中药。由于定向运动环境的特殊性,发生运动损伤的概率是比较高的。因此要在运动前做好准备活动,易受伤的关节、肌肉要充分活动开,并随身携带绷带、创可贴、止血带、消毒棉球、止痛药等急救药品及器械。另外,随身携带哨子或手机等通信设备,以备在发生受伤等意外事件时发出求救信号。

(三)躲开动物袭击

在树林、草丛中可能遇到蛇、蝎子等有毒动物。因此学生在穿越过程中要提高警惕,不要随意在草丛中坐卧,禁止将手伸入鼠洞或树洞内,并且穿好鞋袜,扎紧裤腿。当遇到蛇时,应远道绕过;当被蛇追逐时,应忽左忽右转弯跑,切勿直线跑。

第六节 棋牌运动

一、棋牌运动概述

智力运动伴随着人类文明的出现和发展演化成一种高级的文化资产,成为人类智慧的精彩演绎和完美结晶。世界智力运动会的举行,更明确地赋予了其竞技体育的全新含义:"源于体力而驾驭体力"。正因为智力运动具有这一独特魅力,故其深受全世界智者喜爱。以棋牌为代表的智力运动在全球迅速普及,桥牌、国际象棋、国际跳棋、围棋、象棋等运动正在赢得越来越多的关注和参与。

世界智力运动会是人类历史上第一次将桥牌、国际象棋、围棋、国际跳棋以及象棋这五个在世界范围内历史最为悠久、传播最为广泛、影响最为巨大的智力运动项目整合在一起举办的综合性运动会,这不仅在体育界是一次创造性的盛会,同时也是一次内涵丰富、规模宏大的人类传统文化与心灵智慧的交流。世界智力运动会的成功举办,必将推动智力运动在世界范围内的进一步发展,吸引更多的人了解、喜爱并投身智力运动,启迪智慧,陶冶情操,追求身心和谐的完美意境。

棋牌运动是我国体育事业的重要组成部分,也是多元化体育运动中不可缺少的组成部分。棋牌在中国普及度一直较高,中国智力运动得到了政府的高度重视。中国棋院在1992年成立,围棋、国际象棋等各单项协会随后相继成立。无论是就竞技水平还是从事棋牌运动的人口而言,都在日益增进,中国棋牌事业取得了非常快的发展和进步。

二、围棋

(一)围棋的历史

围棋也称"弈"、"弈棋"等。围棋起源于四千多年前的我国原始社会末期,有"尧造围棋,丹朱善之"之说,到春秋战国时代,已在民间广泛流行。它是人类历史上最悠久的一种棋艺。据史料记载,我国的围棋在东汉前后传入印度和朝鲜等邻国,隋唐时传入日本。19世纪80年代,围棋传入欧美各国,到20世纪80年代,已遍及世界各洲的四十余个国家。1982年3月,国际围棋联盟在日本东京成立。目前,围棋运动在亚洲广泛流行,欧美各国也有很大发展。如今的世界围棋坛,已形成了中、日、韩三国相争,三足鼎立的局面。

(二)棋盘与棋子

标准的围棋棋盘略呈长方形,棋盘上画有横竖19条平行直线,横竖的19条平行直线构成361个交叉点。为了便于判定棋盘上各点的位置,竖线自左向右用阿拉伯数字依次编为1~19路,横线用汉字依次编为一至十九路。棋盘上有9个黑点,中间的黑点叫"天元",四周的叫"星",以星为参照,棋盘的各部分分别称为右上角、右边、右下角、上边、下边、左上角、左边、左下角及棋盘上的4条边线称一线(路),向中腹方向推进一线称二线(路)。围棋的棋子分黑白两色,黑子为181枚,白子为180枚,黑、白子加起来恰好与棋盘上的点数相同。

(三)围棋的简明规则

(1)对弈双方各执一色棋子,黑先白后,交替下子,每次只能下一子,直到终局。棋子下定后,不得向棋盘上其他点移动。

(2) 没有气的棋子必须从棋盘上拿掉。不能在下子后该子立即呈无气状态,同时又不能在提起对方棋子的地方下子。

(3) 采用数子法计算胜负。终局时,先将双方死子全部清出盘外,然后对一方的活棋(包括活棋围住的点)以子为单位进行计数,多者为胜。

(四) 围棋的基本知识

1. 棋子的气

棋子下在棋盘上,其上、下、左、右以直线紧连的交叉点,均称为棋子的"气",无气的子必须从棋盘上拿掉。"气"是棋子在棋盘上生存的最基本条件。

2. 棋子的连接

下围棋时,棋子的连接与否是个非常重要的问题,连接在一起的棋子,气是合并计算的。

3. 提子

把无气之子提出盘外的手段叫提子,俗称吃子。

4. 打劫

双方互相可以提取对方一子的状况称"劫"。

5. 围棋的死活

在死棋、活棋的基础知识中,首先要明白眼的概念。用棋子围成的一个或若干个点就叫作"眼"。眼分真眼和假眼两种。一块棋如果没有眼,一般是死棋;仅有一只眼,也只有一气,对方投一子就被提掉。因此,一块棋要有两只以上的真眼,才是活棋。

(五) 围棋运动的基本方法

围棋为两人对弈,有分先、让先、让子三种方法。

1. 分先

对弈前进行抓子猜先,确定哪方执黑先行。执黑先行,具有一定的优势,故终局时,黑方要贴还 2 又 3/4 子,黑方如多于或等于 184 子,黑方胜,不足为负。白方如多于或等于 178 子,则白方胜,不足为负。对弈时,只需数一方子数就可判定胜负。

2. 让先

对弈一方棋高一筹,让对方先行,终局时黑方不贴子,数子时,任何一方多于 180 又 1/2 子,则胜,不足为负。等于 180 又 1/2 子为和棋。

3. 让子

对弈一方让对方先在棋盘星位上放置 2 子、3 子乃至 9 子,然后让子者执白下子,终局时黑方贴还被让子数的一半数目,如被让 2 子,贴还 1 子。贴还后,任何一方子数多于 180 又 1/2 子,则胜,不足为负,等于 180 又 1/2 为和棋。

三、中国象棋

(一) 中国象棋历史

中国象棋的产生和发展,从"六簙象棋"算起,至今已有 2500 多年的历史。

象棋具有引人入胜的魅力。从来没有一局棋是完全相同的。在象棋对垒过程中,不仅能陶冶人们的情操,磨炼人们的意志,这还是一种文明、高雅的娱乐活动,可开发人们的智力、提高人的思维能力和心理承受能力。

(二) 棋盘和棋子

象棋盘由 9 道直线和 10 道横线交叉组成。棋盘上共有 90 个交叉点,棋子就摆在这些交叉点上。棋盘中间没有画通直线的地方叫作"河界",画有斜交叉线的地方,叫作"九宫"。棋子共有32个,分为黑、红两组,每组16个,各分7种,其名称和数目如下:红棋子:帅1个,车、马、炮、相、士各2个,兵5个。黑棋子:将1个,车、马、炮、象、士各2个,卒5个。对局开始前,双方棋子在棋盘上的摆法如图19-10所示。

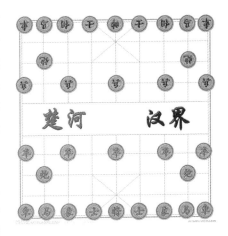

图 19-10　中国象棋棋盘

（三）走棋和吃子

对局时,由执红棋一方先走,以后双方轮流各走1着,直至分出胜负或走成和局为止。轮到走棋的一方,将某个棋子从一个交叉点走到另一个交叉点,均算走了1着。双方各走1着,称为1个回合。各种棋子的走法如下:将(帅)每1着只准走1步,前进、后退、横走均可,但不准走出"九宫"。将与帅在同一直线上不准直接对面。士(仕)每一着只准沿"九宫"斜线走1步,可进可退。象(相)不准越过"河界",每一着斜走两步,可进可退,即俗称"象走田字";当"田"字中心有别的棋子(不论哪一方的),即俗称"塞象眼"时,则不能跳过。车可直走,可横走,可进退,不限步数。马每着走一直(或一横)一斜,可进可退,即俗称"马走日字";如果在一直(或一横)的地方有别的棋子,即俗称"蹩马腿"时,它就不能走过去。炮在不吃子的时候,走法同车一样;但在吃子时必须中间隔1个子(不论哪一方的),这个子俗称"炮架"。卒(兵)在没过河界时,每着只准向前直走1步;过"河界"后,每着可以向前走1步,也可以横走1步,但不能后退。

走棋时,如果已方棋子可以走到的位置有对方棋子存在,就能把对方棋子吃掉,而占领那个交叉点。除将(帅)外,任何棋子都可以听任对方吃掉,或主动送吃。一方的棋子攻击对方的将(帅),并能在下一着把它吃掉时,称为"将军",简称"将"。被"将军"的一方必须立即"应将",如果无法"应将",就算被"将死"。轮到走棋的一方,将(帅)虽然没有被对方"将军",但被禁在一个位置上无路可走,而已方其他棋子也都不能走动时,就算被"困毙"。

（四）象棋胜负规则

对局时一方出现下列情况之一,算输棋,对方得胜:被对方"将死";被"困毙";自己宣告"认输";超过比赛规定的走棋时限;没有正当理由迟到,并超过了该次比赛规定的因迟到判负的时限;"封棋"所记着法有误,而又解释不通;走棋违犯禁例,应当变着而不变,等等。

对局时出现下列情况之一,就算和棋:双方的棋子或棋势都没有取胜的可能;一方走出自己轮走的一着棋之后,提议作和,对方表示同意;双方走棋出现了循环反复达3次以上,属于"允许着法",又均不愿变着时;"限着"已满,局势仍无变化时。

四、国际象棋

（一）国际象棋的历史

国际象棋被公认"源于亚洲,兴于欧洲"。现制国际象棋在我国开展的时间不长,从1956年开始,国际象棋才和我国传统的中国象棋与围棋一起被列入国家开展的体育项目。从此,这项新兴运动项目发展很快,优秀选手不断涌现。在我国选手多次在国际比赛获得优秀成绩的激励、鼓舞和吸引下,特别是谢军两次获得女子世界冠军的鼓舞推动下,我国青少年和儿童学下国际象棋的越来越多了。

国际象棋是科学、文化、艺术、竞技融为一体的智力体育项目。它有助于开发智力,培养逻辑思维和想象能力,加强分析能力和记忆力,提高思维的敏捷性和严密性。它能培养人们战术思想意识和全局观点,加强人们工作中的计划性和灵活性。它还能丰富人们的文化生活,增进友谊,陶冶高尚情操,培养顽强勇敢、坚毅沉着、机智灵活等优秀的意志品质。国际象棋着法多变,趣味横生,对于开发少年儿童的智力有特别好的效果。因此,目前世界上已有不少国家把国际象棋列入学校课程。

(二)国际象棋规则

1. 棋盘和棋子

国际象棋棋盘是个正方形,由横纵各8格、颜色一深一浅交错排列的64个小方格组成。深色格称黑格,浅色格称白格,棋子就放在这些格子中移动。棋子共32个,分为黑白两组,各16个,由对弈双方各执一组,兵种是一样的,分为6种:王(1)、后(1)、车(2)、象(2)、马(2)、兵(8)。在正式比赛中,国际象棋棋子采用立体棋子,非正式比赛中可以采用平面图案的棋子(图19-11)。

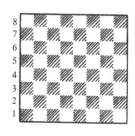

图19-11 国际象棋棋盘和棋子

2. 行棋规则

王:横、直、斜都可以走,但每着限走一步。

后:横、直、斜都可以走,步数不受限制,但不能越子。它是国际象棋中威力最大的子。

车:横、竖均可以走,不能斜走。一般情况下不能越子。

象:只能斜走。格数不限,不能越子。每方有两象,一个占白格,一个占黑格。

马:每步棋先横走或直走一格,然后再斜走一格,可以越子,也没有"中国象棋"中"蹩马腿"的限制。

兵:只能向前直走,每着只能走一格。但走第一步时,可以最多直进两格。兵的吃子方法与行棋方向不一样,它是直进斜吃,即如果兵的斜进一格内有对方棋子,就可以吃掉它而占据该格。

3. 特殊着法

除了上面所有棋子的一般着法外,国际象棋中还存在下面三种特殊着法:

吃过路兵:如果对方的兵第一次行棋且直进两格,刚好形成本方有兵与其横向紧贴并列,则本方的兵可以立即斜进,把对方的兵吃掉。这个动作必须立刻进行,缓着后无效。

兵的升变:任何一个兵直进达到对方底线时,即可升变为除"王"和"兵"以外的任何一种棋子。

王、车易位:每局棋中,双方各有一次机会,让王朝车的方向移动两格,然后车越过王,放在与王紧邻的一格上。王、车易位根据左右分为"长易位"和"短易位"。在下面四种情况下,王、车易位不允许:王或车已经移动过;王和车之间有其他棋子阻隔;王正被对方"将军";王经过或达到的位置受对方棋子的攻击。

4. 胜负判法

国际象棋的对局目的是把对方的王将死。比赛规定：一方的王受到对方棋子攻击时，称为王被"照将"，攻击方称为"将军"，此时被攻击方必须立即"应将"，如果无法避开将军，王即被"将死"。除"将死"外，还有"超时判负"与"和局"。当一方轮走时，提议作和，对方同意，判和；双方都无法将死对方王时，判和；一方连续不断将军，对方王却无法避开将军时，成为"长将和"；轮到一方走棋，王没有被将军，但却无路可走，成为"逼和"；对局中同一局面出现三次，而且每次都是同一方走的，判为和局。

第七节 登山与攀岩

一、登山

（一）登山概述

登山运动是体育运动的一类，是指运动员徒手或使用专门装备攀登各种不同地形的山峰或山岭的运动。可分为金字塔形兵站式登山、阿尔卑斯式登山和技术登山等数种。19世纪80年代以后，使用各种攀登工具和技术的登山日渐推广，其活动地区也从阿尔卑斯低山区转向喜马拉雅高山区。1950年至1964年，世界14座8000米以上的高峰，包括世界最高峰珠穆朗玛峰在内，相继为中、英、美、意、日等十多个国家的登山运动员所征服，国际登山史上称此时期为"喜马拉雅的黄金时代"。中国登山运动始于20世纪50年代，1955年出现第一批登山运动员，1956年建立第一支登山队。1960年和1975年先后两次从东北嵴登上珠穆朗玛峰，并于1975年将一个特制金属测绘觇标竖立在珠峰顶上。

（二）登山设备

登山设备要适应登山运动的环境条件，在设计、选材、用料、制作上要尽量使其轻便、坚固、高效，并能一物多用。随着登山运动的发展和科学技术水平的不断进步，登山运动装备的质量和性能也在不断得到改善，这对提高登山运动的水平是非常必要的。

1. 绳子

一根主绳重1.5公斤，比其他装备更加耐用，其保暖、防电性能也大大增加，因而可以保证登山运动员攀登各种高度和难度的山峰。

在国际登山协会标准中，直径为10.5毫米或11毫米的绳子称作"满绳"，这表明这样的绳子可以单独使用。直径为9毫米和8.5毫米的绳子称作"半绳"，这意味着领爬者需要使用两根绳子才能确保队伍安全。通常绳子分为可拉伸和不可拉伸两种。

2. 铁锁

铁锁是将登山设备连接在一起的部件，它们易于开合，非常结实，是现代登山运动中的必备装置。

3. 氧气瓶

攀登海拔6000米以上山峰一般需携带氧气瓶。

4. 其他

登山运动员的被服装备和宿营装备也都在不断改进。近年来已出现了更轻便保暖的充气帐篷等宿营装备。

（三）登山饮食

登山饮食是活动过程中不可或缺的一环，良好的营养不仅可以提供足够的能量补充体力,更可以令人产生新鲜感。

登山食物要能够增加食欲。早餐需具备一日所需大部分的热量,应易于准备与清理,营养成分较高;午餐则应补充养分,可在短时间内完成,通常于途中食用,最好易于准备且不需炊煮;晚餐可炊煮,时间较长,补充未摄取的养分及大量水分,如维生素、矿物质、纤维素。另外,需备可随时取用的补充粮,以蛋白质及糖类食品尤佳,如糖果、饼干、巧克力、小糕饼、奶酪、火腿、肉干、花生等。每次食用分量不须太多,但因经常食用,最好是单片包装,以防止潮湿。

（四）登山注意事项

登山对人的身心健康大有好处,但也潜伏着一定危险。为了保证安全,应该做到:

（1）登山时有老师或家长带领,要集体行动。

（2）登山的地点应该慎重选择。要向附近居民了解清楚当地的地理环境和天气变化的情况,选择一条安全的登山路线,并做好标记,防止迷路。

（3）备好运动鞋、绳索、干粮和水。在夏季,一定要带足水,因为登山会出汗,如果不补充足够的水分,容易发生虚脱、中暑。

（4）最好随身携带急救药品,如云南白药、止血绷带等,以便在发生摔伤、碰伤、扭伤时派上用场。

（5）登山时间最好放在早晨或上午,午后应该下山返回驻地。不要擅自改变登山路线和时间。

（6）背包不要手提,要背在双肩上,以便于双手抓攀。还可以用结实的长棍做手杖,帮助攀登。千万不要在危险的崖边照相,以防发生意外。

（五）登山经验

1. 做好热身运动

如果将攀登的山比较高或者平时较少参加攀登运动,那么,在登山之前做一些热身运动是很必要的。即利用10～20分钟做一些肌肉伸展运动,尽量放松全身肌肉,这样攀登时会觉得轻松许多。

2. 增加弹跳动作

向上攀登时,在每一步中都有意增添一些弹跳动作,这样不仅省力,还会使人显得精神,充满活力。

3. 别总往高处看

登山时不要总往高处看,尤其是登山之初,因为你的双腿还没有习惯攀登动作,往上看往往使人产生一种疲惫感。一般向上攀登时,目光保留在自己前方三五米处最好。如果山路比较陡峭,则可做"Z"字形攀登,这样比较省力。

4. 转移注意力

登山时千万不要总是想着山有多高,爬上去还需多少时间之类的事情。不慌不忙、走走停停才能体会到爬山的乐趣,不会错过美丽的风景。在疲惫时,可以多观赏一下周围的景色,也可唱唱歌,转移注意力,倦意会有所消减。

5. 下山要放松

下山一定要控制住自己的脚步,切不可冲得太快,这样很容易受伤。同时要注意放松膝盖部位的肌肉,绷得太紧会对腿部关节产生较大的压力,使肌肉疲劳。

二、攀岩

(一) 攀岩概述

攀岩运动是从登山运动中衍生出来的竞技运动项目。20世纪50年代起源于苏联,是军队中作为一项军事训练项目而存在的。1974年被列为世界比赛项目。进入20世纪80年代,以难度攀登为特点的现代竞技攀登比赛开始兴起并引起广泛的兴趣,1985年在意大利举行了第一次难度攀登比赛。1988年6月国际竞技攀登比赛在美国举行。世界杯攀登比赛每年举行一次。随着攀岩运动的蓬勃发展,国际攀联在各大洲成立委员会,组织洲内地区性大赛。"亚洲攀委会"于1991年1月2日在中国香港成立,并在同年举行第一届亚锦赛。攀岩运动也属于登山运动,攀登对象主要是岩石峭壁或人造岩墙。攀登时不用工具,仅靠手脚和身体的平衡向上运动,手和手臂要根据支点的不同,采用各种用力方法,如抓、握、挂、抠、撑、推、压等。随着攀岩运动的广泛开展,许多高校内也设置了人造岩墙,攀岩运动被越来越多的大学生所喜爱。

(二) 攀岩的种类

1. 自然岩壁攀登

即在野外攀爬天然生成的岩壁。一般是开发和清理过的具有难度或抱石路线,接近自然,可充分体会攀岩的乐趣;岩壁角度、石质的多样性带来攀登路线的千变万化。由于岩壁固定,路线公开且可长期保留。但野外岩场地处偏僻,交通不便,时间和金钱花费都较大。

2. 人工岩壁攀登

在人工制造的攀岩墙上攀登,包括室内攀岩馆和室外人工岩壁。对于初学者安全性较高;交通方便,省时省力;不可预见因素少,可以定期训练或进行专项训练;练习人员密集,便于交流切磋。

(三) 攀岩常用技术术语

抓:用手抓住岩石的凸起部分。

抠:用手抠住岩石的棱角、缝隙和边缘。

拉:在抓住前上方牢固支点的前提下,小臂贴于岩壁,抠住岩石缝隙或其他地形,以上臂和小臂使身体向上或向左右移动。

推:利用侧面、下面的岩体或物体,以手臂的力量使身体移动。

张:将手伸进缝隙里,手掌或手指弯曲张开,以此抓住岩石的缝隙作为支点,移动身体。

蹬:用前脚掌内侧或脚趾的蹬力把身体支撑起来,减轻上肢的负担。

跨:利用自身的柔韧性,避开难点,以寻求有利的支撑点。

挂:用脚尖或脚跟挂住岩石,维持身体平衡,使身体移动。

踏:利用脚前部下踏较大的支点,减轻上肢的负担,移动身体。

(四) 攀岩的基本方法

三点固定法是攀岩的基本方法,其对身体各部位的姿势和动作有一定的要求。

1. 身体姿势

攀登岩石峭壁时身体要自然放松,以三个支点稳定身体重心,重心要随攀登动作的转换移动,这是攀岩能否稳定、平衡、省力的关键。要想身体放松就要根据岩壁陡缓程度,使身体和岩壁保持一定距离,靠得太近,会影响观察攀岩路线和选择支点。但在攀登人工岩壁时要贴得很近。在攀登自然岩壁时,上、下肢要协调舒展,盘眼要有节奏,上拉、下蹬要同时用力,身体重心一定要落在脚上,保持面向岩壁、三点固定支撑、直立于岩壁上的攀登姿势。

2. 手臂的动作

手在攀登中是抓住支点、维持身体平衡的关键,手臂力量的大小直接影响攀登的质量和效果。因此,必须有足够的指力、腕力和臂力。对初学者来说,在不善于充分利用下肢力量的情况下,手臂的动作就显得更为重要。手的第一指关节用力抠紧支点的同时,手腕要紧张,手掌要贴在岩壁上,小臂也要随手掌紧贴岩壁而下垂,在引体时,手指(握点)有下压抬臂动作。

3. 脚的动作

攀登技术发挥得好坏,关键是能否充分利用两腿的力量。只靠手臂力量攀登不可能持久。脚的动作要领是两腿外旋,大脚趾内侧贴近岩面,两腿微屈,以脚踩支点维持身体重心,在岩壁支点大小不一和方向不同的情况下,要灵活运用。但膝部不要接触岩石面,否则会影响到脚的支撑和身体平衡,甚至会造成滑脱而使膝部受伤。另外,在用脚踩支点时,切忌用力过猛,并要掌握用力的方向。

4. 手脚配合

对初学者或技术还不熟练的学生来说,上肢力量显得更为重要,攀登时往往是上肢引体,下肢蹬压抬腿而移动身体。如果上肢力量差,攀登时就容易疲劳,表现为手臂无力,酸疼麻木,逐渐失去抓握能力。失去抓握能力后,即使有好的下肢力量,也难以继续维持身体平衡。所以学习攀岩,首先要练好上肢力量,上肢又要以手指和手腕、手臂力量为主,再配合以脚腕、脚趾以及腿部的力量,使身体重心随着用力方向的不同而协调地移动,手脚动作的配合也就灵活自如了。

第八节 自行车休闲运动

一、自行车运动的起源与发展

自行车运动是指以自行车为工具,比赛骑行速度、技巧或强身健体的体育运动。该项运动起源于欧洲,在1896年第一届奥林匹克运动会上,自行车比赛就被列为正式比赛项目,1996年山地车越野被纳入为奥运会比赛项目,2003年12月国际奥委会正式批准小轮车为2008年北京奥运会正式比赛项目。从人类发明自行车至今仅200余年,然而自行车已成为廉价而普及的大众化交通工具。尤其是近些年,国内广大职工和学生,利用上下班(学)或双休日骑车进行健身活动已蔚然成风,骑自行车旅游更是许多在校大学生节假日里喜爱的休闲方式。

二、自行车骑行的基本技术

正确的骑车姿势是安全之本,骑车的姿势是由骑行者与车的接触点(手把、坐垫、脚踏)的相对位置所决定的。自行车的型号也要与骑车人的身材高矮相适应,不能勉强地改变身体姿势去适应车子。

(一)三点调整法

1. 调整坐垫高低位置

坐垫位置的设定以骑在坐垫上两脚放下脚尖着地,能支持中心高度为准。

2. 调整坐垫前后位置

将踏板位置踩至45°处,然后调整坐垫前后,以膝盖中心垂直线刚好通过踏板的中心为准。

3. 调整手把的前后与高低

高型手把的高度应比坐垫高出 3~5 厘米,平型手把则应与坐垫等高。跑车型手把其上面应与坐垫等高。

(二)正确的骑车姿势

上半身稍前倾,手肘稍弯曲,成正三角形。坐法类似骑马姿势,将体重分散于手把与脚踏上,不可将全部体重压在坐垫上,以防止臀部疼痛。

(三)踏蹬的技巧

脚的位置以鞋前长三分之一处落在脚踏正中央为宜。脚的活动必须与车的中央线平行,张得太开或太窄,踏蹬的效率会减弱。速度要保持匀速,否则容易疲劳,踏蹬过程的后半部勾拉动作,要将脚踏勾起来。

(四)爬坡技术

爬坡骑行要保持正常的踏蹬动作,不能突然用力。一般情况下,不宜采用站立式骑行或提拉式骑行方法,否则会过多地消耗体力。遇到短距离坡路,应充分利用物体运动的惯性原理。轻松的踏蹬,快到坡顶时可采用站立式骑行,把速度尽可能提高,给下坡创造有利条件。遇到漫长的上坡,要根据自己的体力状况及时调动传动比,不要等骑不动和速度完全降下来时才改变传动比,要坚决避免重新启动的现象出现。坡路较长时或较陡时,可结合使用站立式骑行方法,调整用力部位,让部分肌肉得到休息。

(五)煞车的技巧

使用前刹的时候,人的重心会因为惯性而自然前移,所以煞车时,应该有意识地将重心向后移动。当需要一定的速度去通过岩石及障碍时,不要过度地压下前刹,不然轮子会停止转动,使驾驶者重心前移,导致车头前倾,发生危险。如果在下坡的转弯中使用煞车,必须同时控制前后刹,不能一直过度地用力按着,这时可对煞车做一按一放的操作,以防止煞车锁死现象发生。

三、自行车自助游

骑自行车旅游是当前许多在校学生在节假日里用来休闲的方式,骑车的乐趣不是其他户外运动可以替代的。在风和日丽的日子,约上几位朋友,骑车行进在田间小路上,欣赏田园风光,此时愉悦之情油然而生。

(一)出发前的准备

1. 收集相关资料

收集、查阅、整理沿途有关的各种资料和相关信息,包括新版本的地图、交通图、气象资料等。然后根据团队的体力状况、假期长短、旅行季节等因素制订出详细的旅行计划。自行车旅游最好能结伴而行,但人数不宜太多,以 3~5 人为宜,且最好有异性同行,以增加旅行过程的乐趣。

2. 自行车的选择及调车

首先选用一辆适合自己的自行车,可以是普通的自行车,也可以是特制的越野车、山地车等。一般情况下,26 英寸以下的轻便自行车不太适合长途旅行,可以选用老式的 28 英寸加重自行车。如果是新车,则在出发之前要磨合 200~300 公里,重新全面调整之后再上路。注意一定要保持车座表面干燥且不能有褶皱和缝合接缝,以免长时间骑行时磨破皮肤或长痱子。车把基本上应与车座高度相等,高低差距在 3~5 厘米以内为好;还应在自行车前后安装好挂包架;最好在自行车大梁上安装一个水壶架,以便在骑行中随时方便取用饮水。

出发时,要携带最常用的修理工具,如扳手、钳子、气筒和各种易损坏部件的备用件,如滚珠、内胎、气门芯、闸皮等。

3. 服装及其他辅助装备

如果是夏天或在较暖和的季节骑行,最好能购置专门设计的短骑行服。如果没有骑行服,特别是骑行裤时,可直接穿有弹力的紧身裤,里面不要再穿着其他服装,并且在经常摩擦的部位涂抹一些能起润滑作用的油脂来保护皮肤。衣着颜色尽量要鲜亮,可增加骑行时的安全性。在冬季,衣服宜穿多层,以便调节冷热。手套主要用来防滑,同时可以防止手掌皮肤磨破,一般选用吸汗性能好的棉质半手指手套为宜。为防止风吹和小虫子侵入眼睛,要准备好骑行眼镜,有色的可防强烈的阳光照射,无色的适用于阴天,还有一种浅黄色的则适用于夜间。另外,准备一个小药箱也是必不可少的,常备药品包括:治疗腹泻、肠胃不适、感冒、外伤的药,消炎药及眼药水等。在干旱地区则要多准备一些饮用水。

4. 出发前的热身活动

在每一次出游之前,应先做10~20分钟的头部、颈部、肩部肌肉的舒展练习。练习动作不宜过猛、过快,应慢速拉伸,幅度尽可能大一些,使相关肌肉得到充分放松。

(二)骑行途中的注意事项

1. 道路选择

自行车旅游对道路的要求比较高。旅游时应选择平坦、易于通行的道路,除非迫不得已,应尽量避免上坡道、土道,以免对车和人都有损害。

2. 骑行速度

自行车旅游选择好适当的速度非常重要。一般来讲,普通的自行车,在体力正常、道路平坦等条件下的长途旅行,速度应保持在每小时15千米左右,体力好的可加快到每小时20千米。在行进的过程中贵在保持速度,途中休息也可保持每2~3小时一次,应坚持到预定时间或地点再休息。在特殊的道路条件下行车时,适当地掌握行车速度更为重要。无论是山间小路,还是又长又陡的下坡道,车的速度既不可太快,也不可太慢,应因地制宜地选择速度。在休息时,要平躺,尽可能把脚垫高,以促进血液循环。

(三)自助游的自我保健

大腿内侧与座位摩擦,容易产生表皮擦伤;局部出汗过多,易发生浸渍发炎。因此骑行一段距离后应下车休息、擦干。如已有破溃,要处理擦伤,重者要停止骑行。车垫长时间顶着阴部,易使其充血,排尿不畅,细菌易繁殖。故途中约60分钟就应下车休息,使压迫处放松,及时排尿。两手紧握车把,坐骨、耻骨神经受压,时间过久这些部位易麻木。故应戴较有弹性的手套,骑行时也应前后、左右着力点变化,这样有利于改善局部组织的血液循环和使肌肉放松。女性月经期一般不宜骑车长途旅行。

 思考题

1. 轮滑运动护具都有哪些?分别有什么保护功能?
2. 练习瑜伽有哪些好处?
3. 国际象棋的基本规则都有哪些?
4. 简述南狮运动和北狮运动各自的特点。
5. 参加定向运动时应注意哪些问题?
6. 自行车自助游前需要做哪些准备工作?